westermann

W0383700

Praxis Sprache 6

Baden-Württemberg
Differenzierende Ausgabe

Erarbeitet von
Sibylle Aldinger
Ramona Haile
Linda Junker
Ann-Kristin Kuch
Carola Schmidt
Kirsten Waibel-Gassert
Michaela Weinmann

Ergänzende Materialien für Lehrkräfte

Vorbereiten. Organisieren. Durchführen.
BiBox ist das umfassende Digitalpaket zu diesem Lehrwerk mit zahlreichen Materialien und dem digitalen Schulbuch. Für Lehrkräfte und für Schülerinnen und Schüler sind verschiedene Lizenzen verfügbar. Nähere Informationen unter **www.bibox.schule**

Diagnostizieren. Fördern. Evaluieren.
Die OnlineDiagnose zu diesem Lehrwerk testet die wichtigsten Kompetenzen und erstellt individuelle Fördermaterialien und Arbeitshefte zum Downloaden oder Bestellen. Nähere Informationen unter **www.onlinediagnose.de**

westermann GRUPPE

Druck A[1] / Jahr 2023
Alle Drucke der Serie A sind im Unterricht parallel verwendbar.

Redaktion: Rebecca Mertens, Kristina Reinartz
Illustrationen: Hans-Jürgen Feldhaus, Stephanie Mithoff, Evelyn Neuss, Anke Schäfer, Lena Schaffer
Umschlaggestaltung: Janssen Kahlert Design&Kommunikation GmbH
Layout: Janssen Kahlert Design&Kommunikation GmbH
Druck und Bindung: Westermann Druck GmbH, Georg-Westermann-Allee 66, 38104 Braunschweig

ISBN 978-3-14-**126526**-2

Wenn du in Aufgaben aufgefordert wirst, etwas zu markieren oder zu unterstreichen, kannst du eine Folienhülle verwenden. Lege sie über die Seite und befestige sie mit einer Büroklammer. Beschreibe die Folie mit einem abwaschbaren Stift.

Wenn du Praxis Sprache als **digitales Schulbuch** nutzt, kannst du darin ohne weitere Hilfsmittel anstreichen und markieren, deine Markierungen speichern und jederzeit wieder entfernen.

Hier gibt es Tipps, die dir helfen, oder Ideen, die zum Weiterarbeiten anregen.

In vielen Kapiteln findest du Angebote mit der Überschrift Wortschatz.

Diese **Wortschatz**-Angebote unterstützen dich dabei, ...
- neue Wörter mit ihrer Bedeutung und Schreibweise kennenzulernen.
- Texte besser planen, schreiben und überarbeiten zu können.
- immer mehr Wörter in deinen eigenen Wortschatz aufzunehmen, sodass du sie beim Sprechen und Schreiben sicher verwenden kannst.

In fast allen Kapiteln findest du Info-Kästen.

In diesen Kästen kannst du alle wichtigen Informationen zu dem Schwerpunkt, an dem du gerade arbeitest, nachlesen.

Vor einigen Aufgaben oder Überschriften steht ein m

Dieses m bedeutet: **Methode.**

In solchen Teilkapiteln übst du Methoden für das selbstständige und für das gemeinsame Arbeiten mit anderen ein, z. B.:
- Tandemlesen
- Buddybook
- Feedback geben
- Mit einem Cluster arbeiten
- Eine Mindmap erstellen
- Sinnvoll abschreiben

Am Ende der Kapitel findest du Zusammenfassungen i:

Hier findest du anschauliche Zusammenfassungen der wichtigsten Kompetenzen. Die Seiten helfen dir, die Inhalte des Kapitels gut zu merken.

Sprechen und Zuhören

Schreiben

66 Informierend Schreiben – Berichten

80 Stellung nehmen – Argumentieren

Lesen – Umgang mit Texten und Medien

92 Fabeln

106 Sagen

118 Gedichte

Das Blubbern von Glück

BARRY JONSBERG
DAS BLUBBERN VON GLÜCK

Rechtschreibung und Zeichensetzung

Sprachgebrauch und Sprachreflexion

Basiswissen

Kommunikation

Digital+
WES-126526-001
Text zum Anhören

Die Klasse 6a soll Stichwörter zum Thema „Welche Rechte haben die Schülerinnen und Schüler in der Klasse?“ sammeln.

Tobias: Wir sollen aber Stichwörter aufschreiben.
Lily: Häh? Stichwörter worüber?
Lisa (*genervt von Lily*): Was Schüler für Rechte haben.
Tobias: Ihr sagt was, ich schreibe.
Lily: Na klar, dann musst du nicht denken.
Tobias *(lacht)*: Nee, aber ich schreibe am schnellsten.
Ben: Also da muss stehen: Schüler dürfen nicht angeschrien werden.
Lily (*regt sich auf*): Ich habe doch gar nicht geschrien!
Ben (*entschuldigt sich*): Habe ich doch auch nicht gemeint.
Tobias (*schreibt*): Also, ich schreibe: dürfen nicht angeschrien werden.
Lisa (*schlägt vor*): Und dass sie nicht ausgelacht werden dürfen.
Tobias *(schreibt auf)*: Ja, gut: nicht ausgelacht werden.
Lily (*ruft dazwischen*): Darf man denn nicht mal lachen?
Tobias *(betont)*: Auslachen habe ich gesagt!
Lisa (*schlägt vor*): Streitet euch doch nicht! Wer hat noch einen Vorschlag?
Tobias (*schlägt vor*): Jeder soll seine Meinung sagen können. Kann ich das auch aufschreiben?
Lily (*etwas böse*): Ich dachte, du darfst nichts sagen, du schreibst nur!
Lisa (*bestätigt*): Schreib es auf! Niemand hat gesagt, dass Tobias nur schreiben soll.
Lily (*hebt die Hände*): Woher soll ich das denn wissen?
Ben (*schlägt vor*): Dass man immer glücklich und zufrieden ist.
Tobias (*wehrt ab*): Das schreibe ich nicht auf!
Lily *(dazwischen)*: Ich bin dafür!
Tobias (*leise*): Lassen wir das mit dem Sammeln! Ich glaube, das war doch kein guter Vorschlag.
Lily (*laut*): Immer wenn ich etwas sage, dann schreibst du es nicht auf!
Ben (*kopfschüttelnd*): Der Vorschlag war doch gar nicht von dir!
Lisa (*sachlich*): Hört auf zu streiten! Machen wir weiter! …

1 Lest den Text und besprecht folgende Fragen:
- Wo liegt das Problem?
- Was ist schiefgelaufen?
- Was hat gut geklappt?
- Was fällt euch sonst noch auf?

2 Beschreibt und bewertet das Verhalten der einzelnen Gesprächsteilnehmenden.
- Wer hört gut zu? Wer nicht?
- Wer geht auf andere ein? Wer nicht?
- Wer macht gute Vorschläge?
- Wer schreibt mit?
- Wer führt das Gespräch? Wer hält es auf?

3 Seht euch die Körperhaltung und Mimik der einzelnen Gesprächsteilnehmenden an.
- Wer wirkt, als fühle er sich wohl?
- Wer wirkt, als fühle er sich unwohl?
- Passen die Körperhaltung und Mimik zu den Aussagen des Kindes (Z. 8–11)?

In diesem Kapitel lernst du, ...
- die Wahl von eigenen Worten, Sprachebenen, Tonfall und Umgangsformen zu prüfen.
- Kriterien für einen gelingenden Umgang miteinander zu finden.
- Gespräche zu beobachten und Merkmale unangemessener Kommunikation zu erkennen und darauf hinzuweisen.
- Sprachvarietäten kennen und diese zu verwenden.
- Vergleiche zu anderen Sprachen und Dialekten anzustellen und dazu in der Klasse vorhandene Sprachkompetenzen zu nutzen.
- sprachliche Fremdheitserfahrungen zu beschreiben und zu reflektieren.
- Zusammenhänge zwischen verbalen und nonverbalen Ausdrucksmitteln zu erkennen.

Gesprächsregeln finden und einhalten

Beim Schreiben kannst du den Wortschatz nutzen.

1 Was für Wünsche hast du für den Umgang miteinander in der Klasse?
- Denke darüber fünf Minuten nach und schreibe deine Wünsche auf.
- Lies dir nun deine Wünsche noch einmal durch.
  - Gibt es Umgangsregeln, die nur für Schülerinnen und Schüler untereinander gelten?
  - Hast du Wünsche aufgeschrieben, wie du von Lehrkräften behandelt werden möchtest?

2 Tauscht euch aus und entscheidet euch für die fünf wichtigsten Wünsche.

3 Tauscht euch in der Klasse aus.
- Welche Wünsche habt ihr in der Klasse?
- Gibt es Wünsche, die häufig vorkommen? Sammelt eure Wünsche.

Wortschatz

Ich wünsche mir...
Ich wünsche mir, dass...
Ich habe den Wunsch, dass...

Ich würde gern...
Ich würde mich freuen, wenn...
Ich würde mich über ... freuen.
Ich würde es super finden, wenn...
Ich fände es schön, wenn...

Ich hätte gern, dass...
Ich hätte es gern, wenn wir...
Ich möchte gern, dass...

Es wäre gut, wenn...
Es wäre mir wichtig, dass...
Es wäre toll, wenn...

Ich hoffe, dass...
Hoffentlich bekommen wir...
Hoffentlich gibt es...

Ich erwarte, dass...
Ich mag es gern, wenn...
Mir bedeutet es viel, dass...
Mir ist es wichtig, dass...

4 Lies, was sich diese Kinder für das Zusammenleben in der Klasse wünschen.

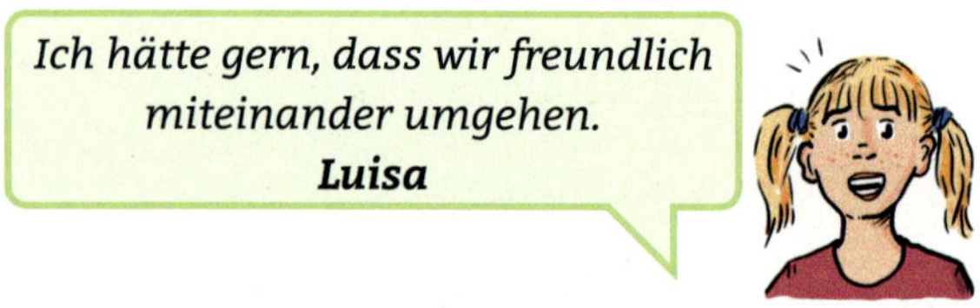

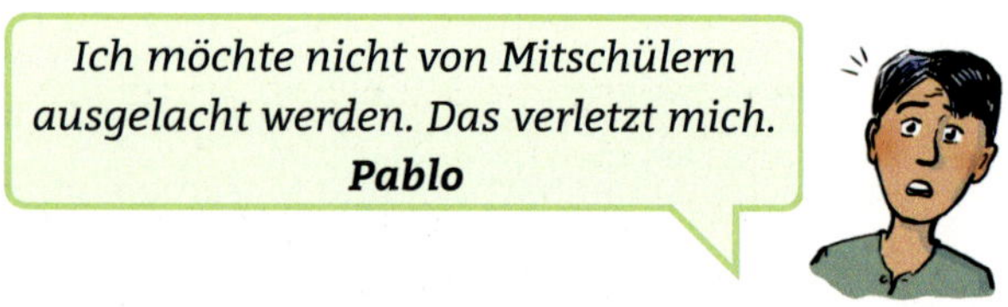

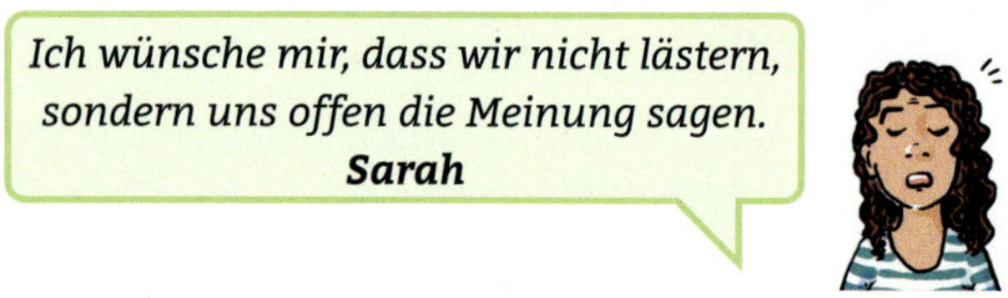

Die Wahl von eigenen Worten, Sprachebenen, Tonfall und Umgangsformen prüfen, Kriterien für einen gelingenden Umgang miteinander finden

5 Beschreibt Gemeinsamkeiten und Unterschiede der Wünsche der Schülerinnen und Schüler aus Aufgabe 4 im Vergleich zu euren Wünschen. Ergänzt eure Wünsche, falls ihr etwas aufnehmen wollt.

6 Überlegt, welche Regeln sich aus euren Wünschen ergeben und schreibt sie auf.

7 Tauscht euch aus und findet Beispiele für eure Regeln. Sammelt sie in einer Tabelle.

Digital+
WES-126526-002
Tabelle zum Ausfüllen

Regel/Wunsch	Beispiele
Wir hören einander zu.	Wenn einer spricht, sind die anderen leise. Wir schauen den Redner / die Rednerin an.

8 Manche der folgenden Aussagen beziehen sich auf den Umgang zwischen Schülerinnen, Schülern und Lehrkräften. Lies die Aussagen.

- Beschreibe Gemeinsamkeiten und Unterschiede zwischen den Wünschen für den Umgang von Schülerinnen und Schülern untereinander und dem Umgang zwischen diesen und Lehrkräften.
- Passen sie nur zu dem Umgang zwischen Schülerinnen, Schülern und Lehrkräften oder können daraus generelle Regeln für den Umgang miteinander abgeleitet werden?
- Ergänze deine Tabelle.

Beim Schreiben kannst du den Wortschatz auf Seite 10 nutzen.

9 Gestaltet mit euren Regeln ein Plakat.

M → S. 12
Ein Plakat erstellen

Ein Plakat erstellen

Oft ist es sinnvoll, Dinge auf Plakaten anschaulich darzustellen. Damit ihr ein Plakat zum Sammeln von wichtigen Informationen, fürs Lernen (Lernplakat) oder zur Unterstützung eines Vortrags (Informationsplakat) nutzen könnt, müsst ihr einige Regeln zum Gestalten von Plakaten beachten.

1 Vergleiche die Plakate miteinander.
- Was ist gut gelungen?
- Was ist nicht so gut gelungen?

2 Gestalte ein Plakat und wähle aus den folgenden Themen.
- Stelle deine Lieblingsband vor.
- Gestalte ein Lernplakat zu einer Wortfamilie oder zur Großschreibung von Eigennamen und Orts- und Herkunftsbezeichnungen auf *-er*.
- Erstelle ein Plakat zu deinem Hobby.

B → S. 325 *Wortfamilie*

B → S. 211 *Großschreibung*

Ein Plakat gestalten

- Skizziere zuerst einen Entwurf auf einem DINA4-Papier.
- Notiere stichpunktartig die wichtigsten Informationen deines Themas.
- Übertrage deinen Entwurf zunächst mit Bleistift, dann mit Filzstift auf das Plakat.
- Schreibe gut leserlich und so groß, dass die Schrift auch aus einiger Entfernung noch lesbar ist.
- Wähle eine helle Plakatfarbe, damit man die Schrift gut lesen kann.
- Nutze die gesamte Fläche des Plakates.
- Verwende nur dann Bilder, Zeichnungen oder Diagramme, wenn sie zum Thema des Plakates passen.

Du kannst dein Plakat auch am Computer gestalten.

Texte mit dem Computer in Form bringen → Seite 164

Gespräche beobachten

Die Klasse 6a bespricht den nächsten Schulausflug. Sie diskutiert, ob es auf den Bauernhof, in den Erlebnis- und Abenteuerpark oder ins Museum am Löwentor nach Stuttgart gehen soll.

Sara: Wir haben den Klassenrat einberufen, um uns auf ein gemeinsames Ziel für den nächsten Ausflug zu einigen. Jeder darf seine Meinung sagen und hat eine Stimme.

Kaan: Ich habe richtig Lust auf einen Tag im Erlebnis- und Abenteuerpark, weil wir zum Klettern und Abseilen sonst nie die Gelegenheit haben. Außerdem tobe ich gerne herum.

Samuel: Das kannst du auch auf dem Bauernhof. Und da kannst du gleich üben, den Schweinestall auszumisten.

Sara: Stopp, das bringt uns jetzt nicht weiter! Sag uns lieber, wo du hinmöchtest. Du bist noch einmal dran.

Samuel: Sorry! Ich wäre für das Museum am Löwentor in Stuttgart, dort kann man nämlich alles über die Urzeit lernen. Saurier sind megacool. Die haben auch Skelette da.

Andrin: Oh man! Dinosaurier... wie langweilig... die sind ja schon ewig tot! Können wir nichts Spannenderes machen?

Angie: In Stuttgart wohnt meine Tante.

Kaan: Das gehört doch jetzt nicht zum Thema.

Christian: Ich würde gern in den Erlebnis- und Abenteuerpark. Dort können wir Achterbahn fahren, bis uns schlecht wird und richtig viel Spaß miteinander haben.

Lily: Das ist doch nur was für Jungs! Aber es gibt auch ein Kettenkarussell, da hätte ich Lust drauf.

Lara: Der Bauernhof bietet auch noch ein interessantes Programm über Landwirtschaft. Das brauchen wir für Bio. Da würde unser Klassenlehrer auch sofort zustimmen.

Angie: Oh ja, meine Oma hat einen Garten, dann kann ich dort lernen, wie man Tomaten pflanzt.

Alex: Lara, wenn du nicht mit dem Schleimen aufhörst, dann ...

Sara: So kommen wir nicht weiter! Formuliert eure Meinung bitte alle schriftlich und gebt sie dann ab. Denkt daran, sie vernünftig zu begründen.

1 Lest die Diskussion mit verteilen Rollen vor.

2 Untersucht die Diskussion genauer.
- Welche Aussagen findet ihr freundlich?
- Welche Aussagen findet ihr unfreundlich, unangebracht oder sogar verletzend?

3 Mit welchen Wörtern könnte man die unfreundlichen Äußerungen noch genauer benennen?

abwimmeln, klagen, beschimpfen, verspotten, drohen, zurückweisen, einen Vorwurf machen

4 Das Ziel einer Diskussion ist es, zu einem Ergebnis zu kommen. Welches Ergebnis soll bei dieser Diskussion herauskommen?

Der Info-Kasten kann dir helfen.

5 Schaut euch die Diskussionsbeiträge noch einmal genau an.

- Welche Beiträge sind unnötig zur Ergebnisfindung?
- Welche Beiträge verzögern die Diskussion?
- Welche Beiträge bringen die Diskussion voran?

6 Warum bringen manche Beiträge die Diskussion voran?

7 Formuliere die Beiträge, die die Diskussion verzögern so um, dass sie die Diskussion voranbringen.

Gesprächsblocker und Gesprächsförderer

Gesprächsblocker erschweren ein Gespräch.
Das geschieht, wenn du…

- die Beiträge der anderen nicht abwartest. (*Ja ja, ich weiß schon, was du sagen willst…*)
- den anderen ins Wort fällst. (*Jetzt will ich mal was sagen…*)
- nicht auf Redebeiträge eingehst. (*Ja, aber…*)
- andere beleidigst. (*Du bist doch dumm! Was für eine doofe Idee.*)
- anderen drohst. (*Wenn du jetzt nicht ruhig bist, dann…*)
- dich ständig angegriffen und ungerecht behandelt fühlst. (*Nie hört mir jemand zu!*)
- Pauschalisierungen verwendest. (*nie, immer*)

Gesprächsförderer tragen dazu bei, dass gemeinsam eine Lösung gefunden wird.
Das geschieht, wenn du…

- andere ausreden lässt.
- auf Redebeiträge eingehst und diese ergänzt. (*Sandra hat gesagt, dass… Und ich möchte noch … ergänzen.*)
- höflich mit anderen umgehst.
- andere Meinungen wertschätzt. (*Das ist eine interessante Sichtweise…*)
- versuchst, dich in andere hineinzuversetzen und sie zu verstehen. (*Du meinst das so und so, richtig? Ich kann gut verstehen, was du meinst.*)
- andere nicht persönlich angreifst.

Nonverbale Kommunikationsmittel

1 Ordne die Sprechblasen den Bildern zu.

A: Natürlich Frau Jakob, das mache ich nächstes Mal nicht mehr.

B: Oh nein, schon wieder so eine schlechte Note. Was wird bloß Mama sagen?

C: Pff... schon wieder ne 5. Mir doch egal. Mathe braucht doch eh keiner.

D: Juhu, heute dürfen wir endlich wieder kicken.

2 Erkläre, wie du herausgefunden hast, welche Sprechblase zu welchem Bild passt.

3 Die Sprechblase zu Bild 3 passt zwar zu dem, was das Mädchen sagt, aber nicht zu dem, was sie denkt.
- Welche Gedanken gehen dem Mädchen wohl durch den Kopf?
- Woran merkt auch die Lehrerin, dass das Mädchen eigentlich gern etwas anderes sagen würde?

4 Eine Sprechblase passt zwar zu dem, was eine Person sagt, aber nicht zu dem, was sie denkt.
- Um welches Bild handelt es sich?
- Woran merkst du, dass das Gesagte nicht wirklich zu dem passt, was die Person denkt?

5 Zwei Sprechblasen passen nicht wirklich zu dem, was die Personen denken.
- Um welche Sprechblasen handelt es sich?
- Woran merkst du, dass das Gesagte nicht wirklich zu dem passt, was die Personen auf den Bildern denken?

Sprachenvielfalt kennenlernen

1 In der Abbildung siehst du Kinder und Jugendliche aus verschiedenen Ländern. Alle begrüßen sich in ihrer jeweiligen Landesprache.
- Arbeite zunächst allein und ordne die Grußworte in den Sprechblasen den verschiedenen Flaggen und Ländern zu.
- Arbeitet zusammen, wenn du allein nicht mehr weiterkommst.
- Vergrößert euer Team so lange, bis ihr für jede Begrüßung das richtige Land gefunden habt.
- Kennt ihr noch mehr Begrüßungen aus anderen Ländern? Notiert sie.

Digital+
WES-126526-003
Karte zum Bearbeiten

Sprachvarietäten kennenlernen und verwenden, Vergleiche zu anderen Sprachen anstellen und dazu in der Klasse vorhandene Sprachkompetenzen nutzen, sprachliche Fremdheitserfahrungen beschreiben und reflektieren

2 Tauscht euch nun in der Klasse aus.
- Wie viele Sprachen sprechen einzelne Schülerinnen und Schüler?
- Wie viele Sprachen sprecht ihr als Klasse zusammen?
- Welche Wörter aus anderen Sprachen kennt ihr?

3 Sammelt möglichst viele Übersetzungen für „Wie geht es dir?“

Привет

bonjour

cześć

përshëndetje

γεια σας

hola

alo

hello

ciao

olá

bok

merhaba

Sprachvarietäten kennenlernen und verwenden, Vergleiche zu anderen Sprachen anstellen und dazu in der Klasse vorhandene Sprachkompetenzen nutzen, sprachliche Fremdheitserfahrungen beschreiben und reflektieren

Dialekte kennenlernen

Auch innerhalb Deutschlands, sogar innerhalb Baden-Württembergs, gibt es unterschiedliche Worte für dieselben Dinge oder die Worte werden unterschiedlich ausgesprochen. Man nennt das „Dialekt“.

1 Tauscht euch aus.
- Welche Dialekte aus Baden-Württemberg kennt ihr?
- Kennt ihr jemanden, der Dialekt spricht?

Du kannst dir die Aussprache des Wortes auf folgender Website anhören: https://escience-center.uni-tuebingen.de/escience/sprachatlas/2-1_haben.html#8/48.674/8.989

2 Für das Verb „haben“ in der ersten Person Singular „ich habe“ gibt es unterschiedliche Aussprechvarianten.
- Überlegt erst selbst, wie das Wort auf Hochdeutsch ausgesprochen wird und wie ihr es in der Klasse aussprecht.
- Schaut euch dann die Karte (M1) an.
- Kennt ihr eine oder mehrere Varianten des Wortes?
- Vielleicht habt ihr Familie oder Freunde in einer der Regionen Baden-Württembergs, die das Wort genauso aussprechen.

M1

Das Wort „haben“ (Ind. Präs. Aktiv) in unterschiedlichen Sprachräumen Baden-Württembergs

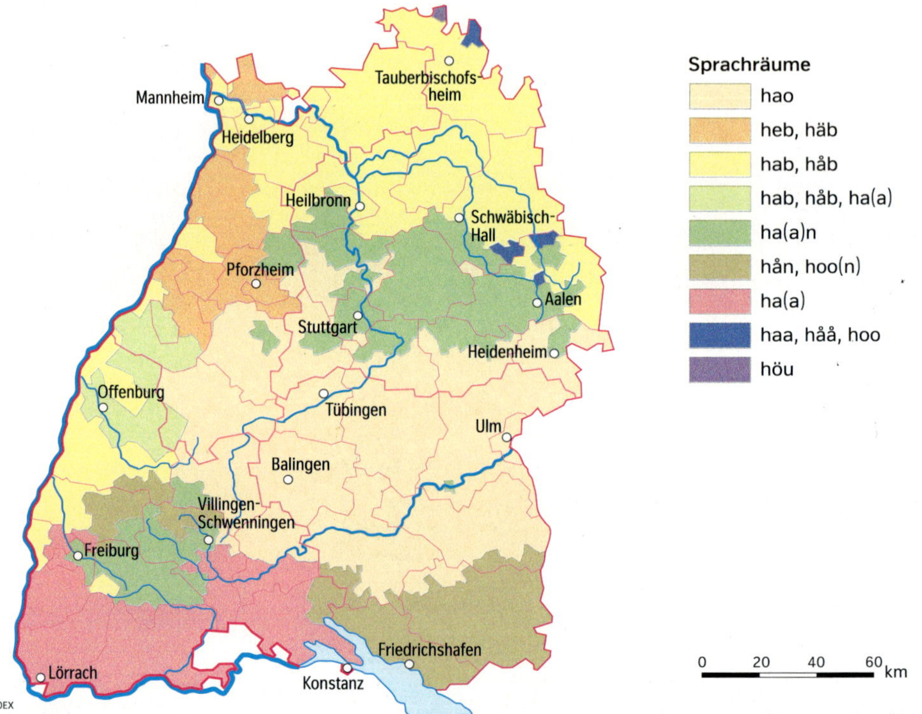

3 Wenn jemand Dialekt spricht, kommt es auch manchmal vor, dass ein ganz anderes Wort verwendet wird, um etwas zu bezeichnen.
- Lest die folgenden Wörter und ordnet sie ihren Bedeutungen zu.
- Findet anschließend weitere Wörter.

Recherchiert die Begriffe im Internet.

Zischtig | *Schnäpper* | *Grapp* | *Erdbirnen* | *Träuble* | *Gsälz* | *Gaul*

Türklinke | *Kartoffeln* | *Johannisbeeren* | *Dienstag* | *Pferd* | *Rabe* | *Marmelade*

4 Auf der Karte (M2) findet ihr andere Wörter für „Sommersprossen".
a) Erklärt, welche Wörter für euch Sinn und welche für euch keinen Sinn machen.
b) Überlegt, weshalb diese Wörter für „Sommersprossen" verwendet werden.

5 Diskutiert, wann eher Dialekt und wann eher Hochdeutsch gesprochen wird.
- In welchen Situationen wird eher Dialekt verwendet?
- In welchen Situationen wird eher Hochdeutsch verwendet?
- Denkt an die Personen, die miteinander sprechen.
- Findet Beispielwörter. Verwendet ihr selbst manchmal Wörter mit Dialekt und manchmal ohne?

M2

Das Wort „Sommersprossen" in unterschiedlichen Sprachräumen Baden-Württembergs

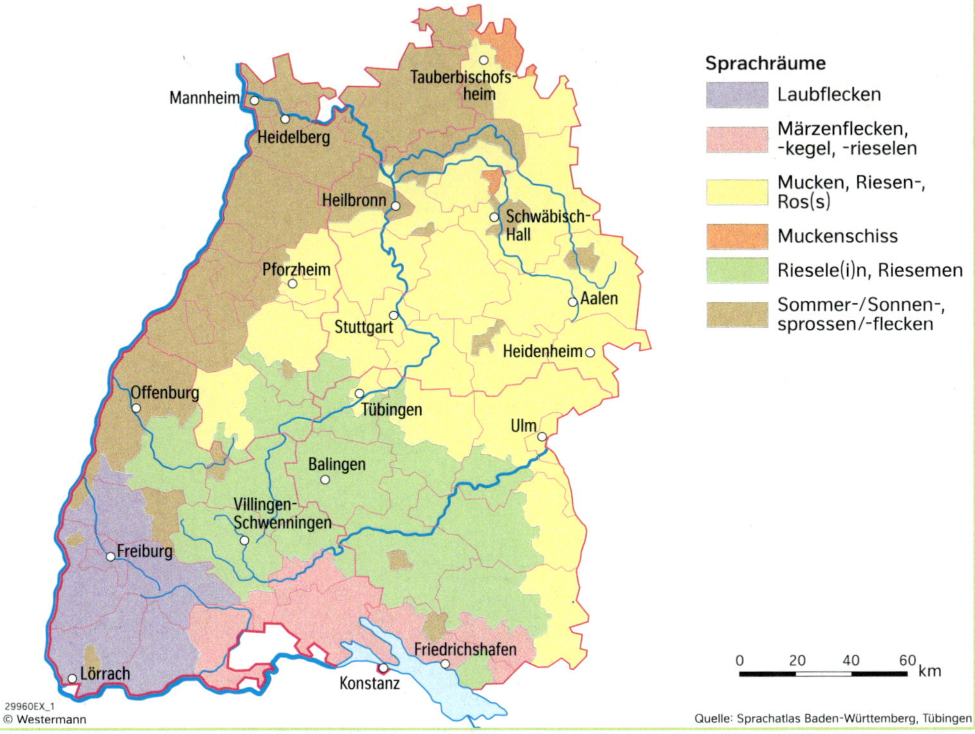

Zusammenfassung

Überprüfe dein Wissen und Können

Wasserschaden

Während des Kunstunterrichts geht Alex zum Waschbecken, um sich frisches Wasser zu holen. Ohne es zu merken, streift er dabei mit seinem Ärmel Ristes Wasserbecher und kippt ihn über sein Bild. Die Wasserfarben verschwimmen und Ristes Hose ist mit der dunklen Brühe verschmutzt.

Riste: Eh, du Blödmann, kannst du nicht aufpassen?
Alex: Selber Blödmann! Pech gehabt!
Riste: Du spinnst wohl! Siehst du nicht, was du angerichtet hast?
Alex: Immer soll *ich* schuld sein!
Leona (*mischt sich ein*): Mann! Du hast sein Bild ruiniert und seine Hose nass gemacht!
Alex: Ich habe doch gar nichts getan!
Riste: Nichts getan? Siehst du nicht, dass hier alles nass und voller Farbe ist?
Alex: Dann wisch das doch wieder auf.
Jasmin: Was stimmt denn mit dir nicht, du Vollidiot?
Riste: Das lasse ich mir nicht gefallen. Das gibt Rache!
Enes: Mensch Alex, immer musst du Streit anzetteln. Immer gibt es Probleme mit dir.
Alex: Wieso *immer*?
Enes: *Immer* suchst du Streit!
Alex: Wer hat denn mit dem Streit angefangen? Das war Riste!
Riste: Jetzt willst du mir das wohl auch noch in die Schuhe schieben.
Alex: Jedenfalls habe ich das nicht absichtlich getan.
Pia (*versucht den Streit zu beenden*): ...

1 Lies die Diskussion.

2 Pia versucht, den Streit zu schlichten.
a) Überlege dir, was sie sagt.
b) Was könnte Pia sagen, um den Streit zu beenden?
c) Was könnte Pia sagen, um den Streit zu beenden und sowohl Riste als auch Alex zufrieden zu stellen?

schlichten
dafür sorgen, dass ein Streit beendet wird und sich die Streitenden wieder vertragen

3 Untersuche die Diskussion genauer.
- Welche Aussagen findest du freundlich und welche unfreundlich oder sogar verletzend?
- Welche Beiträge schlichten die Diskussion und welche Äußerungen entfachen den Streit sogar neu?

Digital+
WES-126526-004
Lösungen

4 Formuliere die Beiträge, welche die Diskussion verzögern, so um, dass sie die Diskussion voranbringen.

Vorlesen und Vortragen

Das Kamel und die Ratte

Aus Asien

Ein Kamel, das seinem Herrn entlaufen war, wanderte auf einsamen Pfaden und schleppte die Nasenleine auf der Erde nach. Wie es nun langsam dahinging, hob eine Ratte das Ende der Leine auf, nahm es ins Maul und lief dem riesigen Tier voraus, indem sie unaufhörlich dabei dachte: „Was muss ich doch für Kraft besitzen, dass ich ein Kamel führen kann!" Nach kurzer Zeit kamen sie an das Ufer eines Flusses, der den Weg kreuzte, und hier machte die Ratte Halt.
Das Kamel sprach: „Bitte geh doch weiter!"
„Nein", sagte seine Begleiterin, „das Wasser ist zu tief für mich."
„Nun wohl", erwiderte das Kamel, „lass mich die Tiefe an deiner Stelle versuchen."
Als das Kamel in der Mitte des Stromes angekommen war, blieb es stehen, drehte sich um und rief: „Siehst du, ich hatte recht, das Wasser ist nur knietief, also komm nur hinein!"
„Ja", sagte die Ratte, „aber es ist doch ein kleiner Unterschied zwischen deinen Knien und den meinigen, wie du siehst. Bitte trage mich hinüber!"
„Gib deine Fehler zu", erwiderte das Kamel, „sieh ein, dass du angeberisch gewesen bist. Versprich, in Zukunft bescheiden zu sein, dann will ich dich sicher hinüberbringen."
Die Ratte willigte freudig ein, und so kamen die beiden ans andere Ufer.

Fabeln
→ *S. 92*

Digital+
WES-126526-005
Fabel zum Anhören

B → S. 303
Vorlesezeichen

1 Hört euch die zwei Versionen der Fabel an.
- Benennt, welches Beispiel ihr lieber gehört habt.
- Findet eine Erklärung dafür.

2 Bereitet die Fabel zum Vorlesen vor. Nutzt die bekannten Vorlesezeichen.
- Lest euch den Text so vor, dass andere gerne zuhören.
- Überlegt euch Geräusche, die zum Vorlesen der Fabel passen.
- Lest sie euch mit den Geräuschen vor.

3 Tragt euch eure Fabel gegenseitig vor. Was für Geräusche habt ihr genutzt?

In diesem Kapitel lernst du, …
- wie du situationsgerecht antwortest.
- wie du beim Vorlesen aufmerksam zuhörst.
- wie du beim Vorlesen situationsgerecht betonst.
- wie du das Vorlesen übst.
- wie du ein Gedicht oder eine Sage vorträgst.
- wie du literarische Texte im szenischen Spiel umsetzt.

Aufmerksam zuhören und richtig antworten

Auf den folgenden Seiten findest du ein Gespräch zwischen zwei Personen. Person A sagt oder fragt etwas (Seite 23), Person B gibt darauf Antworten (Seite 24).

1 Entscheidet euch, wer **Person A** und wer **Person B** ist. Jeder liest sorgfältig seinen Arbeitsauftrag auf seiner Seite.

Du bist Person A

2 Bearbeitet das Gespräch in folgenden Schritten:
- Lies deinem Partner oder deiner Partnerin die grünen Sätze vor und warte auf die Antwort.
- Überprüfe mit Hilfe der orangefarbenen Sätze, ob passend geantwortet wurde. Bei einer falschen Antwort wiederholst du deinen Satz.

a) Findet im Anschluss gemeinsam eigene Antwortsätze. Die Sätze dürfen nicht mit *Ja* oder *Nein* beantwortet werden.

b) Erklärt, wie ihr auf die passenden Antworten gekommen seid.

Stellt euch vor, zwei Kinder liegen im selben Zimmer im Bett. Sie schlafen schon fast. Sprecht also leise!

Das Nachtgespenst – Was A sagt

Wolfgang Menzel

A: Schläfst du schon?
B: Ja, ich schlafe schon.
A: Dummkopf! Wenn du schläfst, dann kannst du nicht antworten.
B: Ich antworte halt im Traum.
A: Wer träumt, der kann nicht hören, wenn einer ihn was fragt.
B: Ich schon! Ich habe nämlich von dir geträumt. Aber warum fragst du überhaupt?
A: Ich habe ein Geräusch gehört.
B: Das war bestimmt ein Gespenst.
A: Oder ein Einbrecher.
B: Dann steh doch auf und sieh nach, ob da jemand ist.
A: Ich trau mich nicht. Kommst du mit?
B: Ich? Ich habe ja nichts gehört. Du musst schon selber gehen.
A: Gut, dann gehe ich eben. (Pause) Uh, ist das dunkel.
B: Aaaah! Oiiiii! Grrrrrrrrrr!
A: Was schreist du denn so? Du hast mir vielleicht einen Schreck eingejagt.
B: Das war ein Gespenst.
A: Du spinnst doch! Das hast du nur geträumt!
B: Vielleicht. Jedenfalls hat dich das Gespenst gefressen. Und dann war es auf einmal ganz ganz still, sodass ich endlich schlafen konnte.
A: Na, dann schlaf gut!
B: Ich höre dich schon gar nicht mehr.

Du bist Person B

3 Bearbeitet das Gespräch in folgenden Schritten:
- Lies dir die Sprechblasen genau durch.
- Dein Partner oder deine Partnerin liest dir Sätze vor.
- Höre genau zu und wähle aus den Sprechblasen eine passende Antwort.

a) Findet im Anschluss gemeinsam eigene Antwortsätze. Die Sätze dürfen nicht mit *Ja* oder *Nein* beantwortet werden.

b) Erklärt, wie ihr auf die passenden Antworten gekommen seid.

Stellt euch vor, zwei Kinder liegen im selben Zimmer im Bett. Sie schlafen schon fast. Sprecht also leise!

Ich höre dich schon gar nicht mehr!

Ich schon! Ich habe nämlich von dir geträumt. Aber warum fragst du überhaupt?

Das war ein Gespenst.

Das war bestimmt ein Gespenst.

(schreit laut) Aaaah! Oiiiii! Grrrrrrrrrr!

Ja, ich schlafe schon.

Ich antworte halt im Traum.

Dann steh doch auf und sieh nach, ob da jemand ist.

Ich? Ich habe ja nichts gehört. Du musst schon selber gehen.

Vielleicht. Jedenfalls hat dich das Gespenst gefressen. Und dann war es auf einmal ganz ganz still, sodass ich endlich schlafen konnte.

Beim Vorlesen aufmerksam zuhören

1 Spielt das Lesespiel mit maximal fünf Personen:
Moritz, Mary, Mama, Papa und der Papagei.
- Zuerst müsst ihr mit den Augen immer einen **Satz** rasch **überfliegen**.
- Den Satz liest der vor, zu dessen Rolle er gehört. Am Anfang ist es gar nicht so einfach und kann ziemlich lange dauern.

B → S. 310
Lesetechniken

Chaos in der Küche

„Dabei soll man nun Hausaufgaben machen!“, schimpft …
„Nimm mal die Beine hoch, damit ich saugen kann!“, sagt …
„Beine hoch! Beine hoch!“, plappert …
… schreit: „Autsch! Jetzt habe ich mich am Topf verbrannt!“
„Auch das noch! Der Staubsauger ist verstopft!“, ruft …
… sagt: „Gott sei Dank! Jetzt kann ich wenigstens in Ruhe chatten.“
„Ruhe! Ruhe! Ich muss mich auf meine Aufgaben konzentrieren!“, ruft …
… schreit: „Verlieren! Verlieren!“
„Wo ist denn eigentlich der Topflappen geblieben?“, fragt …
… sagt: „Vorhin lag er noch hier auf dem Teppich unter der Zeitschrift.“
„Jetzt weiß ich auch, warum der Staubsauger verstopft ist.“, sagt …
„Wenn du saugst, dann verschwindet immer die halbe Küche im Staubsauger!“, lacht …
… brummt: „Saug doch auch mal mein Schulheft auf! Dann habe ich wenigstens morgen eine Entschuldigung.“
„Mein Handy passt zum Glück nicht in den Staubsauger hinein“, sagt …
… ruft: „Komm jetzt zum Essen! Aufhören! Macht Schluss!“
„Acht Schuss! Acht Schuss!“, spricht heiser …

2 Tauscht untereinander die Rollen.

3 Übt den Text so lange, bis …
- ihr ihn hintereinander weg vortragen könnt.
- ihr ihn ohne Begleitsätze vortragen könnt.

B → S. 312
Szenisches Spiel

4 Stellt den Text szenisch dar.

Vorlesezeichen setzen

Die Wühlmaus
Fred Endrikat

Die Wühlmaus nagt von einer Wurzel |
das W hinfort, bis an die -urzel. ||
Sie nagt dann an der hintern Stell |
auch von der -urzel noch das l.
Die Wühlmaus nagt und nagt, o weh,
auch von der -urze- noch das e.
Sie nagt die Wurzel klein und kurz,
bis aus der -urze- wird ein -urz--.

Die Wühlmaus ohne Rast und Ruh
nagt von dem -urz-- auch noch das u.
Der Rest ist schwer zu reimen jetzt,
es bleibt zurück nur noch ein --rz--.
Nun steht dies --rz-- im Wald allein.
Die Wühlmäuse sind so gemein.

April
Rudolf Baumbach

April! April!
Der weiß nicht, was er will.
Bald lacht der Himmel klar und rein,
Bald schaun die Wolken düster drein,
Bald Regen und bald Sonnenschein!
Was sind mir das für Sachen,
Mit Weinen und mit Lachen
Ein solch Gesaus zu machen!
April! April!
Der weiß nicht, was er will!

O weh! O weh!
Nun kommt er gar mit Schnee
Und schneit mir in den Blütenbaum,
In all den Frühlingswiesentraum!
Ganz greulich ist´s, man glaubt es kaum:
Heut Frost und gestern Hitze,
Heut Reif und morgen Blitze;
Das sind so seine Witze.
O weh! O weh!
Nun kommt er gar mit Schnee!

Digital+
WES-126526-006
Gedichte zum Bearbeiten

1 Bereite ein Gedicht zum Vortragen vor.
a) Trage im Gedicht „Die Wühlmaus“ wie in den ersten drei Versen die Betonungs- und Pausenzeichen ein.
b) Trage im Gedicht „April“ alle passenden Vorlesezeichen ein.

2 Tragt eure Gedichte gestaltend vor.

Gestaltendes Vorlesen und Vortragen

Um einen Text ansprechend vorzulesen, musst du einiges beachten:
1) Übe den Text, bis du ihn flüssig lesen kannst.
2) Mache kurze (|) oder längere (||) Pausen, um den Text zu gliedern.
3) Unterstreiche Wörter/wichtige Stellen (____), die du stärker als andere betonen möchtest.

Weitere Gestaltungsmöglichkeiten:
- Wenn sich in einem Text die Ereignisse häufen oder es spannend wird, sprichst du schneller (→).
- Wenn weniger passiert, dann sprichst du langsamer (←).
- Lautstärke (laut <, leise >)
- Besonders bei der wörtlichen Rede musst du an manchen Stellen die Stimme heben (◡/) oder senken (⌒\).

Eine Sage gestaltend vorlesen und vortragen

1 Lies dir die Sage leise durch.

Digital+
WES-126526-007
Sage zum Anhören

Wissenswertes über Sagen erfahren *→ S. 108*

Die Mondfänger und Stangenstrecker von Kiebingen

Eine schwäbische Sage

Im schwäbischen Ort Kiebingen | spiegelte sich eines Abends im Neckar der Mond. || Ein Bauer, | der das sah, | dachte, | der Mond wäre in den Fluss gefallen. || Also holte er Leute aus dem Dorf, | um den Mond aus dem Neckar zu fischen. || Viele Neugierige kamen mit hinaus an den Fluss. || Alle wollten sehen, | wie die Männer mit einem riesigen Netz | den Mond aus dem Wasser holten. || Doch so sehr man sich auch anstrengte, | es wollte nicht gelingen. || Immer wenn der Bauer dachte, | jetzt habe ich den Mond gefangen, | glitt er ihm wieder aus dem Netz. ||

Doch die Kiebinger wollten den Mond unbedingt haben! || Also gingen sie in der nächsten Vollmondnacht | mit langen Stangen hinaus vor das Dorf. || Diesmal wollten sie ihn vom Himmel stoßen. Die Stangen waren dafür aber viel zu kurz. || Doch die Kiebinger dachten: | Wenn man sie nur lang genug streckt und verlängert, | dann reichen sie schon! || Also packten zwei junge, | starke Burschen jeder ein Ende der Stange | und zogen aus Leibeskräften, | um sie auszudehnen. ||

Bursche
ein junger Mann

aus Leibeskräften
mit aller Kraft

Dabei hatte der eine den anderen umgerissen. || Doch er merkte das nicht! || Er zog kräftig an der Stange | immer weiter und weiter – und meinte, | dass sie jetzt immer länger würde. || Erst im Dorf merkte er, | dass er den anderen immerzu hinter sich hergezogen hatte. || Die Stange war dabei aber nicht um ein Stück länger geworden. || Seitdem nennt man die Kiebinger „Mondfänger und Stangenstrecker".

2 Übe die Sage gestaltend vorzutragen.

a) Lies den ersten Textabschnitt (Z. 1–7) genau.
- Beachte die Pausenzeichen und die unterstrichenen Wörter.
- Übe den Text solange, bis du ihn flüssig gestaltend vortragen kannst.

b) Lies den ersten und zweiten Textabschnitt (Z. 1 – 13) genau.
- Trage im ersten Abschnitt weitere Vorlesezeichen passend ein.
- Übe den Text solange, bis du ihn flüssig gestaltend vortragen kannst.

c) Lies den gesamten Text (Z. 1 – 18) genau.
- Trage im ersten Abschnitt weitere Vorlesezeichen passend ein.
- Übe den Text solange, bis du ihn flüssig gestaltend vortragen kannst.

Digital+
WES-126526-008
Sage zum Bearbeiten

3 Tragt euch die ganze Sage oder Abschnitte gegenseitig vor. Beim Zuhören solltet ihr deutlich heraushören können, welche Vorlesezeichen benutzt wurden.

Theaterszenen zu einem Märchen ausgestalten

B → S. 310
Märchen

1 Lies dir das Märchen leise durch.

Die Kokosnussschale

Eine Geschichte aus Fidschi

schelmisch *scherzhaft, witzig, spaßig*

Vor längst vergangener Zeit lebte auf der Fidschi-Insel Rotuma ein kleines Mädchen, Kumaku. Sie hatte lange rabenschwarze Haare und steckte sich gerne eine bunte Blume hinter das Ohr. Kumaku besaß einen schelmischen Zug. Wenn sie lachte, dann mussten alle mitlachen.

Eines Abends bat ihre Mutter: „Kumaku, bitte geh und füll diese Kokusnussschale mit Meereswasser. Ich muss zum Abendessen Reis kochen." Kumaku nahm die Schale und wollte losflitzen. Im Vorbeispringen rief die Mutter: „Komm bloß nicht in die Nähe der Spinnennetze!"

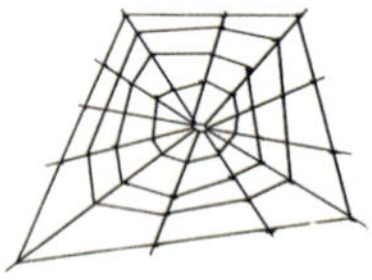

blutrünstig *brutal, grausam*

Aber Kumakus Mutter hatte nicht vor den Spinnen Angst ... auf Rotuma lebten Riesen und es war allen Inselbewohnern bekannt, dass sie riesige Netze über die Wege spannten, in der Hoffnung, nichtsahnende Besucher damit einzufangen. Wer das Pech hatte, in einem solchen Netz gefangen zu werden, wurde von den blutrünstigen Riesen aufgefressen.
Für Kumaku jedoch waren Regeln dazu da, gebrochen zu werden!

Sie hüpfte Richtung Strand und bemerkte einen Weg, der mit den berüchtigten Netzen überspannt war. Anstatt also daran vorbeizugehen, änderte sie bewusst ihre Richtung und ging darauf zu. Weil sie so klein war, gelang es ihr, unter den Netzen durchzuschlüpfen. Sie lachte und sang:

Mein Name ist Kumaku,
ich gehe an das Meer.
Kommt und findet mich, ihr Riesen,
nähert euch und tragt mich her!

Sobald sie aufgehört hatte zu singen, sprangen zwei furchterregende Riesen aus dem Meer und ergriffen sie. Sie trugen sie auf ihrer Schulter, gingen mit drei großen Sätzen zum Strand, wo sie sich hinsetzten und schon hungrig ihre Lippen leckten.
Kumaku drehte ihnen den Rücken zu und wollte ihre Schale mit Wasser füllen, da streckten die Riesen ihre ekligen Klauenhände nach ihr aus. Aber Kumaku hatte bereits mit ihrem Lied begonnen:

Pfeifender Wind aus Fidschi,
blas mit all deiner Macht.
Füll die Augen der Riesen mit Sand,
damit sie um die Sicht gebracht!
Pfeifender Wind aus Tonga
blas weißen Sand aus der See heran.
Lass die Riesen im Zorne heulen,
damit ich von hier fliehen kann!

Kumakus Worte waren voller Magie und sobald sie sie ausgesprochen hatte, bliesen die Winde große Mengen an schwarzem und weißem Sand an den Strand.
Die Riesen brüllten vor Zorn, als sie den Sand in Augen und Mund spürten. Sie stolperten umher, versuchten, Kumaku zu ergreifen, aber sie hatte sich schon mit einem verschmitzten Lächeln aus dem Staub gemacht.

verschmitzt
auf lustige Weise

Kurze Zeit später war sie mit der Kokusnussschale voller Wasser wieder bei ihrer Mutter. Sie überreichte sie ihr, als wäre nichts geschehen, konnte sich aber ein spitzbübisches Kichern nicht verkneifen, als sich ihre Mutter wieder zum Herd umdrehte.

spitzbübisch
lächelnd, grinsend

2 Erzählt das Märchen mit eigenen Worten nach.

3 Euch sind bereits einige Märchen bekannt. Benennt Unterschiede zwischen diesem und anderen Märchen. Beachtet dabei besonders die Figuren und Gegenstände, die vorkommen.

4 Auf den folgenden Seiten findet ihr eine Theaterfassung dieses Märchens. Übt die drei bereits szenisch umgestalteten Absätze ein und spielt sie vor.

B → S. 312
Szenisches Spiel

Die Kokosnussschale

1. Szene: Südseeinsel. Mutter und Tochter sitzen abends im Dschungel vor ihrer Hütte an der Feuerstelle.

Erzähler: Vor langer Zeit lebte auf der Fidschi-Insel Rotuma das kleine Mädchen Kumaku. Sie hatte rabenschwarze Haare und steckte sich gerne eine bunte Blume hinter ihr Ohr. Kumaku besaß die Fähigkeit, durch ihre witzige Art die Menschen zum Lachen zu bringen.

Mutter: *(bereitet das Essen vor)* Kumaku, bitte geh und füll diese Kokusnussschale mit Meereswasser. Ich muss zum Abendessen Reis kochen.

Kumaku: *(springt freudig auf ihre Mutter zu)* Klar, ich werde mich sofort auf den Weg machen und die Schale mit Meerwasser füllen.

Mutter: *(mahnend, besorgt)* Komm bloß nicht in die Nähe der Spinnennetze!

Erzähler: Kumaku schnappte sich die Kokusnussschale und flitzte schnell in Richtung Strand. Nach kurzer Zeit sah ihre Mutter nur noch den Rücken und blieb besorgt zurück.

Mutter: *(spricht leise und besorgt vor sich hin)* Wenn es doch nur die Spinnen wären. Viel gefährlicher sind die Riesen mit ihren riesigen Netzen, mit denen sie nichtsahnende Besucher fangen. Hoffentlich weckt so ein Netz nicht die Neugier von Kumaku und sie kommt munter wieder vom Wasserholen.

2. Szene: Auf ihrem Weg zum Wasserholen bemerkt Kumaku einen für sie abenteuerlichen Weg und ändert spontan ihre Richtung.

Kumaku: *(macht sich auf den Weg in Richtung Strand, ahmt dabei ihre Mutter nach und spricht vor sich her)* Komm bloß nicht in die Nähe der Spinnennetze. Blablabla. Regeln sind dazu da, um gebrochen zu werden!

Erzähler: Plötzlich bleibt Kumaku auf dem Weg zum Strand stehen. Etwas weckt ihre Neugierde. Sie hatte einen Weg gefunden, der mit den berüchtigten Netzen überspannt war. Anstatt daran vorbeizugehen, beschloss sie, ihre Richtung zu ändern. Weil sie so klein war, gelang es ihr, ohne große Probleme unter den Netzen durchzuschlüpfen.

Kumaku: *(singt lachend und fröhlich)* Mein Name ist Kumaku, ich gehe an das Meer. Kommt und findet mich, ihr Riesen, nähert euch und tragt mich her.

3. Szene: Kumaku befindet sich mitten in den Netzen der Riesen.

Erzähler: Kumaku hörte auf zu singen. Und plötzlich springen mit Geraschel zwei furchterregende Riesen aus dem dichten Dschungel. Sie packen Kumaku und tragen sie auf ihren Schultern.

Kumaku: *(unerschrocken und sich stark wehrend)* Lasst mich sofort los! Ihr dürft mich nicht einfach wegtragen.

Erzähler: Mit drei großen Sätzen gingen sie an den Strand, wo sie sich hinsetzten und schon hungrig ihre Lippen leckten.

5 Gestaltet die **4. und 5. Szene** lebendig aus. Seid kreativ, lasst die Figuren denken und miteinander reden, wie ihr selbst es wollt. Alles kann zu Handlung und Rede werden. Ihr könnt zum Beispiel darstellen, ...
- wie Kumaku von den Riesen total unerschrocken am Wasser ihre Schale füllt (4. Szene).
- wie Kumaku zu ihrer Mutter zurückkehrt und ihr das Meerwasser bringt, als wäre nichts gewesen (5. Szene).

Beachtet dabei folgende Tipps:

Tipps
- Am Anfang der Szene solltet ihr den **Ort** beschreiben, an dem diese spielt.
- **Wie** die einzelnen Personen sprechen, müsst ihr in **Regieanweisungen**, die in Klammern stehen, verdeutlichen.
- Ihr könnt die **direkten Reden** aus dem Märchen benutzen und weiter ausgestalten.
- Ihr könnt immer wieder einen **Erzähler** auftreten lassen. Dieser kann auch zum Ausdruck bringen, was die Figuren wahrnehmen. Beispiel: *Und plötzlich springen mit Geraschel zwei furchterregende Riesen aus dem dichten Dschungel.*

4. Szene: Im selben Augenblick, als die Riesen sie losließen und am Strand abstellten, drehte sich Kumaku völlig unerschrocken um. Sofort streckten die Riesen ihre ekligen Klauenhände ...

5. Szene: Kumaku gab ihrer Mutter die Kokusnussschale mit Meerwasser ... konnte sich aber ein heimliches Lachen über ihr Abenteuer nicht verkneifen.

Zusammenfassung

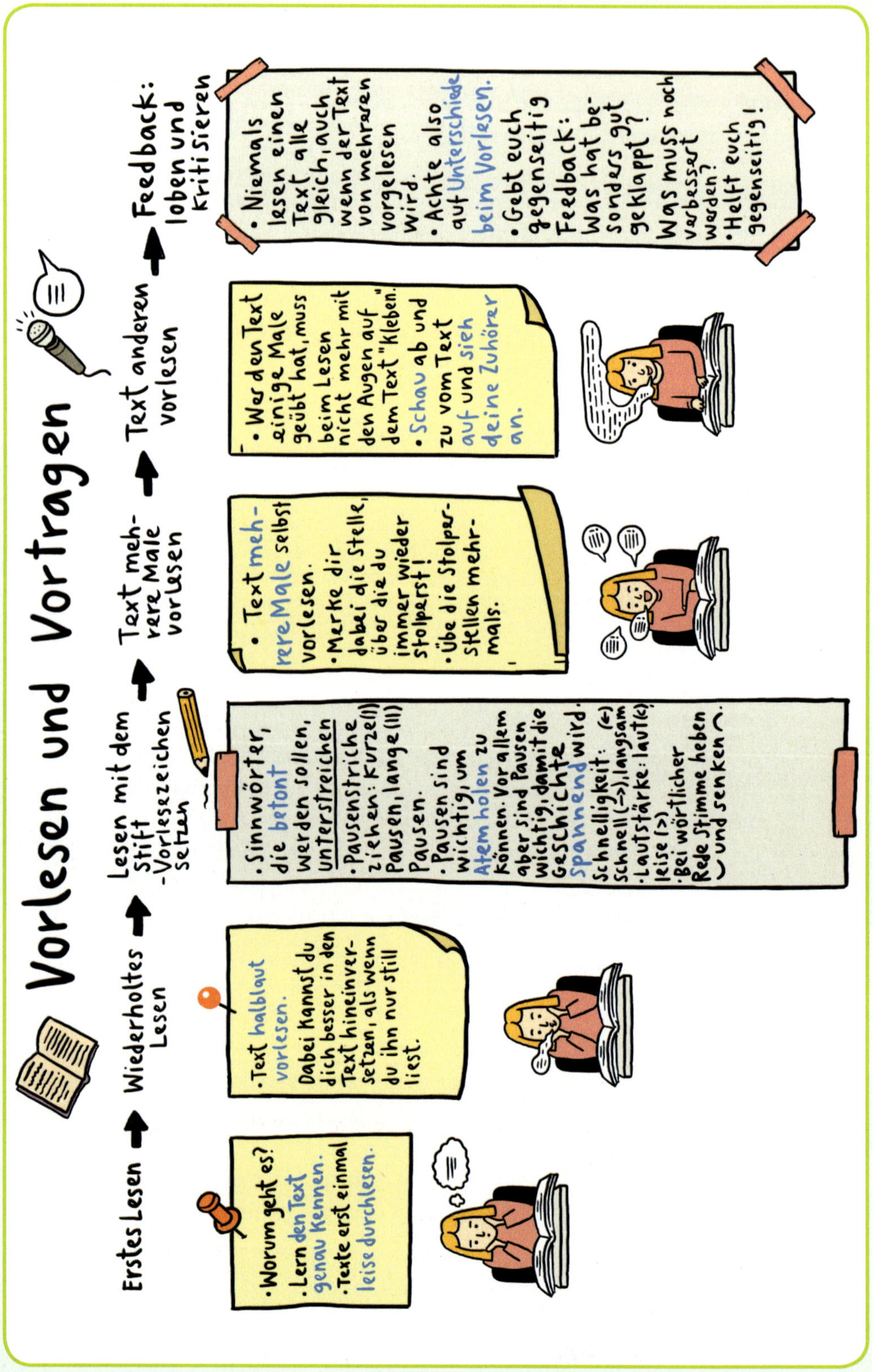

Überprüfe dein Wissen und Können

Wir machen einen Vorlesewettbewerb

Für die sechsten Klassen findet in den meisten Städten jedes Jahr ein Vorlesewettbewerb statt. Die besten Lesenden jeder Schule treten dort gegeneinander an.
Mit diesen Schritten kannst du dich auf einen Vorlesewettbewerb vorbereiten:

Schritt 1: Buch auswählen

Wähle ein Buch aus, das du vorlesen möchtest. Du kannst dich auch in der Bibliothek oder in der Buchhandlung beraten lassen.

Ein Buch auswählen → S. 172

Schritt 2: Buch lesen

Lies das gesamte Buch und lerne es schrittweise kennen. Du solltest genau wissen, was in den einzelnen Kapiteln passiert, so kannst du eine passende Textstelle finden.

Weitere Informationen: www.vorlesewettbewerb.de

Schritt 3: Textstelle zum Vorlesen auswählen

Wähle eine Textstelle aus, die sich gut vorlesen lässt. Warum findest du die Textstelle zum Vorlesen gut? Ist sie besonders lustig, spannend oder geheimnisvoll? Achte bei deiner Auswahl darauf, dass der Text für deine Zuhörenden, die das Buch nicht kennen, verständlich ist. Vor dem Vorlesen solltest du den Inhalt deines Buches bis zu deiner Textstelle zusammenfassen, indem du die W-Fragen beantwortest.

Schritt 4: Setze Vorlesezeichen für das gestaltende Vorlesen

Bearbeite deine Textstelle, damit sie ansprechend wird. Füge Vorlesezeichen ein.

Schritt 5: Vorlesen üben

Übe das Vorlesen. Beachte dabei deine Vorlesezeichen, die du dir notiert hast. Achte darauf, dass du laut, deutlich und langsam vorliest. Wenn du Freude hast, hat es dein Publikum auch.

Schritt 6: Der Vorlesewettbewerb

Präsentiere dein Buch. Gehe so vor: Nenne den Autor oder die Autorin und den Titel, stelle die Hauptpersonen vor, fasse den Inhalt bis zu deiner Textstelle kurz zusammen. Hierfür kannst du Karteikarten verwenden. Lies danach deine Textstelle vor.

Digital+
WES-126526-009
Karteikarten zum Ausdrucken

Schritt 7: Feedback geben

Gebt euch nach eurer Präsentation beim Vorlesewettbewerb ein Feedback.

1 Veranstaltet den Vorlesewettbewerb in eurer Klasse.
- Nutzt die oben genannten Schritte und bereitet euch auf den Wettbewerb vor.
- Die Zuhörenden machen sich Notizen, wer am besten gelesen hat.
- Gewonnen hat die Schülerin oder der Schüler mit den meisten Stimmen.

Digital+
WES-126526-010
Feedbackbogen

2 Der Klassensieger oder die Klassensiegerin tritt gegen den Sieger oder die Siegerin der Parallelklassen an.

Vorgänge und Personen beschreiben

In der Upcycling-AG

1 Beschreibt euch gegenseitig eine Person auf diesem Bild und lasst den jeweils anderen erraten, um wen es sich handelt.

2 Die Kinder basteln in der AG Rennautos aus leeren Milchkartons. Betrachte die Abbildung aufmerksam: Bringe die einzelnen Arbeitsschritte in die richtige Reihenfolge und formuliere in Stichpunkten die Bastelanleitung.
Der **Wortschatz** auf der rechten Seite kann dir dabei helfen:

1. Leere Milchkartons werden bemalt und beklebt
2. …

Wortschatz

ausschneiden – verzieren – bekleben – Löcher stanzen – Probe fahren – Cuttermesser
Räder anbringen – die Korkscheibe – das Schaschlikstäbchen – Milchkarton falten – vorsichtig

In diesem Kapitel lernst du, ...

- genau und verständlich zu beschreiben.
- wie du Vorgänge gut beschreibst.
- wie du Personen genau beschreibst.

Eine Vorgangsbeschreibung kennenlernen

Insektenhotel in Konservendose

Insekten spielen eine wichtige Rolle in der Natur. Ohne Wildbienen, Wespen und andere Tiere blieben viele Blüten unbestäubt und würden keine Früchte bilden. Wer ein Insektenhotel in seinem Garten oder auf dem Balkon aufhängt, der unterstützt die Nützlinge bei der Überwinterung und gibt ihnen eine Nisthilfe.

Fragt im Baumarkt nach umweltfreundlicher und wasserfester Acrylfarbe.

Materialliste
- saubere Blechdose
- Hammer und Nagel
- gelbe Acrylfarbe und schwarzes Klebeband
- PET-Flasche und Schere
- zwei Kronkorken und wasserfester Stift
- flüssiger Klebstoff
- Holzperlen
- Wollfaden
- Füllmaterial: Bambusstäbe, Holunderzweige, Stroh, dünne Zweige

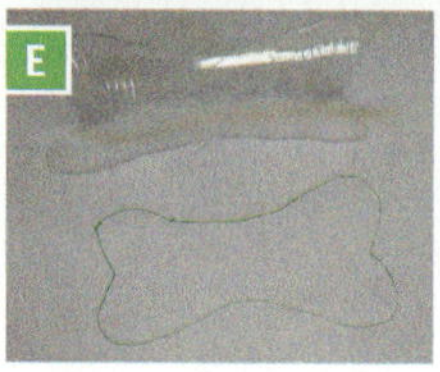

1 Lies die einzelnen Schritte der Anleitung sorgfältig durch.

Anleitung
Mit dieser Anleitung baust du eine Nist- und Bruthilfe für Insekten. Sie wird als Biene gestaltet und ist ein schöner Blickfang in deinem Garten. So gehst du vor:
1. Zuerst schlägst du vorsichtig mit Nagel und Hammer sechs Löcher in eine saubere Konservendose, vier für die Beine auf der einen Seite und zwei für die Aufhängung auf der gegenüberliegenden Seite.
2. Stelle die Dose danach mit der Öffnung auf eine Unterlage und durchlöchere mit einem Nagel und einem Hammer die Rückseite der Dose, sodass sie belüftet werden kann.
3. Anschließend lackierst du die Dose mit gelber Acrylfarbe.

linearen Texten Informationen entnehmen, Inhalte einfacher Sach- und Gebrauchstexte herausarbeiten

4. Danach umwickelst du die Dose in gleichmäßigen Abständen mit schwarzem Klebeband.
5. Schneide dann vorsichtig aus einer PET-Flasche mit einer Schere Flügel aus.
6. Jetzt gestaltest du aus Wollfäden und Perlen die Beine der Bienen. Ein Wollfaden ergibt zwei Insektenbeine. Fädele den Faden durch zwei gegenüberliegende Löcher. In jedes Fadenende führst du eine Perle ein. Mehrere Knoten aufeinander am Fadenende verhindern, dass die Perle herunterrutscht.
7. Nun malst du für die Augen mit einem wasserfesten Stift jeweils einen schwarzen Kreis in zwei Kronkorken. Die fertigen Augen klebst du mit Klebstoff auf die Unterseite der Dose.
8. Anschließend befestigst du die Flügel auf der gegenüberliegenden Seite der Insektenbeine mit Kleber oder einer Schraube und ziehst durch die Löcher an dieser Stelle einen Faden. So kann die Dose später aufgehängt werden.
9. Zuletzt füllst du die Dose mit Strohhalmen und dünnen Zweigen, die zuvor zum Schutz der Insekten vorne abgeschliffen wurden. Dazu eignen sich besonders Bambus oder Holunderzweige, die innen hohl sind. Die Füllung sollte fest sitzen und nicht herausfallen, wenn man die Dose bewegt. Trotzdem muss genug Zwischenraum bleiben, in den die Insekten schlüpfen können.

2 Ordne die Bilder A bis G auf Seite 36 den Arbeitsschritten (1–9) für eine Nisthilfe zu. Für zwei Arbeitsschritte gibt es keine Abbildung.

3 Erstelle eine Anleitung für eine Nisthilfe gestaltet als Marienkäfer.
- Welche Arbeitsschritte musst du verändern?
- Welche Arbeitsschritte kannst du weglassen?
- Welche Arbeitsschritte muss du ergänzen?
- Muss die Materialliste angepasst oder ergänzt werden?

Vorgangsbeschreibung

Vorgangsbeschreibungen müssen so formuliert sein, dass man den Vorgang problemlos ausführen kann.
- Du schreibst im **ersten Satz,** worum es geht.
- Du nennst die Dinge, die man für diesen Vorgang braucht: die Zutaten oder die Materialien.
- Du beschreibst den **Ablauf** des Vorgangs **schrittweise.** Halte dabei die **Reihenfolge** des Vorgangs ein. Benutze Wörter wie *zuerst, zunächst, nun, jetzt, dann, danach, schließlich, zuletzt, zum Schluss, anschließend, erstens, zweitens, drittens.*
- Du formulierst in der **Anredeform**: *Zuerst schneidest du...* oder du formulierst die Sätze **allgemeiner**. *Nun schneidet man ...* Du entscheidest dich für **eine Ansprache** und änderst sie nicht.
- Du schreibst im **Präsens.**
- Du verwendest **Fachwörter** und bezeichnest Dinge und Vorgänge genau: *Nisthilfe, lackieren, fixieren, gestalten, füllen, Schlaufe, Acrylfarbe*

Eine Vorgangsbeschreibung ordnen

Selbst geschöpftes Papier eignet sich sehr gut für besondere Grußkarten oder als Geschenkanhänger. In die feuchte Papiermasse, die „Pulpe“, kann man außerdem noch Pflanzensamen geben. Der Empfänger oder die Empfängerin muss die Karte dann nur in die Erde geben und feucht halten. Nach wenigen Tagen sprießen die Samen und beginnen zu wachsen. Mit dem „wachsenden“ Papier lassen sich auch ganze Kalender gestalten. Hier siehst du Bilder zum Vorgang des Papierschöpfens:

1 Betrachte die Abbildungen aufmerksam in der richtigen Reihenfolge.

Achte auf die Wörter, die dir die Reihenfolge angeben: erstens, zweitens, zuerst, dann, am Ende …

2 Auf der gegenüberliegenden Seite wird der Vorgang in Worten beschrieben. Leider sind die Arbeittschritte in der falschen Reihenfolge abgedruckt. Ordne die Abbildungen 1 bis 9 den Arbeitsschritten A bis I zu.
Beispiel: *1-D, 2-B, 3…*

Anleitung zum Papierschöpfen

B *Am nächsten Tag* geht es weiter: Du zerkleinerst den Papierbrei mit einem **Handrührgerät**. Wenn die Masse zu fest ist, gib noch etwas heißes Wasser dazu, dann wird sie flüssiger.
H Fast geschafft! Lege trockene Tücher auf das geschöpfte Papier und presse mit einem **Nudelholz** vorsichtig, ganz vorsichtig das Wasser aus dem Papierbrei bis er fast trocken ist. Diesen Vorgang bezeichnet man als „Gautschen".
C *Jetzt* füllst du eine **flache Wanne** zur Hälfte mit lauwarmem Wasser. Gib etwas Papierbrei hinein: Je mehr Brei du verwendest, desto dicker wird das Papier.
F Lege eine Filzplatte oder eine Schicht **Zeitungspapier** in den **Schöpfrahmen** hinein. Drücke Papier oder Filz vorsichtig an den abgetrockneten Papierbrei an.
E Lass das Wasser *anschließend* gut vom Schöpfrahmen abtropfen. Streue **Farb-** oder **Glitzerpulver**, **getrocknete Blumen** oder **Blumensamen** darauf.
A *Nun* tauchst du den **Schöpfrahmen** langsam von der Seite in den Papierbrei ein. Er muss vollständig von der Masse bedeckt sein. *Dann* hebst du ihn vorsichtig an und hältst ihn dabei gerade wie ein Tablett.
G Wende vorsichtig den Schöpfrahmen und lege ihn auf einen Stapel Zeitungen. Das geschöpfte Blatt Papier liegt nun oben.
D *So beginnst du:* Reiße **Altpapier** in kleine Stücke und gib diese Papierschnipsel in eine Schüssel. Übergieße das Papier mit heißem Wasser und lasse den Papierbrei über Nacht einweichen.
I *Zum Abschluss* legst du das Papier auf einen **Wäscheständer** oder hängst es mit Klammern an eine Wäscheleine.

3 Erstelle eine Materialliste zur Vorgangsbeschreibung. Schreibe sie in dein Heft.

4 Schreibe die Vorgangsbeschreibung zum Papierschöpfen in der richtigen Reihenfolge in dein Heft.

5 Überprüfe deine Arbeit mit der **Checkliste**.

Checkliste

- Ich erkläre am Anfang der Beschreibung, worum es geht.
- Ich erstelle eine Material- oder Zutatenliste.
- Ich beschreibe den Vorgang Schritt für Schritt in der richtigen Reihenfolge.
- Ich schreibe den Text im Präsens.
- Ich verwende in den Sätzen eine direkte Ansprache: *Imperativ, Man- oder Du-Form*.
- Ich schreibe gut verständlich, so dass ein anderer den Vorgang nachmachen kann.
- Ich verwende Fachwörter.
- Ich überprüfe den Text auf Rechtschreibung und die Zeichensetzung.

Schreibkonferenz: Texte prüfen und überarbeiten

Kein Text ist gleich perfekt. Auch professionelle Autorinnen und Autoren überarbeiten ihre Texte mehrmals und überprüfen sie auf bestimmte Fehlerschwerpunkte. Dabei holen sie sich gern Unterstützung von anderen Autoren oder Autorinnen, denn wenn man einen Text selbst geschrieben hat, dann übersieht man die Fehler leicht. Mit Textlupen kann man in der Schreibkonferenz Texte gezielt überprüfen, z. B. auf:

- **Wiederholungen**: Werden manche Wörter unnötig oft wiederholt? Wirken die Satzanfänge zu gleichförmig? Macht Verbesserungsvorschläge.
- **Umgangssprache**: Welche Wörter aus der Umgangssprache wirken unangebracht? Macht einen Ersatzvorschlag.
- **Rechtschreibung**: Lest den Text leise Wort für Wort. Schreibt die Fehlerwörter in korrekter Schreibweise auf. Schlage im Zweifelsfall im Wörterbuch nach.
- **Zeichensetzung**: Lest den Text leise Satz für Satz. Prüft, ob alle gesetzten Kommas und Satzschlusszeichen korrekt sind. Prüft auch, ob vielleicht noch Satzschlusszeichen fehlen.
- **Inhalt**: Enthält der Text alle Punkte der **Checkliste**?

Vorbereitung
- Bildet Vierergruppen.
- Verteilt die vier Textlupen auf die Gruppenmitglieder. Jeder konzentriert sich auf einen Fehlerschwerpunkt. Jeder wird so zum Spezialisten.
- Auf dem Tisch liegen leere Notizzettel, auf denen man Kommentare notieren kann.

Runde 1
- Gebt eure Texte im Uhrzeigersinn weiter.
- Jeder überprüft nun den fremden Text mit seiner Textlupe und untersucht ihn auf Fehler oder mögliche Verbesserungen.
- Notiert eure Kommentare mit Bleistift entweder im Text oder auf einem der Notizzettel.
- Nach einem vereinbarten Zeitraum werden die Texte im Uhrzeigersinn weitergegeben.
- Zuletzt überprüft man seinen eigenen Text.

Runde 2
- Jetzt liest man die Kommentare der anderen. Es besteht die Möglichkeit nachzufragen, wenn man einen Kommentar nicht verstanden hat.
- Jeder entscheidet selbst, was er aus den Rückmeldungen der anderen übernimmt und was nicht.

Runde 3
- Jeder überarbeitet seinen Text und schreibt ihn sauber auf.

Einen Vorgang mit Fachwörtern beschreiben

Simit (Sesamringe) backen

Simit
Bezeichnung für ein beliebtes Gebäck in der Türkei.

Zubereitung

1. Zuerst ___ man alle Teigzutaten in einer Schüssel zu einem glatten Teig und lässt ihn abgedeckt an einem warmen Ort 45 Minuten gehen. *(schüttelt/verknetet/rüttelt)*
2. In der Zwischenzeit ___ man Traubensirup, Wasser und Öl in einer flachen Schüssel. *(vermischt/verklebt/rührt)*
3. Jetzt röstet man den Sesam ohne Fett und unter ___ Rühren in einer Pfanne an und lässt ihn danach abkühlen. *(dauerndem/stockendem/ständigem)*
4. Nun ___ man den Teig auf eine bemehlte Arbeitsfläche und teilt ihn in 8 gleichmäßig große Stücke. *(gießt/wirft/gibt)*
5. Aus jedem Stück ___ man zuerst eine Kugel und dann eine lange Rolle. *(zupft/formt/gestaltet)* Die Rollen werden in sich verdreht und zu ___ geschlossen. *(Ringen/Reifen/Schlaufen)*
6. Anschließend taucht man die fertigen Ringe erst in die Flüssigkeit ein und ___ sie dann im gerösteten Sesam. *(schüttelt/schleudert/wendet)*
7. Danach lässt man die Ringe noch 15 Minuten abgedeckt ___. *(stehen/warten/gehen)*
8. Zum Schluss ___ man die Ringe ca. 20 Minuten im ___ Ofen bei 200°C. *(kocht/backt/grillt); (vorgeheizten/erhitzten/heißen)*

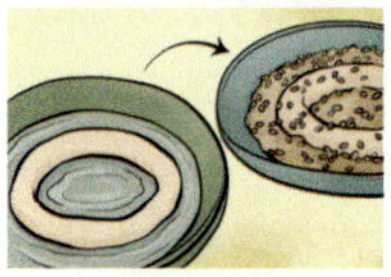

Digital+
WES-126526-011
Text zum Bearbeiten

Zutaten
Teig:
480 g Mehl Typ 550
150 ml lauwarme Milch
150 ml lauwarmes Wasser
1 Päckchen Trockenhefe
1 TL Salz
1 TL Zucker
75 ml Öl
Außerdem:
4 EL Üzüm Pekmezi (Türkischer Traubensirup) vermischt mit
100 ml Wasser
1 EL Öl
200 gr. Sesam

1 Informiere dich.
a) Lies das Rezept und die Zutatenliste aufmerksam durch.
b) Kläre, was die Bezeichnungen min, ml, g, TL, EL, ca. ,°C und Typ bedeuten.

2 Tauscht euch aus und arbeitet gemeinsam weiter.
a) Vergleicht eure Arbeitsergebnisse aus Aufgabe 1.
b) Lest euch das Rezept gegenseitig vor und ergänzt dabei das richtige Fachwort. Manchmal ist mehr als ein Ausdruck richtig.

3 Schreibe das Rezept für Simit in dein Heft.
a) Verwende in allen Sätzen das richtige Fachwort.
b) Verwende das richtige Fachwort und verändere die Ansprache im Rezept in „du“.

Selbständig einen Vorgang beschreiben

Eine Sanduhr zum Selberbauen

Die Sanduhr ist ein Messgerät, mit dem man kurze Zeitabschnitte messen kann. Das Prinzip ist sehr einfach: Aus einem oberen Behälter aus Glas rieselt Sand in ein unteres Glas. Beide sind durch einen kleinen Übergang miteinander verbunden. Die Größe der Gläser und die Menge des Sandes bestimmen den Zeitraum, der gemessen wird. Durch das Glas kann man beobachten, wie viel Zeit schon vergangen ist. Sanduhren kennt man schon seit dem Mittelalter als Stundengläser. Wir benutzen sie auch in der Küche als Eieruhren.

1 Schreibe mit den Informationen auf dieser Seite eine Vorgangsbeschreibung für den Bau einer Sanduhr.
- Nutze die Informationen in der Materialliste, die Abbildungen und die Formulierungshilfen.
- Denke an Wörter, mit denen du die Reihenfolge der Arbeitsschritte festlegst.
- Achte darauf, immer die gleiche Anredeform zu benutzen.

2 Überprüfe deine Vorgangsbeschreibung mit der **Checkliste** auf Seite 39.

M → S. 40
Schreibkonferenz

3 Führt mit euren Vorgangsbeschreibungen eine Schreibkonferenz durch.

Messt zum Schluss mit einer Stoppuhr, wie viel Zeit der Sand braucht, um durchzulaufen. Dann die Sandmenge an den gewünschten Zeitraum anpassen, z. B. für 15 Minuten.

Material und Werkzeug
- 2 identische Gläser mit Schraubdeckel
- eine Tube Alleskleber oder eine Heißklebepistole
- 1 großer Nagel und Hammer (zum Durchlöchern der Metalldeckel)
- ein feinmaschiges Sieb
- Holzbrett oder dicke Pappe als Arbeitsunterlage
- fein gesiebter Sand, z. B. Vogelsand
- eine Stoppuhr zum Einstellen der Sanduhr

Formulierungshilfen und Reihenfolge

Deckel aufeinander schrauben, Verschlüsse mit Oberseiten aufeinander kleben, Kleber trocknen lassen, Loch mittig einschlagen, Vogelsand durch feinmaschiges Sieb durchlaufen lassen, in Gläser einfüllen, Sand in eines der Gläser füllen, mit Doppeldeckel verschließen, zweites Glas darauf schrauben, gewünschten Zeitraum einstellen

Personen in einem Text beschreiben

1 Lies dir die Beschreibung durch.

Die beiden Neuen

Gestern sind zwei Neue in unsere Klasse gekommen: ein Mädchen und ein Junge. Die beiden sind Zwillinge und heißen Zahrah und Jakov.

Zahrah hat eine sehr *sportliche Figur*. Sie ist deutlich *größer als ihr Bruder*. Ihr Gesicht ist schmal und hat eine ovale Form. Die langen dunklen Haare hat sie mit einem bunten Gummiband zu einem Pferdeschwanz zusammengebunden. Mit ihren strahlend blauen Augen blickt sie **selbstbewusst** durch runde Brillengläser. Zu dem pinkfarbenen T-Shirt trägt sie grüne Leggings und einen kurzen Rock in einem auffällig kräftigen Orange. Ihre Füße stecken in Sneakers so rot wie Erdbeeren. An ihrem Handgelenk klappern mehrere bunte Perlenbänder. Zahrah gibt sich alle Mühe, nicht zu zeigen, dass sie nervös ist. Sie wippt aber auf ihren Fußsohlen sanft von links nach rechts und schlenkert mit den Armen.

Der Junge heißt Jakov und hat eine ziemliche rundliche Figur. Sein Gesicht ist braungebrannt und voller Sommersprossen. Auf die Frage der Lehrerin, wie er heißt, antwortet er laut und deutlich: „Ick bin der Jakov." Dass darauf einige zu tuscheln und kichern anfangen, **scheint ihn nicht zu stören**. Er bleibt ganz ruhig stehen und schaut mit erhobenem Kopf freundlich in die Runde. Auf dem Kopf trägt er eine blaue Baseballkappe. Seine Hände stecken lässig in den Hosentaschen seiner verwaschenen Jeans. Auf seinem grünen Kapuzenpullover steht in großen Buchstaben: „Mir reichts, ich geh Wandern". Jakov trägt braune Turnschuhe mit einer ungewöhnlich dicken Laufsohle.

Die beiden erzählen dann, dass sie aus Berlin hierhin umgezogen sind. Dies ist schon ihre dritte Schule, weil ihre Eltern als Journalisten immer aus anderen Hauptstädten berichten. In Wien haben sie auch schon gewohnt. Geboren sind sie aber in Tel Aviv. Keine dieser Städte sei aber so klein wie Stuttgart. Jakov spricht langsamer als seine Schwester und mit rauer Stimme. Zahrah plappert mit ihrer hellen Stimme munter drauflos.

Ich kann nicht sagen, wer von beiden mir besser gefällt. Sympathisch sind sie beide. Kaum zu glauben, dass sie Zwillinge sind.

2 Beantwortet die folgenden Fragen:
- Wie ist Zahrah gekleidet?
- Wie ist Jakov angezogen?
- Wer von beiden ist wohl cooler? Begründet eure Antwort mit einer Textstelle.
- Wer ist lustiger? Begründet eure Antwort mit einer Textstelle.

3 Arbeitet genauer mit dem Text.
- Notiert die Kleidungsstücke, die Zahrah und Jakov tragen.
- Notiert, wie das *Aussehen* der beiden beschrieben wird.
- Notiert den **Eindruck**, den die beiden machen. Wie wirken sie auf euch?

Adjektivgruppen → S. 190

4 Unterstreiche Adjektivgruppen, die Zahrah beschreiben.

5 Bewertet die Personenbeschreibung der Zwillinge. Ist sie gelungen?

Digital+
WES-126526-012
Vorlage für die Mindmap

6 Hier wurden Informationen zu Zahrah aus dem Text in einer Mindmap zusammengetragen. Überprüft mithilfe des Textes, ob die Mindmap vollständig ist.

7 Erstellt eine Mindmap mit den Informationen zu Jakov.

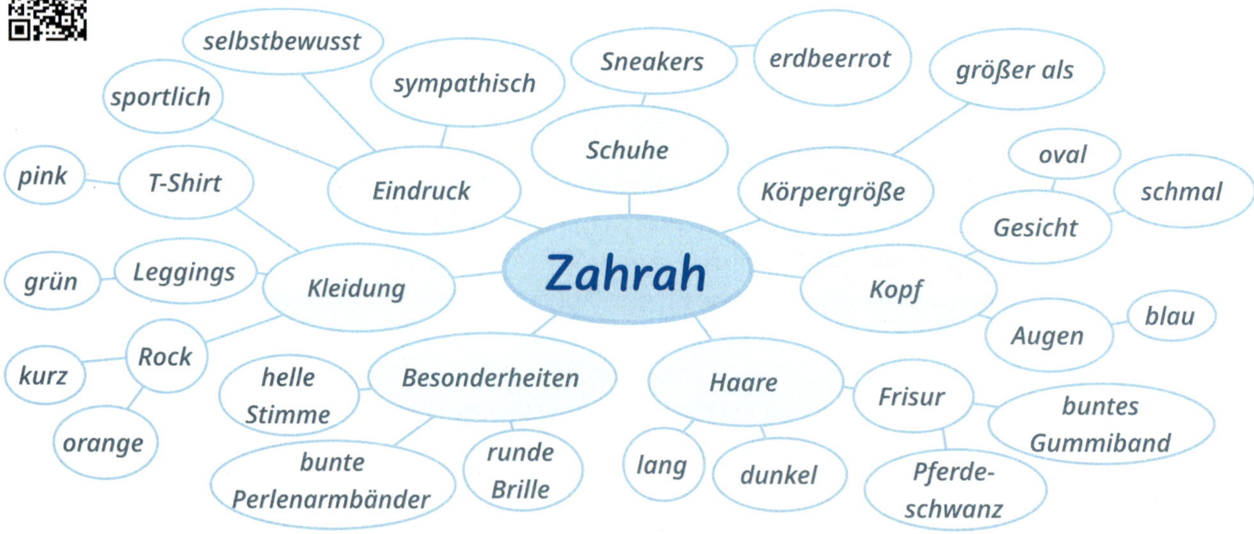

Personen beschreiben

Personenbeschreibungen sollten so formuliert sein, dass man eine Person anhand der Beschreibung erkennen kann.

- Du erwähnst im ersten Satz den **Zusammenhang, in dem du der Person begegnet bist**: *Im Schwimmbad habe ich einen Jungen gesehen, der … Gestern sind zwei Neue in die Klasse gekommen … Die Schauspielerin hat ein Foto von sich gepostet*
- Du beschreibst den **Eindruck**, den du von der Person hast: *Auf mich wirkt er unsicher und nervös … Ich würde sie als sympathisch bezeichnen … Meiner Meinung nach ist sie sehr sympathisch … Ich finde, sie wirkt lustig …*
- Du beschreibst die Person **systematisch Schritt für Schritt**: *von oben nach unten* oder *zuerst die Kleidung*, dann *das Aussehen* und anschließend *das Verhalten*.
- Du nennst beim Beschreiben folgende **Einzelheiten**: *Geschlecht, Alter, Kleidung, Figur, Haare, Körperteile, Kopf, Sprache, Verhalten, Besonderheiten.*
- Du verwendest **Adjektive** (*schmaler Mund*)**, Adjektivgruppen** (*ziemlich dünne Beine)* **oder Adjunktorgruppen** (*als alle anderen*), um möglichst anschaulich zu beschreiben.
- Du schreibst im **Präsens**.
- Du beschreibst die Person **sachlich**, ohne ihr Aussehen oder Handeln zu bewerten.

Adjunktorgruppe → S. 192

Personen nach einem Bild beschreiben

1 Lies den Text durch. Schaue dir dabei immer wieder das Foto an.

Ein cooler Typ!

„Hier", sagte ich zu meiner Mutter, „sieh dir das an!" Und ich zeigte ihr ein Foto, das ich mit meinem Handy von den Mitgliedern unserer Theater-AG gemacht hatte. „Der da", sagte ich und zeigte auf das Bild, „der mit den richtig kurzen Haaren, mit dem habe ich mich angefreundet." Meine Mutter fragte: „Wie ist er denn so? Was findest du denn an dem?" Ich fing an zu erzählen: „Das ist ein voll lustiger Typ. Größer als ich und auch stärker ist er. Sein Name ist Ndumiso. Gut, ich verstehe nicht immer gleich alles, was er sagt, weil er ein bisschen komisch spricht. Er hat mir erzählt, dass Deutsch nicht seine erste Sprache ist. Er hat zuerst Englisch gelernt. Mittlerweile habe ich mich ganz gut daran gewöhnt. In Mathe ist er 'ne Eins. Und super sportlich ist er auch. Er lacht viel, hat immer Sachen an, die irre bunte Farben haben. Wenn ich mich etwas nicht traue, dann blitzt er mich mit seinen schwarzen Augen an und sagt: ‚Das kannst du nicht?' Ein richtig cooler Typ. Echt!"

Digital+
WES-126526-013
Text zum Anhören

2 Entscheidet, von welchem Jungen hier die Rede ist. Begründet eure Entscheidung und benennt die Textstellen, an denen ihr ihn erkannt habt.

3 Bestimme die Adjunktorgruppen, mit denen der coole Typ beschrieben wird.

Adjunktorgruppe → S. 192

4 Hier wird ein anderer Junge auf dem Bild beschrieben. Lest den Text und vergleicht die Beschreibung mit dem Foto.

Joshi

Joshi ist ein ziemlich fröhlicher Junge. Lässig steht er da und schaut mit seinem Lächeln in die Kamera. Er ist ziemlich klein und schlank. Außerdem hat er einen kleinen runden Kopf mit etwas abstehenden Ohren. Seine dunkelblonden Haare sind kurz geschnitten. Auf dem Bild trägt er ein grünes T-Shirt mit einer blauen Kapuzenjacke darüber und graublaue Jeans. Seine Füße stecken in Turnschuhen mit weiß-blauen Streifen. Wie er da steht, mit seinen beiden Händen in den Hosentaschen, sieht er ganz entspannt aus. Vielleicht ist er aber auch ein bisschen schüchtern?

Wortschatz

aufmerksam
außerordentlich
arrogant
cool
egoistisch
eingebildet
freundlich
hilfsbereit
lustig
mutig
nachdenklich
neugierig
schön
schüchtern
schwach
sehr
selbstbewusst
stark
traurig
tüchtig
vorsichtig
ziemlich
zufrieden

5 Nennt folgende Textstellen:
- Die Textstellen, an denen ihr Joshi erkannt habt.
- Die Textstellen, in denen der Eindruck geschildert wird, den Joshi vermittelt.

6 Wählt eine Aufgabe aus und beschreibt das jeweilige Kind, das ihr auf dem Foto auf der Seite 45 seht. Nutzt dafür die vorgegebenen Stichwörter. Natürlich könnt ihr die Reihenfolge der Stichwörter verändern oder etwas hinzufügen. Vergesst nicht, euren eigenen Eindruck zu der Person zu notieren. Der **Wortschatz** aus der Randspalte kann euch dabei helfen.

a) Beschreibt das Mädchen in der mittleren Reihe ganz links.
Mädchen – hat blonde lange Haare – fallen bis auf die Schulter – blasses Gesicht – blaue Augen – hat schlanke Figur – trägt lila-kariertes Hemd – Ärmel sind aufgekrempelt – hat Arme verschränkt – trägt enge schwarze Hosen – pinke Söckchen schauen unten heraus – Füße stecken in schmalen Schuhen mit Schleifen

b) Beschreibt den Jungen in der vorderen Reihe.
Junge – lächelt in die Kamera – kräftige Figur – großer Kopf – bräunliche Haare – Haarsträhne in die Stirn – blau-kariertes Hemd – Brusttaschen – weißes Unterhemd – Ärmel aufgekrempelt – Daumen lässig in den Gürtelschlaufen – grauschwarze Jeans etwas zu lang – Füße in grauen Turnschuhen mit grünen Streifen

c) Beschreibt das Mädchen in der hinteren Reihe ganz rechts.

Eine Schreibkonferenz durchführen → S. 40

7 Führt eine Schreibkonferenz durch.

8 Überarbeite die Personenbeschreibung für den „Coolen Typ“ auf Seite 45.

a) Du kannst einige der Ausdrücke verwenden. So könnte deine Beschreibung beginnen: *Der Junge wirkt ... Er hat schwarze Augen und ... Haare. Seine Haut ist ... Er trägt ein ... T-Shirt in einem kräftigem ...*

b) Formuliere die Beschreibung des „Coolen Typs“ um in eine sachliche Beschreibung. Arbeite mit dem Merkkasten auf Seite 44.

Personenbeschreibungen anschaulicher gestalten

1 Personenbeschreibungen werden anschaulicher durch Adjektivgruppen. Bilde aus den folgenden Worten Adjektivgruppen. Passe das rechte Adjektiv in Genus, Kasus und Numerus an das Nomen an.
Beispiel: *a) Seine außergewöhnlich langen Beine*

Adjektivgruppen → S. 190

a) seine Beine / lang/dünn / außergewöhnlich
b) ihre Füße /schmal/groß / ziemlich
c) meine Stiefel / hoch/gefüttert / sehr
d) ihr Blick / neugierig / aufmerksam
e) die Figur / schlank/muskulös / echt
f) eine Schultasche / ungewöhnlich / dick
g) das Gesicht / rund / ausgesprochen
h) seine Haare / lang / außergewöhnlich
i) einen Schal / außergewöhnlich / bunt
j) einen Eindruck / nervös / ziemlich

2 Die Adjektivgruppen in der folgenden Personenbeschreibung enthalten eine Reihe von Fantasiewörtern. Schreibe den Text ab und setze dabei passende Adjektive ein. Dadurch sollst du die Person so beschreiben, dass man sich ein genaues Bild von ihr machen kann. Du kannst dafür Adjektive aus dem **Wortschatz** verwenden.
Beispiel: *...Sie sieht ziemlich lustig aus. Mit ihren großen Augen...*

An der Haltestelle lehnt ein Mädchen an der Wand. Sie sieht ziemlich lömmig aus. Mit ihren brellen Augen schaut sie mich klülich an. Außergewöhnlich pomme Locken fallen ihr über die Stirn und verdecken fast ihr mömes Gesicht. Sie trägt einen qollen Pulli und güllene Hosen. Um ihren Hals hat sie ein sehr kabruntes Tuch gewickelt. Mit ihren Fingern spielt sie an der quillenen Kette herum, die um ihren Hals baumelt. Den schlocken Arm hat sie in die Hüfte gestemmt. Am killigsten ist die geunkte Mütze, die ihr blaaf auf dem Kopf sitzt. Ich finde sie sehr geblüchig.

Wortschatz

zufrieden/lustig
groß/braun/blau
glücklich/neugierig/kritisch
dunkelbraun/Blond
rund/oval/schmal
bequem/weit
lang/eng
kunterbunt/kariert
schlank
silbern/golden
rechter/linker
lustig/witzig
knallrot/pink
schräg/schief
sympathisch/interessant

3 Eine hohe Anschaulichkeit lässt sich durch Vergleiche erreichen. Vergleiche die Jugendlichen auf dem Bild und verwende dabei folgende Adjunktorgruppen:
kleiner als, größer als, fast genauso groß wie, fast so groß wie, halb so groß wie, viel größer als, am größten
Beispiel: *Max ist viel größer als Johanna.*

GR: Adjektivgruppen bilden, Adjektive verwenden, Texte sprachlich überarbeiten, Personen beschreiben

Eine eigene Personenbeschreibung verfassen

Auf dieser und der nächsten Seite findet ihr Aufgaben, Anregungen und Hilfestellungen, wie man Personen genau beschreiben kann.

- Wählt eine der Aufgaben aus.
- Orientiert euch an der **Checkliste**.
- Nutzt die Hilfestellungen: **Wortschatz** und Formulierungsvorschläge.
- Wenn ihr eure Texte geschrieben habt, überarbeitet sie in einer Schreibkonferenz.

Digital+
WES-126526-014
Bilder vergrößert

Nutze ein Englisch-Wörterbuch, um die Plakate auf dem Foto zu verstehen.

1 Verfasse eine Personenbeschreibung.

a) Beschreibe den in der oberen Fotografie auf Seite 48 abgebildeten Jungen.
- Dabei helfen dir die Satzbausteine.
- Nutze auch den **Wortschatz** unten auf dieser Seite.

Der Junge auf dem Bild wirkt ... Er sitzt in ... Wahrscheinlich befindet er sich auf einem ... Sein Kopf ist ... und die Haare ... Er trägt ein ... mit einer Kapuze. Seine langen Beine stecken in ... An den Füßen trägt er ... Mit seinen Händen hält er einen ... Vielleicht macht er gerade eine Pause und ...

b) Beschreibe eine der Personen, die auf dem Foto auf Seite 48 im Vordergrund abgebildet sind. Nutze dabei die **Checkliste** und den **Wortschatz**.

c) Vergleiche zwei der im Vordergrund abgebildeten Personen auf dem Foto auf Seite 48.
- Nutze dazu die **Checkliste** und den **Wortschatz**.
- Bilde Adjunktorgruppen.

Adjunktorgruppe → S. 192

Checkliste

- Ich erwähne den Zusammenhang, in dem mir die Person begegnet ist.
- Ich beschreibe, was die Person gerade tut und wie sie das macht.
- Ich beschreibe, wie die Person aussieht und die Kleidung, die sie trägt.
- Ich verwende dabei anschauliche Verben und Adjektive.
- Ich schreibe, wie die Person auf mich wirkt.
- Ich schreibe meinen Text im Präsens.
- Ich schreibe sachlich.

Wortschatz

Adjektive		**Verben**		**Nominalgruppe**	
bequem	links	aussehen	lehnen	der Arm	der Kopf
fröhlich	mittelblau	ausgestreckt	sitzen	die Aufschrift	die Linie
grau	olivgrün	entspannt	spielen	der Basketball	das Plakat
hellblau	rechts	fahren	stehen	der Basketballkorb	der Rollstuhl
kurzärmlig	knallrot	festhalten	tragen	die Demonstration	der Sportplatz
kürzer als		kurz	vergnügt	der Hoodie	der Umweltschutz
länger als		lächeln	wirken	die Jeans	der Zaun
langärmlig		lachen	zerzaust	der Klimaschutz	die Locken
				die Brille	

2 Führt eine Schreibkonferenz durch.

Eine Schreibkonferenz durchführen → S. 40

Zusammenfassung

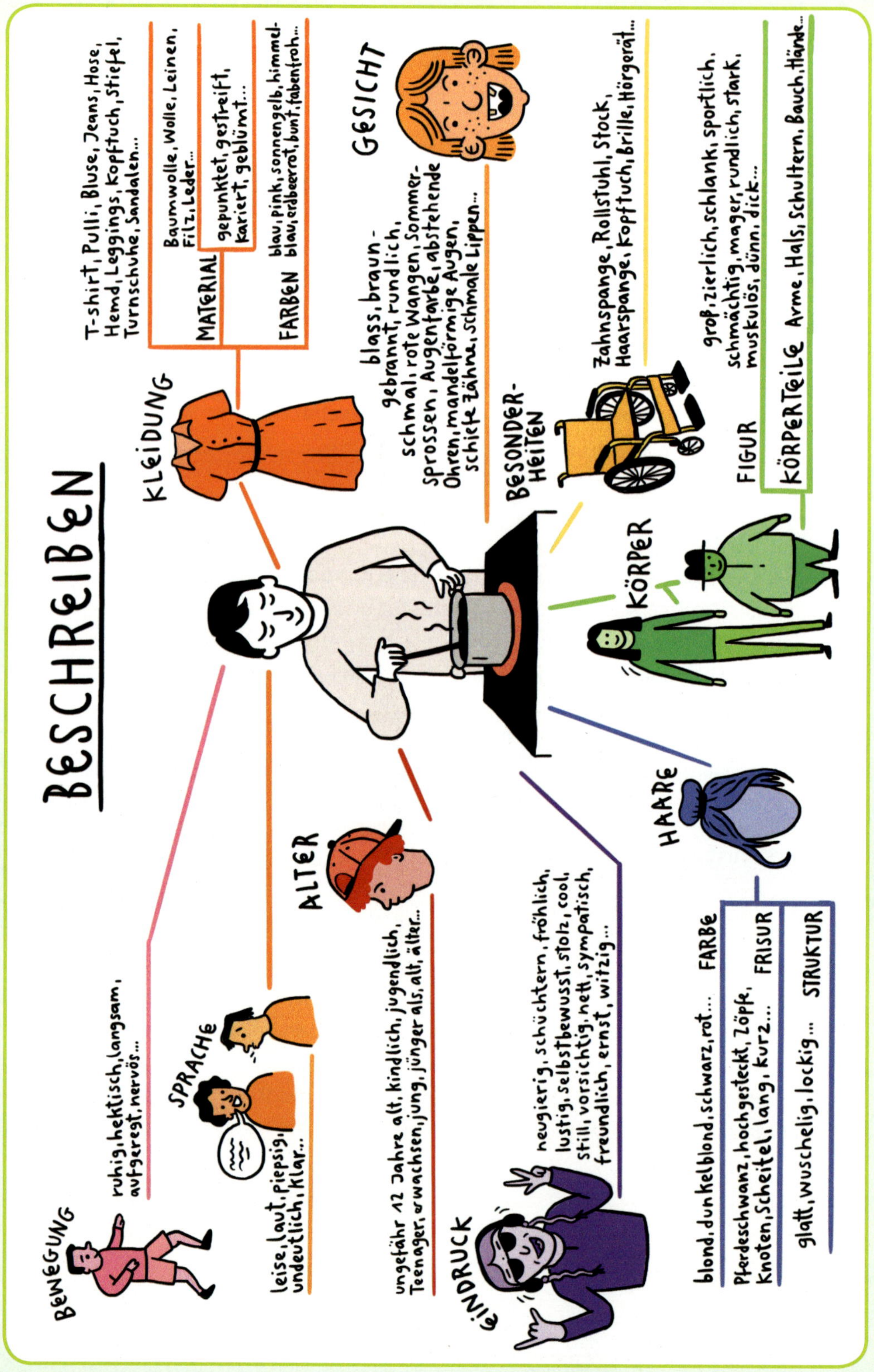

Überprüfe dein Wissen und Können

1 Stelle in dieser Vorgangsbeschreibung die richtige Reihenfolge her. Notiere dafür die Buchstaben in der richtigen Reihenfolge. Achtung: Ein Textabschnitt gehört nicht dazu.

Einen Knopf annähen

A) Wenn der Knopf richtig festsitzt, wird zum Schluss der Faden auf der Rückseite des Stoffes vernäht und das Ende abgeschnitten.

B) Wenn ein Knopf abgerissen ist, brauchst du Nadel und Faden, um den Schaden zu beheben.

C) Dann stichst du von hinten durch Stoff und Knopfloch und ziehst den Faden an. Danach stichst du von vorne durch das andere Knopfloch und durch den Stoff. Wiederhole diesen Vorgang mehrere Male.

D) An meiner Lieblingsjacke habe ich drei Knöpfe verloren. Meine Oma hat mir gezeigt, wie man einen Knopf annäht. Aus ihrer Knopfschachtel durfte ich mir die schönsten aussuchen. Die habe ich dann angenäht. Das sieht jetzt echt cool aus.

E) Zunächst wird der Knopf dort auf den Stoff gelegt, wo er angenäht werden soll. Den Faden zieht man durch die Nadel. Das Fadenende wird verknotet, damit die Naht hält.

2 Schreibe mithilfe der folgenden Stichwörter eine Vorgangsbeschreibung. Verwende die Du-Form und kontrolliere dich mit Hilfe der **Checkliste** auf S.39.

Rezept für Spiegeleier

Pfanne, Eier, Butter oder Margarine, etwas Fett, Fett erhitzen, Eier aufschlagen, Eier nebeneinander ins heiße Fett gleiten lassen, Salz über Eiweiß streuen, so lange braten, bis Eiweiß fest

3 Welche der Aussagen sind richtig? Schreibe die Ziffern auf.

1) In einer Personenbeschreibung wird nur das beschrieben, was äußerlich sichtbar ist.
2) In einer Personenbeschreibung wird beschrieben, wie jemand aussieht und wie er sich verhält.
3) In einer Personenbeschreibung wird auch beschrieben, wie jemand wirkt.
4) In einer Personenbeschreibung muss unbedingt auch der Name der Person genannt werden.

4 Schreibe die folgenden Sätze ab. Füge dabei Adjektive ein, mit denen du die Personenbeschreibung anschaulicher machen kannst.

Der ___ Junge hat ___ Augen und ___ Haare. Er steht ___ da und schaut ___ in die Gegend. Er trägt ein ___ T-Shirt und ___ Hosen. Seine Füße stecken in ___ Turnschuhen. In seinen Händen hält er ein ___. Er macht einen ___ Eindruck auf mich.

Digital+
WES-126526-015
Lösungen

Spannend schreiben

Die Klasse 6a war vor kurzem auf Klassenfahrt. Nun soll sie aus ihren Erlebnissen spannende Texte schreiben.

1 Lies die unterschiedlichen Anfänge des Erzähltextes.

A Letztes Wochenende im Schwarzwald kamen Wildschweine in unser Zeltlager. Es passierte nichts Schlimmes. Sie schnüffelten in unseren Mülltüten herum und wühlten den Platz auf. Es waren mindestens zehn Stück. Als ich aufwachte, dachte ich erst ...

B Letztes Wochenende passierte im Zeltlager im Schwarzwald etwas ziemlich Schreckliches. Es war schon stockdunkel draußen. Gerade war ich eingeschlafen, da hörte ich plötzlich vor dem Zelt ein schnarchendes Geräusch. Ich schreckte hoch. Was mochte das sein? ...

2 Tauscht euch aus.
- Welchen der beiden Anfänge findet ihr spannender?
- Begründet eure Meinung.
- Nennt Wörter, Satzanfänge oder Sätze, die euch spannend vorkommen.

3 Die Schülerinnen und Schüler haben ihren Erzählungen Überschriften gegeben. Tauscht euch aus, welche ihr eher spannend, welche ihr eher langweilig findet.

Letzte Woche im Schwarzwald
Im Zeltlager
Wildschweine vor den Zelten
Ein Überfall
Geräusche in der Nacht
Vor Schreck aufgewacht
Ein Erlebnis
Eine unruhige Nacht
Ein spannendes Erlebnis

In diesem Kapitel lernst du (,) ...
- spannende Erzähltexte zu schreiben.
- spannende Erzähltexte zu untersuchen.
- Spannungsmacher für Texte kennen.
- Erzähltexte durch Spannungsmacher zu ergänzen.
- spannende Erzähltexte zu überarbeiten.

Spannende Überschriften und Anfänge untersuchen

1 Lies den Text erst leise und dann gestaltend vor.

Gestaltend vorlesen → S. 26

Versetze dich in Paul hinein und passe deine Stimme den Situationen an, in denen er Angst hatte.

Überschrift?

Ein Schüleraufsatz von Paul Martens

Letztes Wochenende passierte im Zeltlager im Schwarzwald etwas ziemlich Schreckliches. Es war schon stockdunkel draußen. Gerade war ich eingeschlafen. Plötzlich hörte ich vor dem Zelt ein schnarchendes Geräusch. Ich schreckte hoch. Was mochte das sein? Lukas neben mir schlief tief und fest, aber ich war nun hellwach. Erst hörte ich ein Kratzen, dann ein Schnaufen, wie wenn jemand ganz schnell atmet. Ich dachte: Da hat sich jemand auf unseren Zeltplatz geschlichen! Ich horchte. Durch den Schlitz des Zeltes konnte ich nichts sehen. Jetzt brummte es auch noch ganz unheimlich und kam immer näher. Was war das nur? Ich stieß Lukas an der Schulter und flüsterte: „Du, da draußen ist jemand!" Lukas murmelte: „Du spinnst doch!" Doch da war das Geräusch schon wieder. Lukas sagte: „Ich seh mal nach!" Er machte das Zelt auf und kroch raus. Dass der sich das traut! Draußen war es stockfinster. Ich kriegte eine richtige Gänsehaut. Plötzlich hörte ich ein lautes Getrampel, und wir hörten es nebenan schreien: „Haut ab! Haut bloß ab!" Das war unser Lehrer Herr Harms. Und dann schrie Lukas: „Da laufen sie!" In diesem Augenblick hörten wir schon überall Schreie und Rufe. Ich kroch auch aus dem Zelt. Das war vielleicht ein Durcheinander! Herr Harms sagte: „Beruhigt euch! Jetzt sind sie ja wieder weg." Und Lukas sagte: „Das waren Wildschweine!" Ich konnte die halbe Nacht vor Aufregung nicht schlafen.

2 Tauscht euch aus.
- Was findet ihr an Pauls Geschichte spannend? Nennt Textstellen.
- Welche Überschrift passt zu Pauls Geschichte?

Spannende Überschriften – spannende Anfänge

Eine spannende **Überschrift** und ein spannender **Anfang** machen die Leser **neugierig**. **Überschriften** sollten auf etwas hindeuten, was **rätselhaft** ist, was die Leser **wissen** wollen, was sie von Anfang an **anregt**, die Geschichte zu lesen. Natürlich dürfen sie **nicht zu viel verraten**. *Der Sprung ins Ungewisse – Aufregende Nacht in der Hütte – Ein gefährlicher Mann*

Anfänge von Geschichten sind spannend, wenn sie etwas **andeuten**, was im Text passieren könnte, wenn sie **Erwartungen aufbauen**, wie es in der Geschichte **weitergeht**:

Letztes Wochenende ist im Zeltlager etwas Schreckliches passiert. Es war schon dunkel.
Es war stockfinstere Nacht. Plötzlich hörte ich ein merkwürdiges Geräusch! …
Was ich damals erlebt habe, werde ich nicht so schnell wieder vergessen.

Spannungsmacher in Erzähltexten herausarbeiten

1 Lest euch die Geschichte vor.

Überschrift?

Es war **stockfinstere Nacht**. Plötzlich war Robert von einem **merkwürdigen Geräusch** aufgewacht. Unten klopfte es: Klock! Gleich danach wieder: Klock! *Was war das?* Roberts **Herz pochte**. Robert setzte sich im Bett steil auf. Klock! Er begann **Blut und Wasser zu schwitzen**. *War seine Mutter denn noch nicht zu Hause?* Wieder ging es: Klock! Robert sträubten sich die Haare. Man müsste eigentlich nach unten gehen und nachsehen! Aber er traute sich noch nicht einmal, die Nachttischlampe anzuschalten. **Zitternd** saß er im Bett und bekam **feuchte Hände**. **Ängstlich** wandte er seinen Blick zum Fenster. Alles **schwarz**. Regen schlug gegen die Fensterscheiben. Auf einmal machte es unten wieder: Klock! *Sollte er in Mutters Schlafzimmer rübergehen und nachsehen, ob sie schon da ist?* Sie hatte ihm am Abend gesagt: „Ich gehe eben noch mal zu den Nachbarn. Bin in einer Stunde wieder da." *Aber was ist, wenn sie schon da ist?* Dann würde sie vielleicht wieder denken, dass ich ein Angsthase bin. *Besser also im Bett bleiben!* In diesem Augenblick ging es zweimal hintereinander: Klock! Klock! Robert **stockte der Atem**. *Hatte seine Mutter den Schlüssel vergessen und wollte rein? Oder waren es Einbrecher, die das Fenster aufbrechen wollten?* Robert gab sich einen Ruck. Im nächsten Moment stand er mit nackten Füßen vor seinem Bett. Die **Knie wurden ihm weich**. Aber er fasste sich ein Herz. Er tappte durch das dunkle Zimmer, streckte die Hände aus, ertastete die Tür, öffnete sie leise – und war draußen auf dem Flur. Er fühlte, wie er eine **Gänsehaut** bekam. Er schaute über das Treppengeländer nach unten. Alles **undurchsichtig und schwarz**. Als er sich an die **Dunkelheit** gewöhnt hatte, ging er auf Zehenspitzen zum Schlafzimmer seiner Mutter hinüber. Die Tür stand halb offen. Er horchte hinein. Nichts war zu hören. Da, wieder! Von unten pochte es jetzt lauter als vorher herauf: Klock! Klock! *Gleich schreie ich!* fuhr es ihm in den Kopf. Ein **kalter Schauer** lief ihm über den Rücken. Doch einen Moment später hörte er die Stimme seiner Mutter aus dem Schlafzimmer: „Robert, geh doch bitte mal runter und mach das Küchenfenster zu. Das poltert immer im Wind. Ich kann gar nicht schlafen." Da sagte Robert: „Mach ich!" Seine **Angst** war wie weggeblasen.

2 Tauscht euch aus:
- Welche der folgenden Adjektive passen zu dem Erzähltext?
- Begründet mit Beispielen aus dem Text, warum ihr euch für diese Adjektive entschieden habt.

lustig	*gruselig*	*spannend*	*langweilig*	*beängstigend*	*witzig*	*fröhlich*

3 Bildet Gruppen und untersucht die im Text hervorgehobenen Stellen genauer.
- Erklärt, was das Besondere an diesen Stellen ist und warum sie Spannung erzeugen.
- Ordnet die euch zugeteilten Textstellen in die passende Spalte der Tabelle ein.

Digital+
WES-126526-016
Tabelle zum Ausfüllen

spannende Satzanfänge	Gedankenrede (innerlich zu sich selbst sprechen)	spannungserzeugende Wörter und Ausdrücke
Plötzlich ...	*Was war das?* ...	*stockfinstere Nacht* ...

a) Beschäftigt euch mit den unterstrichenen Stellen.
b) Beschäftigt euch mit den **fett** gedruckten Stellen.
c) Beschäftigt euch mit den *kursiv* gedruckten Stellen.

4 Tauscht eure Ergebnisse in der Klasse aus und ergänzt eure Tabellen.

5 Finde eine spannende Überschrift für die Geschichte.

Überschriften und Anfänge → S. 53

6 Lest euch eure Überschriften vor. Welche findet ihr besonders gelungen?

7 Tauscht euch aus.
- An welcher Stelle im Text ist die Spannung am höchsten? Notiert die Zeilen.
- Wodurch wird die Spannung erzeugt?

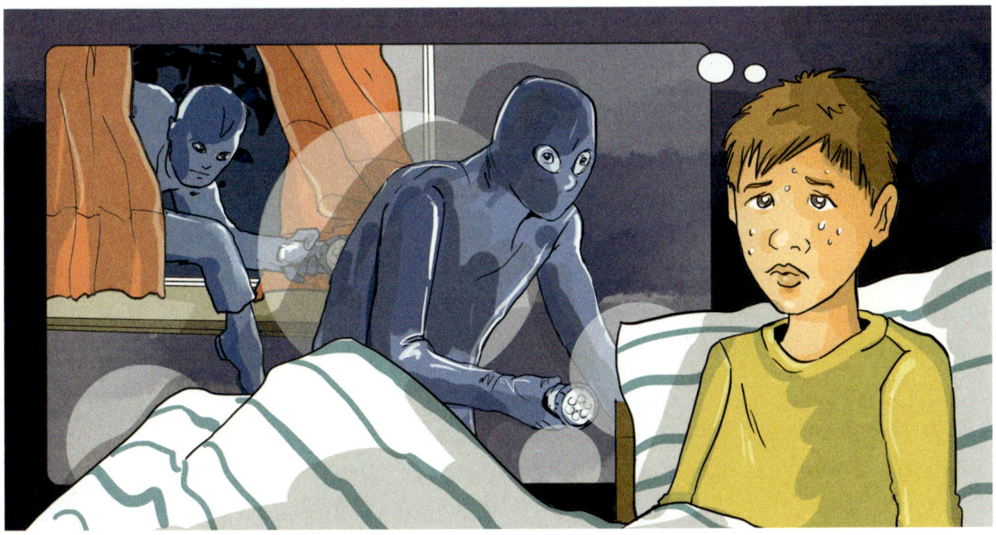

Zusammenhänge zwischen Teilaspekten und Textganzem herstellen, sprachliche Gestaltungsmittel in ihren Wirkungszusammenhängen erkennen, wesentliche Elemente eines spannenden Textes bestimmen

8 Im Folgenden findet ihr eine Reihe von Wörtern, die diese Geschichte besonders spannend machen. Notiert weitere Wörter und ergänzt euren **Wortschatz**.

Wortschatz

schrecklich	Angst	feuchte Hände
schwarz	Dunkelheit	kalter Schauer
undurchsichtig	Gänsehaut	merkwürdiges Geräusch
unheimlich		stockfinstere Nacht
unruhig		Blut und Wasser schwitzen
zitternd		die Haare sträuben sich
ängstlich		das Herz pocht
aufgeregt		die Knie werden weich
dunkel		der Atem stockt

9 Ergänze die Liste durch Wörter aus der Geschichte mit den Wildschweinen.

10 Diese Geschichte könnte auch anders verlaufen.

a) Wer oder was könnte es noch gewesen sein, der dieses merkwürdige Geräusch *Klock* verursacht hat?

b) Überlege dir einen anderen Schluss.
Ein kalter Schauer lief ihm über den Rücken. In diesem Augenblick...

11 Tragt euch eure Ergebnisse gegenseitig vor.

Was eine Geschichte spannend macht

Das **Wichtigste** beim Schreiben einer spannenden Geschichte ist:
Nicht gleich alles **verraten**, was man schon weiß. Immer wieder nur etwas **andeuten** und den Leser raten lassen, wie es weitergehen könnte:
... etwas ziemlich Schreckliches passiert ... Was mag das nur gewesen sein?
... ein schnarchendes Geräusch ... Von wem könnte das kommen?
Die wichtigsten **Spannungsmacher** in einer Geschichte sind:

- **Wörter und Ausdrücke**, die etwas **Unheimliches** oder **Aufregendes** erwarten lassen oder die etwas **andeuten**, wovon man noch nicht genau weiß, was es ist: *stockfinstere Nacht, merkwürdiges Geräusch ...*
- **Satzanfänge**, die auf etwas **Unerwartetes** hinweisen, das gleich passiert: *Plötzlich, Auf einmal ...*
- **Gedankenreden** oder **Fragen**, in denen jemand innerlich spricht oder denkt und seine **Furcht** zum Ausdruck bringt: *Was war das? Gleich schrei ich!*
- **Wörtliche Reden**, die die **Aufregung** anschaulich machen: *„Du, da draußen ist jemand!"*

Präsens → S. 254

Die Stelle, an der die **Spannung am höchsten** ist, nennt man **Höhepunkt**. Sie kann auch im Präsens geschrieben werden. Eine Geschichte ist besonders spannend, wenn der **Höhepunkt** bis zum **Schluss aufgespart** wird.

Einen spannenden Erzähltext ergänzen

1 Lies den Erzähltext.

Überschrift?

Eines Abends musste ich mit unserem Schnauzer Fritz noch mal kurz Gassi gehen. Das war im letzten Winter, und es war schon spät. Draußen war es (1) ... Ich nahm ihn also an die Leine, und wir gingen die paar Schritte hinüber zu dem kleinen Wäldchen. (2) ... fing er an, (3) ... zu knurren. Wenn der so knurrt, dachte ich, dann ist immer etwas (4) ... für ihn. Oder er spürt etwas, das er jagen will. Und dann zerrte er auch schon so an der Leine, dass ich kaum hinterher kam. Ich rannte hinter ihm her in die Büsche hinein. (5) ... stolperte ich und ließ die Leine los. (6) ... war der Hund auch schon (7) ... verschwunden.

Ich rappelte mich wieder auf. Ich lief in die Richtung, in die er verschwunden war. Ich hörte es auch kurz knacken. Ich schrie: (A) „...“ Zurückgekommen ist er aber nicht. Im Gegenteil: Es war alles (8) ... um mich her. Was sollte ich tun? Meine Augen hatten sich an die Dunkelheit etwas gewöhnt. Der Mond schien gespenstisch. Ich konnte ein bisschen was sehen. Noch einmal schrie ich: (A) „...“ Die Büsche verschluckten meine Schreie.
Ich sagte zu mir: (A) „...“ (9) ... hörte ich vor mir ein Rascheln und Schnaufen, dann ein heiseres Bellen. (A) „...“, rief ich jetzt ganz leise. Und (10) ... wuselte etwas (11) ... an meinen Füßen herum. Erst war ich (12) ... War das wirklich der Hund? Doch dann ...

Digital+
WES-126526-017
Text zum Bearbeiten

Wortschatz

stockfinster
plötzlich
gefährlich
bedrohlich
in diesem Augenblick
im nächsten Moment
im Dunkeln
dunkel
stockdunkel
im Finstern
totenstill
gespenstisch
zu Tode erschrocken
auf einmal

2 Finde eine passende Überschrift, die neugierig macht.

Überschriften und Anfänge → S. 53

3 Der Erzähltext wird noch spannender, wenn du spannende Wörter und Satzanfänge verwendest. Der **Wortschatz** hilft dir dabei.

a) Setze im ersten Absatz an den Stellen 1–7 spannende Wörter und Satzanfänge ein.

b) Setze im zweiten Absatz an den Stellen 8–12 spannende Wörter und Satzanfänge ein.

c) Setze im zweiten Absatz an den Stellen 8–12 spannende Wörter und Satzanfänge und an die Stellen (A) wörtliche Rede ein.

4 Schreibe die Erzählung zu Ende.

5 Tragt euch eure fertigen Texte gegenseitig vor.

Produktiv mit spannenden Erzähltexten umgehen

1 Lest euch den Erzähltext vor.

Der Sprung ins Ungewisse

Wolfgang Menzel – nacherzählt nach Bruno Brehm

Was ich damals erlebt habe, werde ich wohl so schnell nicht vergessen. Aber ich will nicht zu viel verraten! – Wir saßen auf einem hohen Felsen. Ganz hinten lag das Dorf, und direkt unter unserem Felsen wuchsen Büsche und Bäumchen, die aussahen wie das struppige Fell eines großen, grünen Tieres, das sich dort niedergelegt hatte. Wir hatten uns auf unseren Ausflug etwas zu essen und zu trinken mitgenommen. Pitt ließ den O-Saft in sich hineingluckern, ich aß eine saftige Birne und Mary wickelte ein Brötchen aus einem Stück Zeitungspapier aus. Danach strich sie die Zeitung schön glatt. Und auf einmal lasen wir die fett gedruckte Schlagzeile, die da stand: Der Sprung ins Ungewisse – und etwas dünner darunter: ... hat schon manchem Glück gebracht. Plötzlich zeigte Mary mit einem Finger in die Tiefe unter unserem Felsen.
„Traut ihr euch?“, fragte sie. „Wie? Was?“, fragte Pitt. „Na, da runterspringen!“, sagte sie. Ich reckte den Kopf über den Felsen. Sehr tief nach unten geht es hier eigentlich nicht, dachte ich. Aber kann man vorher wissen, wie es da unter den Büschen aussieht? „Ein Sprung ins Ungewisse halt!“, sagte Mary. „Da unter den Büschen ist bestimmt weiches Gras oder Moos.“ „Bestimmt!“, bestätigte ich. „Und je mehr Zweige darüber, desto größer der Widerstand und desto geringer der Aufprall.“„Genau!“, sagte Mary. „Wenn du zuerst springst!“, sagte Pitt, „und dann sagst, wie es ist ...“ „Na klar“, sagte Mary. „Mädchen sind immer mutiger als Jungen!“„Stimmt doch gar nicht!“, sagte Pitt. Aber er wollte wohl nur nicht zugeben, dass er selbst keinen Mut hatte. Und ich sagte: „Dann los! Beweis, dass du kein Angsthase bist!“
Im nächsten Moment war sie schon nicht mehr da. Unter uns wackelten nur ein paar Zweige. Pitt und ich sahen uns an. „Mary! Mary!“, rief Pitt in die Tiefe hinab. Auf einmal kam eine Stimme wie aus weiter Ferne von unten aus dem Ungewissen herauf: „Toll!“ Aber es klang sehr dünn und sehr leise. „Wie ist es dort?“, fragte Pitt. „Weich wie ein Bett!“, klang es herauf. „Warum klingt ihre Stimme so verzerrt?“, fragte Pitt.
„Wahrscheinlich wird sie durch die Blätter abgedämpft“, sagte ich. Doch dann wurde die Stimme deutlicher: „Na, macht schon! Ich will hier nicht lange alleine bleiben!“
Da gab ich mir einen Ruck – und sprang in die Tiefe. Als ich unten angekommen war, hätte ich Mary am liebsten zum Mond geschickt. Gerade wollte ich sie anschreien, da hielt sie mir die Hand auf den Mund und flüsterte: „Kein Wort!“
Als sie die Hand wieder wegnahm, sah ich, dass sie rot war. Vom Blut meiner Nase. Und überhaupt: Von „weich wie ein Bett“ konnte keine Rede sein. Im Gegenteil, es war ziemlich hart hier unten. Mein rechter Ärmel war von den Brombeerstacheln aufgerissen, und mein Gesicht hatte ich mir von den Brennnesseln übel verbrannt. Gerade wollte ich sie anbrüllen, da sah ich, dass auch Mary ganz schön zerschunden aussah.

flüssig und sinnbezogen vorlesen, sprachliche Gestaltungsmittel in ihren Wirkungszusammenhängen erkennen, sprachliche Mittel gezielt einsetzen, anschaulich erzählen, Erzähltechniken anwenden

Aber ihre Augen lachten mich an. Eigentlich ist sie ein tolles Mädchen, dachte ich. Da hörten wir von oben Pitts Stimme:
„Nicky! Alles okay?“„Ja,“, rief Mary, „alles bestens!“ „Ich will Nickys Stimme hören!“, rief Pitt.Und da rief ich: „Du kannst jetzt kommen!“ „Geht es euch auch wirklich gut?“, rief Pitt noch einmal herunter.„Herrlich!“, rief Mary hinauf. „Aber mach jetzt endlich!“ Und ich schrie hinterher: „Binde dir aber den Gürtel fest zu, damit du die Hose nicht verlierst!“
Im nächsten Augenblick ...

Bald hatte sich Pitt aber wieder erholt. Und dann hatte er einen Plan gefasst, der uns doch überraschte:„Ob Paula und Olli wohl auch hier runterspringen würden?“, sagte er. „Wenn du es ihnen vormachst“, sagte Mary. Und dann fügte sie noch hinzu:
„Guck mal dort, ein bisschen weiter rechts, da ist tatsächlich nur weiches Moos. Keine Brombeeren, keine Brennnesseln! Da fällst du ganz weich. Du musst dir die Stelle oben nur merken.“ Das Letzte, was Pitt noch sagte, war: „Ich gehe jetzt noch mal rauf auf den Felsen. Die Zeitung, die hol ich mir. Und dann zeige ich Paula und Olli die Zeile mit dem Sprung ins Ungewisse.“

2 Diese Geschichte hat viele spannende Momente.

a) Suche Sätze mit spannungserzeugenden Anfängen heraus. Das können z. B. sein: *Plötzlich ... – Auf einmal ... – Im nächsten Moment ... – Im nächsten Augenblick ...*

b) Suche Textstellen heraus, die besonders spannend sind.
Wo werden spannungserzeugende Wörter verwendet? Wo werden Fragen gestellt? Wo spricht jemand in Gedanken? Schaut euch dazu die Zeilen 1–2 und 15–17 an und sucht weitere Beispiele.

c) Suche Textstellen heraus, die besonders spannend sind. Der Info-Kasten auf Seite 56 hilft dir.

3 Beschreibe den Sprung von Pitt (Z. 43). Du kannst die Formulierungen am Rand zur Hilfe nehmen.

Im nächsten Augenblick ...
Er heulte „...“
Er sah ... aus
Seine Hose ...
Ein Ärmel ...
Sein Gesicht ...
Mary tröstete ihn: „...“
Doch Pitt ...
Ich sagte: „...“
Bald hatte sich Pitt aber wieder erholt ...

4 Ab Zeile 51 wird die Spannung noch einmal aufgebaut. Wie könnte die Geschichte weitergehen?
- Überlege zuerst für dich selbst.
- Tausche dich dann mit deinem Partner aus.
- Erzählt eure Fortsetzung der Geschichte der Klasse.

5 Schreibe eine Fortsetzung der Geschichte auf. So könnte sie beginnen:
Einige Tage später kletterte Pitt mit Paula und Olli auf den Felsen hinauf. Er packte sein Brötchen aus dem Zeitungspapier. Dann breitete er die Zeitung aus und sagte: „Guckt doch mal, was da steht! Der Sprung ins Ungewisse.“ Und dann deutete er nach unten. „Könnt ihr euch vorstellen“, sagte er, „dass wir da runterspringen?“ ...

sprachliche Gestaltungsmittel in ihren Wirkungszusammenhängen erkennen, sprachliche Mittel gezielt einsetzen, anschaulich erzählen, Erzähltechniken anwenden

Spannungsmacher in einem Erzähltext ergänzen

1 Lies die Geschichte von Andrews aufregender Nacht.

Aufregende Nacht in einer einsamen Hütte

Es war schon fast dunkel, als wir in der einsamen Hütte am Waldrand ankamen. Wir packten das Auto aus und aßen noch etwas. Dann legte ich mich ins Bett, denn ich war von der langen Autofahrt todmüde. Ich muss schon eine Zeitlang geschlafen haben, als ich plötzlich von einem Geräusch wach wurde. Scheinwerferlicht flackerte gespenstisch durch den Türspalt. Ich hörte das Geräusch eines Automotors. Dann Schritte. Der Kies knirschte. Die Schritte kamen näher. Direkt unter meinem Fenster musste jemand stehen.

Eltern rufen? – Aufstehen? – Aus dem Fenster sehen? – Angst

„Hier muss es sein!“, hörte ich eine Männerstimme sagen. „Nicht so laut!“, sagte eine andere. Leise Schritte gingen um das Haus herum. Wieder hörte ich eine Stimme: „Hier ist die Stelle!“ – „Bist du sicher?“, sagte der andere. „Ja, hier ist der Tisch!“

Wie fühlt sich das Kind? – Was denkt es? – Wie verhält es sich in seinem Bett?

Ich hörte, wie die beiden auf den Holzplanken um das Haus herum gingen. Einer stieß dabei direkt an die Wand, an der mein Bett stand. Der andere stand als schwarzer Schatten vor meinem Fenster. Er sagte: „Pst! Dass die nur ja nicht aufwachen!“

Wer mögen die Männer sein? – Gauner? – Einbrecher? Schwitzen – Herzklopfen – Angst

„Da ist es ja!“, sagte die eine Stimme. „Gott sei Dank!“, sagte die andere. Dann hörte ich etwas klirren. Dann die Schritte, die sich entfernten. Die Autotüren klappten zu. Ich hörte, wie der Motor eingeschaltet wurde und die beiden wieder losfuhren.

Was haben die beiden gefunden? – Etwas gestohlen? – Kommen die wieder?
Schläft das Kind wieder ein? – Worüber denkt es nach?

Am nächsten Morgen erzählte ich meinen Eltern, was ich in der Nacht gehört hatte. „Ach“, sagte meine Mutter, „die habe ich auch gehört. Das waren die beiden, die hier vorher gewohnt haben. Die haben wohl ihr Schlüsselbund auf dem Terrassentisch liegen lassen. Bist du davon wach geworden?“ Na, was ich gefühlt habe, wollte ich meiner Mutter dann doch lieber nicht erzählen.

Nutze den Wortschatz auf den S. 56 und 57

2 An mehreren Stellen im Text wurden Fragen und Begriffe eingefügt. Ergänze den Erzähltext hier durch Sätze, die ihn spannend machen. Das blaue Wortmaterial im Text und die folgenden Fragen helfen dir.
- Was geht Andrew wohl durch den Kopf?
- Was fühlt er? Was tut er?

Einen Erzähltext spannend ausgestalten

1 Lies den Erzähltext.

Aufgewacht

Ein Kind ist zum Schlafen in sein Zimmer hinaufgegangen. Es hört unten die Haustür zuklappen. Die Eltern sind noch einmal mit dem Hund Gassi gegangen. Das Kind schläft ein. Es wird von einem Geräusch wieder aufgeweckt. Es hört jemanden ächzen. Dann scheinen Schritte näher zu kommen. Das Kind denkt an Einbrecher, die seit einiger Zeit die Gegend unsicher machen. Es richtet sich im Bett auf. Es hat Angst. Es wundert sich, dass der Hund nicht bellt. Irgendetwas klopft. Dann klirrt es leise. Das Kind starrt durch die offene Kinderzimmertür in den dunklen Flur hinaus. Unten im Haus hört es ein Rascheln. Es flackert ein Licht. Das Kind denkt, dass da jemand mit einer Taschenlampe herumschleicht. Dann hört es wieder Stimmen. Plötzlich geht helles Licht unten an. Es hört die Stimme seiner Mutter. Sie sagt, dass der Krimi im Fernsehen ziemlich langweilig gewesen sei. Das Kind schläft wieder ein.

2 Untersucht den Erzähltext auf Spannungsmacher. Tauscht euch aus.
- Was gefällt euch an der Geschichte gut und was nicht?
- Welche Spannungsmacher findet ihr?
- Ist diese Geschichte spannend erzählt? Begründet eure Meinung.

3 Überarbeite den Erzähltext nun so, dass er spannender wird.
- Gib dem Kind einen Namen.
- Verwende Spannung erzeugende Wörter und wörtliche Rede.
- Schreibe im Präteritum. Für den Höhepunkt kannst du auch das Präsens verwenden.
- Finde eine spannende Überschrift.
- So könnte deine Geschichte anfangen:

Paul hatte sich oben im Zimmer ins Bett zum Schlafen gelegt. Die Eltern hatten gesagt: „Wir gehen eben noch mal mit dem Hund vor die Tür. Schlaf schön!" Paul schlief auch gleich ein. Doch auf einmal wurde er von einem merkwürdigen Geräusch wieder aufgeweckt. Was war das? Da stöhnt doch jemand! Plötzlich hörte Paul auch noch Schritte. …

Nutze den Info-Kasten auf Seite 56

4 Überarbeite den Erzähltext so, dass er spannender wird.
- Gib dem Kind einen Namen oder schreibe in der Ich-Form.
- Schreibe im Präteritum. Für den Höhepunkt kannst du auch das Präsens verwenden.

5 Tragt euch eure Ergebnisse gegenseitig vor.

Den eigenen Leseeindruck und erstes Textverständnis erläutern, kritisch zu fremden Texten Stellung nehmen, Texte inhaltlich überarbeiten

Einen spannenden Erzähltext überprüfen

1 Lies den Erzähltext, den ein Schüler geschrieben hat.

Digital+
WES-126526-018
Text zum Bearbeiten

Schreckliche Geräusche in der Nacht

Ich lag eines Nachts oben im Kinderzimmer in meinem Bett. Ich war schon eingeschlafen.
Ich wachte auf einmal wieder auf.
Meine Eltern waren noch mal mit unsern Hund Gassi gegangen. Sie wollten gleich wieder zurück sein.
Es wird ihn doch nichts passiert sein!
Jedenfallts fing ich an zu zittern
und horchte, was da unten loß sein könnte.
Ich hörte ein Stönen.
Ich hörte dann Schritte.
Ich sah es plötzlich unten flackern.
Ich hörte es danach auch noch was hammerhart klirren.
Unten in den Haus musste irgendwas Schreckliches passieren. Ich fing an, in mein Bett furchtbar zu schwitzen.
Plötzlich ging helles Licht unten an.
Ich hörte, wie meine Mutter sagte:
„Der Krimi heute war aber ziemlich langweilig!
Vergiss nicht, den Fernseher auszuschalten, Frank!"
Die Geräusche waren also alle aus der Glotze gekommen. Da war ich aber echt happy – und bin wieder eingedöst.

M → S. 40
Schreibkonferenz

Digital+
WES-126526-019
Textlupen

2 Bildet Gruppen für eine Schreibkonferenz. Jede Gruppe arbeitet mit einer Textlupe und macht Verbesserungsvorschläge. Die Verbesserungsvorschläge werden mit Zeilenangaben aufgeschrieben. Löst folgende Aufgaben in der Schreibkonferenz:

- Eine Gruppe sucht nach spannenden Stellen und lobt diese.
- Eine Gruppe schaut sich ganz genau die Satzanfänge an und macht Vorschläge, wo man besser ein anderes Satzglied an den Anfang stellen sollte.
- Eine Gruppe achtet besonders auf umgangssprachliche Ausdrücke und macht Vorschläge, welche anderen Wörter man besser verwenden sollte.
- Eine Gruppe überprüft, ob die Endungen im Dativ/Akkusativ richtig gebildet sind und berichtigt die Stellen, die falsch sind.
- Eine Gruppe überprüft die Rechtschreibung und berichtigt die Fehler.

3 Besprecht eure Ergebnisse nun in der Klasse und schreibt den Text in verbesserter Form auf.

Spannende Erzähltexte schreiben

1 Jetzt darfst du selbst eine spannende Geschichte schreiben. Suche dir eine der folgenden Anregungen aus.

A Einen Erzähltext zu einem Bild schreiben

B Einen Erzähltext aus Stichwörtern schreiben

Halloweenparty, Jugendhaus, Freunde, Verkleidung, schlechtes Wetter, kalt, regnerisch, gute Stimmung, laute Musik, Pizza, gruselige Dekoration, frische Luft, leise, Nebel, komische Geräusche, schweifende Lichter, hört Vater rufen

C Einen Erzähltext zu einem der folgenden Themen schreiben

- **Wie ich mich einmal in einer Höhle verirrte**
- **Wie ich einmal gerade noch einem Unglück entkam**
- **Wie ich einmal jemandem einen Streich gespielt habe**
- **Wie ich einmal meinen ganzen Mut zusammennehmen musste, um meine Angst zu überwinden.**
- **Wie ich mich einmal in einem Kaufhaus verirrte und gesucht werden musste.**
- **Wie ich einmal etwas verlor, es lange suchte und endlich fand.**

D Einen Erzähltext spannend ausgestalten

Sindelfingen. In der Nacht zum Mittwoch zerbrachen drei noch unbekannte Jugendliche die Fenster im Erdgeschoss der Gemeinschaftsschule und gelangten so in das Gebäude. Sie wurden von zwei Kindern bemerkt, die an einer Schulhausübernachtung der Klasse 6a teilnahmen. Dadurch bei Ihrem Einbruch gestört, flüchteten sie.

Checkliste

- Ich wähle eine zur Textsorte passende Textausrichtung.
- Ich gebe meiner Geschichte eine spannende Überschrift.
- Ich schreibe im Präteritum.
- Ich verwende „Spannungsmacher“: aufregende Wörter, spannende Satzanfänge, wörtliche Reden, Gedankenrede, der Höhepunkt kann im Präsens stehen.
- Ich verrate erst ganz am Schluss, wie die Geschichte ausgeht.

Nach Mustern schreiben: Textsortenspezifika und deren stilistische Merkmale im eigenen Text nachahmen, nach Impulsen schreiben

Zusammenfassung

Überprüfe dein Wissen und Können

1 Welche beiden Anfänge zeigen, dass ein spannender Erzähltext folgt?
1) Ich ging mit meiner Mutter zum Einkaufen in den Supermarkt ...
2) Es herrschte eine bedrohliche Stille, Gewitterwolken zogen am Himmel auf ...
3) Auf unserem Zeltplatz ist einmal etwas Schreckliches passiert ...
4) Die Kinder warteten auf den Schulbus ...

2 Notiere dir die Aussagen, die zutreffen.
Einen spannenden Erzähltext schreibt man, indem...
5) ... man möglichst kurze Sätze verwendet.
6) ... man schreibt, was wirklich passiert ist.
7) ... man etwas andeutet, aber nicht sagt, was damit genau gemeint ist.
8) ... man schreibt, was man fühlt.
9) ... man Wörter verwendet, die für Gänsehaut sorgen.
10) ... man am Anfang sagt, wie das Ganze ausgeht.

3 Welche Wörter stehen in spannenden Erzähltexten oft an Satzanfängen? Schreibe einige Beispiele auf. Beispiel: *In diesem Augenblick*

4 Verschiebe in den folgenden beiden Sätzen die spannenden Ausdrücke an den Anfang. Schreibe die Sätze auf.
11) Ich hörte plötzlich vor meinem Fenster ein verdächtiges Geräusch.
12) Ich war in diesem Augenblick hellwach.

5 Füge in die folgenden Sätze Wörter ein, die Spannung erzeugen. Schreibe die Sätze auf.
13) Es war Nacht. Durch die Fensterscheiben kam Licht herein.
14) Wir gingen im Wald an Bäumen vorbei, deren Äste uns berührten.

6 Überarbeite den Erzähltext.
a) Schreibe den Anfang neu auf, sodass er spannender wird. Verwende ...
- eine spannende Überschrift
- spannende Wörter,
- spannende Satzanfänge,
- einen Satz, den die Person denkt.

b) Schreibe den Text so auf, dass er spannender wird. Verfasse einen Hauptteil und einen Schluss.

Überschrift?

Kurz vor Weihnachten sollte ich aus dem Keller den Kasten mit den Christbaumkugeln heraufholen. Ich knipste das Licht an. Das Licht ging wieder aus. Ich hörte im Dunkeln ein Geräusch. Ich wusste nicht, was es war. Ich tastete mit den Händen in den Kästen herum. Ich merkte, dass sich etwas bewegte. ...

Digital+
WES-126526-020
Lösungen

Informierend schreiben – Berichten

Aisa, Rojin und David besuchen die 8. Klasse der Johannes-Kepler Gemeinschaftsschule in Mannheim. Sie gehören zum Team der Schülerzeitung und sind ständig auf der Suche nach interessanten Neuigkeiten für ihre Schulgemeinschaft. Ihre Texte erscheinen auf der Homepage der Schule. Gemeinsam mit ihrer Deutschlehrerin haben sie einen Artikel über das Projekt „GemüseKlasse" am benachbarten Elisabeth-Gymnasium geschrieben. Der soll in dieser Woche veröffentlicht werden. Aber da ist einiges durcheinander gekommen.

Digital+

WES-126526-021
Text in richtiger Reihenfolge zum Bearbeiten

Die Einleitung beantwortet die W-Fragen wann, wo und was.
Der Hauptteil besteht aus drei Absätzen. Die Zeitangaben darin helfen dir bei der Anordnung.
Im Schluss erfährst du mehr über die Pläne der 6a.

A Am 20. September 2021 war es soweit: Der Verein lieferte alles direkt ins Klassenzimmer. Jetzt brauchte die Klasse die Unterstützung des Hausmeisters. Zusammen bauten sie die Beete auf und befüllten sie mit Erde. Die Schülerinnen und Schüler wählten den Platz im hinteren Bereich des Klassenzimmers, direkt neben den Fenstern.

B Im Mai letzten Jahres klingelte im Elisabeth-Gymnasium in Mannheim das Telefon: Der Verein Acker e.V. suchte Schulen und Klassen für ihre Aktion GemüseKlasse. Das Ziel der Aktion: Die Schülerinnen und Schüler werden Gemüse in ihrem Klassenzimmer anbauen und alles Wissenswerte über diese wichtigen Lebensmittel lernen.

C Die Schulleiterin, Frau Manuela Weiß, überlegte nicht lange. Dies war ein Projekt für das Schuljahr 2021/22. Gemeinsam mit der Biologielehrerin, Frau Anna Zibert überprüfte sie die Teilnahme für die Klasse 6a. Dabei half ihr die Unterstützung des Vereins Acker. Der spendete nicht nur drei Hochbeete, sondern auch die notwendigen Samen und die Erde für die Beete.

D Dann säten sie Pflücksalat und Kresse aus. Alle waren sehr aufgeregt und freuten sich auf die erste Ernte. Für den 26. Oktober 2022 kündigte der Bürgermeister der Stadt Mannheim seinen Besuch an. Auch er war neugierig auf die GemüseKlasse.

E Im Biologieunterricht besprach die 6a mit ihrer Lehrerin, welche Samen zuerst gesät werden. Dabei halfen ihnen die Informationen und Tipps in den Arbeitsheften des Vereins. Außerdem erstellten sie einen Plan für die Pflege der Pflanzen in den Ferien.

F Hochbeete fürs Klassenzimmer

Kräuter, Salat und Gemüse –
wachsen jetzt im Klassenzimmer der 6a

1 Lest die Textschnipsel auf Seite 66.
- Ordnet sie in einer logischen Reihenfolge und notiert die Buchstaben.
- Vergleicht euer Ergebnis.

2 Gib den Inhalt des Berichtes mit eigenen Worten wieder.

3 Die Schüler-Reporter und -Reporterinnen beantworten im Bericht die W-Fragen. Lies noch einmal ganz genau nach und markiere die richtigen Antworten.

B → S. 308
W-Fragen

4 Markiere alle Zeitformen. Benenne das Tempus und begründe, warum es verwendet wurde.

B → S. 323
Tempusformen

5 Diskutiert gemeinsam die Idee des Vereins Acker e.V. Wäre das Projekt *GemüseKlasse* auch etwas für euch?

In diesem Kapitel lernst du, ...
- über Ereignisse zu berichten.
- aus unterschiedlichen Materialien gezielt Informationen zu entnehmen.
- W-Fragen zu beantworten.
- Zeugenaussagen auszuwerten.
- Informationen in einem Text zeitlich zu ordnen.
- über einen Unfall zu berichten.

Merkmale von Berichten ermitteln

Das Team der Schülerzeitung durchsucht auch regelmäßig Nachrichtenseiten im Internet. Dabei hat Aisa folgende Nachricht gefunden:

1 Lies den folgenden Bericht.

http://www.ulmer-nachrichten.de

Ulm Wiblingen **Nur noch eine Toilette für alle.**

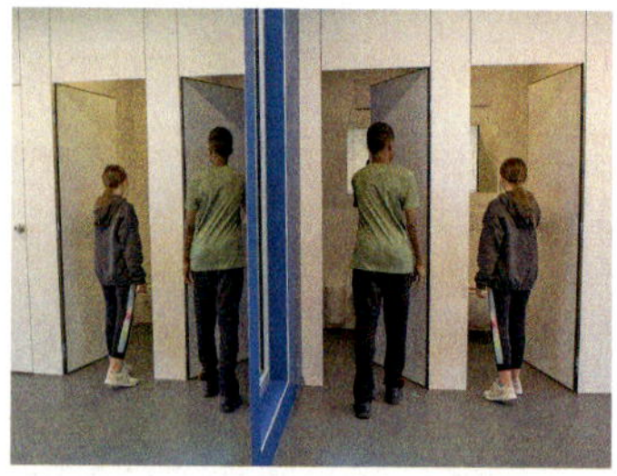

Seit dem März 2022 gibt es an der Sägewerkschule nur noch gemeinsame Toiletten für die Schülerinnen und Schüler. Fünf einzelne Kabinen sind auf der linken und rechten Seite eines Raumes eingerichtet. In der Mitte steht ein Block mit Waschbecken, den alle nutzen.

Anlass für den Umbau der Toilette war der schlechte Zustand des bisherigen Schulklos, sagt die Schulleiterin der Werkrealschule. Immer wieder hatte es dort Sachbeschädigungen und Verschmutzungen gegeben. Irgendwann wollte niemand mehr das Klo benutzen. Als man den Neubau plante, schlug die Stadt eine „Toilette für alle" vor.

Die Schulleiterin berichtet, dass am Anfang nicht alle Lehrerkräfte, Schüler und Schülerinnen von der Idee überzeugt waren.

Aber man hat sich schnell daran gewöhnt. Klara aus der Klasse 7a meint, es sei am Anfang komisch gewesen, dass auch Jungen mit im Raum seien. Mikail aus der 9a gefällt vor allem, dass das WC schön neu sei. Die Elternvertreter halten die Unisex-Toiletten an Schulen für eine praktische und wirtschaftliche Lösung. Die Schulleiterin sieht in diesem Konzept auch einen anderen Vorteil. Da nun alle denselben Toiletten-Raum nutzen, spiele das Geschlecht in diesem Bereich der Schule keine Rolle mehr. Eine mögliche Diskriminierung komme so gar nicht erst auf.

2 Benennt das Thema des Berichtes.

3 Der Reporter gibt in seinem Bericht Antworten auf die folgenden W-Fragen.
Was ist geschehen?
Wann ist es geschehen
Wo ist es geschehen?
Wer hat etwas getan?
Warum ist es geschehen?
Welche Folgen hat das Geschehen?

4 Geht den Text zu zweit durch und beantwortet diese W-Fragen.
Notiert so: *Was ist geschehen? Es wurde eine Unisex-Toilette gebaut.*

5 Lies den folgenden kurzen Bericht:

Schlagbohrer und Trennschleifer

13.06.2022 18:32 Uhr

Stuttgart Plieningen. Ein zaghaftes Miauen alarmierte am Montagmorgen die Bauarbeiter auf einer Baustelle in Stuttgart. Daraufhin suchten die Arbeiter den Rohbau ab, bis sie herausfanden, woher das Geräusch kam: Eine Katze war auf der Baustelle in einen Zwischenraum geraten und steckte in einer Lücke zwischen einem tonnenschweren Betonteil und einem Stahlrohr fest. Sie kam nicht mehr ohne Hilfe heraus. Gegen 10 Uhr rief der Baustellenleiter die Feuerwehr. Sie ist auch für die Tierrettung zuständig. Kurze Zeit später rückten zwei Einsatzwagen an. Zunächst versuchten die Mitarbeiter der Feuerwehr, das Tier ohne Werkzeug herauszuholen, um es nicht durch laute Geräusche noch mehr zu ängstigen. Nachdem das nicht klappte, setzten sie eine Schlagbohrmaschine ein und einen Trennschleifer, um die Katze freizubekommen. Dabei half ihnen das Team von der Baustelle. Die Rettungsaktion dauerte rund zwei Stunden. Das Tier wurde von der Feuerwehrfrau Marianne ins Tierheim gebracht.

6 In diesem Bericht sind viele Verben markiert. Bestimmt ihre Zeitform. Erklärt, warum der Bericht hauptsächlich in dieser Zeitform geschrieben ist.

7 Untersucht die unterstrichenen Wörter und Wortgruppen in dem Bericht „Schlagbohrer und Trennschleifer". Welche Aufgabe übernehmen sie im Text?

8 Beantwortet die W-Fragen zu dem Bericht „Schlagbohrer und Trennschleifer".

Bericht

Man schreibt einen Bericht, um andere über ein bestimmtes Ereignis zu informieren.

- Es wird über Ereignisse berichtet, die bereits geschehen sind. Deshalb stehen Berichte in den Formen der Vergangenheit, vor allem im Präteritum.
  Ein zaghaftes Miauen alarmierte am Montagmorgen die Bauarbeiter auf einer Baustelle in Stuttgart.
- Ein Bericht gibt Antworten auf die W-Fragen:
  Was ist geschehen? **Wann** ist es geschehen?
  Wo ist es geschehen? **Wer** hat etwas getan?
  Warum ist es geschehen? **Welche Folgen** hat das Geschehen?
- In der Regel wird in der zeitlichen Reihenfolge des Geschehens berichtet. Dies geschieht durch Adverbiale der Zeit.
  am Mittwochabend, am nächsten Morgen, dann, daraufhin, danach, nachdem, ...

Einen Bericht überarbeiten und ergänzen

In die nächste Redaktionssitzung der Schülerzeitung bringen Rojin und David den Entwurf für einen Bericht mit: Sie bitten die anderen, ihnen bei der Überarbeitung zu helfen.

Bergrettung: Muss die Schule die Kosten tragen?

1) Über hundert Menschen mussten am 7. Juni 2022 im Kleinwalsertal gerettet werden.
2) Schülerinnen, Schüler und Lehrkräfte aus Ludwigshafen brachen ___ zu einer Wanderung auf.
3) Das Ziel war das 1990 Meter hohe Walmendingerhorn.
4) Die Lehrer hatten sich ___ im Internet über die Tour informiert.
5) Die Route war in einem Kommentar dort als „Feierabendrunde“ bezeichnet worden.
6) Die Wanderung führt aber über den schmalen „Heuberggrat“, hat Kletterpassagen und verlangt Schwindelfreiheit und Erfahrung im alpinen Gelände.
7) Der Regen setzte ___ ein.
8) Viele der Schülerinnen und Schüler trugen kein geeignetes Schuhwerk und hatten keine Regenkleidung.
9) Eine Lehrperson entschloss sich ___ mit ihrer Schülergruppe zur Umkehr.
10) Zwei Schüler rutschen beim Wendemanöver ab und verletzten sich.
11) Die Lehrkräfte setzten ___ einen Notruf bei der Bergrettung.
12) ___ startete die Bergrettung einen Hubschraubereinsatz.
13) ___ war die Rettungsaktion abgeschlossen.

Wortschatz

am Abend
vorher
am Dienstagabend
Am Abend
am Nachmittag
dann
daraufhin
desshalb
dienstagsabends
gegen 17 Uhr
schließlich
sofort
um 21 Uhr
umgehend
zuvor

1 Lest den Bericht und tauscht euch darüber aus, was passiert ist.

2 Überprüft, ob der Bericht alle W-Fragen aus dem Info-Kasten beantwortet.

3 An einigen Stellen in diesem Bericht stehen Platzhalter. Setzt dort mündlich Temporaladverbien aus dem **Wortschatz** ein.

4 Alle Sätze im Bericht beginnen mit dem Subjekt. Überarbeitet den Bericht mit dem **Wortschatz** und der Umstellprobe.
- Überarbeitet die Sätze 2 bis 13.
- Bildet mit den folgenden Satzbausteinen die abschließenden Sätze 14 bis 16.
  14) kosten, Einsatz, mehrere tausend Euro, Bergwacht
  15) Polizei, überprüfen, Leichtsinnigkeit oder Fahrlässigkeit der Lehrer
  16) gemeinsam, entscheiden, Klassenfahrt, nicht abbrechen

Digital+
WES-126526-022
Bericht zum Bearbeiten

5 Überprüft eure überarbeiteten Sätze in einer Schreibkonferenz. Nutzt die Informationen aus dem Info-Kasten.

M → S. 40
Schreibkonferenz

Zeugenaussagen nutzen

1 Betrachtet die Bilderfolge aufmerksam und besprecht, was hier passiert ist.

2 Lest die Texte in den Sprechblasen und tauscht euch aus. Worüber unterhalten sich die Polizeibeamte mit den Fahrern?

Der Fahrer ist viel zu schnell gefahren, mindestens 70 km/h. Er hat uns vor der Kurve noch überholt und ich bin wegen des Warnschilds nicht schneller als 50 km/h gefahren. Wir sind unterwegs nach Aalen. Dort haben wir im Restaurant einen Tisch auf 19 Uhr reserviert. Das Nummernschild des blauen Sportwagens habe ich mir gemerkt, weil es so witzig ist: LL-LL-110.

Mein Freund hat die Rettungszentrale informiert. Ich habe mit dem Warndreieck gleich die Unfallstelle gesichert. Danach habe ich mit meiner Freundin telefoniert.

Der Fahrer hat Glück gehabt. Durch den Airbag blieb er unverletzt. Er hat nur einen leichten Schock erlitten. Wenn Sie mich fragen: Das ist die gefährlichste Stelle der Bundesstraße 19. In diesem Monat ist das schon der dritte Unfall. Besonders in der Dämmerung ist diese Stelle ein beliebter Wildwechsel. So eine Bache wiegt leicht 100 kg. Der Fahrer hat wirklich Glück gehabt, dass es nur Blechschaden gibt.

3 Vergleicht die Zeugenaussagen mit den Informationen der Bilderfolge. Arbeitet die Informationen heraus, die für die Polizei wichtig sind.

4 Beantwortet die W-Fragen zu diesem Vorfall erst einmal mündlich. Nutzt die Informationen aus den Bildern und die Aussagen der Zeugen.

5 Die Polizeibeamtin muss später noch einen Bericht über den Unfallvorgang schreiben. Deshalb macht sie sich noch vor Ort genaue Notizen.

- Sieh dir den Notizzettel genau an. Einige genaue Angaben sind schon vorhanden, aber andere fehlen noch.
- Übernimm die Notizen in dein Heft und ergänze sie. Nutze dazu die Zeugenaussagen aus Aufgabe 3. Orientiere dich auch am Info-Kasten auf Seite 119.

- Donnerstag, 16. Oktober 20?? – ca. 18 Uhr
- Bundesstraße 19, Richtung Aalen
- … Sport … mit …
- Zeugenaussagen
  - Rettungsdienst: Gewicht der Bache …
  - Fahrer roter Kleinwagen: …
  - Beifahrer roter Kleinwagen: …
- gefährliche Stelle mit regelmäßigem Wildwechsel

A Letzten Donnerstag wurde ich zu einem Unfall gerufen, der mir echt unter die Haut gegangen ist. Voll krass! Ich finde es immer schlimm, wenn Menschen sich so unverantwortlich verhalten und die Verkehrsregeln ignorieren.

B Am Donnerstag, den 16. Oktober 20..., gab es an der Bundesstraße 19 bei Aalen einen Zusammenstoß zwischen einem ... und einer Wildschweinrotte.

6 Lies die Texte **A** und **B**.
Wie sollte die Polizistin mit ihrem Bericht anfangen?
Begründe deine Entscheidung

7 Schreibe den Bericht der Polizistin. Wähle eine der beiden Aufgaben aus.

a) Setze die richtigen Begriffe in den folgenden Lückentext ein.

Digital+
WES-126526-023
Text zum Bearbeiten

1) Am 16. Oktober 20___ ___ wurde auf der Bundesstraße ___ ein Wildschwein angefahren.
2) Der Fahrer eines ___ war mit überhöhter Geschwindigkeit Richtung ___ unterwegs.
3) Obwohl Schilder auf die Möglichkeit eines ___ hinwiesen, verringerte er seine Geschwindigkeit nicht.
4) Der Fahrer wurde in der ___ von den Tieren überrascht.
5) Er blieb ___ und hatte nur einen leichten Schock.
6) Zeugen waren Fahrer und ___ eines roten Kleinwagens.
7) Der Tierkadaver wurde vom ___ beseitigt.
8) Zur Unfallaufnahme musste die ___ der B 19 halbseitig gesperrt werden.

b) Formuliere selbst einen Bericht. Nutze die Notizen aus Aufgabe 5 auf Seite 72 und den **Wortschatz**.

Aalen, Kurve, Fahrbahn, Spaziergänger, B 19, grüner Sportwagen, Zusammenstoß, Rettungsdienst, unverletzt, fröhlich, Wildwechsel, Beifahrer, Unfall

Checkliste

- Ich schreibe in den Zeitformen der Vergangenheit.
- Ich informiere mich genau über Fakten und beantworte W-Fragen.
- Ich berichte in der zeitlichen Reihenfolge des Geschehens.
- Ich verzichte auf eigene Bewertungen und Gefühlsäußerungen.
- Ich verzichte auf wörtliche Rede

Bericht von spannender Erzählung unterscheiden

Unser Lehrer, Herr Osman stöhnte: „Kein Flickzeug und keine Luftpumpe!“. Es sah nicht gut aus für unsere Wanderung über den Camino Incluso! Wie jedes Jahr in der letzten Schulwoche hatte uns die Schulleitung zu einem Wandertag losgeschickt. Und natürlich war es wieder einer der heißesten Tage des Jahres. Meine Wetter-App zeigte 28 Grad, um 11 Uhr!

Wo sollten wir jetzt Flickzeug herbekommen? Der letzte Ort mit einem Fahrradladen lag mindestens 3 km hinter uns und der nächste war in Heidelberg, 5 km vor uns. Was sollten wir nun mit Julia und ihrem Rollstuhl machen? Etwa tragen?

Weil wir eine der Inklusionsklassen an unserer Schule sind, gehören Julia und ihr Rolli zu unserer Klassengemeinschaft. Ehrensache und eigentlich voll cool. Bloß, wo Julia mit ihrem Rolli nicht hinkommt, dahin gibt es auch keinen Klassenausflug. Da ist das mit dem Wandern schwierig.

Im Oktober 2021 haben wir dann von der Eröffnung des Camino Incluso gehört. Das ist ein Projekt der Stephen-Hawking-Schule in Neckargemünd. Schülerinnen und Schüler haben mit ihrer Lehrerin einen 84 km langen Fernwanderweg im Odenwald gestaltet, der aus verschiedenen barrierefreien Wegabschnitten besteht. Barrierefrei meint, dass dort auch Menschen zu Fuß, mit Rollstuhl und Handbike ohne Probleme gemeinsam unterwegs sein können.

Handbike
Fahrrad, das über Handkurbeln angetrieben wird

Aber wir kamen nicht mehr weiter. In Wilhelmsfeld war Julia an der Bushaltestelle mit ihrem Rolli durch Glasscherben gefahren. Eine der Scherben hat sich durch den Mantel ihres rechten Reifens durchgearbeitet. Der war jetzt platt, so was von platt, platter, am plattesten.

1 Lies den Text und betrachte die Abbildungen.

Was eine Geschichte spannend macht → S. 56

2 In diesem Text erfährst du etwas über einen Klassenausflug. Handelt es sich um einen Bericht oder einen spannenden Erzähltext? Begründe deine Antwort.

Bericht → S. 69

3 Arbeite weiter und wähle einer der beiden Aufgaben aus:

a) Überprüfe, welche Fakten sich mit den W-Fragen aus dem Text ermitteln lassen. Mache dir genaue Notizen:
Was ist geschehen? Platten am Rollstuhl

b) Auf der Homepage eurer Schule soll ein kurzer Bericht über das Angebot des Camino Incluso informieren. Schreibe mit den Informationen aus diesem Schüleraufsatz einen Bericht.
- Lies noch einmal im Merkkasten nach, was du beachten musst.
- Finde eine treffende Überschrift.
- Folgende Satzbausteine kannst du für deinen Bericht verwenden:
  Der Camino Incluso ist ein Projekt von ... Es ist ein ... Er liegt im ...
  Eröffnet wurde er ... ist ist geeignet für ... Seit ...

Eine Unfallanzeige ausfüllen

1 Im Sportunterricht gab es einen Unfall. Sieh genau hin, was passiert ist.

2 Macht euch Notizen zum Ablauf des Unfalls.
Nutzt die Informationen, die ihr aus der Abbildung und den Sprechblasen entnehmen könnt. Orientiert euch am Info-Kasten auf Seite 69.

Der Vater ist sofort in die Orthopädische Klinik in Schlierbach gefahren. Alessandros Unterarmknochen waren gebrochen und wurden in einem Gipsverband für sechs Wochen ruhiggestellt. Nach einer Woche durfte er wieder zur Schule gehen. Da der Unfall im Sportunterricht passiert ist, ist der Schüler gesetzlich versichert. Für die Unfallanzeige ist die Schulsekretärin zuständig. Sie mailt der Familie Fontanella das Formular der Unfallkasse. Einige Felder hat sie bereits ausgefüllt. Aber sie benötigt von Alessandro noch weitere Angaben zum Unfallhergang.

3 Untersucht das Formular auf der Folgeseite.
- Nennt den Absender: Name, Adresse der Schule.
- Nennt den Empfänger: Name, Adresse der Versicherung.
- Nennt die Personalien des versicherten Schülers und seiner Eltern.

4 Sprecht über das Feld 14.

- Was wird hier von dem versicherten Schüler erwartet?
- Warum ist das für die Versicherung wohl wichtig?

Im Internet kannst du das Formular ausfüllen und ausdrucken. Suche unter dem Stichwort: Schülerunfallanzeige.

5 Ergänzt, wenn möglich, auf eurem Notizzettel Angaben, die in die Felder 15 bis 22 gehören.

UNFALLANZEIGE
für Kinder in Tagesbetreuung oder vorschulischer Sprachförderung, Schülerinnen und Schüler, Studierende

1 Name und Anschrift der Einrichtung

2 Träger der Einrichtung

3 Unternehmensnummer des Unfallversicherungsträgers

4 Empfänger/-in

5 Name, Vorname der versicherten Person		6 Geburtsdatum Tag Monat Jahr	
7 Straße, Hausnummer	Postleitzahl	Ort	
8 Geschlecht ☐ Männlich ☐ Weiblich	9 Staatsangehörigkeit	10 Name und Anschrift der gesetzlich Vertretungsberechtigten	
11 Tödlicher Unfall ☐ Ja ☐ Nein	12 Unfallzeitpunkt Tag Monat Jahr Stunde Minute	13 Unfallort (genaue Orts- und Straßenangabe mit PLZ)	

14 Ausführliche Schilderung des Unfallhergangs (insbesondere Art der Veranstaltung, bei Sportunfällen auch Sportart)

Die Angaben beruhen auf der Schilderung ☐ der versicherten Person ☐ anderer Personen

15 Verletzte Körperteile	16 Art der Verletzung
17 Hat die versicherte Person den Besuch der Einrichtung unterbrochen? ☐ Nein ☐ Sofort Später am Tag Monat Stunde	
18 Hat die versicherte Person den Besuch der Einrichtung wieder aufgenommen? ☐ Nein ☐ Ja, am Tag Monat Jahr	
19 Wer hat von dem Unfall zuerst Kenntnis genommen? (Name, Anschrift)	War diese Person Augenzeugin/Augenzeuge des Unfalls? ☐ Ja ☐ Nein
20 Erstbehandlung: Name und Anschrift der Ärztin/des Arztes oder des Krankenhauses	21 Beginn und Ende des Besuchs der Einrichtung Beginn Stunde Minute Ende Stunde Minute
22 Datum Leiter/-in (Beauftragte/-r) der Einrichtung	Telefon-Nr. für Rückfragen

U 1004 0717 Erläuterungen Unfallanzeige für Kinder in Tagesbetreuung oder vorschulischer Sprachförderung, Schülerinnen und Schüler, Studierende

6 Verfasse einen genauen und sachlichen Bericht über den Hergang des Unfalls, wie er in Feld 14 verlangt wird. So kannst du beginnen:
Am … hatte die Klasse … Sportunterricht.

Zusammenfassung

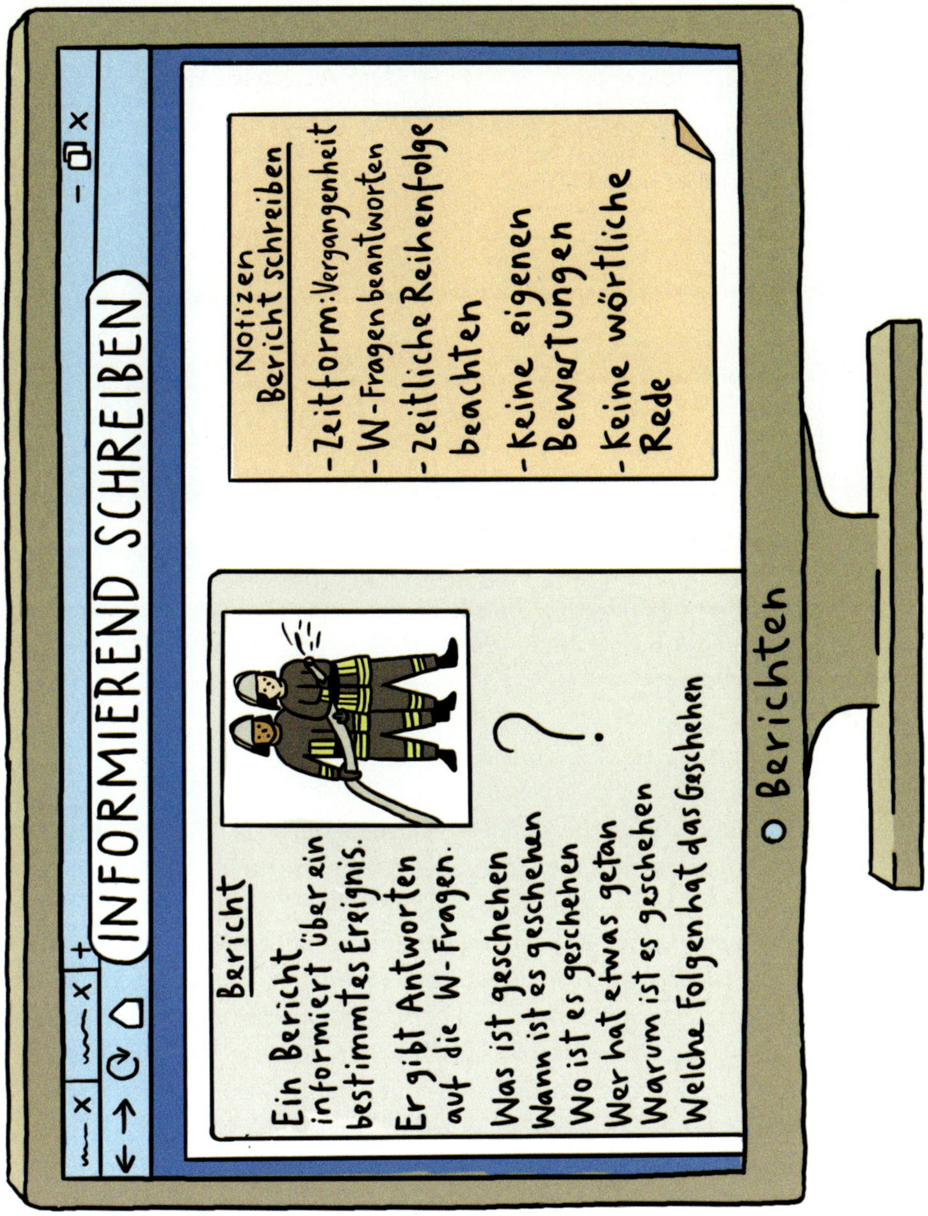

Überprüfe dein Wissen und Können

Heute findet in der Aula die zweite Runde im jährlichen Vorlesewettbewerb statt. David will darüber einen Bericht für die Homepage schreiben. Der Schulsieger oder die Schulsiegerin wird am 23. Februar gegen die Sieger der anderen Schulen Mannheims antreten.

1 Schreibe diesen Bericht für David.

2 In den folgenden Aussagen sind vier Sätze inhaltlich falsch. Notiere die Ziffern der falschen Sätze. Korrigiere dann die falschen Sätze und schreibe sie korrekt auf.

1) Man schreibt einen Bericht, um jemanden über ein Ereignis zu informieren.
2) Die W-Fragen sollte man ungenau beantworten.
3) Man hält sich an die Fakten und berichtet in der zeitlichen Reihenfolge.
4) Die Ereignisse, über die man berichtet, werden erst noch geschehen.
5) Deshalb verwendet man beim Berichten hauptsächlich das Präsens.
6) Berichte kann man vor allem in Zeitungen lesen.
7) Muss man einen Bericht schreiben, hält man sich an die Fakten.
8) In einen Bericht gehören auch Gefühle und Bewertungen des Schreibers.

3 Ein Klassenausflug zu den Pfahlbauten.

- Lies dir die Sätze auf Seite 79 erst einmal aufmerksam durch.
- Bringe die Sätze in eine logische Reihenfolge und schreibe den Bericht ab.

a) Am 20. Oktober 2021 besuchte die Klasse 6e des Friedrich-Hecker-Gymnasiums in Radolfzell die Pfahlbauten in Unteruhldingen.
b) Auf einmal zog Yunus Lara die Mütze vom Kopf und rannte davon.
c) Dabei übersah er einen Rucksack, stolperte und fiel über das Absperrgeländer ins Wasser.
d) Danach saß Yunus klatschnass auf dem Holzsteg.
e) Dann begann die Führung durch das Museum mit einem Film über das Leben in den Pfahlbauten.
f) Frau Berov rief die Eltern von Yunus an und bat darum, dass er abgeholt wird.
g) Für 10:30 Uhr war die Klasse für eine Führung und den Workshop „Schwirr-holzprojekt angemeldet.
h) Für einen Moment war es ganz still, man hörte nur das plätschernde Wasser des Bodensees.
i) Im nächsten Schuljahr will die Klasse das SEA LIFE in Konstanz besuchen.
j) Kleinlaut stieg Yunus in das Auto seines Vaters.
k) Pünktlich um 10 Uhr trafen sich die Schülerinnen und Schüler vor dem Eingang des Museums mit ihren Klassenbetreuern, Frau Berov und Herr Schneider.
l) Schnell reichte Herr Schneider Yunus die Hand und half ihm aus dem See zu klettern.
m) Während alle auf die Mitarbeiterin des Pfahlbaumuseums warteten, begann ein Streit zwischen Lara und Yunus.

Digital+
WES-126526-024
Lösungen

Stellung nehmen – Argumentieren

Sollte es Pflicht sein, in der Schule ein Instrument zu lernen?

Wissenschaftler und Wissenschaftlerinnen behaupten, dass uns Musizieren zu einfühlsameren und erfolgreicheren Menschen macht. Deshalb sollte jedes Kind die Chance haben, Blockflöte, Gitarre oder Klavier zu lernen. Und tatsächlich gibt es bereits Schulen, in denen alle Kinder Instrumente lernen müssen. Was haltet ihr davon?

Sollten auch Kinder und Jugendliche wählen dürfen?

Wollt ihr mitentscheiden dürfen, welche Politiker oder Politikerinnen und Parteien Deutschland regieren?
Würden die Interessen der Kinder und Jugendliche dann ernster genommen werden? Was würde sich ändern? Kinderwahlrecht – ja oder nein?

Sollte die Schule morgens eine Stunde später anfangen?

Seit eh und je müssen die meisten Kinder und Jugendliche früh um acht Uhr zum Unterricht antreten.
Ist das eine gute Tradition? Oder kann man besser lernen, wenn man ausgeschlafen hat? Wie würde es euch gefallen, wenn die Schule erst um neun Uhr beginnt?

1 Lies die Texte in den Kästen.

2 Findet euch zu zweit zusammen und entscheidet euch für eins der drei Themen, das euch beide interessiert.

3 Entscheidet euch, wer Argumente für und wer Argumente gegen euer ausgewähltes Thema sammelt.
- Findet Argumente für die jeweilige Seite und nennt passende Begründungen und Beispiele.
- Nachdem ihr nichts mehr für eure Seite findet, tauscht die Seiten. Formuliert jetzt weitere Argumente für die Seite eures Partners.

4 Tauscht euch über eure Argumente aus.

5 Führt in der Klasse eine Diskussion durch, in der ihr eure Argumente mit Begründungen und Beispielen vorstellt.

In diesem Kapitel lernst du, …
- einen Standpunkt einzunehmen und die Entscheidung zu begründen.
- Behauptungen zu begründen.
- Behauptung und Begründung zu unterscheiden.
- Argumente mit all ihren Bestandteilen (Behauptung, Begründung, Beispiel) aufzubauen.
- deine Meinung begründet und nachvollziehbar zu vertreten
- Gespräche als Mittel der Problemlösung zu erkennen
- deine Absichten situationsangemessen und adressatenorientiert zu formulieren

Auf der Positionslinie einen Standpunkt einnehmen

**Egal bei welchen sozialen Medien: Überall ist etwas los.
Ständig wird gechattet, gibt es etwas zu teilen, zu liken, zu posten.
Ein Tag ohne Smartphone ist für viele Jugendliche nahezu unvorstellbar.
Geht es euch auch so? Oder könnt ihr euch vorstellen, auf einer Klassenfahrt das Handy zu Hause zu lassen?**

1 Beantworte die folgende Frage zunächst still für dich mit *ja*, *nein* oder *unentschieden*.

Sollen wir bei der nächsten Klassenfahrt das Smartphone zu Hause lassen?

2 Gestaltet nun gemeinsam eine Positionslinie.
- Seht euch zunächst die Abbildung an und lest dann den Info-Kasten.
- Stellt euch nun entsprechend eurer Meinung auf der Positionslinie auf.
- Haltet das Abstimmungsergebnis schriftlich fest, indem ihr eine Positionslinie in euer Heft zeichnet.

ja unentschieden nein

Auf einer Positionslinie einen Standpunkt einnehmen

- Zieht eine etwa 6 Meter lange Linie (z. B. mit Kreide oder Klebeband) durch den Klassenraum, im Flur oder auf dem Pausenhof.
- Markiert das eine Ende der Linie als *Ja*-Position, das andere als *Nein*-Position und die Mitte als *Unentschieden*-Position.
- Stellt die Frage.
- Nun nimmt jeder den Platz auf der Positionslinie ein, der seinem Standpunkt in der Streitfrage entspricht:
  Antwortet man eindeutig mit *ja* oder *nein*, stellt man sich entweder an der *Ja*- oder *Nein*-Position auf.
- Ist man nicht eindeutig für *ja* oder *nein*, stellt man sich bei *unentschieden* auf. Oder man wählt einen anderen Platz auf der Linie zwischen *unentschieden* und *ja / nein*.
- Haltet das Abstimmungsergebnis z. B. so fest:
  ja: 5, nein: 16, unentschieden / dazwischen: 8

Einen Standpunkt einnehmen

1 Tauscht euch nun genauer zu euren Standpunkten aus und begründet eure Position auf einer Positionslinie. Der **Wortschatz** kann euch helfen.
- Warum seid ihr für *ja* oder *nein*?
- Warum wollt ihr keinen eindeutigen Standpunkt einnehmen.

Wortschatz

Ich bin für „ja“, weil ... Mein Standpunkt ist „nein“, denn ich möchte ... Ich stehe bei „unentschieden“. Ich habe nämlich ... Ich stehe zwischen „ja“ und „unentschieden“, denn ... Ich habe mich zwischen „nein“ und „unentschieden“ aufgestellt, weil ...

Wie lange verbringen Jugendliche im Netz?

Jedes Jahr wird die JIM-Studie durchgeführt. Sie beschäftigt sich mit dem Medienumgang 12- bis 19-jähriger und wird vom Medienpädagogischen Forschungsverbund Südwest durchgeführt. Im Vergleich zu 2019 (205 Minuten täglich) ist 2020 die Zeit, die Jugendliche im Internet verbracht haben, angestiegen (258 Minuten täglich). Interessanterweise wurde es 2021 wieder weniger (241 Minuten täglich).
Auf die Frage, welches die wichtigsten drei Apps in 2021 waren, antworteten die Jugendlichen von 12–13 Jahren mit: Platz 1: WhatsApp, Platz 2: YouTube, Platz 3: TikTok. Viele Jugendliche (72 %) stimmen der Aussage zu, dass sie sich während der Handynutzung vergessen und mehr Zeit damit verbringen als geplant. Immerhin 44 % haben Angst etwas zu verpassen, wenn sie ihr Handy nicht anhaben.

2 Tauscht euch über eure Meinung zu dem Forschungsergebnis aus.

Vielleicht habt ihr eine App auf eurem Smartphone, die diese Daten automatisch sammelt.

3 Überprüfe im Selbstversuch einen Tag lang, wie oft und warum du täglich dein Smartphone checkst.
- Führe von morgens bis abends eine Strichliste, wie oft du dein Smartphone in die Hand nimmst.
- Notiere, was du mit dem Smartphone tust.
- Notierte, wie viel Zeit du täglich am Smartphone verbracht hast.

4 Tragt die Ergebnisse aus Aufgabe 3 zusammen.
- Wie oft seid ihr als Gruppe am Tag durchschnittlich am Smartphone?
- Wofür wird die meiste Zeit am Handy verwendet?

5 Konnten die Ergebnisse der Studie und eure Selbstbeobachtung eure Meinung zu der Frage, ob das Handy auf einer Klassenfahrt zuhause bleiben soll, verändern?
- Macht die Probe und bildet erneut eine Positionslinie.
- Vergleicht das neue mit dem alten Ergebnis. Was stellt ihr fest?

Behauptungen begründen

1 Lies die Kommentare zum Thema *Klassenfahrt ohne Handy*.

Ich soll mein Smartphone eine Woche lang zu Hause lassen? Das geht gar nicht! Ein Handyverbot würde den ganzen Spaß an der Klassenfahrt verderben. Denn es würde für schlechte Stimmung in der Klasse sorgen. Man muss doch seine News checken können. Man will doch wissen, was in der Clique los ist. Ich möchte zum Beispiel nicht verpassen, was gerade in meinem Football-Team passiert. Und überhaupt, mein Handy ist Privatsache. Weil es keinen etwas angeht, wenn ich ein Selfie auf Insta poste. **Charlie**

Die Handys bleiben bei der Klassenfahrt zu Hause – da bin ich dabei. Das ist ein cooles Experiment für alle Smartphone-Junkies in unserer Klasse. Endlich mal nicht chatten, sondern richtig miteinander reden – von Angesicht zu Angesicht. Abends gemeinsam etwas spielen, ohne dass immerzu jemand nach unten guckt. Ohne Smartphones macht die Klassenfahrt bestimmt mehr Spaß, weil man viel mehr Zeit hat, sich umeinander zu kümmern, anstatt ständig aufs Display zu starren. Die Leute früher hatten ja schließlich auch ohne Handys Spaß. Also, ich bin experimentierfreudig. Ich bin echt gespannt auf diese Erfahrung. **Moritz**

Ein Handyverbot auf der Klassenfahrt? Bestimmt würden viele Schülerinnen und Schüler ihr Smartphone trotzdem heimlich mitnehmen. Ein Handyverbot würden sie nämlich nicht akzeptieren. Klar, es ist nicht schön, wenn ständig irgendwo Smartphones piepen, blinken, vibrieren. Denn sie unterbrechen die Gespräche oder stören beim Essen. Aber Smartphones sind doch auch sehr nützlich. Gerade, wenn man in der Gruppe unterwegs ist. Wenn man sich zum Beispiel verlaufen hat, kann man andere anrufen oder die Navi-App nutzen. Ich bin dafür, dass man Handys mitnehmen darf. Aber man sollte verabreden, wann man sie benutzen darf und wann nicht. **Melina**

2 Ordnet die Standpunkte auf der Positionslinie ein. Begründet eure Einschätzung.

Positionslinie → S. 81

3 Lies noch einmal nach und beantworte die folgenden Fragen:
- Wer teilt seine Meinung gleich am Anfang des Kommentars mit?
- Wer freut sich auf ein spannendes Experiment?
- Wem würde ein Handy-Verbot die Freude an der Klassenfahrt verderben?
- Wer behauptet, dass sich manche nicht an ein Handy-Verbot halten würden?

4 Melina berücksichtigt in ihrem Kommentar auch ein Argument, das nicht ihrem Standpunkt entspricht (Gegenargument).
- Nenne Melinas Gegenargument.
- Wozu fordert Melina am Schluss ihres Kommentars auf?

5 Beschäftige dich genauer mit den Aussagen der Schülerinnen und Schüler.
- Wer bezieht auch Gegenargumente mit in seine Aussage ein?
- Beschreibe wie die Aussage aufgebaut ist.

6 Prüft, ob die drei Kinder auf Seite 83 ihre Meinung überzeugend begründen und tauscht euch aus.

7 Untersucht nun die Argumente in den Kommentaren genauer und ergänzt die folgenden Sätze.

a) **Charlie** vertritt die Meinung, dass man …

Er behauptet: Ein Handyverbot würde den Spaß …	Und er begründet: Denn es würde …
Er behauptet: Man muss doch seine News …	Und er begründet: Man will doch …
Er behauptet: Mein Handy ist …	Und er begründet: Weil es keinen etwas …

b) **Moritz** vertritt die Meinung, dass …

Er behauptet: Endlich mal nicht …	Er begründet: Sondern richtig …
Er behauptet: Abends gemeinsam …	Er begründet: Ohne dass …
Er behauptet: …	Er begründet: …

c) **Melina** vertritt die Meinung, …

Sie behauptet: …	Sie begründet: …
Sie räumt ein: Klar, …	Sie begründet: …
Sie behauptet: …	Sie begründet: …

8 Sammle nun die Argumente mit Begründungen.

a) Entscheide dich für eine Seite und trage die Argumente mit Begründungen in eine Tabelle ein.

b) Erstelle zwei Tabellen und trage jeweils die Argumente mit Begründungen dafür und dagegen ein.

c) Erstelle zwei Tabellen und trage jeweils die Argumente mit Begründungen dafür und dagegen ein und ergänze mit deinen eigenen Argumenten.

Argumente für Handys auf der Klassenfahrt	
Behauptung	*Begründung*
Ein Verbot verdirbt den Spaß an der Klassenfahrt.	*Ein Verbot sorgt nämlich für schlechte Stimmung in der Klasse.*
…	…

Argumente gegen Handys auf der Klassenfahrt	
Behauptung	*Begründung*
Ständiges Piepen von Handys ist nicht schön.	*Denn es unterbricht Gespräche oder stört beim Essen.*
…	…

Behauptungen begründen

Um eine Behauptung überzeugend zu verwenden, hilft es, sie zu begründen.
Charlie vertritt die ***Meinung****, dass man Handys auf der Klassenfahrt mitnehmen sollte.*
Er ***behauptet****: Man muss doch seine News checken können.*
Er ***begründet****: Man will doch wissen, was in der Clique los ist.*

Argumente finden

„Räum endlich deine Sachen auf!" Diesen Satz bekommen wohl viele Kinder und Jugendliche häufiger zu hören. Aufräumen ist in vielen Familien ein ständiges Thema und sorgt für Ärger und Streit.

1 Lies die folgenden Schülerkommentare.

Mein Tipp für Aufräummuffel: Entrümpelt zweimal im Jahr euer Zimmer. Entsorgt oder verschenkt Dinge, die ihr nicht mehr braucht. Das hält euer persönliches Chaos in Grenzen. Versprochen! – **Sandra**

Aufräumen erleichtert das Leben. Dann weiß man immer, wo die Dinge sind. Alles hat seinen Platz: Die Bücher kommen ins Regal, die Shirts in den Schrank, die Stifte in die Box. So einfach ist das. – **Ella**

Aufzuräumen ist reine Zeitverschwendung. Denn nach einer Stunde sieht es wieder aus wie zuvor. Auf meinem Schreibtisch wächst der Berg aus Büchern, Heften und Bastelsachen immer wieder nach. – **Danilo**

Natürlich sieht es in meinem Zimmer oft chaotisch aus. Aber es ist schlimm, wenn meine Mutter meine Sachen aufräumt, ohne zu fragen. Und ich finde dann nichts wieder – echt nervig. – **Salvatore**

Unordnung ist unhygienisch, denn ein unordentliches Zimmer lässt sich nicht sauber halten. Überall Staub, schmutzige Wäsche, benutztes Geschirr, ein ungemachtes Bett: Sorry, wie kann man sich da wohlfühlen? – **Asli**

Ich brauche etwas Chaos in meinem Zimmer, um kreativ zu sein. Wissenschaftliche Experimente beweisen: Zu viel Ordnung ist schädlich. Man kann nämlich in einem unaufgeräumten Zimmer die besseren Ideen haben. – **Adin**

Unordnung ist unpraktisch. Denn immerzu muss man etwas suchen: den linken Schuh, den Hausschlüssel, die Fernbedienung. Wer nicht aufräumt, landet im Chaos. – **Angela**

Man muss nicht ständig aufräumen. Unordnung ist doch auch gemütlich. Man merkt, hier wird gelebt. Ich liege zum Beispiel gerne auf dem Teppich zwischen all meinen Sachen und chatte oder lese. – **Joel**

2 Tauscht euch aus:
- Wer hält Aufräumen für wichtig?
- Wer mag eher Unordnung?
- Wem kannst du zustimmen und warum?

3 Beschäftige dich genauer mit den Kommentaren:

a) Beantworte die Fragen:
- Welche Begründung findest du besonders interessant?
- Welche Beispiele gefallen dir besonders gut?

b) Beantworte die Fragen:
- Wozu fordert Sandra alle „Aufräummuffel" auf und was verspricht sie ihnen?
- Wie lautet die provokante Frage, die Asli stellt?

Die eigene Meinung begründet und nachvollziehbar vertreten, Argumente mit all ihren Bestandteilen (Behauptung, Begründung, Beispiel) formulieren

c) Beantworte die Fragen und gib die passenden Textstellen wieder:
- Wer benötigt Chaos, um kreativ zu sein?
- Wer gibt zu, chaotisch zu sein?

Digital+
WES-126526-025
Tabellen zum Ausfüllen

4 Sammle nun die Argumente mit Begründungen und Beispielen.
a) Entscheide dich für eine Seite und trage die Argumente mit Begründungen und Beispielen in eine Tabelle ein.
b) Entscheide dich für eine Seite und trage die Argumente mit Begründungen und Beispielen in eine Tabelle ein. Ergänze deine Tabelle mit eigenen Argumenten, Begründungen und Beispielen.
c) Erstelle zwei Tabellen und trage jeweils die Argumente mit Begründungen und Beispielen dafür und dagegen ein und ergänze mit deinen eigenen Argumenten, Begründungen und Beispielen.

Standpunkt: Ja, es ist wichtig aufzuräumen.		
Behauptung	*Begründung*	*Beispiel*
Aufräumen erleichtert das Leben.	*Dann weiß man immer, wo die Dinge sind.*	*Die Bücher kommen ins Regal, die Shirts in den Schrank, die Stifte in die Box.*
…	…	…

Standpunkt: Nein, es ist nicht wichtig aufzuräumen.		
Behauptung	*Begründung*	*Beispiel*
Aufräumen ist reine Zeitverschwendung.	*… weil es schnell wieder aussieht wie zuvor.*	*Auf meinem Schreibtisch wachst der Berg aus Büchern, Heften und Bastelsachen immer wieder nach.*
…	…	…

5 Ergänze deine Tabelle zum Thema Handys auf Klassenfahrt mit Beispielen.

Argumente

Mit **Argumenten** will man andere **überzeugen**, dass eine Meinung zu einer Streitfrage richtig oder falsch ist. So braucht man zum Beispiel in Diskussionen stichhaltige Argumente, um den eigenen Standpunkt überzeugend vertreten zu können.
Argumente bestehen aus **Behauptungen, Begründungen** und **Beispielen.**
*Ella vertritt die **Meinung**, dass es wichtig ist, aufzuräumen.*
***Behauptung**: Aufräumen erleichtert das Leben.*
***Begründung**: Dann kann man Dinge schneller finden.*
***Beispiel**: Die Bücher kommen ins Regal, die Shirts in den Schrank, die Stifte in die Box.*

Die eigene Meinung begründet und nachvollziehbar vertreten
Argumente mit all ihren Bestandteilen (Behauptung, Begründung, Beispiel) formulieren

Die eigene Meinung formulieren und begründen

1 Lies den Info-Kasten genau durch.

2 Formuliere nun deine Meinung zu der Frage *Ist es wichtig aufzuräumen*? Nutze dazu die Argumente aus deiner Tabelle von Seite 86, den **Wortschatz** und orientiere dich an den Arbeitsschritten im Info-Kasten.

a) Verwende mindestens drei Argumente.

b) Verwende drei Argumente und auch mindestens ein Gegenargument

Wortschatz

Diese Frage wird in meiner Klasse gerade heftig diskutiert, weil ...
Also, ich stehe auf dem Standpunkt, dass ...
Denn ich finde es falsch / richtig, ...
Das ist mir wichtig, weil ...
Außerdem darf man nicht vergessen, dass ...
Es ist nämlich ...
Ich kann mir zum Beispiel sehr gut / überhaupt nicht vorstellen ...
In meiner Klasse würden bestimmt ...
Alle / Manche / Einige ...
Meiner Ansicht nach ist es richtig / falsch, wenn ...
Ich bin dafür / dagegen, dass ...
Für besonders wichtig halte ich ...
Gut / Schlecht / Bedenklich finde ich, ...
Auch das Beispiel ... zeigt, dass ...
Ausschlaggebend ist für mich ...
Damit steht meine Meinung fest, ...
Man sollte es einmal ausprobieren! Liebe Leute, setzt euch dafür ein, dass ...
Was kann es schon schaden?
Wozu soll das überhaupt gut sein?

3 Führt eine Diskussion zu dem Thema. Ihr könnt eine der Methoden, die ihr auf der nächsten Seite findet, verwenden.

Die eigene Meinung formulieren und begründen

Wenn ihr eure eigene Meinung äußern möchtet, ist es wichtig, dass ihr sie auch gut begründet und mit Bespielen unterlegt.
Es macht Sinn, wenn ihr euch vorbereitet, indem ihr euch Notizen zu eurem Standpunkt macht. Denkt daran, dass ihr eure Meinung zu einem bestimmten Thema mitteilen möchtet und andere mit euren Argumenten von eurem Standpunkt überzeugen wollt. Eure Argumentation soll kritisch sein, aber sie darf niemanden beleidigen.

Arbeitsschritte

1. Schreibe die Streitfrage als Überschrift auf.
2. Leite das Thema kurz ein.
3. Sag deine Meinung.
4. Führe ein Argument an, dass deinen Standpunkt stützt.
5. (Führe ein Gegenargument an.)
6. Führe zwei, drei Argumente an, die deine Meinung stützen.
7. Bekräftige am Ende noch einmal deine Meinung.

Argumente austauschen

Fishbowl-Diskussion

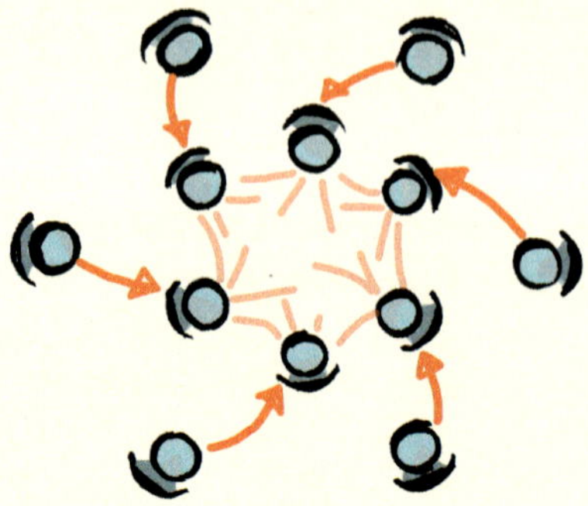

Fishbowl bedeutet auf Deutsch „Aquarium“.
Bei der Fishbowl-Methode geht es, ähnlich wie bei einem Aquarium, um die Beobachtung. Nur dass ihr hier keine Fische, sondern das Gesprächsverhalten eurer Mitschülerinnen und Mitschüler beobachtet.

1. Stellt zwei Stuhlkreise auf, wie ihr es auf der Abbildung sehen könnt. Im Innenkreis sitzen die Mitglieder der Diskussionsgruppe. Im Außenkreis sitzen die Teilnehmenden der Beobachtungsgruppe. Die Diskussionsgruppe diskutiert nun zum Thema.
2. In der Beobachtungsgruppe beobachtet jedes Mitglied ein Mitglied der Diskussionsgruppe und macht sich hierzu Notizen.
3. Im Anschluss gibt jedes Mitglied der Beobachtungsgruppe ein Feedback zu seinen Beobachtungen.

Tipp: Wenn ihr die Fishbowl-Diskussion bereits mehrfach geübt habt, könnt ihr folgende Variante ausprobieren: Lasst im Innenkreis einen Stuhl frei. Wenn nun aus der Beobachtergruppe jemand einen Beitrag zur Diskussion machen möchte, setzt er sich auf diesen Stuhl und diskutiert mit. Anschließend kehrt er in den Außenkreis zurück.

Die Mitte überzeugen

1. Schreibt die Streitfrage in die Mitte der Tafel und links und rechts die beiden Standpunkte.
2. Stellt vor die Tafel drei Stühle, so wie in der Abbildung.
3. Ein Schüler nimmt den Platz auf dem vorderen Stuhl ein.
4. Nun geht es los: Wer ein Argument für eine Seite hat, setzt sich auf den jeweiligen Stuhl und sagt es laut, danach geht er wieder an seinen Platz zurück.
5. Jeder kann sich, so oft er möchte, auf die Stühle setzen und jeder kann auch Argumente für verschiedene Seiten bringen.
6. Am Ende entscheidet sich der Schüler, der in der Mitte saß und nur zugehört hat, für eine Seite und begründet, warum er sich so entschieden hat.

Sachlich argumentieren

1 Entscheide dich für eines der Themen und bearbeite dann die Aufgaben.

Themen

Sollte in der Schule ein Getränkeautomat aufgestellt werden?

Sollte man Plastikverpackungen gesetzlich verbieten?

Sollte eine Schuluniform eingeführt werden?

Sollte es nur noch vegetarisches Essen in der Mensa geben?

Sollte die Schule ein Aquarium anschaffen?

2 Notiere deinen Standpunkt und finde Argumente, die für oder gegen dein Thema sprechen. Trage sie in die Tabelle ein.

Behauptung	Begründung	Beispiel

Digital+
WES-126526-026
Tabelle zum Ausfüllen

3 Tauscht euch mit anderen, die dasselbe Thema gewählt haben, aus.
- Welche eurer Begründungen sind sachlich, welche persönlich?
- An welcher Stelle machen sachliche Begründungen Sinn?
- An welcher Stelle machen persönliche Begründungen Sinn?
- Welche Art der Begründung ist in einer sachlichen Diskussion besser?

4 Ergänze deine Tabelle mit den Argumenten deiner Gruppe aus Aufgabe 3.

5 Führt eine Diskussion zu dem Thema. Ihr könnt eine der Methoden, die ihr auf der Seite 88 findet, verwenden.

Checkliste

- Formuliere deine Meinung als Behauptung (These):
- Formuliere eine Begründung, mit der deine Behauptung unterstützt wird.
- Nenne ein Beispiel zu deiner Begründung.
- Berücksichtige, mit wem du sprichst.
- Formuliere deine Beiträge höflich und sachlich.
- Vermeide Angriffe auf dein Gegenüber.
- Fühle dich nicht persönlich angegriffen, wenn jemand eine andere Meinung vertritt.
- Vermeide sprachliche Ungenauigkeiten, wie z. B. Umgangssprache, Übertreibungen und Verallgemeinerungen.

Zusammenfassung

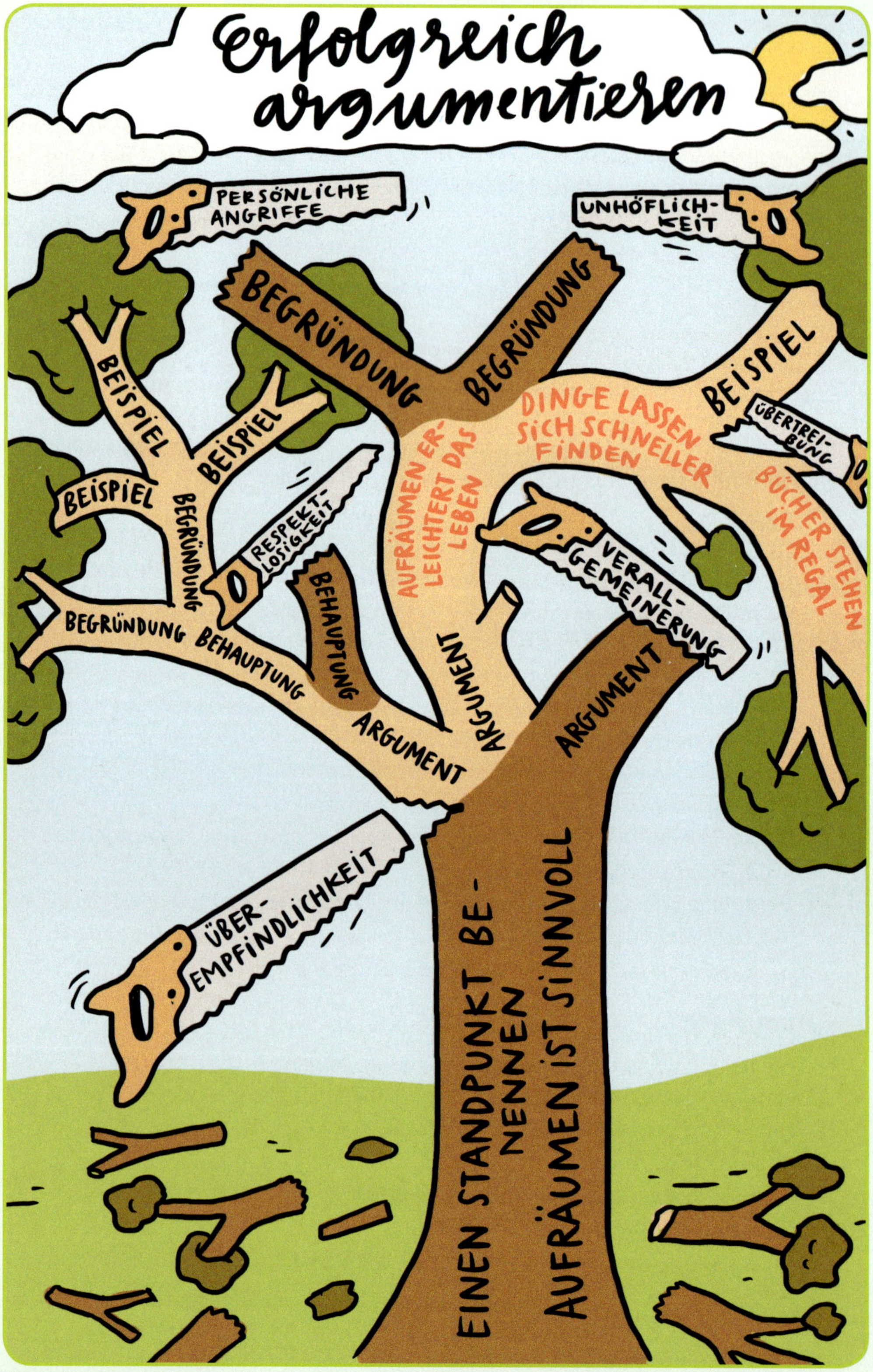

Überprüfe dein Wissen und Können

1 Lies den Lückentext und setze die fehlenden Wörter ein.

Digital+
WES-126526-027
Text zum Bearbeiten

Möchtest du jemanden davon überzeugen, dass deine Meinung zu einer Streitfrage ___ ist? Dann brauchst du stichhaltige ___. Ein Argument besteht aus einer ___ und einer ___. Manchmal macht ein anschauliches ___ das Argument noch überzeugender. In einem ___ kannst du deinen Standpunkt auch schriftlich äußern. Eine Diskussion wird am besten ___ geführt. Kommen ___ ins Spiel, werden die Begründungen ___, was häufig nicht zielführend ist.

Argumente, Gefühle, persönlich, Behauptung, Beispiel, Begründung, richtig, sachlich

2 Sechs Schülerinnen und Schüler haben zum Thema *Sollten zuckerhaltige Getränke im Schulkiosk verkauft werden – ja oder nein?* verschiedene Behauptungen aufgestellt. Ermittle, wer jeweils den Standpunkt *ja* oder *nein* einnimmt.

1) Ein Verkaufsverbot für zuckerhaltige Getränke bringt sowieso nichts, ...
2) Gezuckerte Getränke sind schlecht für die Zähne, ...
3) Stark gezuckerte Limo und Cola machen dick, ...
4) Um aus dem Mittagstief herauszukommen, braucht man etwas Süßes, ...
5) Im Schulkiosk dürfen nur ungesüßte Getränke angeboten werden, ...
6) Ich möchte zwischen Getränken mit und ohne Zucker auswählen können, ...

3 Das sind mögliche Begründungen zu Aufgabe 2. Zu welchen Behauptungen gehören sie?

a) ..., weil Zucker Karies verursachen kann.
b) ..., weil sich sonst viele Kinder ihre süße Cola oder Limo mitbringen.
c) ..., weil sie viel zu viele Kalorien haben.
d) ..., weil Kinder lernen müssen, ihren Durst auf gesunde Weise zu löschen.
e) ..., weil ich mir nicht vorschreiben lasse, was ich trinke.
f) ..., weil Zucker ein Energiebringer ist, der schnell ins Blut geht.

4 Formuliere deine eigene Meinung zum Thema.

a) Welche beiden Argumente aus Aufgabe 2 und 3 findest du wichtig?
- Formuliere deine Meinung schriftlich.
- Verwende mindestens zwei Behauptungen mit passenden Begründungen und Beispielen.

b) Schreibe deinen Standpunkt zum Thema auf. Begründe ihn mit drei vollständigen Argumenten.

c) Schreibe deine Meinung zu diesem Thema auf, in dem du sowohl Argumente, die **dafür** als auch **dagegen** sprechen, berücksichtigst.

Digital+
WES-126526-028
Lösungen

Fabeln

1 Betrachte das Bild.

2 Beschreibt euch gegenseitig, was ihr auf dem Bild seht.
- Welche Tiere könnt ihr erkennen?
- Welche Geschichten kennt ihr, in denen Tiere eine wichtige Rolle spielen?
- Welche Tiere kommen darin vor?

3 Tiere spielen in besonderen Erzählungen, den sogenannten Fabeln, eine Hauptfigur. In Fabeln bekommen die Tiere menschliche Eigenschaften, die sie in Wirklichkeit nicht haben.
Ordnet den folgenden Tieren ihre möglichen menschlichen Eigenschaften in Fabeln zu. Manchen Tieren könnt ihr mehrere Begriffe zuordnen.

1 fleißig
2 verfressen
3 klein
4 hilfsbereit
5 stolz
6 mächtig
7 eitel

4 Lies dir den Text aufmerksam durch.

Die Geschichte der Fabeln

Fabeln gibt es schon seit über 2000 Jahren. Entstanden sind sie vor allem in der Zeit, als das Volk von Herrschern abhängig war und ausgebeutet wurde.
Der Grieche Äsop ist der bekannteste Fabeldichter, der im 6. Jahrhundert vor Christus in Nordasien lebte. Aus Angst vor Bestrafung, wenn er seine Kritik über den König und Staat offen äußerte, verpackte er seine Kritik in Fabeln. So konnten alle über einen dummen Esel lachen, der auf den Streich eines dummen Fuchses hereingefallen war. Aber niemand lachte über den Herrscher, der nicht sah, wie dumm er gehandelt hatte. Fabeldichter waren also in der damaligen Zeit mutige Schriftsteller. Sie kritisierten den Herrscher und behaupteten, dass sie nur lustige Tiergeschichten erzählten.
In den Fabeln ließen sie Tiere wie Menschen handeln. Die Tiere bekamen menschliche Verhaltensweisen und Eigenschaften. So gilt beispielsweise der Fuchs als hinterlistig und schlau, der Wolf als gierig und gewalttätig, der Esel als einfältig und dumm und die Ameise als zielstrebig und fleißig. Fabeln handeln also nicht nur von schlechten menschlichen Eigenschaften wie zum Beispiel Stolz, Feigheit, Geiz, Machtgier oder Sturheit, sondern auch von positiven menschlichen Eigenschaften wie Klugheit, Mut, Fleiß, Durchhaltevermögen, Dankbarkeit und Hilfsbereitschaft.
Weil viele Menschen früher nicht lesen konnten, wurden die Fabeln meist mündlich erzählt. Fabeln sind kurze Erzählungen oder Erzählgedichte, die alle einen ähnlichen Aufbau haben. Die Überschrift erwähnt meist die Fabeltiere, um die es in der Fabel geht. Am Ende steht häufig eine Lehre, auch Moral genannt. Die Moral soll den Zuhörenden aufzeigen, was sie aus der Fabel lernen können.

5 Tauscht euch über folgende Fragen untereinander aus.
Schreibt die Antworten aus dem Text heraus.
- *Seit wann gibt es Fabeln?*
- *Wer ist der bekannteste Fabeldichter?*
- *Warum wurden früher Fabeln erzählt?*
- *Welche Eigenschaften und Verhaltensweisen werden den Fabeltieren in diesem Text zugeordnet?*
- *Warum wurden die Fabeln mündlich erzählt?*
- *Welche Aufgabe hat die Moral am Ende der Fabel?*

Digital+
WES-126526-029
Quiz zum Text

In diesem Kapitel lernst du (,) ...
- Wissenswertes über Fabeln kennen.
- den Inhalt einer Fabel zu erschließen.
- die Merkmale und den Aufbau einer Fabel kennen.
- eine Fabel zu Ende zu schreiben.
- kreativ mit einer Fabel zu arbeiten.

Den Inhalt einer Fabel erschließen

1 Lies die Fabel aufmerksam durch.

Der Löwe und der Fuchs

Nach Äsop

Der Löwe war alt geworden. Aus eigener Kraft konnte er sich keine Nahrung mehr beschaffen. Darum musste er einen Trick anwenden. Er zog sich in seine Höhle zurück und spielte den Kranken. Alle Tiere aber, die ihn besuchen wollten, packte er und fraß sie auf. Nachdem er viele ums Leben gebracht hatte, kam auf einem Spaziergang auch der Fuchs vorüber. Der bemerkte aber die List des Löwen sofort. Mutig näherte er sich der Höhle des Löwen, doch er blieb draußen stehen und fragte hinein: „Mein König! Wie geht es euch?"
„Schlecht", antwortete der Löwe tief aus dem Inneren der Höhle. „Doch warum trittst du nicht ein?" Da erwiderte der Fuchs: „Ich käme wohl gern hinein, um dir einen Besuch abzustatten. Doch ich habe festgestellt, dass es viele Spuren gibt, die in deine Höhle hineinführen. Aber keine führt wieder heraus!" Und er ging fort.

2 Welche Gedanken gehen dir nach dem Lesen durch den Kopf?

3 Erkläre in eigenen Worten, was der Fuchs dem Löwen am Ende der Fabel sagen möchte.

4 Überlege, warum der Löwe von so vielen Tieren Besuch bekommen hat.

5 Ordne dem Löwen, dem Fuchs, und den Besuchertieren die passenden Eigenschaften zu. Nutze den **Wortschatz**.
- Übertrage die Tabelle in dein Heft und fülle sie aus.
- Formuliere Sätze aus, in denen du die zugeordneten Eigenschaften begründest.
  Beispiel: *Das Fabeltier ist ..., weil ...*
  Bei der Textstelle erkennt man, dass das Tier ...
  Das Verhalten zeigt, dass ...

	Eigenschaft	Begründung
Löwe	• listig ...	
Fuchs	• schlau ...	
Besuchertiere	• gutmütig ...	

6 Eine Fabel versucht fast immer, uns etwas zu lehren.
a) Erkläre, was du aus der Fabel lernen kannst.
b) Formuliere in einem Satz, was man aus der Fabel lernen kann.

Wortschatz

aufmerksam
ruhig
böse
herzlich/freundlich
hinterhältig
leichtgläubig
clever/schlau
mächtig
misstrauisch
mitleidig
naiv
neugierig
rücksichtslos
schlau
stark vorsichtig
falsch (hinterlistig)
stolz/arrogant (hochmütig)

Den Aufbau einer Fabel untersuchen

1 Lies die Textabschnitte der Fabel *Der Löwe und die Maus* auf den Puzzleteilen.

Die Maus hörte sein Stöhnen. Sie lief herbei, zernagte das Netz mit ihren spitzen Zähnen und sprach: „Vor ein paar Tagen hast du mich ausgelacht, weil du nicht glauben wolltest, dass dir eine Maus einmal helfen könnte. Jetzt sollte dir klar sein, dass es auch bei Mäusen Dankbarkeit gibt.“ **L**

Der Löwe und die Maus

Nach Äsop

F

Der Löwe lag im Schatten eines Baumes und schlief. Da lief ihm eine kleine Maus über den Bauch.

A

Der Löwe erwacht, packt die Maus mit seinen Pranken und wollte sie fressen. „Wenn du mich wieder freilässt“, sagte die Maus, „werde ich dir dankbar sein und dir auch einmal aus einer misslichen Lage helfen.“ Da musste der Löwe über die Maus lachen und sprach: „Du willst mir helfen?“ Doch da er gute Laune hatte, ließ er sie frei.

B

Keiner ist zu gering, dass er nicht auch einem Mächtigen helfen könnte.

N

Wenige Tage später spannte ein Jäger ein Netz unter dem Baum auf. Als sich der Löwe wieder in den Schatten des Baumes legen wollte, verfing er sich in dem Netz – und war gefangen.

E

Digital+

WES-126526-030

Puzzleteile

2 Bringt die Fabelteile in die richtige Reihenfolge und findet das Lösungswort.

3 Setzt euch genauer mit der Fabel auseinander.
- Beschreibt, wie die beiden Begegnungen des Löwen und der Maus verlaufen.
- Erklärt dabei auch, wie es der Maus gelingt, dem Löwen ihre Dankbarkeit zu zeigen.

4 Erzählt euch von anderen Situationen, in denen ein Schwacher einem Stärkeren geholfen hat.

5 Was könnt ihr aus der Fabel lernen?
a) Wähle aus den folgenden Sätzen eine passende Lehre für die Fabel aus.

1) Jeder hat ein Talent, mit dem man anderen helfen kann.
2) Es hat keinen Sinn, ums Überleben zu kämpfen.
3) Unterschätze niemanden, nur weil er kleiner oder schwächer scheint.
4) Man sollte die Hoffnung nie aufgeben.

b) Begründe deine Auswahl. Die nachfolgenden Formulierungen können dir dabei helfen.
Das Verhalten ... zeigt, ...
Oft täuscht man sich ...
Auch wenn ...

Digital+
WES-126526-031
Fabel von S. 95 in richtiger Reihenfolge zum Bearbeiten

6 Ordne den einzelnen Puzzleteilen die Bestandteile einer Fabel aus dem Info-Kasten zu.

Der Aufbau einer Fabel

Fabeln sind meist nach dem folgenden einfachen Muster aufgebaut:

1. Einleitung: In der kurzen Ausgangssituation werden die Figuren und alles Weitere genannt, was für das Verständnis der Fabel wichtig ist.

2. Aktion: Es folgt die Aktion, in der meist zwei Tiere, auch Spieler und Gegenspieler, in einem Konflikt aufeinandertreffen.

3. Reaktion: In der Rektion geht der Gegenspieler auf die Handlung des Spielers ein.

4. Ende: Am Ende wird mit dem Ausgang der Handlung gezeigt, wer als Sieger und wer als Verlierer hervorgeht.

5. Lehre: Aus dem Ende ergibt sich die Lehre der Fabel, die oft auch in einem Satz geschrieben steht. Manchmal steht sie auch am Anfang oder sie fehlt, weil der Leser sie selbst finden soll. An dieser Stelle wird Kritik am Verhalten einzelner Menschen oder an der ganzen Gesellschaft ausgedrückt. Daraus soll man Lehren für das eigene Verhalten ziehen und dieses möglichst ändern.

Inhalte von Texten herausarbeiten, Wesentliche Elemente eines Textes bestimmen, Fabeln unter Verwendung von Gattungsmerkmalen beschreiben und erläutern

Eine Fabel als szenisches Spiel umsetzen

1 Lies dir die Fabel durch.

Der Hahn und der Fuchs

Wolfgang Menzel – Nach Jean de La Fontaine

In sicherer Höhe saß der Hahn auf einer Steinmauer. Da näherte sich der Fuchs mit sanftmütigen Worten: „Weißt du schon, dass von heute ab kein Tier mehr ein anderes verfolgen wird und dass alle sich lieben werden? Auch ich möchte mit dir Frieden schließen. Komm herunter und lass uns diese neue Vereinbarung mit einem Kuss besiegeln!“

Was will der Hahn damit erreichen? Warum sagt er so etwas zum Fuchs?

Der Hahn war hocherfreut über das Friedensangebot. „Ich will sofort zu dir hinunterkommen. Es ist bestimmt wahr, was du sagst, denn gerade sehe ich zwei weitere Friedensboten kommen, die auf dem Weg hierher sind. Es sind Bären, wie mir scheint. Und sie sind auf schnellen Pfoten unterwegs. Gleich sind sie hier.“

Was denkt der Fuchs wohl in Wirklichkeit? Und was will er von dem Hahn?

Als der Fuchs das hörte, sagte er: „Ich muss diese Botschaft unbedingt noch vielen anderen Tieren überbringen.“ Und hastig verabschiedete er sich und lief in höchster Eile davon.

Warum hat es der Fuchs plötzlich so eilig? Was mag er wohl wirklich denken?

Der Hahn aber plusterte sich genüsslich auf und freute sich, dass er den Fuchs so gut überlistet hatte.

2 Lies die Fabel ein zweites Mal und bearbeite die folgenden Aufgaben.
- Beantworte nach jedem Absatz die Fragen aus der Gedankenblase schriftlich.
- Schreibe eine passende Lehre zu der Fabel auf.

3 Tauscht eure Ergebnisse in der Klasse aus.
- Wo gibt es Übereinstimmungen?
- Wo gibt es Unterschiede?

4 Spielt die Fabel in einer Gruppe szenisch nach.
In jeder Gruppe sollen fünf Spieler sein:
- Hahn
- innere Stimme des Hahns (Gedankenblase am Textrand)
- Fuchs
- innere Stimme des Fuchses (Gedankenblase am Textrand)
- Fabelerzähler (liest alles, was nicht in wörtlicher Rede steht)

Digital+
WES-126526-032
Anleitung für szenisches Spiel

Direkte Rede in eine Fabel einfügen

Digital+
WES-126526-033
Text zum Bearbeiten

1 Lies die Fabel *Der Fuchs und der Ziegenbock*.

Der Fuchs und der Ziegenbock

Jean de la Fontaine

Der Fuchs ging an einem heißen Sommertag mit seinem Freund, dem Ziegenbock, spazieren. Sie kamen an einem Brunnen vorbei, der nicht sehr tief war. Der muntere Bock kletterte sofort auf den Brunnenrand, blickte neugierig hinunter und sprang, ohne zu zögern, in das kühle Nass. Der Fuchs hörte ihn herumplantschen und genüsslich schlürfen. Da er selbst sehr durstig war, folgte er dem Ziegenbock und trank sich satt. Dann sagte er zu seinem Freund:

blökte der Bock zuversichtlich und rieb seine Hörner an der Brunnenwand. Das brachte den Fuchs auf eine Idee.

, forderte er den Ziegenbock auf.

, staunte der ahnungslose Bock.

Er kletterte mit seinen Vorderfüßen die Brunnenwand nach oben, streckte seinen Körper, so gut er konnte, und erreichte so fast den Rand des Brunnens. Nachdem der Ziegenbock auch noch den Kopf nach unten gestreckt hatte, war der Fuchs ganz schnell und einfach über den Rücken des Ziegenbocks ins Freie gelangt.

, lobte der Bock seinen Freund.

Doch plötzlich wunderte sich der Ziegenbock und fragte:

Der Fuchs lachte:

blöken
das für Schafe und Ziegen typische Geräusch

Mit handlungs- und produktionsorientierten Verfahren ein plausibles Textverständnis herausarbeiten, Dialoge verfassen

2 Lies zunächst den Info-Kasten über die direkte Rede in einer Fabel.
Füge dann direkte Rede in die Fabel *Der Fuchs und der Ziegenbock* ein.

a) Schreibe in die leeren Stellen in wörtlicher Rede auf, was die beiden Freunde einander sagen. Folgende Hinweise und Fragen helfen dir dabei:

- Der Fuchs sagt zum Ziegenbock, dass das Getränk erfrischend war und fragt sich, wie sie wieder aus dem Brunnen kommen.
- Der Ziegenbock ist der Meinung, dass dem Fuchs schon etwas einfallen wird, wie er wieder aus dem Brunnen kommt.
- Der Fuchs fordert den Ziegenbock auf, sich mit den Vorderbeinen an die Brunnenwand zu stellen, damit er über den Rücken des Bocks hinausklettern kann.
- Wie könnte der Bock die Klugheit des Fuchses loben?
- Wie kann der Ziegenbock seine Begeisterung äußern?
- Der Ziegenbock stellt die Frage, wie er aus dem Brunnen herauskommt.
- Der Fuchs macht sich über den Bock lustig, dass er so dumm war und auf ihn hereingefallen ist.

B → S. 325
Zeichen der wörtlichen Rede

b) Formuliere die direkte Rede an den entsprechenden Stellen.
Berücksichtige dabei die Eigenschaften der Tiere.

c) Ergänze die Fabel mit direkter Rede an den entsprechenden Stellen.
Erweitere die Fabel an geeigneten Stellen auch um Gedankenrede.

B → S. 306
Gedankenrede und wörtliche Rede

Direkte Rede in einer Fabel

Bei den meisten Fabeln treffen zwei Tiere aufeinander, die miteinander reden. So ein **Wechselgespräch** zwischen zwei Gesprächspartnern bezeichnet man als **Dialog**.
Ein Dialog besteht aus abwechselnder **Rede** und **Gegenrede**. Der Dialog erscheint im Text als **direkte Rede**. In dem Dialog zwischen zwei Fabeltieren wird oft schon deutlich, welches Tier das andere überlistet, betrügt oder tötet. Zudem kann man aus den Dialogen meistens die **Eigenschaften** der Fabeltiere erkennen.

Eine Fabel schreiben

A Eine Fabel zu Ende schreiben

1 Lies dir den Fabelanfang durch.

Die Mistfliege

Max Bollinger

Ein Löwe und ein Tiger waren seit vielen Jahren gute Freunde. Eine Mistfliege ärgerte sich über das gute Einvernehmen der beiden königlichen Tiere.
Eines Morgens kroch sie dem Löwen ins Ohr. „Hast du schon gehört, dass der Tiger sich lobt, zehnmal stärker zu sein als du?“, flüsterte sie ihm zu.
Der Löwe scheuchte die Mistfliege weg, doch ihre Worte ruinierten ihm den Tag, auf den er sich gefreut hatte.
Am Abend kroch die Fliege auch dem Tiger ins Ohr.
„Hast du schon gehört, dass sich der Löwe lobt, zehnmal schöner zu sein als du?“, flüsterte sie ihm zu.
Der Tiger scheuchte die Mistfliege weg, doch auch ihm verdarben ihre Verleumdungen die ganze Nacht.
Als sich der Löwe und der Tiger wieder begegneten, betrachteten sie sich voller Argwohn.

2 Beantworte die nachfolgen Aufgaben schriftlich.
- Beschreibe, wie die beiden Begegnungen zwischen der Mistfliege mit dem Löwen und dem Tiger verlaufen.
- Erkläre wie die Mistfliege die Freundschaft zwischen dem Tiger und dem Löwen beeinflusst.
- Beschreibe, was für ein Konflikt zwischen dem Löwen und dem Tiger, ausgelöst durch die Mistfliege, entstehen könnte.
- Überlege dir eine Lehre. Was kann man aus der Fabel lernen? Folgende Formulierungen können dir helfen:
  Wenn zwei sich streiten,... *Glaube nicht alles,...* *Verlass dich nicht...*

3 Überlege, welche menschlichen Eigenschaften die Mistfliege, der Löwe und der Tiger haben. Sammle die Eigenschaften in einer Tabelle wie auf Seite 94.

4 Schreibe die Fabel zu Ende.
a) Nutze deine Notizen aus Aufgabe 1 und 2. Beachte den Aufbau. Deine Fabel sollte einen Sieger und einen Verlierer haben. Der **Wortschatz** in der Randspalte kann dir helfen.
b) Beachte dabei den Aufbau einer Fabel (Seite 96).

5 Tragt euch eure Fabeln in der Klasse vor.

Wortschatz
Unwahrheit
Kampf
nicht sprechen
auslachen
Schadenfreude
Freunde

Merkmale, Verhalten und Beziehungen literarischer Figuren beschreiben, mit handlungs- und produktionsorientierten Verfahren ein plausibles Textverständnis herausarbeiten

B Zu einer Bildergeschichte eine Fabel schreiben

1 Schau dir die Bilder genau an.

2 Erzählt euch gegenseitig mündlich, was in der Bildergeschichte passiert.

Die Krähe und der Wasserkrug

Nach Äsop

3 Schreibe zu den Bildern eine eigene Fabel.

a) Schreibe im Präteritum und formuliere auch eine Lehre, die zu dieser Fabel passt. Du kannst den **Wortschatz** nutzen. So könnte deine Fabel beginnen:

Die Krähe und der Wasserkrug

Eine Krähe hatte großen Durst und suchte nach Wasser. Die Bäche und Quellen waren alle ausgetrocknet. Da entdeckte sie aus der Luft ...

Wortschatz

Landschaft ausgetrocknet
auf der Suche nach Wasser
Krähe entdeckte Haus aus der Luft
erspähte den Wasserkrug
Krug halbvoll mit Wasser
Krähe flog auf Rand des Kruges
steckte Kopf in den Krug
wollte trinken
suchte Wasser

Krähe hüpfte um Krug herum
wollte Krug umwerfen
kein Erfolg
Krug war zu schwer
Krähe war erschöpft
saß neben Krug
Blick fiel auf kleine Steinchen
pickte ein Steinchen nach dem anderen

ließ sie in den Krug fallen, bis Wasser den Rand des Kruges erreichte
Krähe saß auf Krugrand
Krug mit Steinchen gefüllt
Wasserspiegel gestiegen
Krähe konnte endlich trinken

b) Schreibe im Präteritum und formuliere auch eine Lehre, die zu dieser Fabel passt. Beachte den Aufbau einer Fabel.

Aufbau einer Fabel → S. 96

C Schritt für Schritt eine eigene Fabel schreiben

1 Verfasse mit Hilfe der „Fabel-Gebrauchsanweisung" schrittweise eine eigene Fabel.

Schau dir die Fabeltiere im Kapitel an.

Schritt 1: Wähle deine Fabeltiere aus.
Wähle zwei Fabeltiere, die gegensätzliche Eigenschaften haben.

Schritt 2: Lege gegensätzliche Eigenschaften für deine Fabeltiere fest.
Wähle für deine Fabeltiere gegensätzliche Eigenschaften aus. Du kannst die nachfolgenden Eigenschaften verwenden oder dir eigene ausdenken.
eitel, hinterhältig, freundlich, fleißig, dumm, störrisch, schlau, vorsichtig, ängstlich, leichtgläubig, diebisch, besserwisserisch, stolz, hochmütig, langsam, schnell

Schritt 3: Überlege dir die Handlung für deine Fabel.
Plane einen Konflikt, der zwischen den beiden Fabeltieren entsteht.
- Wo begegnen sich die Fabeltiere?
- Was soll in deiner Fabel passieren? Überlege dir eine sinnvolle Reihenfolge, was wann passiert (Aktion ↔ Reaktion).
- Wie kommt es zum Konflikt zwischen den Tieren?
- Welche gegensätzlichen Eigenschaften habe deine Tiere, die zum Konflikt führen?

Schritt 4: Verfasse Dialoge, die in deiner Fabel enthalten sein sollen.
Überlege dir den Dialog zwischen den Fabeltieren. Was sagen die Tiere?

Schritt 5: Plane, wie deine Fabel ausgehen soll.
- Wie endet die Fabel?
- Gibt es einen Sieger/Verlierer?
- Gibt es einen Stärkeren/Schwächeren?

Schritt 6: Verfasse eine Lehre für deine Fabel.
Wähle eine Lehre aus, die deine Fabel vermitteln soll oder überlege dir selbst eine.
Wer anderen eine Grube gäbt, fällt selbst hinein.
Eine Hand wäscht die andere.
Was du nicht willst, was man dir tut, das füg auch keinem anderen zu.
Wer zuletzt lacht, lacht am besten.
Wer genau hinsieht, der erkennt Gefahren an ganz bestimmten Zeichen.

2 Tragt euch eure Fabeln gegenseitig vor.

Stimmt über das beste Ergebnis ab und veröffentlicht es auf der Schulhomepage.

Zusammenfassung

Überprüfe dein Wissen und Können

1 Notiere die richtigen Aussagen.

1) Fabeln sind lustige Tiergeschichten für Leserinnen und Leser, die Tiere gerne mögen und sich für Tiere interessieren.
2) Fabeln sind kurze Texte, in denen Tiere als handelnde Personen auftreten.
3) Fabeltiere sprechen und verhalten sich wie Menschen.
4) Fabeln sollen den Leser oder die Leserin belehren und ihn oder sie auf bestimmte Verhaltensweisen aufmerksam machen.
5) Fabeln sind erfundene Geschichten, die nichts mit den Menschen zu tun haben.

Den Inhalt einer Fabel erschließen

2 Lies die folgende Fabel aufmerksam.

Der Wolf und der Kranich

Nach Äsop

Schlund, der
Speiseröhre

Als ein Wolf eines Tages beim Essen war, blieb ihm ein Knochen im Hals stecken, sodass er fast erstickte. Er keuchte und würgte und heulte über das ganze Land. Er bat alle Tiere verzweifelt, ihm zu helfen, und versprach: „Wer mich rettet, bekommt eine Belohnung!“

Ein Kranich, der dieses Versprechen hörte, bot seine Hilfe an. „Öffne deinen Rachen ganz weit, Wolf“, sagte er und steckte seinen langen Schnabel tief in den Schlund. Er holte den Knochen vorsichtig heraus und sagte: „Hier ist der Knochen, der dich gequält hat! Nun gib mir die Belohnung!“

Da lachte der Wolf und zeigte mit einem gemeinen Grinsen sein großes Gebiss. „Belohnung“, sagte er und hatte seinen schmerzenden Hals schon völlig vergessen. „Du kannst froh sein, dass ich dir nicht den Kopf abgebissen habe. Das sollte genug Belohnung für dich sein, du undankbarer Vogel.“

3 Bearbeite die Aufgaben zu der Fabel schriftlich.

- Beschreibe die unangenehme Lage, in welche der Wolf geraten ist.
- Erkläre, mit welchem Versprechen der Wolf andere Tiere um Hilfe bittet.
- Wie gelingt es dem Kranich, dem Wolf das Leben zu retten?
- Erkläre, mit welcher Absicht der Wolf dem Kranich am Ende ein Grinsen zeigt.

4 Die Fabel enthält eine Lehre.

a) Erkläre, welches Verhalten Äsop mit der Fabel kritisiert.

b) Formuliere zu der Fabel eine passende Lehre.

Den Dialog in einer Fabel untersuchen

5 Beschreibe, wie sich der Wolf in der Fabel verhält.
Nenne Eigenschaften, die du im Verhalten des Wolfes erkennen kannst.

6 Nenne Eigenschaften, die sich dem Kranich zuordnen lassen.

7 Der Wolf und der Kranich unterhalten sich in der Fabel miteinander.
Untersuche diesen Dialog genauer.
- Beschreibe, worüber sich die beiden Tiere unterhalten.
- Nenne den Sieger des Dialogs und begründe, weshalb dieser als Sieger hervorgeht.
- Begründe, wer das Gespräch führt und bestimmt.
- Erläutere, welches Tier nicht durchschaut, was das andere vorhat.
- Erörtere, welche Rückschlüsse sich aus dem Dialog auf die Eigenschaften der beiden Fabeltiere ziehen lassen.

Eine Fabel zu einem Bild schreiben

8 Betrachte das Bild. Was siehst du?

9 Schreibe eine eigene Fabel zu dem Bild.

a) Überlege dir vorher Folgendes:
- Worum soll es in deiner Fabel gehen?
- Welche Lehre soll deine Fabel haben?
- Die folgenden Fragen können dir bei der Bearbeitung helfen:
  - *Mit welcher Ausgangssituation beginnt deine Fabel?*
  - *Welche Tiere sind Spieler und Gegenspieler?*
  - *In welchem Konflikt befinden sich die Tiere?*
  - *Wie reagiert der Gegenspieler auf die Handlung des Spielers?*
  - *Wer ist am Ende der Sieger?*
  - *Wer ist der Verlierer?*
  - *Welche Lehre hat deine Fabel?*

Schreibe mit Hilfe der Notizen eine eigene Fabel.

b) Verfasse eine eigene Fabel zum Bild. Denke dabei an den Aufbau einer Fabel.

Digital+
WES-126526-034
Lösungen

Sagen

Digital+
WES-126526-035
Text zum Anhören

1 Lies den informierenden Text laut.

Das Wahrzeichen der Stadt Bretten

Auf einem Spaziergang durch die Stadt Bretten sieht man an vielen Orten das Wahrzeichen der Stadt, einen kleinen Hund:

- als Griff an einer Haustür
- als steinerne Figur auf einer Fensterbank
- im Vorgarten als Figur aus buntem Kunststoff
- als hölzerne Kletterfigur auf dem Marktplatz

Die linke Abbildung zeigt das Tier hoch oben über dem Hundlesbrunnen in der Melanchtonstraße. rechts sieht man das Hündchen als Marketingprodukt der Stadt Bretten zum Stadtjubiläum 2017.
Die Einwohner von Bretten erinnern damit an einen kleinen Hund, der die Stadt im Jahr 1504 vor großer Not bewahrt haben soll.

Wahrzeichen
Ein Wahrzeichen ist ein Erkennungsmerkmal, z. B. einer Stadt – wie das Brettener Hundle oder das Brandenburger Tor in Berlin.

2 Benenne das Thema des Textes aus Aufgabe 1.

3 Beantworte mit den Informationen aus dem Text die folgenden Fragen:
- Was ist geschehen?
- Wann ist es geschehen?
- Wo ist es geschehen?
- Wer hat etwas getan?
- Warum ist es geschehen?
- Welche Folgen hatte das Ereignis?

4 Lies die Sage *Das Brettener Hundle* auf der nächsten Seite.

5 Tauscht euch über folgende Fragen aus.
- Wie erklärt die Sage die Beliebtheit des *Brettener Hundles*?
- Wie unterscheiden sich Format und Inhalte der beiden Texte auf diesen Seiten?

Wenn jemand in der Stadt Bretten in einem Streit gegen den Gegner verliert, dann sagt man über ihn, er „komme daher wie das Hündlein zu Bretten". Warum, das erzählt diese Sage:

Digital+
WES-126526-036
Sage zum Anhören

Das Brettener Hundle

Einst litt die Stadt Bretten unter der Belagerung eines mächtigen Feindes. Von allen Seiten waren die Stadtmauern durch feindliche Truppen umgeben. Niemand konnte hinaus und niemand hinein. Und der Feind wollte nicht abziehen. Mit der Zeit aber nahmen die Vorräte der Brettener Bürger ab und sie hatten nichts mehr zu essen. Als die Not täglich größer wurde, traf sich der Rat der Stadt zu einer Beratung.
Einer der Stadträte, man sagt es sei der Schultheiß selbst gewesen, machte folgenden Vorschlag: Ein Mops solle recht fett gefüttert werden und dann vor das Stadttor gesetzt werden. Wenn der Feind das wohlgenährte Tier sehe, würde er glauben, in Bretten gebe es noch reichlich zu essen.
Die Brettener Bürger folgten diesem Vorschlag und trugen alles zusammen, was sie noch in ihren Schränken und Vorratskammern fanden. Der Hund fraß alles. Als die Feinde das fette Hundle mühselig durch das Stadtor hinauslaufen sahen, fielen sie auf den Trick herein. Wenn die Bürger ihre Hunde noch so mästen konnten, müssten sie Nahrung im Überfluss haben. Daraufhin packten sie ihre Ausrüstungen ein und zogen ab. Dem kleinen Hund aber schnitten sie den Schwanz ab, damit sie wenigstens etwas von Bretten mit nach Hause nehmen konnten.
Die Bürger der Stadt Bretten feierten ihren Sieg, den sie mit einer List erreicht hatten. Dem kleinen Hundle aber errichteten sie ein Denkmal, das heute noch an der Kirche zu sehen ist.

In diesem Kapitel lernst du (,) ...

- verschiedene Sagen kennen und ihren Inhalt zu erschließen.
- Wissenswertes über die Textart „Sagen".
- Merkmale von Sagen kennen.
- eine Sage nachzuerzählen.
- einen Comic zu einer Sage zu zeichnen.
- Sagen gestaltend vorzutragen.
- einen inneren Monolog zu einer Sagenfigur zu schreiben.
- eine eigene Sage zu schreiben.

Wissenswertes über Sagen erfahren

1 Lest euch den Text gegenseitig laut vor. Wechselt nach den Abschnitten.

Wie entsteht ein Gewitter mit Blitz und Donner? Warum wird ein Feind besiegt, der doch viel stärker war? Und wieso erinnern die Berge in der Dämmerung an eine Katze, die springt? Immer wieder haben sich Menschen Gedanken über solche Dinge gemacht. Zur Erklärung erzählten sie sich Geschichten, die wir heute als Sagen bezeichnen.

Sagen

Als Sagen bezeichnen wir Texte, die über einen langen Zeitraum mündlich weitererzählt wurden. Erst später wurden sie aufgeschrieben. Sagen haben in der Regel nicht einen einzigen Verfasser oder Autor. Durch das mündliche Erzählen kennen wir heute Sagen, die zwar vom gleichen Thema erzählen, sich aber doch ein wenig unterscheiden. Die unterschiedlichen Erzähler haben beim Weitergeben manchmal etwas dazugefügt und manchmal etwas weggelassen.

Ein wahrer Kern

Man sagt, Sagen haben einen historischen Kern. Damit meint man, dass sich das erzählte Ereignis wirklich zugetragen hat. Oder eine Person, die in der Sage erwähnt wird, hat wirklich gelebt.
Aufmerksame Historiker können das auch beweisen, z. B.

- lesen sie den Namen einer Person auf einer Urkunde im Archiv.
- erkennen sie die besondere Form einer Landschaft noch heute.
- untersuchen sie ein bestimmtes Datum, das für die Menschen eine besondere Bedeutung hatte.

Diese wahren Informationen vermischten die Erzähler in der Sage mit fantasievollen und übernatürlichen Elementen. Das, was sich zugetragen hat, wurde ausgeschmückt und dabei wurde oft stark übertrieben.

Sagen aus aller Welt

Sagen gibt es in vielen Völkern und Kulturen. Man unterscheidet Göttersagen, Heldensagen, Natursagen oder Volkssagen. Wenn Menschen unterwegs waren oder reisten, erzählten sie einander zur Unterhaltung Sagen, die sie kannten. Manchmal gefiel eine Sage so gut, dass ein Reisender sie später zu Hause weitererzählte. Oder aber den Gastgebern gefiel die Sage aus der Fremde, so dass sie immer wieder erzählt wurde – auch wenn der Reisende schon längst wieder zurück in der Heimat war.

2 Arbeitet folgende Informationen aus dem Text heraus. Nennt auch die Zeilen.
- Erkläre, warum es sehr ähnliche Sagen gibt, die sich nur wenig unterscheiden.
- Erkläre die Bedeutung „Ein wahrer Kern".

Wie eine Sage entsteht

1 Lies den informierenden Text über die *Zwergenhöhlen* in Tschechien.

In einem Kalksteinfelsen in der Nähe des Dorfes Dubina in Tschechien sieht man etwa 60 Löcher. Sie sind ganz unterschiedlich groß: von 1,5 Zentimetern bis 1,5 Meter.
Heute wissen Geologen, dass an diesen Stellen sehr lange entwurzelte Bäume gelegen haben müssen. Während die Wurzeln verwitterten, entstanden Löcher im weichen Kalkstein. Für die Menschen, die früher in dieser Gegend gewohnt haben, waren die Löcher Wohnungen von Kobolden oder Zwergen.

2 Lies jetzt den Sagentext zu den *Zwergenhöhlen in Tschechien*.

3 Vergleicht mit den W-Fragen den Informationstext zu den *Zwergenhöhlen* in Tschechien mit der Sage. Notiert in einer Tabelle wie folgt:

	Informierender Text	Sage
Was	*Löcher im Kalkstein*	*Zwergenhöhlen*
Wann	*ohne Angabe*	
Wo		

Zwergenhöhlen in Tschechien

In Böhmen, nicht weit vom Ort Elbogen, liegt ein schönes Tal. Dort schlängelt sich der Fluss Eger vorbei an der Stadt Karlsbad. In diesem Tal liegen die berühmten Zwergenhöhlen. Davon erzählen sich die Bewohner der benachbarten Dörfer und Städte Folgendes: Diese Felsenhöhlen wurden in alten Zeiten von kleinen Bergzwergen bewohnt. Die Zwerge taten niemandem etwas zuleide und blieben ganz für sich. Sie schadeten niemanden, sondern halfen in Notzeiten den Menschen in ihrer Nachbarschaft.
Warum sind die Höhlen der Zwerge heute verlassen? Diese Zwerge wurden von einem mächtigen Zauberer beherrscht. Und der geriet eines Tages in eine große Wut. Und das war genau der Tag, an dem die Zwerge fröhlich eine Hochzeit feiern wollten. Die Zwerge hatten sich fein gemacht und ihre besten Kleider angezogen. Als sie auf dem Weg zu ihrer Kirche waren, überraschte sie der Zauberer und verwandelte sie in Stein. Die Reihe dieser Felsen kann man noch heute anschauen. Sie heißt: „Die verwünschte Zwergenhochzeit".

4 Erzählt euch mündlich die Sage. Zwei Sätze in der Sage sind unterstrichen. Hier könnt ihr die Geschichte mit Hilfe des **Wortschatzes** ausschmücken:
- Wie könnten die Zwerge den Menschen geholfen haben?
- Wie kleiden sich Zwerge zu einer Hochzeit?

Digital+
WES-126526-037
Texte zum Anhören

Digital+
WES-126526-038
Texte und Tabelle zum Bearbeiten

Wortschatz

Hilfe:
helfen bei der Erntearbeit / warnen vor einem schlimmen Unwetter / teilen ihre Vorräte / führen Arme zu einem versteckten Schatz

Aussehen:
geflochtene Haare
lange Bärte
Umhänge aus bunter Seide / spitze Kapuzen
lange Kleider

Merkmale in einer Sage erkennen

Vielleicht warst du schon einmal in der Stadt Karlsruhe? Sie wird auch als *Fächerstadt* bezeichnet. Warum? Wenn du einen Blick von oben auf die Stadt wirfst, dann erkennst du, dass sich die Straßen vom Schloss aus wie ein Fächer in die Umgebung öffnen. Aber wieso? Wurde das von jemandem so geplant? Mehr dazu erfährt man in der Sage über die Gründung von Karlsruhe.

Digital+
WES-126526-039
Sage zum Anhören

1 Lies die Sage zur Gründung der Stadt Karlsruhe:

Die Gründung der Stadt Karlsruhe

Seit dem 18. Jahrhundert erzählte man sich folgende Sage über die Entstehung der Stadt Karlsruhe:
Der Graf Karl Wilhelm regierte in Baden. Sein Regierungssitz war die Stadt Durlach. Mit der Zeit wurde ihm sein Schloss in Durlach zu klein und er hätte es gerne vergrößert. Zum Schloss gehörte auch ein Park. Auch den wollte Karl Wilhelm gerne vergrößern, denn er war ein begeisterter Jäger. Und wenn schon gebaut werden sollte, dann wollte er auch gleich die krummen und engen Straßen der Altstadt Durlachs vergrößern und begradigen lassen. Aber die Durlacher Bürger wollten das nicht. Sie weigerten sich, ihm den Grund und Boden für seine ehrgeizigen Bauprojekte zu verkaufen. Außerdem wollte auch niemand sein Haus verlassen und umziehen. Da drohte der Markgraf den Durlachern: Wenn die Durlacher nicht wollten, dann würde er eben umziehen und ein Schloss an anderer Stelle bauen, viel größer und prächtiger. Davon ließen sich die Durlacher nicht einschüchtern und blieben bei ihrem Nein.
Um sich von seinem Ärger über die Sturheit seiner Untertanen abzulenken, ging er auf die Jagd in den Hardtwald. Dabei begleiteten ihn wie immer sein Gefolge und die Jagdhelfer. Der Graf war so begeistert bei der Jagd, dass er nicht bemerkte, dass er den Anschluss an seine Gruppe verlor. Er entfernte sich immer weiter von der Jagdgesellschaft und verirrte sich im Wald. Als er es merkte, war es schon zu spät. Zuerst ritt er noch hin und her und suchte seine Begleiter. Aber irgendwann wurde er so müde,

dass er sich unter einen Eichenbaum setzte und sehr bald in einen tiefen Schlaf fiel. In seinem Traum sah er vor sich den Plan einer neuen Residenzstadt mit einem fächerförmigen Straßensystem.
Stunden später, es wurde schon dämmrig, fand ihn sein Jagdgefolge. Als der Markgraf erwachte, rieb er sich die Augen und rief: „So gut habe ich in meinem ganzen Leben nicht geruht! Hier will ich meine neue Residenz bauen, die den Namen Karls-Ruhe tragen soll."
Seinen Jägern befahl er, dass sie diesen Platz, an dem er geschlafen hatte, ganz genau kennzeichnen sollen. Und bald darauf wurde genau an dieser Stelle das neue Residenzschloss gebaut und die Stadt Karlsruhe gegründet.

2 Überprüfe mit Hilfe der Karte, ob es sich bei den Ortsangaben in der Sage um wirkliche Orte handelt.

3 Erzählt euch gegenseitig den Inhalt der Sage. Was fällt euch auf?

4 Lest die Informationen im Info-Kasten aufmerksam durch.

5 Untersucht, welche Merkmale ihr der Sage zur Gründung von Karlsruhe zuordnen könnt.

Karlsruhe um 1740

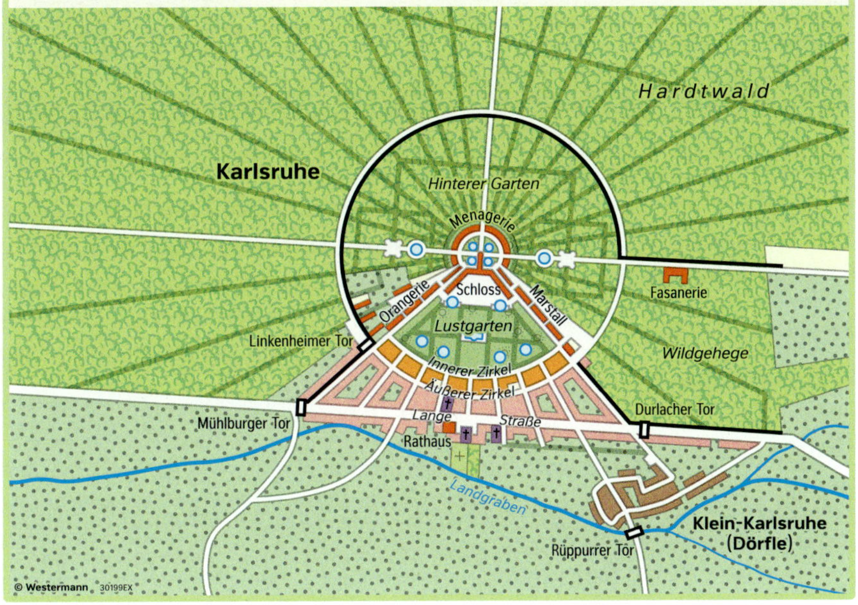

Sagenmerkmale

Wahrer Kern: Damit meint man, dass der Anlass für die Erzählung eine wahre Begebenheit war.
Orts- und Zeitangaben: Viele Sagen nennen reale Orten oder exakte Jahreszahlen.
Unterschiedliche Fassungen: Lange Zeit wurden Sagen mündlich erzählt. So konnten die Erzähler die Sagentexte leicht verändern oder an das Publikum anpassen.
Verfasser unbekannt: Wie auch bei Märchen oder Fabeln gibt es für Sagen keine Angaben zu einem Autor.
Übernatürliche Wesen: Nixen, Riesen, Kobolde, Zwerge, Feen, Teufel, Geister und weitere Wesen können auch in Sagen vorkommen.
Bezug zur Gegenwart: Namen von historischen Personen, Inschriften an Gebäuden, Gedenktafeln, Erwähnungen in alten Urkunden – diese Informationen lassen Sagentexte wie informierende Sachtexte wirken.

Produktiv mit Sagen umgehen

Auf den folgenden Seiten 112 bis 115 kannst du Sagen mit unterschiedlichen Aufgabenstellungen kennenlernen.

- Schaue dir alle Materialien an.
- Entscheide dich für eine Aufgabenstellung.
- Stellt eure Ergebnisse anschließend in der Klasse vor.

A Einen Comic zu einer Sage zeichnen

Digital+
WES-126526-040
Sage zum Anhören

1 Lest euch den Text gegenseitig laut vor. Wechselt nach jedem Abschnitt.

Betrug an einer Königin

1) Vor über 1000 Jahren lebte im **kalten Norden** eine stolze und schöne **Königin**. Ihr Name war Brünhild. Wer sie besuchen wollte, der musste einen langen und beschwerlichen Weg nach Island zu ihrem **Schloss Isengart** machen. Von dort herrschte sie über ihre Untertanen. Überall erzählte man über den unbeschreiblichen Reichtum der Königin. Sie trug nur **Kleider** aus Samt und Seide, die mit Gold- und Silberfäden bestickt waren. Gegen die Kälte schützte sie sich mit Umhängen aus feinsten Pelzen.

2) Doch **Brünhild** war nicht nur **wunderschön**, sondern auch unbeschreiblich **stark**. Deshalb stellte sie ihren zukünftigen Ehemann die Bedingung, dass er sie zuerst im **Speerkampf**, im **Weitwurf** und im **Weitsprung** besiegt. Einen schwächeren Mann wollte sie auf keinen Fall heiraten. Viele Männer hätten die schöne Königin gerne geheiratet, aber es gab keinen, der sie in allen drei **Wettbewerben** besiegen konnte. Und die, die gegen Brünhild verloren, ließ die Königin hinrichten.

3) Eines Tages reiste auch König Gunther aus Worms mit dem **Schiff** nach Island, um die schöne Brünhild als Frau zu gewinnen. Er war froh, dass sein Freund **Siegfried** ihn begleitete, denn der hatte schon einen Drachen im Kampf besiegt. Gleich nach der Ankunft wurden die **beiden Männer** im **Hafen** von der **Königin begrüßt**. Brünhild nannte Gunther die Bedingungen des Wettkampfes und warnte ihn: „Wenn der Kampf erst einmal begonnen hat, dann gibt es kein Zurück für dich“. Und zu Siegfried sagte sie: „Wenn Gunther verliert, dann musst auch du mit sterben.

4) Danach ging Brünhild zurück in ihr Schloss. Die beiden Männer berieten sich. Gunther hatte Zweifel, ob er Brünhild wirklich besiegen konnte. Aber Siegfried erzählte ihm von seinem Plan: Er, Siegfried, würde seine Tarnkappe aufziehen. Dann wäre er unsichtbar und könnte Gunther im Kampf unterstützen. Gemeinsam hätten die beiden Männer genug Kraft, um die Königin zu besiegen. Zuerst hatte Gunther Bedenken gegen diese List, denn er als König dürfte doch nicht betrügen. Aber er ließ sich von Siegfried überreden.

5) Früh am nächsten Morgen begann der Wettkampf. Brünhild nahm ihren Speer und schleuderte ihn auf Gunther. Der sollte ihn mit seinem Schild abwehren. Brünhild warf den Speer mit so viel Kraft, dass Siegfried, der für Gunther den Schild hielt, stolperte. Aber danach warf der unsichtbare Siegfried den Speer auf Brünhild mit einer solchen Wucht, dass die Königin nicht nur stolperte, sondern stürzte und damit diese Runde verlor. Doch Brünhild stand sofort auf und griff nach einem großen Felsbrocken. Den warf sie ohne große Mühe über zwanzig Meter weit. Alle Zuschauer waren erstaunt. Noch nie hatte ihre Königin so weit geworfen. Doch nun waren die beiden Männer dran. Mit gemeinsamer Kraft warfen sie einen ähnlich großen Felsbrocken mühelos 2 Meter weiter als Brünhild.

6) Nun kam der letzte Teil des Wettkampfs: Der Weitsprung. Aber auch hier hatte die Königin keine Chance gegen die Kraft der beiden Männer. Nachdem sie nun alle drei Wettkämpfe verloren hatte, gab sich Brünhild geschlagen. Sie stimmte zu, Gunthers Frau zu werden. Nach einem prächtigen Hochzeitsfest fuhr das Ehepaar mit dem Schiff nach Worms.

2 Ordnet jedem Abschnitt eine der folgenden Zwischenüberschriften zu:
Abreise nach Worms / Das Reich der Königin Brünhild
Der Betrug der beiden Männer / Der Wettkampf um die Königin
Die Ankunft in Island / Die unbesiegbare Königin

3 Notiert zu den Zwischenüberschriften weitere Stichwörter aus den Abschnitten. In drei Abschnitten sind bereits Stichwörter markiert, die ihr übernehmen könnt.

4 Zeichne jetzt einen Comic darüber, wie Gunther die stolze Brünhild besiegte.
- Falte dir dazu ein Buddybook und nummeriere die Seiten.
- Jetzt hast du ein Titelblatt und sieben weitere Seiten, die du nach den einzelnen Textabsätzen gestalten kannst.
- Lass deine Figuren in Sprechblasen miteinander reden.
- Verwende auch Zeichen und Kraftausdrücke.
- Vorschläge für zwei Seiten findest du unter dieser Aufgabenstellung.

Digital+
WES-126526-041
Buddybook-Comic-Vorlage

B Einen Sagentext gestaltend vortragen

Digital+
WES-126526-042
Sage zum Anhören

1 Lest gemeinsam die folgende Sage. Wechselt euch nach den Abschnitten ab.

Der Spion von Aalen

1) In früheren Zeiten war Aalen eine freie Reichsstadt || Das bedeutete, | dass der Kaiser selbst über die Stadt regierte. || Nun kam es aber, | dass die Bürger mit dem Kaiser in einen Streit gerieten. || Keiner konnte nachgeben | und der Kaiser ärgerte sich so sehr, | dass er mit seinen Soldaten heranzog, | um die Stadt zu bestrafen. ||

2) Darüber erschraken die Aalener sehr, gegen das Heer und die Waffen des Kaisers hatten sie keine Chance. Der Rat der Stadt traf sich und beriet sich. Als sie sich nicht einigen konnten, schlug ein erfahrener Ratsherr vor, einen Spion in das kaiserliche Heer zu schicken. So könne man erfahren, wie stark die Truppen des Kaisers überhaupt seien.

3) Als Spion schlug man einen Bürger vor, der in der Stadt als schlau und gewitzt galt. Der war einverstanden und machte sich ohne große Eile auf den Weg zum kaiserlichen Heer. Eine Rüstung oder Waffen lehnte er ab. Im Mund steckte wie immer eine Pfeife.

4) Er war noch nicht lange unterwegs, da ergriffen ihn Soldaten und brachten ihn zum Kaiser. Der fragte den Fremden, was er wolle. Der Aalener antwortete ganz offen, ihn interessiere, mit wie vielen Waffen, Kanonen und Soldaten der Kaiser seine schöne Stadt angreifen wolle. Er sei nämlich der Spion von Aalen.

5) Der Kaiser amüsierte sich über diese Ehrlichkeit, führte den Spion durch das Lager und zeigte ihm alles ganz genau. Dann schickte er den Spion zurück, belohnte ihn für seinen Mut und gab ihm einen Brief mit. Seinen Soldaten befahl er, alles einzupacken und sich auf den Weg nach Hause zu machen.

6) Was stand in dem Brief? Der Kaiser lobte die Bürger der Stadt für ihre Klugheit und Tapferkeit. Mit solchen Menschen wolle er lieber in Frieden leben.

7) Der Spion wurde von seinen Mitbürgern herzlichst empfangen. Seitdem sieht man über dem Rathausturm den Kopf eines bärtigen Mannes mit einer Pfeife im Mund.

Digital+
WES-126526-043
Text zum Bearbeiten

2 Ordnet den Textabschnitten die folgenden Zwischenüberschriften zu.
Aalen ehrt den Spion / Der Kaiser ist beeindruckt und denkt nach / Der schlaue Plan des Aalener Rates / Die kaiserliche Botschaft an die Aalener Bürger / Ein mutiger Bürger wird zum Spion / Ein Streit zwischen Kaiser und den Bürgern von Aalen / Gefangen beim Kaiser

Gestaltend Vorlesen
→ S. 26

3 Bereitet die Absätze 2) bis 7) der Sage zum Vortragen vor.
- Teilt die restlichen Abschnitte zwischen euch auf.
- Markiert Wörter und Wortgruppen, die ihr betonen wollt.
- Tragt Pausenzeichen ein.

C Eine eigene Sage schreiben.

Eine Sage zu einem überlieferten Ereignis zu erzählen, ist nicht schwierig.

M1

Hier siehst du einen Auszug aus dem Plan der Stadt Wien. Dort wurde ein Marker gesetzt mit der Bezeichnung *Basiliskenhaus*. Steht man vor diesem Haus, liest man auf einer Tafel folgende Erklärung:

„Die Bezeichnung Basiliskenhaus beruht auf einer Sage: An dieser Stelle stand im Jahr 1212 der Brunnen des Bäckers Martin Garhiebl. Dort hat man ein unbekanntes Tier entdeckt, dessen giftiger Atem zahlreiche Menschen in der Schönlaterngasse krank gemacht hat."

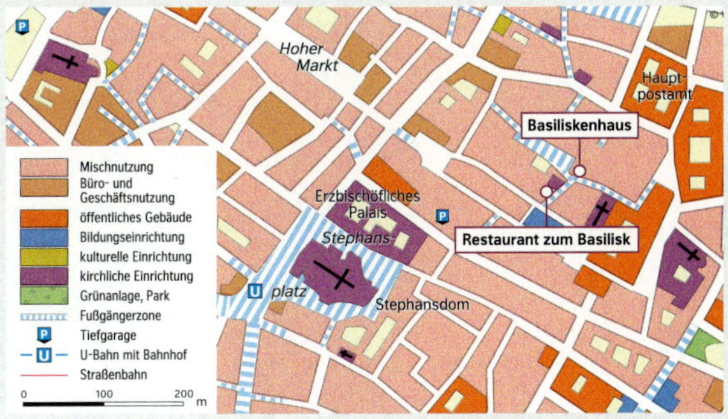

M2

In einem Lexikon erhält man folgende Erklärung zum Wort *Basilisk*:

„Der Basilisk ist ein Fantasietier, ähnlich wie das Einhorn. Er taucht oft in Sagen auf und gilt als „König der Schlangen". Zeichnungen in alten Tierbüchern zeigen Basilisken als Mischwesen: Der Kopf mit der Krone erinnert an einen Hahn, der Körper an eine Schlange. Die Menschen glaubten, dass der Blick eines Basilisken versteinert oder tötet. Sein fürchterlich stinkender Atem ist tödlich giftig."

1 Lies aufmerksam die Informationen M1 bis M3.

2 Erzähle in einem Sagentext über das Ereignis im Jahr 1212 in Wien.
- Nutze die Informationen des Stadtplans.
- Berücksichtige die Erklärung auf der Tafel am Basiliskenhaus.
- Verwende die Erklärungen zum Wort *Basilisk* und die Abbildung.
- Gib deiner Sage eine spannende Überschrift.

M3

Abbildung eines Basilisken aus dem Jahr 1640

So kannst du deine Sage beginnen:

Der Juni im Jahr 1212 war in Wien der heißeste Monat, an den die Menschen sich erinnern konnten. Die Sonne brannte erbarmungslos und auch die Nächte brachten keine erlösende Abkühlung. Besonders die schwachen Menschen, die Kranken und Alten litten darunter, viele starben. Bald wurde der Medicus mehrmals täglich in die Schönlaterngasse gerufen. Aber er konnte bei den Betroffenen keine Krankheit ausmachen. Als er am 12. Juni zum vierten Mal in die Backstube des Martin Garhiebl gerufen wurde, stellte er nur den Tod der alten Bäckerin fest. Da hörte man den schrillen Schrei des Bäckerlehrlings. Er zeigte mit dem Finger auf den Brunnen und stammelte: „..."

Zusammenfassung

Überprüfe dein Wissen und Können

1 Lies den Sagentext über die Wettenburg.

Die Wettenburg

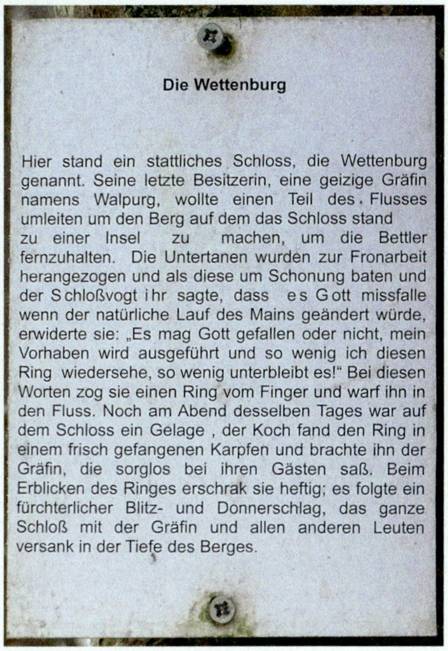

Bei der Stadt Wertheim, am Fluss Main stand einst ein mächtiges Schloss: Die Wettenburg. Heute erinnern nur noch ein Schild an einem Baum daran und einige eingefallene Mauern. Das Schloss ist völlig verschwunden.
Die Wertheimer erzählen sich dazu folgende Sage: Auf der Wettenburg herrschte vor vielen Jahrhunderten eine harte und geizige Gräfin. Sie hatte kein Mitleid mit anderen Menschen. Am meisten verhasst aber waren ihr die Armen und Bettler, die manchmal an das Tor des Schlosses klopften und um eine milde Gabe baten.
Doch die Gräfin war auch ungerecht und unbarmherzig zu ihren Untertanen und ließ sie oft von den Aufsehern mit der Peitsche zur Arbeit antreiben.
Als sie wieder einmal schimpfte und tobte, sprach ein alter Mann zu ihr und bat um Gnade für die armen Arbeiter. Da lachte die Gräfin nur laut und rief: „Eher versinkt die Wettenburg im Erdboden als dass ich Mitleid mit dem Volk habe." Und damit er sehen konnte, dass sie es ernst meinte, zog sie ihren goldenen Ring vom Finger und warf ihn in den Main.
Für die nächsten Tage hatte die Gräfin zu einem Fest eingeladen und bot ihren edlen Gästen nur die feinsten Speisen und Getränke an. Dem Koch hatte sie befohlen, unbedingt auch Fische aus dem Main zuzubereiten.
Der hatte auf dem Markt einen ungewöhnlich großen Fisch gekauft und fing an, ihn in der Küche zu putzen und zu zerlegen. Wie der Koch den Fisch aber aufschnitt, fand er einen goldenen Ring im Magen des Tieres. Den brachte sogleich eine Magd zu der Gräfin. Als die Gräfin den Ring sah, wurde sie kreidebleich. Sie erkannte ihren eigenen Ring, den sie mit bösen Worten in den Fluss Main geschleudert hatte.
Im nächsten Moment blitzte und krachte es. Die Burg versank mit allen Menschen in die Tiefe des Berges. Und dort, wo einst die Wettenburg gestanden hatte, sah man jetzt einen tiefen Graben.

2 Erkläre in eigenen Worten, welches Ereignis die Sage erklärt und wie.

3 Untersuche den Sagentext genauer.
- Arbeite die typischen Sagenmerkmale heraus.
- Notiere die Merkmale in einer Tabelle.

4 Ergänze die Sage an der unterstrichenen Stelle im Text. Formuliere ausführlicher, wie die Gräfin schimpft und tobt.

Digital+
WES-126526-044
Lösungen

Gedichte

1 Lies das Gedicht.

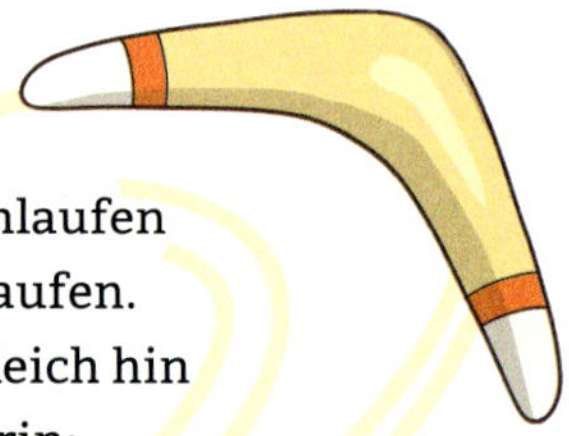

Bumerang

Philipp Günter

Es wollte der kleine Herr Schlaufen
so gern einen Bumerang kaufen.
Zum Sportgeschäft ging er gleich hin
und fragte die Verkäuferin:
„Wie tut so ein Ding funktionieren?"
„Am besten ist, selber probieren!"
Er warf ihn mit Wucht. – Ungelogen:
Das Ding kam zurückgeflogen!
Es flog über seinen Rücken.
Die Scheibe? – In tausend Stücken!

2 Tauscht euch aus.
- Worum geht es in dem Gedicht?
- Was fällt euch daran auf?

3 Beschäftige dich mit der äußeren Form und dem Aufbau des Gedichts.
- Wie viele Strophen und Verse hat das Gedicht?
- Welche Reimform wird verwendet?

4 Tauscht euch aus.
- Ist die Scheibe wirklich in 1000 Teile zersprungen?
- Falls nicht, warum hat der Autor es dann geschrieben?

Gestaltendes Vorlesen und Vortragen → S. 26

5 Lest das Gedicht gestaltend und rhythmisch vor.

In diesem Kapitel lernst du, ...
- über Gedichte zu sprechen.
- den Inhalt von Gedichten wiederzugeben.
- den Rhythmus und das Metrum eines Gedichts zu benennen.
- sprachliche Bilder in Gedichten zu entdecken.
- Sprecher in Gedichten zu erkennen.
- wie du selbst Gedichte schreiben kannst.

Rhythmus und Metrum von Gedichten kennenlernen

1 Lies das Gedicht leise für dich.

Digital+
WES-126526-045
Gedicht zum Bearbeiten

Die Geschichte vom fliegenden Robert

Heinrich Hoffmann

Wenn der Regen niederbraust,

Wenn der Sturm das Feld durchsaust,
Bleiben Mädchen oder Buben
Hübsch daheim in ihren Stuben.
Robert aber dachte: Nein!
Das muss draußen herrlich sein!
Und im Felde patschte er
Mit dem Regenschirm umher.

Hui wie pfeift der Sturm und keucht,
Dass der Baum sich niederbeugt!
Seht! Den Schirm erfasst der Wind,
Und der Robert fliegt geschwind
Durch die Luft so hoch, so weit;
Niemand hört ihn, wenn er schreit.
An die Wolken stößt er schon,
Und der Hut fliegt auch davon.

Schirm und Robert fliegen dort
Durch die Wolken immerfort.
Und der Hut fliegt weit voran,
Stößt zuletzt am Himmel an.
Wo der Wind sie hingetragen,
Ja, das weiß kein Mensch zu sagen.

2 Notiert, welche Adjektive zu diesem Gedicht passen und findet weitere.
fröhlich, traurig, dramatisch, lustig, angespannt, gefährlich, laut, stürmisch, sonnig, nass, ruhig

3 Lest euch das Gedicht gegenseitig laut vor.

Gestaltendes Vorlesen und Vortragen
→ S. 26

4 Bereitet das Gedicht so vor, dass ihr es gestaltend vortragen könnt.

a) Bearbeitet das Gedicht in folgenden Schritten.
- Markiert Wörter, die wichtig sind, um das Gedicht zu verstehen. In der ersten Strophe sind schon einige markiert.
- Tragt Vorlesezeichen ein. Überlegt euch, welche Wörter betont gelesen werden, wo Pausen (| , ||) eingebaut werden, an welchen Stellen die Stimme gehoben (◡/) und wann sie gesenkt (⌒) werden sollte.
- Legt ein Sprechtempo (→, ←) für die einzelnen Verse und Strophen fest.
- Übt das Gedicht vorzutragen.

b) Untersucht den Rhythmus des Gedichts genauer und bereitet es zum Vortragen vor.
- Unterstreicht die Silben in den Versen, die beim Lesen besonders betont werden. Beispiel: *Wenn der Regen niederbraust.*
- Untersucht anhand der ersten Strophe, wie viele betonte Silben es tatsächlich pro Vers gibt. Klopft dafür die betonten Silben beim Lesen mit. Beispiel: *Wénn der Régen niéderbraúst.*
- Findet die Wörter, die bedeutend für das Verständnis des Gedichtes sind. In der ersten Strophe sind schon ein paar markiert.
- Legt ein Sprechtempo (→, ←) für die einzelnen Verse und Strophen fest.
- Überlegt euch Pausen (| , ||), Sprechmelodie, Lautstärke.
- Übt das Gedicht vorzutragen.

c) Beschäftigt euch nun intensiver mit Rhythmus und Metrum des Gedichts und bereitet es zum Vortragen vor.
- Unterstreicht die Silben in den Versen, die beim Lesen besonders betont werden. Beispiel: *Wenn der Regen niederbraust.*
- Untersucht anhand der ersten Strophe, wie viele betonte Silben es tatsächlich pro Vers gibt. Klopft dafür die betonten Silben beim Lesen mit. Beispiel: *Wénn der Régen niéderbraúst.*
- Bestimmt das Metrum in den Versen. Der Info-Kasten hilft euch dabei.
- Übt das Gedicht vorzutragen.

5 Tragt euch die vorbereiteten Gedichte gegenseitig vor.

Rhythmus und Metrum

Der Rhythmus ist die Sprechmelodie eines Gedichtes. Er wird sowohl durch die bewusste Betonung bestimmter Wörter beim Vortrag als auch durch das Metrum bestimmt. **Das Metrum** (Versmaß) in einem Gedicht stellt eine regelmäßige Reihenfolge von betonten (x́) und unbetonten Silben (x) dar. Bekannte zweisilbige Metren sind der **Jambus** (xx́, Ge-dícht) und der **Trochäus** (x́x, Schú-le). Der **Daktylus** besteht aus drei Silben (x́xx, Reím-wör-ter).

Vergleiche in Gedichten erkennen

1 Lies das Gedicht.

Gefühle im Schleudergang

Manchmal fühlt sich mein Kopf an wie eine Waschmaschine
Und in meinem Herz wirbeln die Gefühle wie im Schleudergang.
Meine Wut brennt wie ein Feuerball
Und möchte explodieren wie ein Vulkan.
Meine Trauer legt sich wie Nebel über mich
Und nagt an mir wie eine Maus am Käse.
Meine Freude blitzt immer wieder zwischendurch
wie Sonnenlicht durch Blätter.
Und plötzlich hört die Waschmaschine auf zu schleudern.
Mein Kopf wird klar wie ein Bergsee
Und mein Herz wird so warm wie ein Kieselstein im Sonnenschein.

1
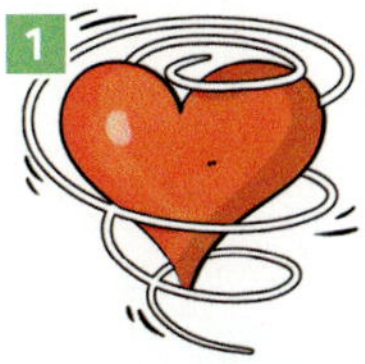

2

3

4
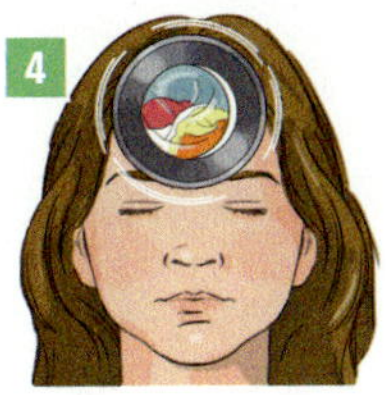

5

6

7

2 Ordne den Bildern die passenden Verse zu.

3 Für manche Verse gibt es kein Bild. Suche dir einen Vers aus und male selbst ein Bild dazu.

4 Untersuche die Vergleiche nun genauer.
- Schreibe die Tabelle ab.
- Trage die anderen Vergleiche ein.

Der Info-Kasten auf Seite 122 hilft dir.

Was wird verglichen?	Vergleichspunkt	Womit wird verglichen?
Wut	brennt	wie ein Feuerball

5 Tauscht euch aus, warum im Gedicht Vergleiche verwendet werden.

6 Formuliere selbst Vergleiche. Das Wortmaterial kann euch helfen.

Mein/e... ist warm wie... *Mein/e... ist groß wie...*
Mein/e... ist laut wie... *Mein/e... ist kalt wie...*

Adjektive → S. 190

Fachbegriffe zur formalen Beschreibung von Texten verwenden (Vergleiche), sprachliche Gestaltungsmittel in ihren Wirkungszusammenhängen erkennen

7 Lies das Gedicht.

Nässe auf Asphalt

Anna-Lisa Gretenkort

Manche Menschen sind
wie Nässe auf Asphalt,
wenn man undichte Schuhe anhat.

8 Beschäftigt euch genauer mit dem Gedicht.
- Wie fühlt es sich an, wenn man undichte Schuhe anhat, wenn es regnet?
- Sammelt Adjektive, um diese Situation zu beschreiben.
- Was wird über die Menschen, die im Gedicht beschrieben werden, ausgesagt?
- Welche Gefühle lösen solche Menschen bei dir aus?
- Diskutiert, warum diese Menschen nicht mit Adjektiven beschrieben werden.

9 Schreibe ein Parallelgedicht zum Gedicht „Nässe auf Asphalt".
- Denke an einen Menschen und das Gefühl, das er in dir auslöst.
- Finde einen passenden Vergleich.
- Du kannst den **Wortschatz** zur Hilfe nehmen.

Wortschatz

... wie warme Sonnenstrahlen auf der Haut, wenn
... ein heller ..., wenn ...
... eine dunkle ..., wenn ...
... eine helle ..., wenn ...
... eine kuschlige Decke, wenn ...

10 Lest euch das Gedicht gegenseitig laut vor.

Der Vergleich

Der Vergleich ist ein sprachliches Bild, das hilft, sich etwas besser vorzustellen.
Man erkennt den Vergleich an den Worten **wie, als, als ob**.
*Er ist schnell **wie** der Blitz.*
*Er ist schneller **als** der Wind.*
*Er sprang auf, **als ob** er von einer Tarantel gestochen worden sei.*

Metaphern in Gedichten erkennen

1 Lies das Gedicht.

Nebelkunde – Sieben Merksätze für junge Nebelkrähen

Reiner Kunze

1) Nichts wächst auf dem Nebelfeld,
weil alles durch den Nebel fällt.

2) Nebelschwaden aufzuladen,
ist von Nutzen nicht noch Schaden.

3) Nebelwände sind am Ende
nie das Ende vom Gelände.

4) Die Nebelbank zu Nichts zerfällt –
die Nebelkrähe aber hält!

5) Nebelkatzen sind nur Fratzen
ungezogner Nebelbatzen!

6) Was ruft von fern das Nebelhorn?
Nebel hinten, Nebel vorn!

7) Die Nebelkrähe, nebelgrau,
weiß mehr als jeder Nebelpfau.

2 Tauscht euch aus.
- Habt ihr schon einmal Nebel erlebt?
- Wie fühlt es sich an, im Nebel zu stecken?
- Findet passende Wörter, um Nebel zu beschreiben. Der **Wortschatz** kann euch helfen.

3 Arbeitet mit den unterstrichenen Wörtern der Wortfamilie *Nebel*.
- Welche der Wörter gibt es wirklich und welche hat der Autor erfunden?
- Erklärt die Bedeutung der Wörter.

Digital+
WES-126526-046
Gedicht zum Bearbeiten

Wortschatz

grau
bedeckt
undurchdringlich / verschwommen
feucht
beängstigend
leise
Fantasie
gemütlich

Batzen
eine große Menge von etwas

4 Erklärt, weshalb der Autor diese bildliche Sprache verwendet.

5 Suche dir eine der Strophen aus und erkläre sie mit eigenen Worten.

6 Tauscht euch über eure Ergebnisse aus.

Die Metapher

Eine Metapher ist ein **sprachliches Bild**, das Vorstellungen im Kopf des Lesers oder Hörers weckt. Ein Wort wird aus seinem eigentlichen Bedeutungsbereich in einen neuen übertragen. Anders als beim Vergleich werden die Bedeutungsbereiche nicht durch die Wörter *als (ob)* oder *wie* verbunden. Bespiel: *Nebelfeld = große Fläche, die mit Nebel bedeckt ist.*

Fachbegriffe zur formalen Beschreibung von Texten verwenden (Metaphern), sprachliche Gestaltungsmittel in ihren Wirkungszusammenhängen erkennen

Das Lyrische Ich erkennen

1 Lest das Gedicht laut.

Überschrift?
Mascha Kaléko

Mit duftenden Veilchen komm ich gezogen,
Auf holzbraunen Käfern komm ich gebrummt.
Mit singenden Schwalben komm ich geflogen,
Auf goldenen Bienen komm ich gesummt.
Jedermann fragt sich, wie das geschah:
Auf einmal bin ich da!

2 Beschreibt das Bild, das in euren Köpfen entsteht, wenn ihr dieses Gedicht lest und hört.

3 Setze dich mit dem Gedicht weiter auseinander.
- Wer spricht in diesem Gedicht? Wähle einen passenden Begriff aus.

Der Wanderer | *Der Herbstwind* | *Der Seefahrer*

Der Pilot | *Der Frühling* | *Der Winter*

- An welchen Blumen, Tieren, Farben und Geräuschen hast du das sogenannte Lyrische Ich erkannt?

4 Gib dem Gedicht eine passende Überschrift.

5 Untersuche die Sprache des Gedichts genauer:
- An welchem Wort kannst du erkennen, dass der Frühling persönlich spricht?
- Ersetze das Personalpronomen *ich* durch das Wort *Frühling*.
- Welche Wirkung entsteht dadurch?

6 Finde in diesem Kapitel weitere Gedichte, in denen ein Lyrisches Ich spricht.

Das Lyrische Ich
Der Sprecher des Gedichts wird **Lyrisches Ich** genannt. Häufig erkennt man das Lyrische Ich an dem Personalpronomen *Ich*, das in einem Gedicht etwas erzählt. Es kann aber auch sein, dass der Autor des Gedichts kein *Ich* verwendet. Trotzdem unterscheiden sich der Autor und der Sprecher im Gedicht voneinander.

Ein Parallelgedicht schreiben

1 Lies das Gedicht.

Die Definition des Sommers

Anna-Lisa Gretenkort

Der Klang knackender Eiswürfel.
Der Duft des Regens.
Der Tau auf den Halmen.
Das Lachen der Kinder.
Das Brechen der Wellen.
Das Zirpen der Grillen.
Der Sand zwischen den Zehen.
Die Brise in den Haaren.
Dein Lächeln, wenn du mir in die Augen schaust.

2 Tauscht euch zu dem Gedicht aus.
- Was hört ihr? Was riecht ihr? Was seht ihr? Was fühlt ihr?
- Um was geht es in diesem Gedicht?
- Was bedeutet das Wort *Definition*?

3 Das Gedicht ist nicht gereimt, trotzdem sieht man gleich: Das ist ein Gedicht. Tauscht euch aus, woran man es erkennt.

4 Schreibe ein Parallelgedicht.
- Es soll möglichst genauso lang wie *Die Definition des Sommers* und genauso aufgebaut sein.
- Du kannst entweder deine eigene *Definition des Sommers* schreiben oder eine andere Jahreszeit wählen.
- Die folgenden Bilder können dir helfen.

5 Lest euch eure Gedichte gegenseitig vor.

Mit handlungs- und produktionsorientierten Verfahren (ein Parallelgedicht schreiben) ein plausibles Textverständnis herausarbeiten, nach Impulsen schreiben

Gedichte untersuchen, deuten und vortragen

Digital+
WES-126526-047
Gedicht zum Bearbeiten

A Die Vögel warten im Winter vor dem Fenster

Bertolt Brecht

Ich bin der Sperling.
Kinder, ich bin am Ende.
Und ich rief euch immer im vergangenen Jahr
Wenn der Rabe wieder im Salatbeet war.
Bitte um eine kleine Spende.
Sperling, komm nach vorn.
Sperling, hier ist dein Korn.
Und besten Dank für die Arbeit!

Ich bin der Buntspecht.
Kinder, ich bin am Ende.
Und ich hämmere die ganze Sommerzeit
All des Ungeziefer beiseit.
Bitte um eine kleine Spende.
Buntspecht, komm nach vurn.
Buntspecht, hier ist dein Wurm.
Und besten Dank für die Arbeit!

Ich bin die Amsel.
Kinder, ich bin am Ende.
Und ich war es, die den ganzen
Sommer lang
Früh im Dämmergrau in Nachbars
Garten sang.
Bitte um eine kleine Spende.
Amsel, komm nach vorn.
Amsel, hier ist dein Korn.
Und besten Dank für die Arbeit!

1 Lies das Gedicht.

2 Beschäftige dich mit den *Hauptpersonen* des Gedichts.
- Wer spricht mit wem und über was?
- Wo finden die Gespräche statt?

3 Welche Arbeiten haben die Vögel im Sommer geleistet? Ordne ihnen die folgenden Berufe zu:
Künstlerin, Gärtner, Polizist, Müllabfuhr, Sängerin, Aufseher

4 Beschreibe nun die äußere Form und den Aufbau des Gedichts.
- Aus wie vielen Strophen besteht das Gedicht?
- Wie viele Verse hat jede Strophe?
- Welche Reimform kommt vor?

Gestaltendes Vorlesen und Vortragen → S. 26

5 Bereite das Gedicht vor, sodass du es vortragen kannst.

B Ein Lied, hinterm Ofen zu singen

Matthias Claudius

Der Winter ist ein rechter Mann,
Kernfest und auf die Dauer;
Sein Fleisch fühlt sich wie Eisen an
Und scheut nicht Süß noch Sauer.

Er zieht sein Hemd im Freien an
Und lässt's vorher nicht wärmen.
Und spottet über Fluss im Zahn
Und Kolik in Gedärmen.

Aus Blumen und aus Vogelsang
Weiß er sich nichts zu machen,
Hasst warmen Drang und warmen Klang
Und alle warmen Sachen.

Doch wenn die Füchse bellen sehr,
Wenn's Holz im Ofen knittert,
Und an dem Ofen Knecht und Herr
Die Hände reibt und zittert.

Wenn Stein und Bein vor Frost zerbricht
Und Teich und Seen krachen,
Das klingt ihm gut, das hasst er nicht,
Dann will er sich totlachen. –

Sein Schloss von Eis liegt ganz hinaus
Beim Nordpol an dem Strande;
Doch hat er auch ein Sommerhaus
Im lieben Schweizerlande.

Da ist er dann bald dort bald hier,
Gut Regiment zu führen.
Und wenn er durchzieht, stehen wir
Und sehn ihn an und frieren.

Digital+
WES-126526-048
Gedicht zum Bearbeiten

Fluss im Zahn *Zahnweh*
Kolik in Gedärmen *starkes Bauchweh*

das Bellen der Füchse *Die männlichen Füchse (Rüden) stoßen im Winter zur Paarungszeit ein heiseres Bellen aus, um die Weibchen (Fähen) anzulocken.*
Regiment führen *bestimmen, herrschen*

1 Lies das Gedicht laut.

2 Untersucht, wie der Winter in diesem Gedicht auftritt.
- Was genau kann und tut der Winter alles?
- Was mag der Winter ganz besonders gern und was kann er nicht ausstehen?
- Was passiert mit den Menschen, wenn der Winter sein strenges Regiment führt?

3 Schaut euch die markierten Verse an.
a) Welches sprachliche Bild ist der fett gedruckte Vers und was bedeutet er?
b) Was bedeuten die unterstrichenen Verse? Benenne das sprachliche Bild.

4 Beschreibt nun die äußere Form und den Aufbau des Gedichts. Achtet dabei auf Strophen, Verse und Reimform.

5 Beschreibe den Rhythmus bzw. das Metrum des Gedichts.
a) Untersuche den Rhythmus der ersten beiden Strophen. Welche Silben werden betont?
b) Bestimme das Metrum des Gedichts.

6 Bereite das Gedicht vor, sodass du es vortragen kannst.

Gestaltendes Vorlesen und Vortragen *→ S. 26*

Zusammenfassung

Überprüfe dein Wissen und Können

1 Lies das Gedicht.

Abseits

Theodor Storm

Es ist so still; die Heide liegt
Im warmen Mittagssonnenstrahle,
Ein rosenroter Schimmer fliegt
Um ihre alten Gräbermale,
Die Kräuter blühn; der Heideduft
Steigt in die blaue Sommerluft.

Laufkäfer hasten durchs Gesträuch
In ihren goldnen Panzerröckchen,
Die Bienen hängen Zweig um Zweig
Sich an der Edelheide Glöckchen,
Die Vögel schwirren aus dem Kraut –
Die Luft ist voller Lerchenlaut.

Ein halbverfallen, niedrig Haus
Steht einsam hier und sonnbeschienen,
Der Kätner lehnt zur Tür hinaus,
Behaglich blinzelnd nach den Bienen;
Sein Junge auf dem Stein davor
Schnitzt Pfeifen sich aus Kälberrohr.

Kaum zittert durch die Mittagsruh
Ein Schlag der Dorfuhr, der entfernten;
Dem Alten fällt die Wimper zu,
Er träumt von seinen Honigernten.
– Kein Klang der aufgeregten Zeit
Drang noch in diese Einsamkeit.

Digital+
WES-126526-049
Gedicht zum Bearbeiten

Gräbermale *Steingräber*
Kätner *Besitzer eines kleinen Bauernhauses*
Pfeifen aus Kälberrohr *Flöten aus Kälberknochen*

2 Beantworte die folgenden Fragen.
- In welcher Jahreszeit spielt das Gedicht?
- Welche Tiere seht ihr?
- Welche Personen begegnen dir beim Lesen?
- Welche Farben und welchen Duft kannst du wahrnehmen?
- Welche Geräusche kannst du hören?
- Welche Stimmung strahlt das Gedicht aus?

3 Beschreibe die äußere Form des Gedichts.

4 Arbeite mit einer der unterstrichenen Textstellen.
- Benenne das sprachliche Bild.
- Erkläre, was mit dem sprachlichen Bild gemeint ist.

5 Bereite das Gedicht für einen Vortrag vor.
a) Markiert euch wichtige Wörter, achtet auf Sprechtempo, Lautstärke und Pausen.
b) Findet betonte Silben und einen passenden Rhythmus für euren Vortrag.
c) Achtet auf den Rhythmus des Gedichts und bestimmt das Metrum.

Digital+
WES-126526-050
Lösungen

6 Erkläre, was du über das Lyrische Ich im Gedicht erfährst.

Kurze Erzähltexte

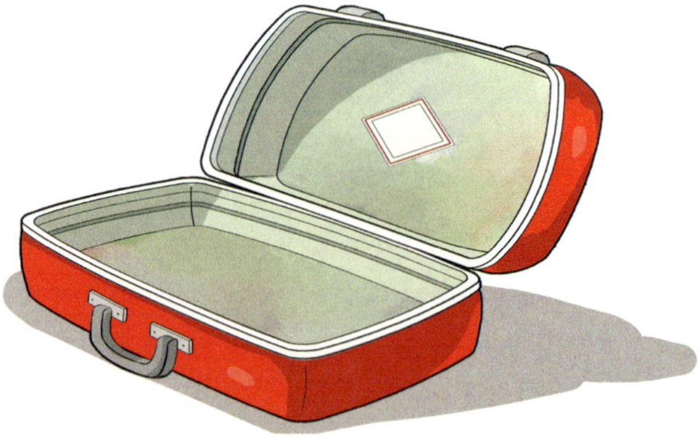

1 Tauscht euch über das Bild aus:
- In welchen Situationen benutzt man einen Koffer?
- Was packt man in einen Koffer?
- Wann habt ihr schon mal einen Koffer benutzt?
- Was habt ihr in euren Koffer eingepackt?

2 Schaut euch die Überschrift des folgenden Textes an.
- Besprecht, was diese Überschrift mit einem Koffer zu tun haben könnte.
- Stellt Vermutungen an, worum es im Text gehen könnte.

3 Lest euch abschnittsweise den Text vor.

Meine liebsten Dinge müssen mit

(Sepideh Sarihi)

Als ich mich gerade kämmte, sagte Papa, dass wir bald ausziehen werden. Mama hat sich so gefreut. Papa auch. „Wir fliegen in ein anderes Land und wohnen dort in einer neuen Wohnung", hat Papa gesagt. Sie haben mir einen Koffer geschenkt, damit ich meine Sachen packen kann. Mama meinte, dass ich nur meine liebsten Dinge einpacken darf.

Ich hatte ein Aquarium. Das war eines meiner liebsten Dinge. Ich hatte einen Holzstuhl, den mein Opa mir gebaut hatte. Das war auch eines meiner liebsten Dinge.

Wir hatten im Hof einen Birnbaum, der genauso alt war wie ich. Aber natürlich war er viel zu groß zum Einpacken. Auch er gehörte zu meinen liebsten Dingen.

Ich mochte unseren Busfahrer, weil wir immer mit ihm zusammen gesungen haben. Ihn und unseren Schulbus wollte ich auch mitnehmen. Sie zählten zu meinen liebsten Dingen.

Oh, das hatte ich ganz vergessen: Meine Freundin! Sie war meine liebste Freundin. Sie hörte mir immer so gut zu.

Ich ging zu Mama und fragte sie: „Der Koffer ist zu klein, kann ich einen größeren haben?"

„Nein, es gibt nicht so viel Platz im Flugzeug. Wir dürfen alle nur kleine Koffer mitnehmen." Ich sagte Mama, dass ich so nicht mitkommen kann und ging traurig zum Meer. Das Meer gehörte auch zu meinen liebsten Dingen.
Doch das musste ich nicht mitnehmen. Das ist das Tolle am Meer, es ist überall.
Und plötzlich kam mir eine Idee!
Hier im neuen Zuhause wohnen wir nicht so nah am Meer. Papa hat mir ein Fahrrad geschenkt, damit ich jeden Tag ans Meer fahren kann.
Ich warte noch immer auf die Flaschen mit meinen liebsten Dingen drin. Auf mein Aquarium, auf meine Freundin, auf den Schulbus und den Fahrer, auf meinen Holzstuhl und auf meinen Birnbaum. Ich weiß, dass es vielleicht ein bisschen länger dauern kann. Aber das ist nicht schlimm, das kann warten.

4 Tauscht euch über den Text aus.
- Sprecht darüber, wie euch der Text gefallen hat.
- Besprecht, ob sich eure Vermutungen aus Aufgabe 2 bestätigt haben.

5 Beschäftigt euch mit dem Umzug der Familie.
- Sammelt Gründe, warum die Familie beschlossen haben könnte, in ein anderes Land zu ziehen.
- Tauscht euch über eure eigenen Erfahrungen aus: Seid ihr oder eure Familie auch schon mal in ein anderes Land gezogen? Kennt ihr Menschen, die sich dazu entschlossen haben? Was wisst ihr über die Gründe für einen Umzug? Könntet ihr euch jetzt vorstellen, in ein anderes Land zu ziehen?

6 Setze dich genauer mit den liebsten Dingen des Mädchens auseinander.
- Notiere die liebsten Dinge des Mädchens.
- Erkläre, warum diese Dinge zu einem Problem für den Umzug werden.
- Erkläre, welche Idee das Mädchen hat, um dieses Problem zu lösen.

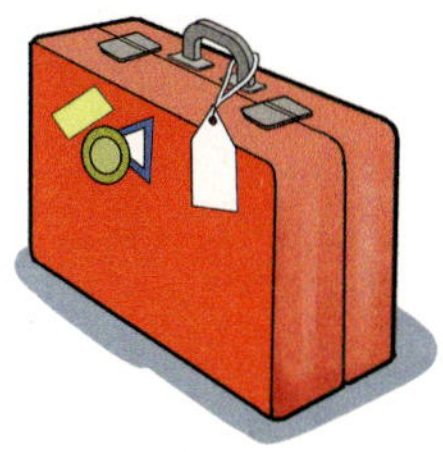

7 Male einen Koffer und schreibe oder zeichne deine liebsten Dinge hinein.

In diesem Kapitel lernst du, ...
- Ort, Zeit, Figuren und Handlung eines Erzähltextes zu erschließen.
- die Erzählform in Texten zu untersuchen und Perspektivwechsel vorzunehmen.
- Zusammenhänge zwischen einem Erzähltext und dem Leben eines Autors oder einer Autorin zu beschreiben.
- einen Erzähltext mit dem eigenen Leben und einem anderen Text zu vergleichen.
- aus der Sicht von Figuren zu schreiben und zu einem Erzähltext einen Dialog, einen Tagebucheintrag oder einen inneren Monolog zu verfassen.

Einen Erzähltext erschließen

1 Lies den Text.

Tomatenrot, oder Mobben macht traurig

(Jan De Kinder)

Es ist so gut wie nichts, so wenig ist es. Niemand sieht es. Nur ich.

Ich zeige auf Tom. „Du... Du wirst rot." Ich zwinkere zu Paul. Paul grinst zu Frank. Lisa kichert. Wir flüstern Farbe auf Toms Wangen. Von Tomatenrot über Paprikarot zu Kirschrot. „Lasst mich doch", murmelt Tom. Aber wir sind nicht zu halten. „Können wir das noch mal sehen?"

Es ist, als könnten wir zaubern. Einmal mit dem Finger geschnippt, und Tom wird rot wie ein Leuchtturm. Seine Wangen sind das Blinklicht: An. Aus. An. Aus.

„Lasst mich in Ruhe", ruft Tom. Paul lacht. Und bei jedem Lachen wird Tom ein bisschen stiller. Und stiller. Und Paul wird lauter, VIEL lauter. Das ist nicht mehr lustig. Ich möchte, dass es aufhört. Dass Paul aufhört. Tom ist eigentlich ganz nett.

Aber es geht weiter. Paul schubst Tom und fragt mich: „Hast DU was gesehen?" Ich zucke mit den Schultern. Ich beiß mir auf die Lippe. Ich sage nichts. Pauls Zunge ist scharf wie ein Messer, und seine Fäuste sind hart wie Stein. Ich bin nicht mal halb so stark wie Paul. Ich habe Angst.

Endlich fragt die Lehrerin: „Wer hat etwas gesehen?" Soll ich was sagen? Ich? Ich ganz allein? Und die andern? Sicher nicht. Ich bin nicht blöd.

Aber am liebsten würde ich laut schreien. Mit den Fäusten auf den Tisch trommeln. Dass es aufhören soll. Ich sage nichts.

„Hat jemand etwas gesehen?", fragt die Lehrerin noch einmal. Es bleibt still.

Paul grinst. Ich schlucke. Mein Mund bewegt sich nicht, aber mein Finger will in die Luft. Ich will nicht. Ich habe Angst.

Plötzlich bin ich nicht mehr allein. „Ich hab es auch gesehen", ruft Lisa.

Franks Finger auch – hoch in der Luft.

David und Lars. Finger in die Luft.

Alle haben es gesehen. Wir erzählen wild drauflos. Ich atme auf. Ich lebe noch.

Aber es ist noch nicht vorbei.

Paul rennt auf mich zu. „DU", knurrt er wütend und schwingt die Fäuste. Lisa stellt sich neben mich. Frank auch. „Ist was?", fragt Lisa. „Hast DU was gesagt?", fragt Frank.

Paul dreht sich weg. Er wird ganz grün. Grün, das ist auch eine Farbe.

Tom zeigt auf seine Wangen. „Manchmal werde ich rot", sagt er. „Das... das wird doch jeder mal", sage ich leise. „Willst du mit mir Fußball spielen?", fragt Tom. Ich nicke. Meine Wangen glühen. Ich kicke den Ball.

2 Tauscht euch über den Text aus.
a) Besprecht, ob euch der Text gefallen hat und begründet eure Meinung.
b) Erzählt euch, in welchen Situationen und warum sich eure Gesichtsfarbe verändert.

3 Lies den Info-Kasten und erschließe dann den Text. Lege dafür eine Tabelle oder ein Cluster an.
a) Notiere, an welchem **Ort** der Text spielt, welche **Figuren** vorkommen und fasse die **Handlung** stichwortartig zusammen.
b) Notiere, an welchem **Ort** und zu welcher **Zeit** der Text spielt, welche **Figuren** vorkommen und fasse die **Handlung** stichwortartig zusammen.
c) Befasse dich noch einmal genauer mit der **Handlung** und wie die Geschichte aufgebaut ist. Zeichne dafür eine große Spannungskurve in dein Heft und schreibe dazu, was in der Einleitung, dem Hauptteil, dem Schluss geschieht und was an der spannendsten Stelle passiert.

B → S. 305
Cluster

Digital+
WES-126526-051
Vorlage Tabelle

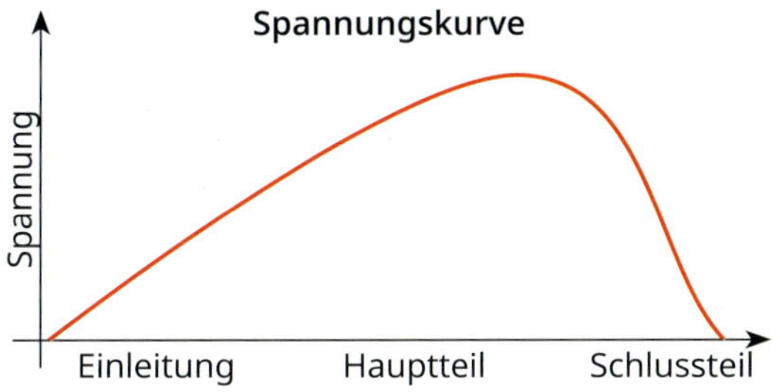

4 Tauscht euch über eure Ergebnisse aus.

Einen Erzähltext erschließen

Um einen Text besser zu verstehen, schaust du dir bestimmte Elemente im Text genauer an – wie mit einer Lupe. Dabei können dir die folgenden Fragen eine Hilfe sein:
Ort: Wo spielt der Text? Gibt es Ortswechsel? Wird der Ort genauer beschrieben?
Zeit: Wann spielt der Text? Wie lange dauert die Handlung? Wird alles der Reihe nach erzählt?
Figuren: Wer sind die Haupt- und Nebenfiguren? Wie werden sie beschrieben? Wie ist ihr Verhältnis zueinander?
Handlung: Worum geht es? Wie beginnt der Text? Was passiert im Hauptteil? Wie wird Spannung erzeugt? Welche Stelle ist am spannendsten? Wie endet der Text?

Nicht immer werden alle Fragen im Text beantwortet. Manchmal gibt es auch keine genaue Ortsangabe oder du kannst nur vermuten, wann der Text spielt oder wie lange die Handlung dauert. Du kannst dann entweder feststellen, dass es zu diesem Element keine Angabe gibt oder deine Vermutungen äußern.

5 Beschäftigt euch genauer mit der Figur Tom.
- Stellt Vermutungen an, warum Tom am Anfang des Texts rot wird.
- Erklärt, was in ihm vorgeht, als die anderen Kinder ihn deswegen auslachen.
- Überlegt euch, was Tom in dieser Situation helfen könnte.
- Am Ende des Texts sagt Tom: „Manchmal werde ich rot." Aber er errötet nicht. Besprecht, was sich geändert haben könnte und warum nun das Mädchen rot wird.

6 Tauscht euch über ähnliche Situationen aus:
- Erzählt euch von Situationen, in denen ihr oder jemand aus eurem Umfeld wegen etwas ausgelacht oder geärgert wurde.
- Besprecht, wie ihr euch dabei gefühlt habt.
- Überlegt, was euch in der Situation geholfen hat oder geholfen hätte.

7 Joshua, Linh und Theo unterhalten sich über das Mädchen, aus dessen Sicht der Text erzählt wird. Begründet, welcher Aussage ihr am meisten zustimmt.

Joshua: **Das ist doch ganz klar – am meisten Schuld an der Situation hat sie!**
Linh: **Ich kann schon verstehen, dass sie sich erst nicht getraut hat, Tom zu helfen oder etwas zu sagen.**
Theo: **Ich finde, sie hat am Ende Mut bewiesen.**

8 Wählt eure Aufgabe und tauscht euch anschließend darüber aus.
a) Erkläre, warum Tom immer leiser und Paul immer lauter wird.
b) Erkläre, warum Paul immer weitermacht und welche Rolle die anderen Kinder dabei spielen.
c) Erkläre, warum das Mädchen sich schließlich traut, etwas zu sagen und warum dann auch die anderen Kinder etwas sagen.

9 Überlegt euch, was nun für Paul und die Klasse wichtig wäre, damit auch er wieder dazu gehört und sich alle in der Klasse wieder wohlfühlen.

10 Überlege dir, wie die Geschichte weitergehen könnte und schreibe sie weiter.

11 Beschäftige dich mit der Erzählform.
- Nenne die Erzählform, die im Text verwendet wird.
- Erzähle die Geschichte aus der Perspektive von Tom in der Ich-Form.

Erzählform

Wenn ein Autor oder eine Autorin eine Geschichte erzählt, kann er/sie das aus verschiedenen Perspektiven tun. Dabei kann er/sie folgende Erzählformen nutzen:
Ich-Erzähler oder Ich-Erzählerin: Schlüpft in eine Figur und erzählt aus deren Sicht in der Ich-Form (*Ich bin froh*).
Er-Erzähler oder Sie-Erzählerin: Erzählt das Geschehen von außen in der Er/Sie-Form (*Er ist froh*).

Merkmale, Verhalten, Beziehungen und Handlungsmotive von Figuren beschreiben, die im Text dargestellte Lebenswelt mit der eigenen vergleichen, Fachbegriffe verwenden, einen Text weiterschreiben, Perspektivwechsel vornehmen und ausgestalten

Zusammenhänge zwischen Text und Autor/Autorin

1 Lest euch den folgenden Text von Tatia Nadareischwili abschnittsweise vor.

Tina hat Mut

(Tatia Nadareischwili)

Tina wohnte mit ihrer Mama und ihrem Papa in einem Holzhaus auf dem Land. Eigentlich hieß sie Tinatin, aber alle nannten sie Tina. Ihr Hund hörte auf den Namen Poppy.

Für Tina gab es nichts Schöneres, als mit ihrem Vater zusammen Dinge zu unternehmen. Zu zweit erkundeten sie den großen Garten vor dem Haus. Was es da alles zu entdecken gab!

Noch nie hatte Tina sich jedoch in den dichten Bambuswald gewagt, der hinter dem Haus wuchs. Er war sehr dunkel und schien riesig.

Eines Tages musste Tinas Papa auf eine weite Reise in ein anderes Land. Bevor er fortging, schenkte er Tina einen Kreisel.

„Damit kannst du dir die Zeit vertreiben, bis ich wiederkomme", sagte er. „Du musst nur den Kreisel kreiseln lassen und dann in die Richtung gehen, in die am Ende die Spitze zeigt. Dann wirst du auf etwas Interessantes stoßen."

Ihr Vater war schon einige Zeit fort, als Tina sich eines Nachmittags langweilte. Sie erinnerte sich an den Kreisel, holte ihn hervor und ließ ihn kreiseln. Sie schaute zu, wie er sich drehte und drehte. Als er schließlich stillstand, zeigte die Spitze auf das offene Fenster und geradewegs in den Bambuswald hinein.

Tina ging nach draußen und stand vor dem Tor, das in den Wald führte. Dieses Tor hatte sie noch nie geöffnet. Nun stand Tina da und schaute auf den dunklen, raschelnden Bambuswald. Mit Poppy an ihrer Seite nahm sie allen Mut zusammen und schob den Riegel auf.

Zuerst bewegte sie sich vorsichtig, dann wurden ihre Schritte fester. Aber auf einmal erklang aus der Tiefe des Waldes ein Pfeifen. War da wer?

Schnell wollte sie zurück zum Tor. Doch als Poppy schnüffelnd weiterzog, fasste sich Tina ein Herz und folgte ihrem Hund.

Plötzlich blieb Poppy stehen und beschnupperte etwas auf der Erde. Als Tina sich bückte, sah sie ein Stück Papier. Sie hob es auf und faltete es auseinander. Eine Zeichnung war darauf zu sehen. Was hatte das denn zu bedeuten?

Während Tina sich umschaute, hörte sie das wunderliche Pfeifen wieder. Sie steckte das Papier in ihre Rocktasche und ging zusammen mit Poppy in die Richtung, aus der sie das Pfeifen vernommen hatte.

Dann blieb Poppy vor einem Baum stehen. Ein richtiger Baum mitten im Bambuswald... Tina holte das Papier hervor und betrachtete die Zeichnung. Darauf war zwar nicht genau dieser Baum zu sehen, aber er sah ihm sehr ähnlich.

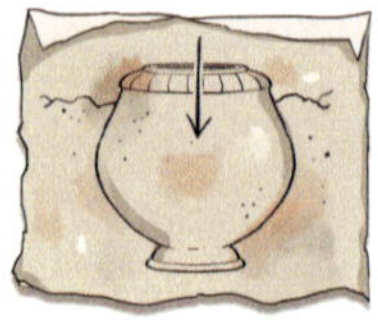

Sie ging um den Baum herum und entdeckte in einer Astgabel ein weiteres zusammengefaltetes Papier. Das Pfeifen ließ auch nicht lange auf sich warten. Es schien aus der Mitte des Bambuswaldes zu kommen.
Tina und Poppy liefen weiter in den dunkeln Wald hinein. Dann blieb Poppy erneut stehen und scharrte in den Bambusblättern. Ein Deckel aus Ton kam zum Vorschein. Nun begriff Tina, was die Zeichnung darstellte: einen Tontopf, der in der Erde vergraben war. Sie schob den Deckel zur Seite. Dieser Topf war sehr alt und voller Erde. Tina streckte die Hand hinein und zog ein Papier heraus...
Da folgten auch schon die nächsten Pfeiftöne. Tina und Poppy folgten der Spur.

Die nächste Zeichnung lag zwischen den Wurzeln eines Baumstumpfs. Tina schaute sich um, doch noch war nichts zu sehen. Bloß das Pfeifen war erneut zu hören. Immer schneller eilten die beiden durch den Wald und kamen schließlich zu einem Bach. Dort fanden sie aber nichts. Tina war müde und wollte sich setzen. Aber jetzt bloß nicht aufgeben!

Da kam ihr der Kreisel in den Sinn. Sie zog ihn aus der Tasche, ließ ihn kreiseln und ging in die Richtung, in die er zeigte.

Eichel
länglich runde Frucht des Baumes Eiche

Aha! Eine Spur von Eicheln auf dem Boden. Poppy hatte die Nase vorn und mit einem Mal standen sie vor einer mächtigen Eiche. Das Pfeifen war nun ganz nah. Als Tina nach oben schaute, entdeckte sie zwischen den Ästen ein Baumhaus. Im Nu kletterte sie hoch. Poppy musste unten warten. Oben saß ein Junge mit einer Flöte.
„Mein Kreisel hat mir den Weg gezeigt“, sagte Tina. „Hat dir nicht eher meine Flöte den Weg gezeigt?“, fragte der Junge. Sie mussten beide lachen.
„Ich heiße Kosta. Willkommen in meinem Baumhaus.“ „Ich bin Tina, ich wohne auf der anderen Seite des Waldes.“ „Ich weiß.“ Der Junge lächelte und spielte ein Lied auf der Bambusflöte. „Willst du auch mal auf der Flöte spielen?“, fragte er.
Sie tauschten ihre Sachen aus und Kosta ließ nun Tinas Kreisel kreiseln: Die Spitze zeigte auf die andere Seite des Bambuswaldes. „Ich glaube, es ist Zeit, nach Hause zu gehen“, sagte Tina. „Ich muss auch los. Nimm die Flöte, morgen tauschen wir dann wieder, einverstanden? Du kommst doch zurück?“ „Ganz sicher!“, rief Tina.
Schnell kletterte sie nach unten, wo Poppy auf sie wartete. Gemeinsam liefen sie nach Hause. Das Licht der Abendsonne fiel durch die Bambusbäume und der Wald kam Tina nun gar nicht mehr dunkel vor. Sie freute sich morgen wieder herzukommen, um mit ihrem neuen Freund zu spielen.

2 Tauscht euch aus, warum die Autorin den Titel *Tina hat Mut* gewählt hat.

3 Beschäftigt euch näher mit dem Bambuswald.
- Erklärt, wie sich Tina zu Beginn des Texts fühlt, wenn sie an den Bambuswald denkt.
- Erklärt, was Tina nach ihrem Abenteuer über den Bambuswald denkt.
- Erläutert, warum sich Tinas Verhältnis zum Bambuswald verändert hat.

4 Lies, was die Autorin zu ihrem Text *Tina hat Mut* geschrieben hat.

Zur Welt gekommen bin ich zwar in der Stadt Tbilisi, doch danach zog meine Familie aufs Land. Wir wohnten im Westen Georgiens in einem kleinen Holzhaus, das so aussah wie jenes von Tinas Familie. Weil es in dieser Gegend sehr feucht ist, werden die Häuser auf Stelzen gebaut, so kann die Luft gut zirkulieren.
Wie Tina habe auch ich viel Zeit in unserem Garten verbracht. Mein Lieblingsort war aber der Bambuswald hinter unserem Haus. Ich liebte es, durch diesen Wald zu streifen, und meistens war mein Hund dabei. Er hieß Defi, ein roter Irish Setter. Auf diesen Spaziergängen dachte ich mir gerne Geschichten aus und stellte mir vor, dass ich eines Tages etwas ganz Besonderes in diesem Wald finden würde. Leider habe ich nie etwas Besonderes im Wald gefunden und ich wohne auch schon längst nicht mehr in dieser Gegend. Aber den Bambuswald habe ich nie vergessen.
In der Zwischenzeit habe ich das Zeichnen zu meinem Beruf gemacht: Ich bin heute Illustratorin und schreibe Bücher für Kinder. Schon lange hatte ich die Idee, eine Geschichte zu schreiben, die im Bambuswald meiner Kindheit spielt. Es sollte darin etwas Besonderes geschehen, so wie ich mir das früher immer vorgestellt hatte.
Ich habe über viele Möglichkeiten nachgedacht und dann war plötzlich Tina mit ihrem Hund da. Es hat lange gedauert, bis mir alle Einzelheiten richtig erschienen, und besonders lange habe ich nach dem richtigen Namen für Tinas Hund gesucht. Vielleicht Poppy? So heißt die Mohnblume auf Englisch. Diese Blume ist rot, so wie auch der Irische Setter rot ist. Doch Poppy war auch der Name der Mutter meines Hundes Defi. Poppy war eine sehr kluge Hündin. Sie wohnte ein gutes Stück von uns entfernt, doch trotz des weiten Weges kam sie bei uns vorbei, wenn sie mit meinem Vater auf die Jagd gehen wollte.
Eines Tages brachte mein Vater dann einen Welpen von Poppy nach Hause. Das war Defi, mein Hund, den ich über alles liebte. Dass nun seine Mutter Poppy in diesem Buch vorkommt, macht mir große Freude.
Es gibt noch weitere Dinge in dieser Geschichte, die es auch in Wirklichkeit gibt. Zum Beispiel heißt mein Sohn Kosta. Er malt viele Zeichnungen, du findest einige davon in seinem Baumhaus. Oder die Tontöpfe, wie Tina einen im Wald findet. Sie heißen auf Georgisch *Kwewri* und man vergräbt sie in der Erde, um Wein darin aufzubewahren.
Aber die Hauptfigur ist Tina und das ist ihre Geschichte. Tina hat den Mut, durch das Tor zu gehen und sich in den großen, dunklen Bambuswald vorzuwagen. Ja, manchmal braucht es Mut, etwas Unbekanntes zu erkunden. Es scheint vielleicht unüberwindbar groß oder unendlich dunkel ... Doch wenn wir unsere Angst ablegen und unserer Neugier folgen, können wir die schönsten Dinge entdecken. Wie Tina, die einen neuen Freund gefunden hat im Bambuswald.

Georgien
Land zwischen Asien und Europa

5 Sammelt die Zusammenhänge, die es zwischen dem Text und der Autorin gibt.
- Beschreibt, welche Rolle das Holzhaus und der Name *Kosta* im Leben der Autorin spielen. Ihr könnt in den Zeilen 2 und 28 nachschauen.
- Erklärt, welche Rolle der Bambuswald im Leben der Autorin spielt.
- Erläutert, welche Rolle der Hund im Leben der Autorin spielt und wieso er *Poppy* heißt.

Erzähltexte vergleichen

1 Leon erzählt seinem Vater beim Abendessen von seinem Schultag und berichtet dabei auch vom Text *Tina hat Mut*, den er im Deutschunterricht gelesen hat. Besprecht, welche seiner Aussagen ihr am passendsten findet und begründet eure Meinung.

2 Erzählt euch von ähnlichen Situationen:
- Besprecht, ob es in eurem Leben auch schon mal etwas wie diesen Bambuswald gab. Etwas, wovor ihr zunächst Angst hattet und was ihr später ganz anders wahrgenommen habt.
- Tauscht euch darüber aus, was euch in der Situation Mut gemacht hat und euch geholfen hat, eure Angst zu überwinden.

3 Schreibe eine eigene Geschichte, in der eine Person ihre Angst überwindet. Du kannst eine der Situationen wählen, über die ihr in Aufgabe 2 gesprochen habt oder dir eine eigene Handlung ausdenken.

4 Vergleiche die beiden Texte *Tina hat Mut* (S. 135 bis S. 137) und *Tomatenrot, oder Mobben macht traurig* (S. 132) miteinander.
- Vergleiche, vor was die beiden Mädchen in den beiden Texten jeweils Angst haben und wie sie mit ihrer Angst umgehen.
- Leon erzählt seinem Vater, dass die beiden Texte eigentlich ähnlich enden würden. Überlege dir, was er damit meinen könnte.
- Vergleiche die beiden Texte hinsichtlich der Erzählform: Welche Erzählform wird in *Tina hat Mut* verwendet und welche in T*omatenrot, oder Mobben macht traurig*? Erkläre, an welchen Wörtern du die Erzählform erkannt hast.
- Tausche die Erzählform der beiden Texte und schreibe jeweils die ersten fünf Sätze der beiden Texte in der neuen Erzählform auf.
  Beispiel: *Tina wohnte mit ihrer Mama und ihrem Papa…* → *Ich wohnte mit meiner…*

B → S. 305
Erzählform

Deutungsansätze entwickeln, die in Texten dargestellte Lebenswelt mit der eigenen vergleichen, mit produktiven Schreibformen arbeiten, Texte hinsichtlich eines inhaltlichen und formalen Aspekts vergleichen

Aus der Sicht von Figuren schreiben

1 Lest euch den Text als Lesetandem vor.

B → S. 312
Tandemlesen

Luzie Libero

(Pija Lindenbaum)

Mama und Papa sind auf Mallorca. Mallorca, was ist das denn?, dachte ich. Aber ich brauchte nicht mitzukommen, sondern durfte bei Oma bleiben. Meine Onkels wohnen auch bei Oma. Alle bis auf Onkel Tommy. Onkel Tommy ist fast immer irgendwo auf der Welt unterwegs. Ich glaube, die Onkels arbeiten im Büro. Tommy nicht. Die Onkels wollen jeden Tag Speckpfannkuchen essen. „So ist das nun mal", sagen sie. Speckpfannkuchen ist okay, finde ich. Aber Tommy isst am liebsten Sushi.

Als wir beim Essen sitzen, läutet es an der Tür. „Tommy", rufe ich, „bist du wieder da?" „Hallo, meine Süße", sagt Tommy. Dann kriege ich ein Geschenk. Das kriege ich jedes Mal, wenn Tommy wieder da ist. Diesmal ist es eine tote Schlange in einem Glas. „Igittigitt", sagt Oma. Aber genau das hab ich mir immer gewünscht.

Jetzt werde ich den ganzen Tag nur mit Tommy zusammensein. Den Kindergarten kann ich vergessen. „Nee, nee, Luzie Libero", sagt Tommy. „Irgendwann muss man sich auch mal erholen." Luzie Libero, sagt er. Und dabei heiße ich doch nur Luzie!

Tommy findet es super, wenn ich bei ihm bin. Und wenn ich will, kriege ich jeden Tag eine neue Haarfarbe. Fußball spielen wir nicht so oft, weil Tommy das nicht besonders gut kann.

Wir gehen lieber irgendwohin, wo man Musik hören kann. Einmal gehen wir in eine Oper. Ein andermal bleiben wir daheim und spielen Totsein. Oder wir hüpfen nur so durch die Gegend. Und ganz oft gucken wir bloß Leute an.

Aber als ich eines Tages in Tommys Küche komme, sitzt da jemand.

„Hallo", sagt er. „Du bist also Luzie Libero? Ich heiße Günther." Günther, was ist das für ein Name?, denke ich. Er sieht langweilig aus. Und er hat eine hässliche Hose an. „Komm, wir gehen jetzt", sage ich zu Tommy. „Muss Günther nur noch die Haare schneiden", sagt er. „Willst du heute eine neue Haarfarbe haben?" Natürlich will ich das nicht. Nach dem Haare schneiden sieht Günther genauso langweilig aus. Und als wir rausgehen, kommt er einfach mit. „Musst du nicht nach Hause?", frage ich. Aber es sieht nicht so aus.

Wir gehen Leute angucken. Eigentlich macht Tommy das sonst immer bloß mit mir. Jetzt steht Günther neben ihm und quasselt. Ich verstehe nicht, was er sagt. Er kommt aus irgendwas, das Waldwimmersbach heißt. Von mir aus hätte er ruhig dort bleiben können. „Soll ich dich hochheben?", fragt Tommy. Nein, ich steh nämlich gut hier unten, denke ich. Ich schütte Zucker auf Günthers Schuhe.

Dann gehen wir in das große Kino. „Also ich weiß nicht, welchen Film ich sehen will", sagt Günther. Er soll lieber still sein, Tommy und ich gucken nämlich nur traurige Filme. Ich möchte Zwiebelchips haben. Tommy und ich teilen uns immer eine große Tüte. Günther möchte Erdnussflips. „Ja", sagt Tommy. „Echt lecker. Ist lange her."

Sushi
Japanische Häppchen

Oper
Theaterstück mit viel Musik (Gesang und Orchester)

quasseln
schnell und ohne Pause reden

Ich habe jetzt eigentlich auf gar nichts mehr Lust. Günther geht nicht oft ins Kino, das merkt man. Er kapiert überhaupt nichts. Tommy muss weinen, als ein Hund stirbt, Günther nicht. Nach dem Film müssen wir alle dringend aufs Klo und rennen los. Ich bin Erste. Dann ist Günther an der Reihe. Und da hab ich die ganze Klorolle ins Wasser getaucht. Geschieht ihm recht.

„Morgen gehen wir aber schwimmen, oder?“, sagt Tommy. „Verdammte Kackwürste!“, sage ich. Ich habe nicht vor, schwimmen zu gehen. „Geh doch zurück in dieses komische Waldwimmersbach“, sage ich und knalle die Tür zu.

Jetzt darf keiner mit mir sprechen. Und essen will ich auch nichts. Bloß ein bisschen Kompott. Ich will nie wieder was mit Tommy machen. Ich bleib einfach hier liegen und langweilige mich. Für immer und ewig.

Aber am Samstag kommt Tommy und hat die Badesachen dabei. Da freue ich mich dann doch. Oma will zum Großeinkauf fahren, und von Günther ist nichts zu sehen. Vielleicht ist er gestorben oder er ist auf einen Nagel getreten.

Doch da sehe ich jemanden winken. Was für ein doofes Versteck. „Günther kommt mit“, sagt Tommy. Ich werde so tun, als wäre er gar nicht da, denke ich.

Ich bekomme einen eigenen Schlüssel für meinen Schrank, weil ich jetzt ganz allein in die Umkleide für Damen darf. Tommy und ich hüpfen ins Nichtschwimmer. Günther, der Angeber, springt ins Tiefe. Da ziehe ich sein Handtuch ins Wasser. Er merkt nichts. Ich glaube, er hat vor, auf den Zehner raufzuklettern. Das ist irre hoch, aber echt. Dann steht er dort oben und albert herum, weil er sich nicht zu springen traut. Doch plötzlich springt er hoch und fliegt durch die Luft. Au, cool, denke ich. „Wie viele Punkte gibt das?“, fragt Günther, als er auftaucht. „Volle zehn, ganz klar“, sagt Tommy. Null Millionen, denke ich, sage aber nichts, weil ich ja so tue, als wäre er gar nicht da.

Dann fühlt sich Tommy plötzlich ganz komisch und wir müssen nach Hause. Er legt sich aufs Sofa und sieht irgendwie krank aus im Gesicht. Ich streichle seine Decke und bringe ihm Saft. „Luzie Libero“, sagt er und schließt die Augen, „Ich glaube, heute musst du was mit Günther machen.“ Das werde ich nicht. Aber ich gehe trotzdem in die Küche.

Günther hat Zimtschnecken gebacken. Sie sind ziemlich angebrannt. Das hab ich mir gleich gedacht. „Wohnst du hier, oder was?“, frage ich. „Naja, nicht direkt“, antwortet Günther. Dann wissen wir nicht mehr, was wir sagen sollen und blättern ein bisschen in Zeitungen.

Schließlich fragt Günther: „Äh, sag mal, spielst du gut Fußball?“ „Ziemlich gut“, antworte ich. „Wenn du willst, kann ich dir ein paar gute Schüsse zeigen“, sagt Günther. Das kann er ja doch nicht. „Na, ist es dann okay, dass ich den Ball mit runternehme?“ Ich gebe dem Ball einen kleinen Schubs. „Nett von dir“, sagt Günther. Und dann haut er ab. Jetzt habe ich auch keinen Ball mehr. Soll ich etwa ganz allein hier sitzen bleiben? Tommy schnarcht. Unten im Hof höre ich den Ball hüpfen. Da gehe ich auch raus.

Günther und ich üben den ganzen Tag Schüsse. Als Tommy wieder munter ist, machen wir ein Spiel. Tommy muss ins Tor, weil er sonst nur im Weg ist. Günther ist schon fast Weltmeister. Aber ich gewinne trotzdem!

2 Welche Gedanken gehen euch nach dem ersten Lesen des Texts durch den Kopf? Tauscht euch darüber aus.

3 Bildet Gruppen und entscheidet euch jeweils für eine Situation aus dem Text (z. B. die Situation im Kino). Erstellt zu dieser Situation ein szenisches Spiel und spielt es eurer Klasse vor. Ratet jeweils, um welche Situation es sich handelt.

B → S. 312 *Szenisches Spiel*

4 Beschäftige dich genauer mit Luzie.
- Beschreibe die Beziehung zwischen Luzie und Onkel Tommy.
- Beschreibe, wie sich Luzie gegenüber Günther verhält.
- Stelle Vermutungen an, warum sich Luzie gegenüber Günther so verhält. Welche Ängste könnte sie vielleicht haben?

5 Lies dir den Info-Kasten durch. Stell dir dann vor, dass Tommy das merkwürdige Verhalten von Luzie auffällt. Als sie zusammen im Schwimmbad sind (Zeile 51), spricht er sie darauf an. Verfasse diesen Dialog. Du kannst den folgenden Lückentext verwenden:

Einleitender Satz | Name der sprechenden Person | Typische Formulierungen | Fragen und Antworten | Regieanweisung | Kürzere und längere Redebeiträge

Während Günther schwimmt, sitzen Tommy und Luzie am Beckenrand.
Tommy (vorsichtig): Und, Luzie, wie gefällt dir unser Ausflug?
Luzie (schaut grimmig auf den Boden): Hm …
Tommy: Du gehst doch sonst so gern ins Schwimmbad, was …?
Luzie (laut): Was soll los sein?! Kann dir doch egal sein … Günther …
Tommy (überrascht): Günther? Was …?
Luzie: Immer geht es nur noch um Günther. Günther … Plötzlich taucht der auf, mit seinem langweiligen Namen, seinen hässlichen Hosen und seinem Gequassel. Nicht mal im Kino …
Tommy (seufzt): Oh Luzie Libero … Ich wusste nicht, dass …
Luzie: …

Wie könnte der Dialog weitergehen? Vielleicht hat Luzie noch Fragen, die Tommy beantwortet? Oder Tommy erklärt seine Gefühle zu Günther und dass das nichts daran ändert, wie sehr er Luzie mag? Vielleicht treffen sie eine Vereinbarung?

Einen Dialog schreiben

Wenn du aus der Sicht einer Figur schreiben willst, versuchst du, dich möglichst gut in sie hineinzuversetzen. Schau dir dafür den Text an: Was erlebt die Figur? Was beschäftigt sie? Welche Gedanken macht sie sich? Welche Gefühle hat sie? Vor was hat sie z. B. Angst, was hofft sie oder was wünscht sie sich?
Die Antworten auf diese Fragen hältst du schriftlich fest, z. B. in einem **Cluster**. Diese Notizen sind die Grundlage für deinen Text, zum Beispiel einen Dialog:

B → S. 305 *Cluster*

Ein **Dialog** ist ein Gespräch zwischen zwei Personen. Achte darauf, dass die Personen auch wirklich miteinander sprechen (*aufeinander eingehen, nachfragen, antworten, widersprechen…*) und verfasse kürzere und längere Redebeiträge. Dein Dialog beginnt mit einem einleitenden Satz. Dann notierst du jeweils, wer spricht und formulierst den Redebeitrag in wörtlicher Rede. Du kannst Regieanweisungen in Klammern ergänzen.

Regieanweisung
Angabe zu Gesichtsausdruck, Bewegung, Verhalten, Sprechweise…

Passe deinen Schreibstil daran an, wie die Figuren sprechen (*Dialekt, Jugendsprache, typische Formulierungen oder Ausdrücke, Umgangssprache, Fachsprache…*).

Digital+
WES-126526-052
Beispiel: Tagebucheintrag

6 Lies dir den Info-Kasten durch. Stell dir dann vor, dass Luzie ihre Gedanken, Gefühle und Erlebnisse regelmäßig in einem Tagebuch festhält. Auch am Abend, nachdem Luzie und Günther den ganzen Tag Schüsse geübt haben (Zeile 75), schreibt sie in ihr Tagebuch. Verfasse diesen Tagebucheintrag. Der folgende Lückentext und der **Wortschatz** können dir helfen.

Samstag, 22. Juli 2023

Liebes Tagebuch,

heute war ein verrückter Tag! Ich hab dir doch schon von Günther erzählt, dem Typ, der … Es nervt mich echt SO, dass… Heute waren wir im Schwimmbad. Erst dachte ich… Er… Im Schwimmbad… Aber dann ging es Tommy schlecht und wir … Tommy… Günther… Ich muss ja zugeben… Vielleicht… Trotzdem hoffe ich, dass…
Ich schreib dir bald wieder, wie … Vielleicht… Günther…
Deine Luzie

Wortschatz: Formulierungshilfen

...der Typ mit den hässlichen Hosen, der so viel quasselt... Er klebt immer an Onkel Tommy... Endlich wären Tommy und ich mal wieder alleine gewesen, aber nein... Backen kann er also auch nicht... Aber seine Schüsse sind echt gar nicht so schlecht... Ich hoffe, dass Tommy und ich bald mal wieder Sushi essen gehen... Vielleicht ist Günther doch nicht so schlimm, wie ich dachte...

Einen Tagebucheintrag schreiben

Wenn du aus der Sicht einer Figur schreiben willst, versuchst du, dich möglichst gut in sie hineinzuversetzen. Schau dir dafür den Text an: Was erlebt die Figur? Was beschäftigt sie? Welche Gedanken macht sie sich? Welche Gefühle hat sie, vor was hat sie z. B. Angst, was hofft sie oder was wünscht sie sich?
Die Antworten auf diese Fragen hältst du schriftlich fest, z. B. in einem **Cluster**. Diese Notizen sind die Grundlage für deinen Text, zum Beispiel einen Tagebucheintrag:

B → S. 305
Cluster

Der **Tagebucheintrag** ist eine sehr persönliche Form des Schreibens. Schließlich stehen in einem Tagebuch Dinge, die man sonst niemandem erzählt. Der Tagebucheintrag beginnt mit dem Datum. Du kannst das Tagebuch auch ansprechen. Anschließend berichtest du in der Ich-Form von Erlebnissen, Gedanken und Gefühlen. Wie die Figur sich fühlt, kannst du auch durch Gefühlsausdrücke (*So ein Mist! Juhu! Endlich!*) betonen oder auch durch großgeschriebene Wörter, Ausrufezeichen...

Passe deinen Schreibstil daran an, wie die Figuren sprechen (*Dialekt, Jugendsprache, typische Formulierungen oder Ausdrücke, Umgangssprache, Fachsprache...*).

7 Lies dir den Info-Kasten durch. Versetze dich dann in die folgende Situation hinein: Onkel Tommy liegt krank auf dem Sofa und Günther spielt im Hof mit Luzies Ball Fußball (Zeile 75). Luzie überlegt, was sie machen soll. Dabei gehen ihr viele Gedanken durch den Kopf. Schreibe diesen inneren Monolog von Luzie. Du kannst dich von dem folgenden Lückentext und den Formulierungshilfen inspirieren lassen:

Digital+
WES-126526-053
Beispiel: Innerer Monolog

Wortschatz: Formulierungshilfen

Muss Günther hier ständig rumhängen? ... Waldwimmersbach, wo soll das überhaupt sein?!? ... Klingt genauso bescheuert wie er... Soll ich doch noch was von den Zimtschnecken essen? ... Er kann ja nicht mal backen, pff! ...

Einen inneren Monolog schreiben

Wenn du aus der Sicht einer Figur schreiben willst, versuchst du, dich möglichst gut in sie hineinzuversetzen. Schau dir dafür den Text an: Was erlebt die Figur? Was beschäftigt sie? Welche Gedanken macht sie sich? Welche Gefühle hat sie, vor was hat sie z. B. Angst, was hofft sie oder was wünscht sie sich?
Die Antworten auf diese Fragen hältst du schriftlich fest, z. B. in einem **Cluster**. Diese Notizen sind die Grundlage für deinen Text, zum Beispiel einen inneren Monolog:

B → S. 305
Cluster

Der **innere Monolog** gibt die Gedanken einer Figur in einer bestimmten Situation wieder. Es ist, als könnte man in das Gehirn der Figur schauen. Du schreibst in der Ich-Form und im Präsens, kannst Fragen an dich selbst stellen und auch gegensätzliche Gedanken oder Gedankensprünge einbauen. Schließlich geht es in unserem Kopf ja auch nicht immer ganz geordnet zu. Wie die Figur sich fühlt, kannst du auch durch Gefühlsausdrücke (*So ein Mist! Juhu! Endlich!)* betonen oder auch durch großgeschriebene Wörter, Ausrufezeichen...

B → S. 322
Präsens

Passe deinen Schreibstil daran an, wie die Figuren sprechen (*Dialekt, Jugendsprache, typische Formulierungen oder Ausdrücke, Umgangssprache, Fachsprache...*).

Zusammenfassung

Überprüfe dein Wissen und Können

1 Lies die Überschrift des nächsten Texts und stelle Vermutungen an, worum es in dem Text gehen könnte.

2 Lies den Text.

Ich bin wie der Fluss

Jordan Scott

Ich wache auf mit dem Klang der Wörter am Morgen um mich herum. B für den Baum draußen vor meinem Fenster. K für die Krähe in seinen Zweigen. M für den Mond, der am Himmel verblasst. Wenn ich aufwache, höre ich den Klang von Wörtern. Aber ich kann sie nicht sagen. Das B in Baum treibt Wurzeln in meinem Mund und umzingelt meine Zunge. Das K ist eine Krähe, die sich in meinen Rachen krallt. Das M in Mond malt mir ein stummes, staunendes Lächeln auf die Lippen.

Krähe *großer schwarzer Vogel*

Ich wache am Morgen auf und in meinem Mund stecken die Wörter fest. Ich bleibe stumm wie ein Stein. Still esse ich meine Haferflocken. Wortlos starte ich in den Tag.
In der Schule verstecke ich mich in der letzten Reihe. Hoffentlich komme ich nicht dran. Wenn der Lehrer mich etwas fragt, drehen sich alle zu mir und schauen mich an. Sie sehen nicht den Baum, der mir statt der Zunge zwischen den Lippen wächst. Sie hören nicht die Krähe *Rax! Rax!* in meinem Rachen krächzen. Sie starren auf meinen Mund und sehen nicht, wie der Morgenmond aus ihm scheint. Sie hören nur, dass ich nicht so rede wie sie. Sie sehen nur, wie mein Gesicht sich verzerrt und ich meine Angst nicht verbergen kann. Mein Mund bringt nichts raus. Er ist zu voll mit den Wörtern vom Morgen.

Der Vormittag in der Schule ist immer hart, aber diesmal ganz besonders. In mir hat sich alles verklumpt, so schlimm war es noch nie. Der Lehrer hat gesagt, wir sollen alle von unserem Lieblingsort erzählen. Heute bin ich dran, aber mein Mund bringt nichts raus, und ich will nur noch nach Hause.
Mein Vater holt mich von der Schule ab. „Ist einfach nur ein schlechter Tag“, sagt er. „Lass uns dorthin, wo es ruhig ist.“ Mein Vater fährt mit mir zum Fluss. Wir gehen am Ufer entlang und suchen nach bunten Kieseln und Wasserwanzen. Es tut gut, zu schweigen und allein zu sein mit meinem Vater. Aber ich kann nicht aufhören, an die Schule zu denken: an die Augen, die auf meine Lippen starren, wie sie sich verzerren, an die vielen aufgerissenen Münder, die kichern und mich auslachen. In mir stürmt und tobt es, meine Augen füllen sich mit Regen.
Mein Vater spürt, dass ich traurig bin. Er legt den Arm um mich, zeigt auf den Fluss und sagt: „Siehst du das Wasser? Wie es sich bewegt? Das ist, wie du sprichst. Das bist du.“

Gischt
wildes, spritzendes, schäumendes Wasser

Stromschnelle
Strecke, auf der ein Fluss plötzlich schneller, reißend fließt

Ich schaue auf das Wasser, wie es sprudelt, wirbelt, gischtet, vorwärtsdrängt. Mein Vater sagt, ich bin wie der Fluss. Daran will ich jetzt immer denken, wenn mir die Tränen kommen *Ich bin wie der Fluss* oder wenn ich einfach nichts sagen will. *Ich bin wie der Fluss.* Wenn die Wörter um mich herum mir zu schwer sind, denke ich an den stolzen Fluss, wie er sprudelt, gischtet, wirbelt, vorwärtsdrängt. Und ich denke an den stillen, ruhigen Fluss hinter den Stromschnellen, wo das Wasser weich und sanft schimmert. Der Fluss ist wie ich. So spreche ich. Auch der Fluss stottert. Wie ich.
Am Morgen wache ich auf mit dem Klang der Wörter um mich herum. Ich gehe in die Schule und erzähle von meinem Lieblingsort. Vom Fluss. Ich bin wie der Fluss.

3 Beschreibe, wie dir der Text gefallen hat und begründe deine Meinung.

4 Überlege, was mit der folgenden Formulierung gemeint ist.
a) *Ich wache am Morgen auf und in meinem Mund stecken die Wörter fest.* (Z. 7)
b) *Das B in Baum treibt Wurzeln in meinem Mund und umzingelt meine Zunge. Das K ist eine Krähe, die sich in meinen Rachen krallt.* (Zeilen 4–5)

B → S. 305
Cluster

5 Erschließe den Text und lege dafür eine Tabelle oder ein Cluster an.
a) Notiere, an welchem **Ort** der Text spielt, welche **Figuren** vorkommen und fasse die **Handlung** stichwortartig zusammen.
b) Notiere, an welchem **Ort** und zu welcher **Zeit** der Text spielt, welche **Figuren** vorkommen und fasse die **Handlung** stichwortartig zusammen.
c) Befasse dich noch einmal genauer mit der **Handlung** und wie die Geschichte aufgebaut ist. Zeichne dafür eine große Spannungskurve in dein Heft und schreibe dazu, was in der Einleitung, dem Hauptteil, dem Schluss geschieht und was an der spannendsten Stelle passiert.

6 Beschäftige dich näher mit dem Jungen.
- Erkläre, welche Schwierigkeiten der Junge hat.
- Beschreibe, wie die Klasse des Jungen auf seine Schwierigkeiten reagiert. Du kannst in den Zeilen 27–29 nachschauen.
- Überlege dir, wie die Klasse den Jungen stattdessen unterstützen könnte.
- Erkläre, warum der Gedanke „Ich bin wie der Fluss" dem Jungen Mut macht und ihm hilft. Du kannst in den Zeilen 35–40 nachschauen.

7 Mache dir darüber Gedanken, in welchen Situationen es dir schwerfällt, etwas zu sagen, die richtigen Worte zu finden oder etwas vor Anderen vorzutragen. Was hilft dir in dieser Situation? Halte deine Überlegungen schriftlich fest.

8 Lies den folgenden Text des Autors Jordan Scott und beschreibe, welche Zusammenhänge es zwischen dem Text *Ich bin wie der Fluss* und dem Leben des Autors gibt.

So spreche ich

Jordan Scott

Als ich ein Junge war, holte mich mein Vater an besonders schlimmen Tagen manchmal von der Schule ab und fuhr mit mir zum Fluss. An solchen Tagen wollte mein Mund einfach nicht. Jedes Wort war schmerzhaft, das Gelächter meiner Klassenkameraden unerträglich. Ich wollte einfach nur schweigen.

Am Fluss ließen wir Kiesel übers Wasser hüpfen, wir hielten nach Lachsen Ausschau, sammelten Wasserwanzen und pflückten Brombeeren, alles wortlos. Während wir am Ufer saßen und aufs Wasser schauten, sagte mein Vater eines Tages: „Siehst du das Wasser, Sohn? Wie es sich bewegt? Das bist du. So sprichst du."

Wer stottert, wird oft ausgelacht. Stottern gilt als unnatürlich. Viele fühlen sich nicht wohl in ihrer Haut, wenn sie jemandem dabei zusehen, wie er stottert; wenn sie dabei zuhören, wie die Sprache und der Klang der Wörter überstrapaziert werden. Der Mund verzerrt sich, merkwürdige Laute dringen daraus hervor und was als „normaler" Redefluss gilt, zerplatzt. Stottern heißt, nicht mehr flüssig zu reden. Und Redeflüssigkeit, sagte mein Sprachtherapeut immer, ist das Ziel.

Der Tag am Fluss hat für mich alles verändert. Von da an dachte ich darüber anders. Der Fluss hat einen Mund, eine Mündung. Er fließt. Er strömt dahin. Das ist seine natürliche Weise. Unaufhaltsam und geduldig bahnt er sich seinen Weg; auf ein Ziel hin, das größer ist als er selbst. Aber der Fluss stottert in seinem Fluss, genauso wie ich beim Sprechen. [...]

Mündung
Stelle, an der ein fließendes Gewässer in ein anderes Gewässer fließt

9 Im Text *Ich bin wie der Fluss* gelingt es dem Jungen am nächsten Tag, seiner Klasse von seinem neuen Lieblingsort zu erzählen – dem Fluss. Stell dir vor, der Vater des Jungen fragt ihn an diesem Abend nach dem Schultag. Der Junge erzählt ihm von seinem Tag und von dem Vortrag vor der Klasse. Verfasse diesen Dialog zwischen Vater und Sohn.

10 Stell dir vor, dass der Junge regelmäßig seine Erlebnisse und Gedanken in einem Tagebuch festhält. Als er vom Flussausflug mit seinem Vater zurück nach Hause kommt, verfasst er einen Tagebucheintrag, in dem er von seinem Tag berichtet. Verfasse diesen Tagebucheintrag.

11 Im Text *Ich bin wie der Fluss* gelingt es dem Jungen am nächsten Tag, seiner Klasse von seinem neuen Lieblingsort zu erzählen – dem Fluss. Erleichtert sitzt er nun nach dem Vortrag wieder an seinem Platz und hängt seinen Gedanken nach. Verfasse diesen inneren Monolog.

12 Beschäftige dich mit der Erzählform im Text *Ich bin wie der Fluss*.
- Notiere die Erzählform, die im Text *Ich bin wie der Fluss* verwendet wird.
- Schreibe die ersten sechs Sätze des Texts *Ich bin wie der Fluss* in der anderen Erzählform auf.

Digital+
WES-126526-054
Lösungen

Sachtexte: Tabellen, Diagramme, Schaubilder

1 Tauscht euch darüber aus, was ihr über Bienen wisst.

Digital+
WES-126526-055
Schaubild vergrößert

2 Betrachtet das Schaubild und tauscht euch über dessen Inhalt aus:
- Um welches Thema geht es?
- Welche Informationen enthalten die Texte?
- Aus welchem Jahr stammt das Schaubild?
- Wie lautet die Quelle?

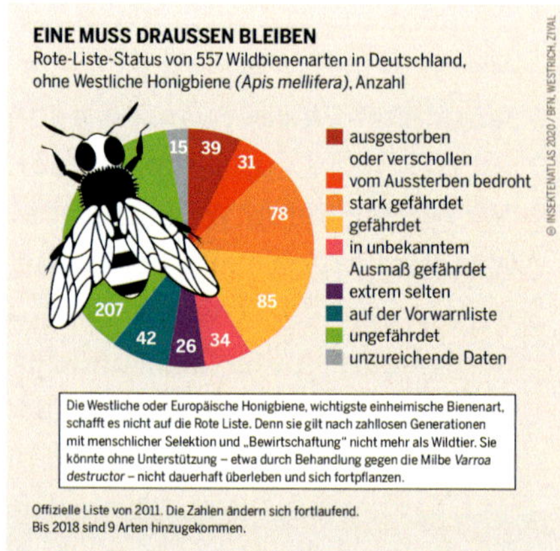

3 Lies den Text.
- Erkläre, warum Bienen so wichtig sind.
- Nenne Gründe für das Bienensterben und was man dagegen unternehmen kann.

Wo sind all die Bienen hin? – Warum weltweit die Bienen sterben*

Bienen spielen eine zentrale Rolle im Erhalt unseres Ökosystems. Seit Jahren aber stirbt weltweit ein Großteil der Bienenpopulationen. Der Hauptgrund dafür ist wahrscheinlich der Mensch.

[...] Was würde wohl passieren, wenn es keine Bienen mehr gäbe? Logisch, wir müssten morgens auf unser Honigbrötchen verzichten. Und sonst? [...] Auch die Erdbeermarmelade würde entfallen. Und die Äpfel im Müsli. Und überhaupt ein Großteil der Dinge, die im Moment täglich bei uns auf dem Tisch landen. Denn weil die Biene auf ihrer Nahrungssuche [...] Pollen von Blüte zu Blüte weiterträgt, ist sie die Bestäuberin etwa eines Drittels aller landwirtschaftlichen Nutzpflanzen. [...] Bienen und andere Blütenbestäuber tragen wesentlich zum Erhalt der Artenvielfalt bei, denn sie sorgen für die Verbreitung hunderttausender Pflanzen, auf die wiederum unzählige Tierarten als Nahrungsgrundlage angewiesen sind. [...]

Immer mehr Menschen, immer weniger Bienen

[...] Wieso genau die Bienenpopulationen sterben, lässt sich nicht so einfach beantworten – man geht lediglich davon aus, dass hier mehrere Faktoren zusammenwirken. Krankheitserreger, die industrielle Landwirtschaft mit ihren Pestizideinsätzen und Monokulturen, das Wegbrechen von Lebensräumen, Luftverschmutzung und Klimawandel [...]. Und genau deswegen bleibt es schwer, Lösungsansätze für das Problem zu finden. Was kann man also tun gegen ein Phänomen, dessen Ursachen nicht einmal wirklich klar sind? [...] Wir müssen unsere Landschaften wieder bienenfreundlicher machen [...] und die Landwirtschaft deutlich nachhaltiger [...] gestalten. [...]

Monokultur
Feld, auf dem ausschließlich eine Pflanzenart angebaut wird

Pestizid
Mittel zur Schädlingsbekämpfung

Was man für eine bienenfreundliche Umwelt tun kann

Kauft biologische Lebensmittel und unterstützt damit eine nachhaltige Landwirtschaft. Unterstützt Bienen, indem ihr in eurem Garten oder auf eurem Balkon bienenfreundliche Pflanzen zieht. Übernehmt eine Bienenpatenschaft [...]. Falls ihr euch für Imkerei interessiert und gerne einem Bienenstock ein Zuhause bieten möchtet, lohnt es sich, zunächst einmal bei jemand anderem „mitzuimkern". [...]

**Text verändert*

Imkerei
Bienenhaltung und Gewinnung von Honig.

Digital+
WES-126526-056
Top 10 der bienenfreundlichen Pflanzen

4 Lest die Tabelle und besprecht Folgendes:

- Was wird darin dargestellt? Was ist das Thema der Tabelle?
- Wann ist jeweils die Aussaatzeit und wann die Erntezeit/Blütezeit für die Pflanzen?
- Welche Pflanzen sind einjährig und welche mehrjährig?

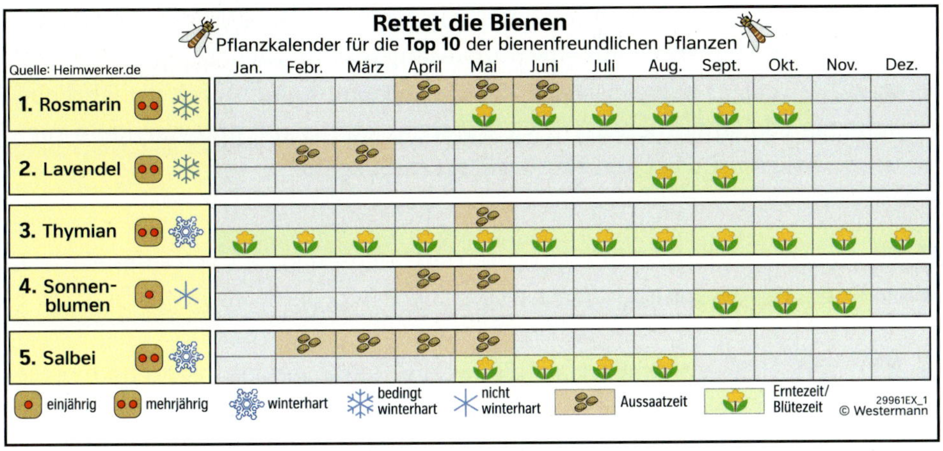

5 Diskutiert darüber, worin sich die unterschiedlichen Textsorten (Text, Schaubild, Tabelle) unterscheiden.

- Besprecht, bei welchen Texten es euch leichtfiel, daraus Informationen zu entnehmen und bei welchen Texten ihr Verständnisschwierigkeiten hattet.
- Nennt Gründe, woran das liegen könnte.

In diesem Kapitel lernst du, ...

- Texte zu verstehen und ihnen Informationen zu entnehmen.
- nichtlineare Texte wie Schaubilder, Diagramme und Tabellen zu verstehen, auszuwerten und zu erstellen.
- Methoden der Texterschließung anzuwenden.

Tabellen verstehen und erstellen

NABU
Der NABU (Naturschutzbund) ist der älteste Umweltverband in Deutschland. Er wurde als „Bund für Vogelschutz" gegründet. Er setzt sich heute mithilfe von ehrenamtlichen Helfern für Artenvielfalt ein.

Insektensommer: „Zählen, was zählt"*

Unter dem Motto „Zählen, was zählt" startete der NABU 2018 den „Insektensommer" – die erste bundesweite Insektenzählung in Deutschland. Naturfans sind seitdem zweimal im Jahr aufgerufen das Summen und Krabbeln vor der Haustür zu beobachten und zu melden.
Ziel des Insektensommers ist es, auf die enorme Bedeutung der Insekten aufmerksam zu machen und für den Schutz dieser Tiergruppe zu sensibilisieren [, denn das Insektensterben ist ein großes Problem.
Beim Insektensommer werden innerhalb von zwei Zählzeiträumen im Sommer (meist im Juni und August) jeweils eine Stunde lang Insekten beobachtet und gezählt. Im August 2022 gab es beispielsweise 35750 Beobachtungen. Durch die jährliche Zählung kann man dokumentieren, wie viele Tiere es jeweils gibt und man kann auch feststellen, wie die Anzahl bestimmter Insekten zurückgeht].
**Text verändert*

1 Tauscht euch darüber aus, warum sich Menschen an solch einer Aktion beteiligen. Würdet ihr auch gerne mitmachen? Begründet eure Meinung.

Recherchiert im Internet oder Tierlexikon nach Bildern zu den Insekten.

2 Werft einen ersten Blick auf die Tabelle. Betrachtet die Insektenarten, die darin genannt werden. Welche davon kennt ihr bereits? Ordnet sie den Fotos A–E zu.

Insektensommer: Top Ten August 2022

Quelle: NABU

Rang 2022	Insektenart	Beobachtungen	(Rang im August 2019)
1	Ackerhummel	2501	(1)
2	Dunkle/Helle Erdhummel	2201	(8)
3	Steinhummel	1674	(13)
4	Kleiner Fuchs	1322	(6)
5	Großes Heupferd	1211	(9)

A

B

C

D

E

3 Diese Tabelle enthält in übersichtlicher Form viele Informationen über die beobachteten Insekten. Verschaffe dir einen genaueren Überblick.
- Lies die **Überschrift**. Worum geht es in der Tabelle? Von **wann** sind die Ergebnisse? Wie heißt die **Quelle**?
- Wie viele **Spalten** hat die Tabelle? Kläre die Bedeutung der **Spaltenüberschrift**.

Informiere dich im Info-Kasten auf S. 153.

4 Stellt euch gegenseitig Fragen zur Tabelle. Einer stellt die Frage und der andere sucht die richtige Antwort in der Tabelle. Wechselt euch dabei ab. Folgende Fragen könnt ihr zum Beispiel stellen:
- Wie viele Steinhummel-Beobachtungen gab es 2022?
- Wer lag auf Rang 13 im Jahr 2019?
- Auf welchem Rang lag der Kleine Fuchs im Jahr 2022 und im Jahr 2019?
- ...?

5 Dies ist die Fortsetzung der Tabelle von Seite 150. Seht euch die Ergebnisse an. Ordnet die Insektenarten den Fotos F–J zu.

Rang 2022	Insektenart	Beobachtungen	(Rang im August 2019)
6	Wildbiene	1117	(5)
7	Wespe	1075	(12)
8	Blaue Holzbiene	1070	(19)
9	Taubenschwänzchen	1023	(32)
10	Westliche Honigbiene	1021	(2)

F

G

H

I

J

6 Formuliert zu diesen Ergebnissen mündlich Sätze. Die folgenden Formulierungen können euch dabei helfen.

Auf Rang... liegt der/die...
Insgesamt wurden... gezählt
Der/die... wurde... mal beobachtet / von der/dem... gibt es... Beobachtungen
Der Rang des/der ... hat sich verändert von Rang... im Jahr... auf Rang... im Jahr...
Der Rang des/der... ist gleichgeblieben

Digital+
WES-126526-057
Tabelle zum Ausfüllen

Nicht alle Ränge sind in den Tabellen von Aufgabe 2 und 5 angegeben. Ergänze nur die Ränge, die du in den Tabellen findet. Die fehlenden Ränge kannst du im Internet auf den Seiten des NABUs recherchieren.

Trend
Entwicklung / Richtung, in die sich etwas entwickelt

↗ Positiver Trend
positive/gute Entwicklung = mehr

↙ Negativer Trend
negative/schlechte Entwicklung = weniger

7 Erstelle nun selbst Tabellen für den Insektensommer im Jahr 2019.

a) Erstelle eine Tabelle für die Rangfolge im Jahr 2019.
Schau dir dazu in den Tabellen von Aufgabe 2 und Aufgabe 5 die letzte Spalte (Rang im August 2019) nochmal an. Übernimm dann die folgende Tabelle und ergänze sie.

Insektensommer 2019
Quelle: NABU

Rang	Insektenart
...	Ackerhummel
...	...
...	...
...	...
5	Wildbiene
...	...
...	...
...	...
9	Großes Heupferd

b) Erstelle eine Tabelle für den Insektensommer im Jahr 2019. Du kannst dich an der Tabelle aus Aufgabe 7a orientieren.
- Vergleiche die Rangfolge im Jahr 2019 mit der Rangfolge im Jahr 2022.
- Trage dann in einer dritten Spalte den Trend mit einem Pfeil ein:

↔ Diese Insektenart belegt 2022 den gleichen Rang wie 2019 (keine Veränderung).
↗ Diese Insektenart belegt 2022 einen besseren Rang als 2019 (positiver Trend).
↙ Diese Insektenart belegt 2022 einen schlechteren Rang als 2019 (negativer Trend).

Insektensommer 2019

Quelle: NABU

Rang	Insektenart	Trend im Vergleich mit 2022
1	Ackerhummel	↔
...	...	...

c) Recherchiere das neueste Ergebnis des Insektensommers auf www.nabu.de.
- Erstelle für das aktuelle Jahr eine Tabelle für die Ränge 1 bis 10.
- Vergleiche diese aktuelle Rangfolge mit der des Jahres 2022.
- Trage dann in einer dritten Spalte den Trend mit einem Pfeil ein.
  ↔ Diese Insektenart belegt aktuell den gleichen Rang wie 2022 (keine Veränderung).
  ↗ Diese Insektenart belegt aktuell einen besseren Rang als 2022 (positiver Trend).
  ↙ Diese Insektenart belegt aktuell einen schlechteren Rang als 2022 (negativer Trend).

8 Gebt euch gegenseitig den Inhalt eurer Tabellen wieder.

a) Gleicht eure Tabellen miteinander ab:
- Stimmen eure Tabellen und die dort enthaltenen Ergebnisse überein?
- Welche Inhalte aus der Tabelle findet ihr besonders interessant?

b) Stellt euch gegenseitig den Inhalt eurer Tabellen vor.
- Welche Gemeinsamkeiten und Unterschiede könnt ihr feststellen?
- Welche Veränderungen bei der Rangfolge findet ihr besonders interessant? Überlegt, welche Gründe es haben könnte, dass sich der Trend ändert und es in einem Jahr gleich viele, mehr oder weniger Insekten einer bestimmten Art gibt (keine Veränderung, positiver Trend, negativer Trend).

Tabellen

Tabellen enthalten viele Informationen in einer übersichtlichen Form. Sie bieten einen Überblick und erleichtern das Auffinden von Einzelinformationen.
Tabellen helfen dir auch, Daten oder Informationen geordnet und übersichtlich darzustellen.

Winterruhe und Winterschlaf
Quelle: www.tierwissen.de

	Winterruhe	Winterschlaf
Tierart	Dachs	Igel
	Eichhörnchen	Fledermaus

- Tabellen bestehen aus waagrechten **Zeilen** (–) und senkrechten **Spalten** (I).
  In den **Zeilen und Spalten** stehen die Informationen der Tabelle:
  Das Wort *Eichhörnchen* steht in diesem Beispiel also in der dritten Zeile und in der zweiten Spalte der Tabelle.
- Meistens haben Tabellen eine Überschrift. Sie gibt Auskunft über den Inhalt der Tabelle.
- Die Quelle zeigt, woher die Informationen in der Tabelle stammen.

Diagramme auswerten und erstellen

1 Hier ist ein Balkendiagramm abgebildet.
- Werft einen ersten Blick darauf und stellt Vermutungen an, worum es gehen könnte.

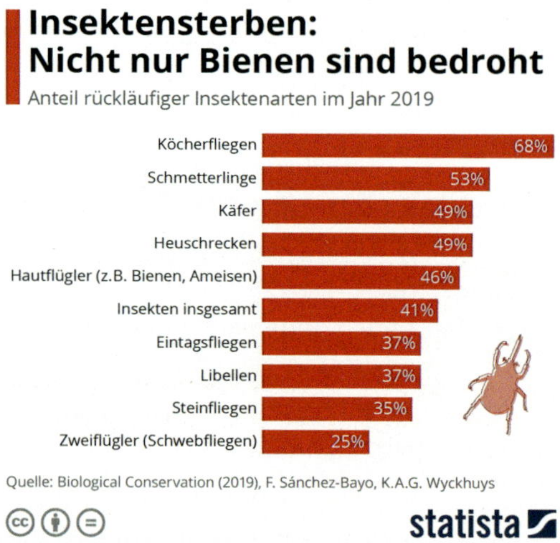

Informiert euch im Info-Kasten auf S.155.

2 Geht Schritt für Schritt vor und klärt gemeinsam:
- Welche Informationen enthält die **Überschrift** des Balkendiagramms?
- Aus welchem **Jahr** stammen die Zahlen für das Diagramm? Wie lautet die **Quelle**?
- Was bedeuten die Zahlenangaben auf der **waagerechten Achse**?
- Was bedeutet die Beschriftung?

3 Lest im Diagramm ab und beantwortet folgende Fragen. Gebt dabei auch die Prozentangaben an.
- Welche drei Insektenarten sind am meisten bedroht?
- Welche Insektenarten sind am wenigsten bedroht?

4 Lest euch den folgenden Text zunächst Satz für Satz vor und wählt dabei die richtigen Wörtern, Wortgruppen und Ziffern aus. Schreibt den Text dann richtig ab. Meistens findet ihr die richtige Lösung selbst. Ab und zu müsst ihr im Diagramm nachschauen.

Digital+
WES-126526-058
Text zum Bearbeiten

Insektensterben: Nicht nur Bienen sind bedroht*

In dem Balkendiagramm *„Insektensterben: Nicht nur Bienen sind bedroht"*/*„Insektensterben: Nur Bienen sind bedroht"* wird der Anteil *rückläufiger*/*ansteigender* Insektenarten im Jahr *2019*/*2010* dargestellt.
Eine [...] Studie der Wissenschaftler Sanchez-Bayo und Wyckhuys, die im April *2019*/*2020* in der Biological Conservation veröffentlicht wurde, untersucht, wie es um die *Insektenbestände*/*Säugetierbestände* steht.
Das alarmierende Ergebnis: Weltweit sind insgesamt mehr als *40*/*50* Prozent der Insektenarten vom Aussterben bedroht. Am *größten*/*geringsten* ist der Rückgang der Köcherfliegen mit 68 Prozent. Neben den *Hautflüglern*/*Zweiflüglern*, zu denen u.a. auch Bienen zählen, sind *34*/*53* Prozent der Schmetterlingsarten und knapp jede *zweite*/*dritte* Käferart rückläufig, wie das Diagramm zeigt.

Knapp/Mehr als die Hälfte der Heuschrecken (49 Prozent) sind rückläufig. Libellen und Eintagsfliegen liegen gleichauf mit *37/57* Prozent. Knapp dahinter folgt der Rückgang der Steinfliegen (*36/35* Prozent). Am wenigsten bedroht sind die Zweiflügler (Schwebfliegen), hier beträgt der Rückgang aber trotzdem immerhin noch *1/4/1/3* (25 Prozent). Das Diagramm zeigt deutlich, wie *stark/schwach* der Anteil der Insektenarten zurückgeht.

**Text verändert*

5 Lest euch eure Texte gegenseitig vor und vergleicht eure Ergebnisse.

6 Erstelle ein Diagramm, indem du die Hauptursachen für den Insektenrückgang darstellst.

- Lies das Cluster.
- Erstelle mithilfe der Informationen aus dem Cluster ein passendes Diagramm. Orientiere dich am Info-Kasten und den darin abgebildeten Diagrammen.

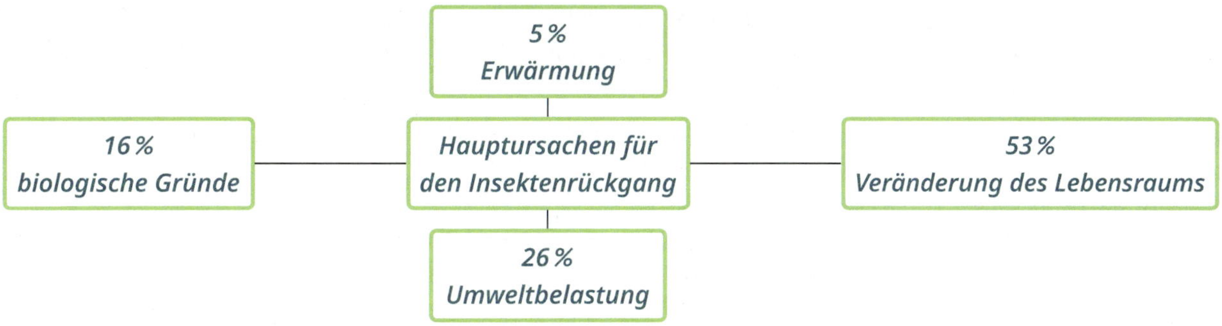

Diagramme

Ein Diagramm (auch Schaubild genannt) liefert Informationen, indem es Zahlen und Werte bildlich darstellt. Anders als bei einem Text gibt es keine einheitliche Leserichtung. Mithilfe eines Diagramms bekommt man einen schnellen Überblick über ein Thema.

- Es gibt Diagramme in verschiedener Form, z. B. das **Säulendiagramm,** das **Balkendiagramm** oder das **Kreisdiagramm**.
- Diagramme haben meistens eine Überschrift. Und es wird auch die **Quelle** genannt, also **woher** die Informationen stammen und von **wann** sie sind.
- Säulen- und Balkendiagramme haben meistens eine **waagerechte** (-) und eine **senkrechte Achse** (I), auch **x- und y-Achse** genannt. Die beiden Achsen sind unterteilt und beschriftet, z. B. mit Jahreszahlen, Mengenangaben oder Überschriften.
- Kreisdiagramme ähneln einer **Torte**. Daher werden sie manchmal auch als Tortendiagramm bezeichnet. Allerdings sind die **Tortenstücke** aufgrund der unterschiedlichen Werte ungleich groß. Sie werden z. B. mit Anteilen an etwas beschriftet.

Säulendiagramm

Balkendiagramm

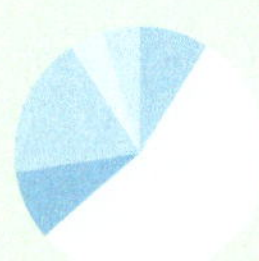
Kreisdiagramm

Schaubilder auswerten

In einem Schaubild werden Informationen zu einem Thema anschaulich dargestellt und Zusammenhänge zwischen verschiedenen Begriffen, Inhalten und Aussagen gezeigt.

Digital+
WES-126526-059
Schaubild vergrößert

1 Seht euch das Schaubild an.
- Was könnt ihr auf den ersten Blick entdecken?
- Worum geht es in dem Schaubild?

2 Sucht nun genauere Informationen aus dem Schaubild heraus: Einer stellt eine Frage zum Schaubild und der andere sucht die Antwort im Schaubild. Wechselt euch ab.
Beispiel: *Wie viele Vogelbrutpaare gingen in nur 12 Jahren verloren? Um wie viel ging die Anzahl der Stare zurück?*

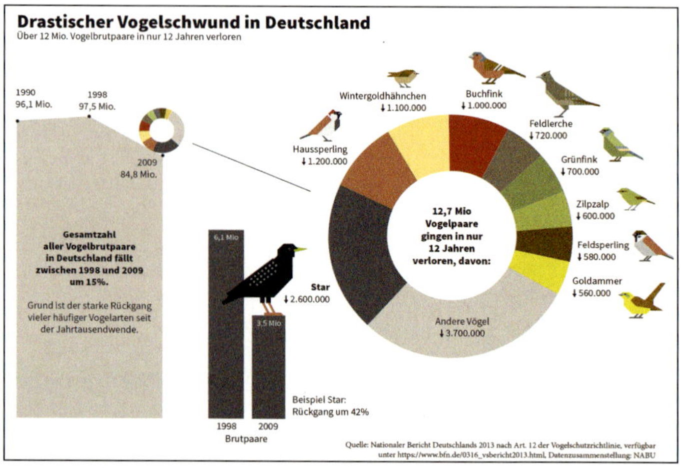

3 Erschließe dir nun das Schaubild genauer.
- Lege einen Notizzettel an und vervollständige das abgebildete Beispiel.
- Orientiere dich dabei an den Schritten im Info-Kasten auf Seite 157.

1. Schritt
Es geht darum, dass es einen drastischen...
2. Schritt
a) Überschrift, Quelle, Jahr
Überschrift: Drastischer...
Über 12. Mio...
Quelle: NABU, Nationaler...
Jahr: ...
b) Diagramm
Diagrammart: Kreisdiagramm mit… Kreissektoren (Abschnitte)
Säulendiagramm mit … Säulen: 1998 6,1 Mio. ..., ...
Kurvendiagramm mit … Werten: 1990 96,1 Mio.
Kreisdiagramm:
Star – 2.600.000
Haussperling – 1.200.000
Wintergoldhähnchen: ...
c) Sätze und Wörter
Gesamtzahl aller Vogelbrutpaare…
Grund ist der starke Rückgang…
Beispiel Star: Rückgang um ...%, von 6,1 Mio. ...
d) Abbildungen
Abbildungen von ... Vogelarten: Star, Haussperling, ...

4 Gib deine Ergebnisse wieder:

a) Nutze deinen Notizzettel und scheibe deine Ergebnisse als Text auf. Diese Satzanfänge können dir helfen:

Das Schaubild mit der Überschrift „…" beschäftigt sich mit …
Die Daten sind aus dem Jahr… und stammen vom …
Ein Kreisdiagramm zeigt …
12,7 Mio. Vogelpaare gingen …
Am stärksten zurückgegangen ist die Anzahl der … Hier gab es einen Rückgang von …
Im mittleren Bereich liegen die Zahlen von Haussperling (1.200.000), Winter -goldhähnchen … und …
Weniger Rückgänge gab es beim Feldsperling (580.000), beim Goldammer … und bei anderen Vögeln …
Insgesamt ging innerhalb von 12 Jahren die Anzahl der Vogelbrutpaare um … zurück.

b) Schreibe deine Ergebnisse mithilfe deines Notizzettels als zusammenhängenden Text auf.

5 Stellt euch eure Texte gegenseitig vor und besprecht sie:
- Sind das Thema und die Quellenangaben des Schaubilds genannt worden?
- Wurden die wichtigsten Informationen richtig wiedergegeben?

Schaubilder auswerten

1. Schritt: Sich orientieren
Lies die Überschrift und wirf einen Blick auf das Schaubild.
Schreibe auf, worum es geht (Thema).

2. Schritt: Inhalte erfassen
Sieh dir die verschiedenen Bestandteile des Schaubilds der Reihe nach an.
Notiere Informationen:
a) zur Überschrift, zur Quelle und zum Jahr.
b) zum Diagramm (falls es eines gibt).
c) zu Sätzen und Wörtern.
d) zu den Abbildungen.

3. Schritt: Ergebnisse wiedergeben
Gib die Informationen mithilfe deiner Notizen anderen mündlich wieder.
Oder: Schreibe die Informationen in einem kurzen Text auf.

Mit linearen und nicht linearen Texten arbeiten

1 Führt ein Lese-Experiment durch. Geht folgendermaßen vor:
- Nehmt euch zwei Minuten Zeit.
  Die einen lesen still Text **A**, die anderen betrachten Diagramm **B**.
  Konzentriert euch und sprecht **nicht** miteinander!
- Schaut nun nicht mehr ins Buch! Deckt die Seite ab.
- Nehmt euch zwei Minuten Zeit.
  Jeder notiert auf einem Zettel die Informationen, die er sich aus Text **A** oder Diagramm **B** gemerkt hat. Konzentriert euch und sprecht **nicht** miteinander!

A

Ernteertag
Als Ertrag werden in der Landwirtschaft die geernteten Früchte-, Gemüse- und Getreidemengen bezeichnet.

Ernteerträge durch die Bienenbestäubung*

Ein Großteil der landwirtschaftlichen Erträge im Pflanzen-, Garten- und Obstbau hängt von der Bestäubung durch die Bienen ab. Der Fruchtertrag ist durch die Bestäubung der Bienen wesentlich höher. Dies gilt für alle Obstarten wie Äpfel (60% höher), Birnen (90% höher) und Kirschen (60% höher) sowie für fast alle Ölsaaten wie Raps (30% höher), Lein und Distel. Alle Gemüsearten wie Möhren (95% höher) und Gurken sowie Futter- und Gemüsepflanzen wie Rotklee (95% höher), Ackerbohnen (40% höher) und Buchweizen (75% höher) profitieren ebenfalls von der Bienenbestäubung.
**Text verändert*

B

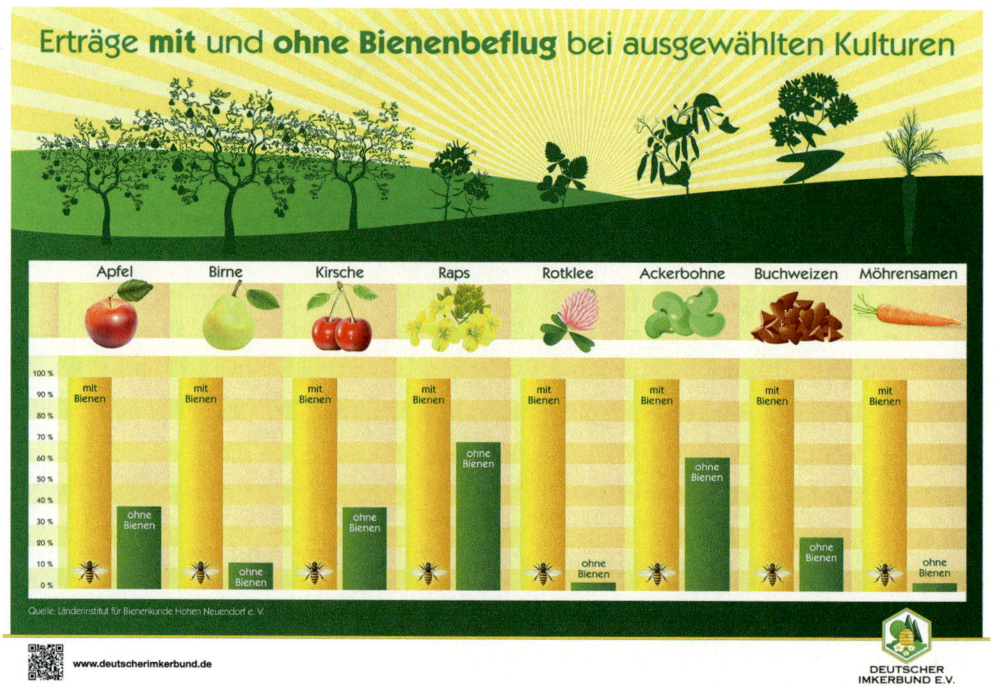

2 Legt eure Notizzettel nebeneinander und vergleicht eure Ergebnisse.
- Wie viele Informationen konntet ihr euch richtig merken? Überprüft das mithilfe von Text **A** und Diagramm **B**.
- Sprecht darüber, wie es euch beim Ermitteln der Informationen aus Text **A** und Diagramm **B** ergangen ist. Was ist euch leichtgefallen? Was fandet ihr schwierig?
- Erklärt, bei welchem Text es sich um einen linearen und bei welchem es sich um einen nicht linearen Text handelt. Nutzt dazu die Informationen aus dem Info-Kasten.

3 Im Folgenden seht ihr Informationen aus dem Insektenatlas 2020 über den Rückgang der Ernte beim Wegfall tierischer Bestäubung.

a) Lest die Informationen und notiert die Ergebnisse in Stichwörtern. Bringt die Informationen in eine sinnvolle Reihenfolge:
- Wassermelonen, Kürbisse, Paranüsse und Kakao um 90 Prozent weniger
- 27 Prozent weniger Feigen, Erdbeeren, Kokosnüsse, Sonnenblumen und Kaffee
- Gurken, Pflaumen, Kirschen, Äpfel und Mandeln um 30 Prozent weniger
- 21 Prozent weniger Pfeffer, Tomaten, Kidneybohnen, Papayas und Zitronen

Beispiel: Größter Rückgang bei Wassermelonen, Kürbissen … mit … Prozent

b) Zeichnet mithilfe eurer Ergebnisse ein Säulendiagramm auf Karo- oder Millimeterpapier. Verseht es mit einer passenden Überschrift und denkt daran, die Angaben einzutragen.

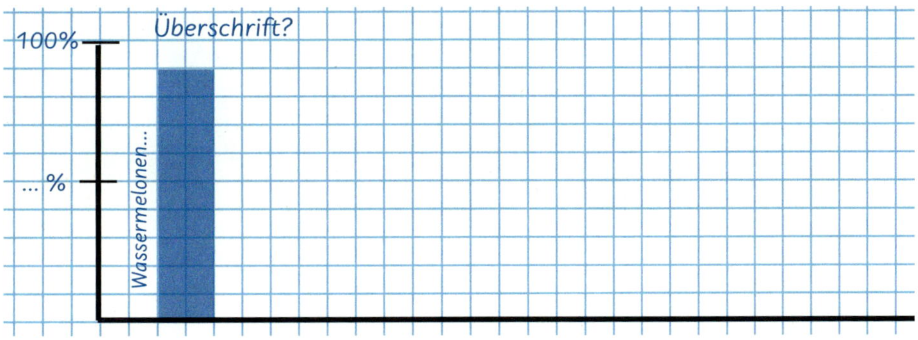

Lineare und nicht lineare Texte

Linear sind alle Texte, die in Zeilen fortlaufend geschrieben sind, zum Beispiel Geschichten, Berichte und Beschreibungen. **Lineare Texte** werden in der Regel fortlaufend gelesen – also in der oberen Zeile von links nach rechts und dann von Zeile zu Zeile von oben nach unten.
Es gibt aber auch Texte, die ganz anders aussehen und die anders gelesen werden. Denn auch **Diagramme, Tabellen** und **Infografiken** sind Texte. Solche Texte sind **nicht linear**. In ihnen geht es meistens um Zahlen, die bildlich dargestellt werden. **Nicht lineare Texte** kann man nicht hintereinander weg lesen, sondern man muss öfter mit den Augen hin- und herspringen.

Zusammenfassung

Überprüfe dein Wissen und Können

1 Entnimm den Materialien (M1 – M4) die wichtigsten Informationen zum Thema Plastik. Am Ende sollst du darüber einen Kurzvortag halten. Ordne zunächst den Materialien (M1 – M4) die Begriffe *linearer* und *nichtlinearer Text* zu.

2 Lies den folgenden Text und erkläre, warum Mikroplastik ein Problem für die Umwelt ist.

M1

Mikroplastik – ein Problem für die Umwelt*

Als Mikroplastik werden Plastikstücke bezeichnet, welche kleiner als 5 Millimeter sind. Sie sind also teilweise mit dem bloßen Auge schwer zu erkennen. Mikroplastik verursacht Umweltprobleme, da es leicht verteilt wird und schwer beziehungsweise gar nicht abbaubar ist. Mikroplastik kann auch gesundheitliche Probleme bei Menschen und Tieren verursachen.
Text verändert

3 Betrachte die Tabelle und erläutere sie anschließend genauer:
- Erkläre, was in der Tabelle dargestellt wird. Was ist das Thema?
- Übernimm die Tabelle und ordne die Ergebnisse in der richtigen Rangfolge an.

Digital+
WES-126526-060
Tabelle zum Ausfüllen.

M2

Einwegplastik im Meer

Quelle: https://www.quarks.de/umwelt/muell/so-viel-einwegplastik-ist-im-meer/ (Stand 2019)

Rang	Plastikarten	Menge
1	Zigarettenstummel	22 %
...	Essensverpackungen	14 %
...	Flaschen	9 %
...	Deckel/Verschlüsse	19 %
...	Tüten	7 %
...	Strohhalme/Rührstäbchen	1 %
...	Feuchttücher	8 %
...	Becher/-deckel	2 %
...	Plastik-Besteck	4 %
...	Wattestäbchen	14 %

M3

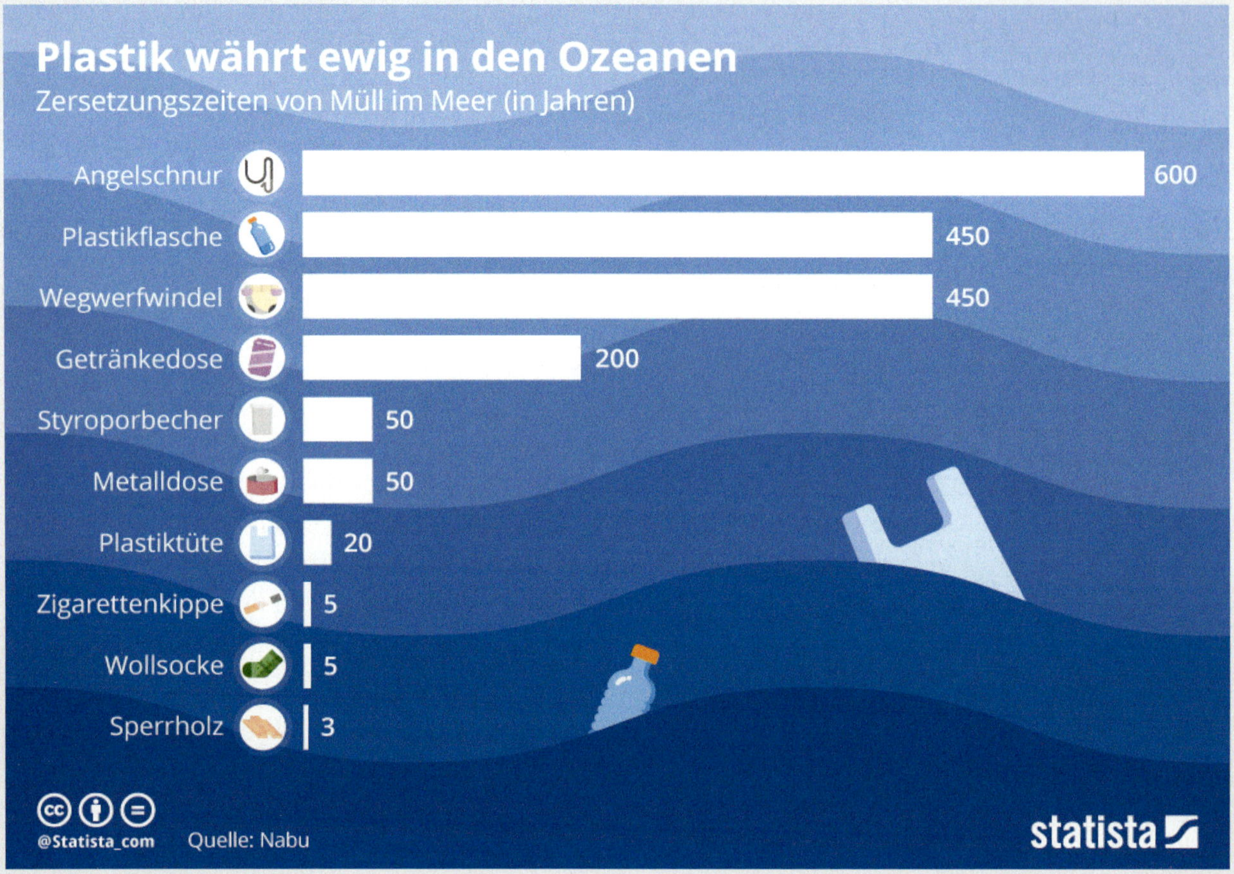

4 In M3 ist ein Diagramm abgebildet. Nenne, um welche Art von Diagramm es sich handelt.

5 Lies im Diagramm ab und beantworte folgende Fragen:
1) Welche drei Müllarten benötigen am meisten bzw. am wenigsten Zeit, bis sie zersetzt sind?
2) Erläutere und begründe, welche Ergebnisse du am interessantesten bzw. überraschendsten findest.
3) Recherchiere im Internet, in welchen Müllarten aus dem Diagramm kein Plastik enthalten ist.
   - Lies anschließend im Diagramm ab, wie viel Zeit die verschiedenen plastikfreien Müllsorten bis zur Zersetzung benötigen.
   - Vergleiche, wie viel Zeit plastikfreier Müll und Plastikmüll im Durchschnitt benötigen, um zersetzt zu werden.
   - Erläutere, welche Gemeinsamkeiten und Unterschiede es bei der Zersetzungsdauer von verschiedenem plastikfreiem Müll und Plastikmüll gibt.

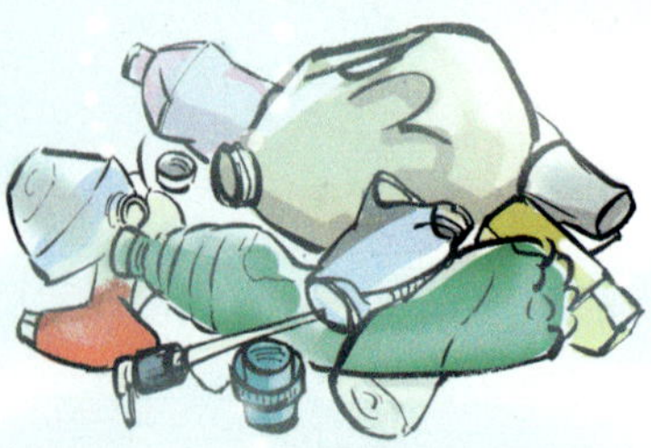

M4

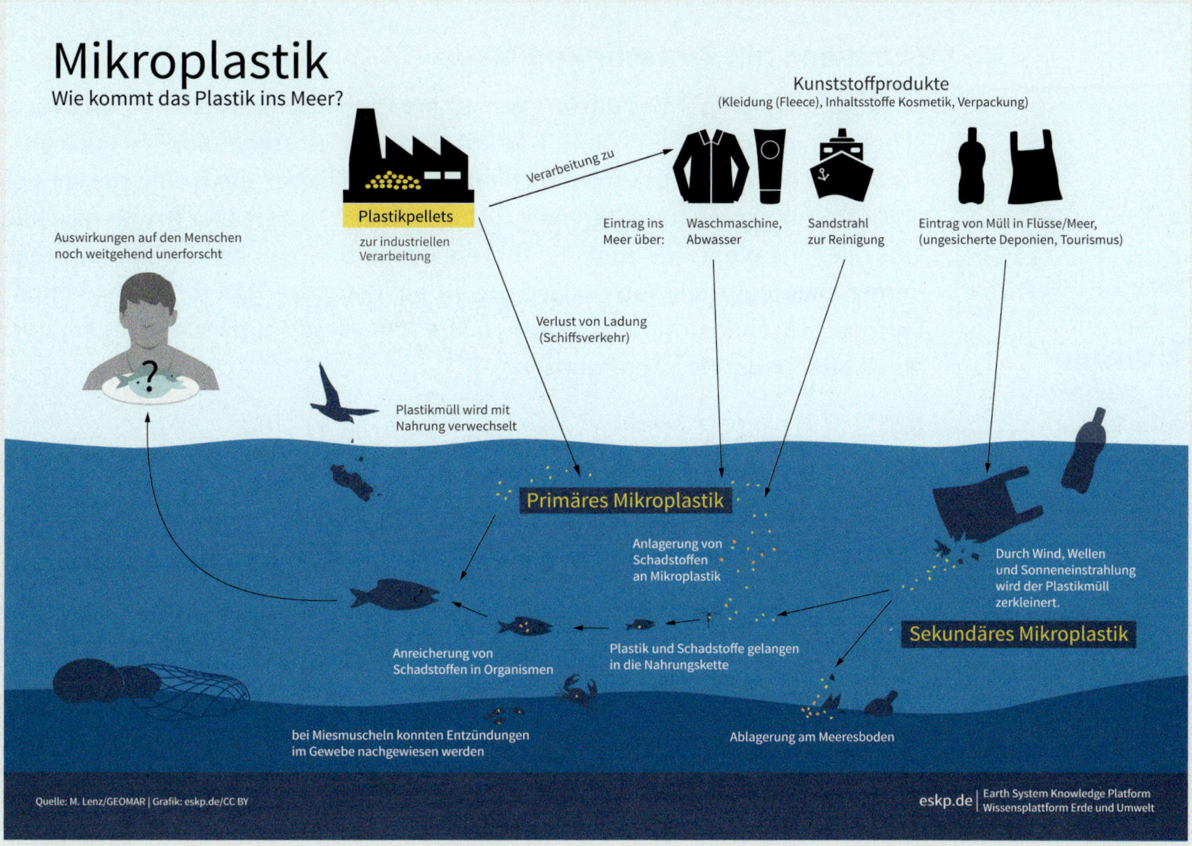

6 Betrachte das Schaubild (M4) und erkläre, was hier dargestellt wird.

7 Entnimm dem Schaubild die wichtigsten Informationen. Verfasse dafür einen Notizzettel.

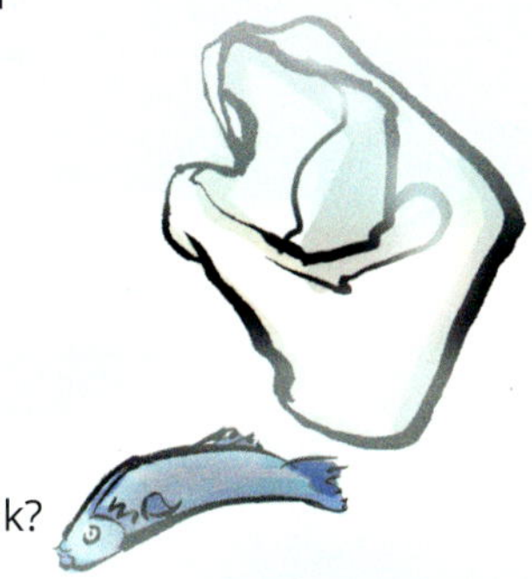

8 Schreibe mithilfe deines Notizzettels einen zusammenhängenden Text.

a) Schreibe deinen Text und beantworte darin auch folgende Fragen:
- Auf welchen Wegen gelangt Plastik ins Meer?
- Wie gelangt das Plastik wieder zurück zu uns Menschen?

b) Gehe in deinem Text auch auf folgende Fragen ein:
- Was ist der Unterschied zwischen primärem und sekundären Mikroplastik?
- Wie gelangt Mikroplastik ins Meer?
- Was passiert mit dem Plastik, nachdem es ins Meer gelangt ist?

Digital+
WES-126526-061
Lösungen

Texte mit dem Computer in Form bringen

Schreiben mit Tastatur und Maus

In diesem Kapitel geht es darum, wie ihr am Computer unterschiedliche Texte schreiben und gestalten könnt. Dazu braucht ihr selbstverständlich auch ein Textverarbeitungsprogramm. Solche Programme bieten euch eine riesige Auswahl an Gestaltungsmöglichkeiten beim Schreiben von Texten aller Art. Es gibt häufig verschiedene Wege, die zum Ziel führen. Deshalb wird euch hier schrittweise immer **ein** möglicher Weg erklärt, wie ihr am Computer gut schreiben könnt. Die Fortgeschrittenen unter euch können ihre Kenntnisse auffrischen und um den einen oder anderen Tipp ergänzen.

Digital+
WES-126526-062
Bilder vergrößert

1 Schaut euch die Maus an, mit der man Befehle in den Computer eingibt.
- Lest die Erklärungen zu den einzelnen Bestandteilen der Maus.
- Tauscht euch aus, was euch davon vertraut ist und was ihr regelmäßig nutzt.

Mit dem **Scrollrad** rollt (scrollt) man das Dokument auf dem Monitor nach oben oder unten.

Beim Klicken mit der **rechten Maustaste** öffnen sich **Kontextmenüs** mit einer Auswahl für weitere Arbeitsschritte.

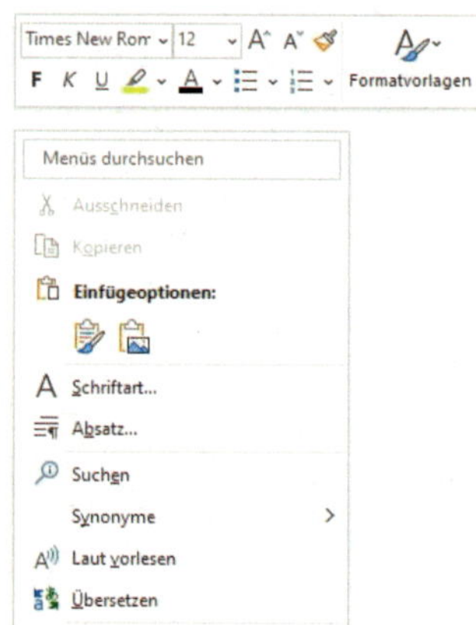

Mit der **linken Maustaste** werden in der Menü- und Symbolleiste Programmbefehle gegeben.

Wenn ihr ein **Textverarbeitungsprogramm** aufruft, erscheint auf dem **Desktop**, dem Computerbildschirm, ein leeres **Dokument**. Das ist ein „Blatt“, auf dem ihr schreiben könnt.

2 Erklärt euch die Abbildung und beachtet die Fachwörter.

Name des Dokuments

Symbolleiste

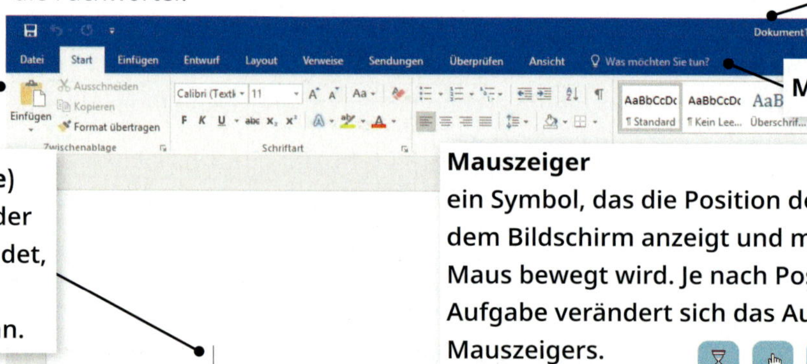

Menüleiste

Cursor (Eingabemarke)
ein blinkender Strich, der sich an der Stelle befindet, wo zum Beispiel Text eingetippt werden kann.

Mauszeiger
ein Symbol, das die Position der Maus auf dem Bildschirm anzeigt und mithilfe der Maus bewegt wird. Je nach Position und Aufgabe verändert sich das Aussehen des Mauszeigers.

Die Tastatur ist das eigentliche Schreibgerät, denn dort findet man die Tasten für Buchstaben und Satzzeichen. Auf der hier abgebildeten Notebook-Tastatur sind weitere Tasten beschriftet, die man beim Schreiben ebenfalls häufig benutzt.

3 Ordnet diesen Tasten die folgenden Erklärungen zu. Unterstützt euch dabei gegenseitig. Beispiel: *1) Eingabetaste*

Probiert die Tasten am Computer aus.

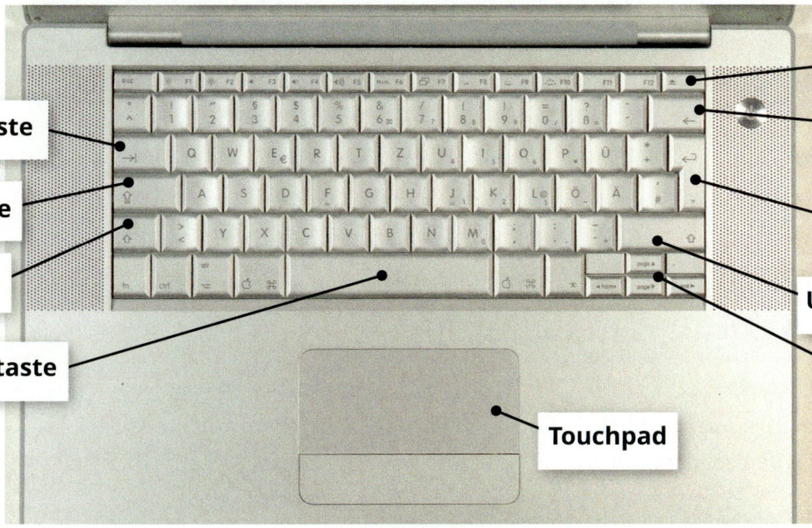

1) Mit dieser Taste erzeugt man eine neue Zeile.
2) Damit gibt man eine Leerstelle ein, z. B. zwischen Wörtern.
3) Mit diesen vier Tasten kann man die Eingabemarke bewegen: nach oben oder unten, nach rechts oder links.
4) Hält man diese Taste gedrückt, kann man Großbuchstaben schreiben oder die oberen Zeichen auf den Tasten eingeben.
5) Durch einmaliges Drücken dieser Taste schaltet man dauerhaft auf Großbuchstaben bzw. auf die obere Tastenbelegung um.
6) Mit dieser Taste werden die Zeichen rechts von der Eingabemarke gelöscht.
7) Damit löscht man die Zeichen links von der Eingabemarke.
8) Hiermit kann man die Eingabemarke um einen vorgegebenen Abstand weiterrücken.
9) Dieses Tastfeld kann man bei einem Notebook anstelle einer Maus verwenden.

4 Sieh dir die Bezeichnungen an und begründe, welche du eher verwenden würdest.

Eingabetaste	**enter** *(to enter →* **hier:** *eingeben)*
Umschalttaste	**shift** *(to shift → umschalten)*
Löschtaste	**delete** *(to delete → entfernen, löschen)*
Rücklöschtaste	**backspace** *(back → zurück, space → Raum)*
Pfeiltaste	**arrow key** *(arrow → Pfeil, key →* **hier:** *Taste)*
Tastfeld	**touchpad** *(to touch → berühren, pad →* **hier:** *Pad)*
Leertaste	**space bar** *(space → Raum, Platz)*
Feststelltaste	**caps lock key** *(caps → capital letters → Großbuchstaben, to lock → feststellen, key →* **hier:** *Taste)*

Layout und Formatierung

1 Lies dir die Texte durch, die auf den ersten Blick ganz unterschiedlich sind.

KRÄUTER-GEMÜSE-DIPP ZUTATEN 250 G MAGERQUARK 1 BECHER JOGHURT ½ TL KRÄUTERSALZ 1 PRISE PFEFFER FRISCHES GEMÜSE KRÄUTER ZUBEREITUNG KRÄUTER-GEMÜSE-DIPP ZUTATEN 250 G MAGERQUARK 1 BECHER JOGHURT ½ TL KRÄUTERSALZ 1 PRISE PFEFFER IN EINER MITTELGROSSEN SCHÜSSEL VERRÜHREN. FRISCHES GEMÜSE NACH GESCHMACK (TOMATE, RADIESCHEN, KAROTTE, USW.) WASCHEN, KLEIN SCHNEIDEN UND UNTER DEN QUARK MISCHEN. FRISCHE KRÄUTER NACH GESCHMACK (SCHNITTLAUCH, PETERSILIE, ZITRONENMELISSE, BASILIKUM, USW.) WASCHEN, HACKEN UND UNTER DIE QUARKCREME MISCHEN.

Kräuter-Gemüse-Dipp

Zutaten
250 g Magerquark
1 Becher Joghurt
½ TL Kräutersalz
1 Prise Pfeffer
frisches Gemüse nach Geschmack (Tomate, Radieschen, Karotte, usw.)
frische Kräuter nach Geschmack (Schnittlauch, Petersilie, Zitronenmelisse, Basilikum, ...)

Zubereitung
Magerquark, Joghurt, Kräutersalz und Pfeffer in einer mittelgroßen Schüssel verrühren.

Das Gemüse waschen, klein schneiden und unter den Quark mischen.

Die Kräuter waschen, hacken und unter die Quarkcreme mischen.

2 Besprecht Gemeinsamkeiten und Unterschiede der beiden Texte.

3 Tauscht euch aus: Welchen Text würdet ihr lieber lesen, wenn ihr das Rezept zubereiten möchtet? Begründet eure Wahl. Informiert euch im Info-Kasten.

Texte sinnvoll in Form bringen

Man schreibt Texte, damit sie gelesen und verstanden werden. Dazu trägt das **Layout**, die äußere Gestaltung eines Schriftstücks, bei. Denn das Layout kann das Lesen erheblich erleichtern. Bei modernen Textverarbeitungsprogrammen können die Schreiber unter unzähligen Möglichkeiten auswählen, wie sie ihre Texte in Form bringen, also **formatieren** wollen.
Vor allem sollte das Layout zur Art des Textes passen: So braucht z. B. ein Kochrezept ein anderes Layout als ein Brief oder ein Gedicht. Ein sinnvolles Layout hilft den Lesern, den Text besser zu verstehen und zu nutzen. Daran sollte man beim Schreiben und der Textgestaltung denken.

Einen Text am Computer schreiben und formatieren

1 Schaut euch das Beispiel für einen gut formatierten Text an.
- Lest den Text.
- Beschreibt mit Hilfe der Fachbegriffe, wie der Text formatiert ist.

Überschrift
– Palatino Linotype
– Schriftgröße 12
– fett und unterstrichen

Ausflug ins Planetarium

Letzten Donnerstag fuhren wir zusammen mit der Parallelklasse nach Stuttgart. Dort waren wir zuerst im Planetarium und danach sind wir noch auf den Weihnachtsmarkt gegangen.

Leerzeile

Morgens um 8.00 Uhr trafen wir uns direkt an der Haltestelle und sind mit der S-Bahn bis zum Hauptbahnhof Stuttgart gefahren. Um 9.30 Uhr begann die Vorstellung im Planetarium, sodass wir davor noch eine Essenspause machen konnten. Wir haben im Unterricht schon viel über die Planeten gelernt, aber es war sehr spannend, es auch zu sehen.

Leerzeile

Nach dem Planetariumsbesuch spazierten wir zusammen zum Weihnachtsmarkt. Dort teilten wir uns in Kleingruppen auf und durften ohne unsere Lehrerinnen erkunden, was es für Stände gab.

Leerzeile

Natürlich waren am Schluss nicht alle wieder pünktlich am Treff-punkt, sodass wir uns ziemlich beeilen mussten, um unserer Bahn nicht zu verpassen. Auf der Rückfahrt waren alle sehr ruhig, weil sie müde waren.

Text
– Palatino Linotype
– Schriftgröße 11
– Blocksatz
– automatische Silbentrennung

Es war ein sehr schöner Ausflug und ich hoffe, dass unsere Lehrerin noch viele tolle Pläne mit uns hat.

Emil

Unterschrift kursiv

2 Rufe ein Textverarbeitungsprogramm am Computer auf. Auf dem Desktop erscheint nun ein leeres Dokument, in das du Text eingeben kannst.

a) Schreibe den Bericht *Ausflug ins Planetarium* am Computer ab und orientiere dich bei der Formatierung an dem Beispiel.

b) Schreibe einen eigenen Bericht über einen Ausflug oder eine Schulveranstaltung am Computer und orientiere dich bei der Formatierung an dem Beispiel.

Einen Bericht schreiben → Seite 69

Tipps zur Formatierung

Stelle Schriftart und Schriftgröße ein.

- Klicke in der Menüleiste **Start** an. Wähle eine **Schriftart** aus, z. B.: Arial, Cambria, Palatino Linotype ...
- Stelle hier auch die **Schriftgröße** ein: Für einen längeren Text wählst du Schriftgröße 11 oder 12, für eine Überschrift oder einen Aushang 14 oder 16.

Lege die Textausrichtung fest.

- Klicke in der Menüleiste **Start** an. Wähle dann die Textausrichtung aus.

Zentriert eignet sich z. B. für Überschriften.

Linksbündig oder

Blocksatz wählt man für längere Texte

- Aktiviere die **automatische Silbentrennung** im Menü **Layout**

Hebe bestimmte Wörter oder Sätze hervor.

- Klicke in der Menüleiste **Start** an. Wähle dann zwischen

F **fett** oder *K* *kursiv* oder U unterstrichen

So kannst du bestimmte Wörter hervorheben, z. B. die Überschrift. Mit einem erneuten Klick kannst du das Hervorheben wieder beenden.

Achte auf den Zeilenumbruch.

- Normalerweise muss man am Ende einer Zeile die **Eingabetaste nicht drücken**, um in die nächste Zeile zu gelangen. Das macht das Textverarbeitungsprogramm automatisch. Nur wenn du den **Zeilenumbruch** selbst bestimmen willst, drückst du einmal auf die Eingabetaste.
- Willst du einen **Absatz** mit einer **Leerzeile** erzeugen, drückst du zweimal auf die Eingabetaste.

Nimm Änderungen vor.

- Benutze für das Löschen rechts und links von der Eingabemarke die Löschtaste **Entf** oder die Rücklöschtaste ←.
- Mit dem Pfeil ↶ in der Symbolleiste kannst du die letzten Eingaben rückgängig machen.

Textverarbeitungsprogramme erkennen viele Fehler.

- Sie sind für dich eine große Hilfe beim Schreiben, die du auch nutzen solltest.
- Hundertprozentig verlassen kannst du dich darauf leider nicht, daher solltest du deinen Text immer noch einmal selbst kritisch überprüfen.

3 Überarbeite deinen Text.

- Lies dir deinen Text aufmerksam durch.
- Überprüfe insbesondere die Wörter, die das Programm bei der automatischen Rechtschreib- und Grammatikprüfung mit einer roten oder grünen Wellenlinie versehen hat.

4 Speichere deinen Text ab.

- Klicke in der Menüleiste auf das Menü **Datei** und dann auf **Speichern**. Nun kannst du entscheiden, wo dein Text abgespeichert werden soll, z. B. unter **Dokumente** oder auf dem **Desktop**.
- Gib deiner Datei einen eigenen Namen, damit du sie später leicht wiederfinden kannst. *Beispiel: Laura_Bericht_vom_Zukunftstag.*

5 Drucke deinen Text aus.

- Klicke in der Menüleiste auf das Menü *Datei* und wähle *Drucken* aus.
- Stelle ein, wie dein Dokument ausgedruckt werden soll, z. B. die Druckqualität oder die Anzahl der Exemplare.

6 Schreibe einen weiteren Text am Computer. Du kannst einen Text oder ein Gedicht aus dem Buch auswählen, das Rezept deines Lieblingsgerichts oder einen selbstgeschriebenen Text verwenden.

- Formatiere den Text so, dass er leicht zu lesen ist.
- Zeigt euch eure Texte gegenseitig und gebt euch Feedback.

Checkliste

- Ich wähle eine zur Textsorte passende Textausrichtung.
- Ich wähle eine gut lesbare Schrift in passender Größe und Farbe.
- Überschriften formatiere ich fett und/oder unterstreiche sie.
- Längere Texte gliedere ich sinnvoll durch Leerzeilen in Absätze.
- Ich achte darauf, dass meine Seite nicht zu unruhig wirkt.
- Ich tippe den Text vollständig und richtig ab.
- Ich achte auf Rechtschreibung und Zeichensetzung.
- Ich überprüfe meinen Text auf Richtigkeit und auf die Vorschläge der automatischen Rechtschreib- und Grammatikkorrektur.

Kinder- und Jugendbücher

1 Lest euch die Aufgabe durch, die Frau Wieland ihrer Klasse stellt und tauscht euch darüber aus:
- Besprecht, was die Schülerinnen und Schüler bei dieser Aufgabe machen müssen.
- Stellt Vermutungen an, was eine Lesekiste sein könnte.

2 Die Klasse hat einige Fragen zur Buchvorstellung. Lest sie euch durch und überlegt, wie die Antwort von Frau Wieland jeweils weitergehen könnte.

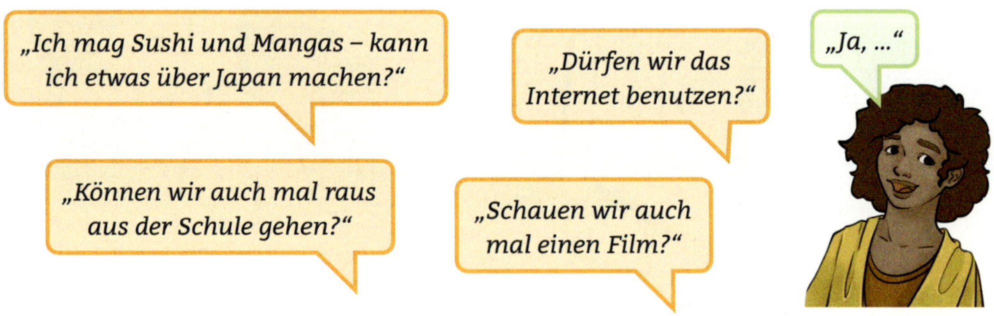

In diesem Kapitel lernst du (,) …
- wie du in der Bibliothek, im Internet oder in einer Buchhandlung ein für dich passendes Buch auswählst.
- ein Buch gründlich zu lesen und dazu eine Lesekiste zu erstellen.
- ein Buch mithilfe einer Textstelle und einer Lesekiste vorzustellen.
- Besonderheiten von Buchverfilmungen kennen.
- Zusammenhänge zwischen Buch und Film zu erkennen.
- Filmbilder zu untersuchen.
- eine Filmkritik zu verfassen.

Ein Buch mithilfe einer Lesekiste vorstellen

1 Hier seht ihr ein Beispiel für eine Lesekiste. Tauscht euch über folgende Fragen aus:
- Wie sieht die Lesekiste von außen aus?
- Was befindet sich in der Lesekiste?
- Was könnte auf den Texten zu lesen sein?
- Welche Dinge und Materialien werden benötigt, um eine solche Lesekiste zu gestalten?
- Wie könnte man ein Buch mithilfe dieser Lesekiste der Klasse vorstellen?

2 Betrachtet die Bilder und besprecht, was davon sich in einer Lesekiste befinden könnte und was nicht geeignet ist. Begründet eure Wahl.

3 Lest den Infokasten und klärt offene Fragen. Auf den nächsten Seiten werdet ihr euch diese vier Schritte erarbeiten. Am Seitenrand könnt ihr nachsehen, bei welchem Schritt ihr gerade seid.

Ein Buch mithilfe einer Lesekiste vorstellen

Eine Lesekiste ist ein mittelgroßer Karton (z. B. Schuhkarton), den du innen und außen mit Texten und Bildern passend zum Buch gestaltest und den du mit Gegenständen befüllst, die im Buch eine Rolle spielen.

So gehst du vor:

Schritt 1: Du wählst ein passendes Buch aus.

Schritt 2: Du liest das Buch gründlich und erstellst dazu die Lesekiste.

Schritt 3: Du wählst eine geeignete Textstelle aus und bereitest sie zum Vorlesen vor.

Schritt 4: Du stellst das Buch mithilfe der Lesekiste und der Textstelle der Klasse vor.

Ein Buch in einer Bibliothek auswählen

Schritt 1

1 Tauscht euch über Bibliotheken aus:
- Was ist eine Bibliothek?
- Kennt ihr ein anderes Wort für *Bibliothek*?
- Was ist der Unterschied zwischen einer Stadtbibliothek, einer Schulbibliothek und einer Klassenbibliothek?
- Welche Bibliotheken kennt ihr oder habt ihr schon einmal besucht?

2 Betrachtet die Abbildung und macht euch Notizen zu folgenden Fragen:
- Für Menschen welchen Alters gibt es in der Bibliothek Angebote?
- Was kann man in der Bibliothek machen?
- Was kann man in der Bibliothek ausleihen?
- Wie kann man in der Bibliothek ein Buch finden, das einem gefällt?

3 Die Stadtbibliothek Stuttgart hält wichtige Informationen zu ihrem Angebot auf ihrer Homepage fest. Informiere dich dort über die Themen *Nutzung, Ausleihe und Gebühren*.
- Was braucht man, wenn man etwas in der Bibliothek ausleihen möchte?
- Was kostet es, wenn man etwas ausleihen möchte?
- Wie lange kann man etwas ausleihen?

Nutzt eine Suchmaschine, um auf die Homepage zu gelangen.

4 Recherchiere im Internet, welche Bibliotheken es in deiner näheren Umgebung gibt.
- Gib beispielsweise die Suchbegriffe *Bibliothek* oder *Bücherei* und den Namen deiner Stadt in eine Suchmaschine ein.
- Lies die Suchergebnisse und rufe die Internetseiten der Bibliotheken in deiner Nähe auf. Mach dir jeweils Notizen zum Namen der Bibliothek, der Adresse und den Öffnungszeiten.

Besucht gemeinsam eine Bibliothek in eurer Nähe.

Ein Buch im Internet auswählen

Schritt 1

Lest euch auf der Website kimi-siegel.de Buchbeschreibungen durch.

1 Denujaa hat auf der Homepage des KIMI-Siegels das Buch „Über die Grenze" von Maja Lunde entdeckt. Lest euch den Inhalt durch und bearbeitet folgende Aufgaben:
- Tauscht euch darüber aus, was euer erster Eindruck von dem Buch ist.
- Besprecht, welche Schlagwörter zum Inhalt passen. Begründet eure Meinung.

INHALT 1942 – Die Deutschen haben Norwegen erobert. Sarah und Daniel, zwei jüdische Kinder, sind auf der Flucht. Die erwachsenen Helfer werden verhaftet. Dafür springen zwei überaus tapfere norwegische Kinder ein. Gerda ist zehn und hat gerade „Die drei Musketiere" gelesen. Naiv, abenteuerlustig und ausgestattet mit einem hitzigen Temperament, beschließt sie, Sarah und Daniel auf ihrer Flucht zu helfen. Es wird eine gefährliche Reise durch das Land. Und es stellt sich die Frage, schaffen es die Kinder unentdeckt zu bleiben und ihre Freunde sicher zum Vater zu bringen?

SCHLAGWÖRTER

Freundschaft *Umwelt* *Vertrauen* *Tiere* *Flucht* *Geschichte* *Behinderung*

Recherchiere auf der Internetseite jugendliteratur.org

2 Bearbeite die folgenden Aufgaben. Recherchiere dafür im Internet.
- Welche Bücher sind für dieses Jahr für den Deutschen Jugendliteraturpreis nominiert oder haben diesen Preis schon gewonnen?
- Welches dieser Bücher spricht dich an? Begründe deine Meinung.

Ein Buch im Internet auswählen

So kannst du im Internet ein Buch finden, das dir gefällt:
- Du hast schon mal ein Buch gelesen, das dir gefallen hat? Gib den **Namen des Autors/der Autorin** in eine Suchmaschine ein und schau nach, welche Bücher er oder sie sonst noch verfasst hat.
- Du kannst nach speziellen **Themen** suchen, z. B. Fantasy, Abenteuer, Freundschaft, Familie, Armut, Umwelt, Flucht, Tiere, Gefühle... Auf vielen Homepages, die Bücher vorstellen, kannst du auch verschiedene dieser Themen direkt anklicken. Oft spricht man dabei von „**Schlagwörtern**", die den Inhalt besonders gut zusammenfassen.
- Am besten gibst du zusätzlich in deine Suchmaschine noch dein **Alter** oder einfach „**Kinder- und Jugendbücher**" ein.
- Du kannst dich auf den Homepages von **Verlagen** umschauen, die sich auf Kinder- und Jugendbücher spezialisiert haben, z. B. Arena Verlag, Baobab Books, Beltz&Gelberg, Carlsen, dtv junior, Magellan, Oetinger, Peter Hammer Verlag, Ravensburger, ...
- Du kannst recherchieren, welche Bücher **Literaturpreise** gewonnen haben, z. B. den Deutschen Jugendliteraturpreis, den LUCHS oder das KIMI-Siegel für Vielfalt.
- Du kannst **Blogs** lesen, die Kinder- und Jugendbücher vorstellen, z. B. www.buuu.ch.

Gehe ins Internet und probiere die verschiedenen Möglichkeiten aus.

Blog
tagebuchartig geführte, öffentlich zugängliche Webseite, die ständig erweitert wird

Das Internet als Informationsquelle nutzen, linearen und nicht-linearen Texten Informationen entnehmen, eine eigene Position zu einem Text erklären

Ein Buch in einer Buchhandlung auswählen

1 Für die Schulhomepage möchte Ilkay einen Bericht erstellen, in dem er die Buchhandlung seines Ortes vorstellt. Dafür interviewt er die Besitzerin Frau Randazzo bei einem Besuch. Ordne die Fragen den Antworten zu.

Schritt 1

1) Was kann ich in der Buchhandlung machen?

2) Was kann man in Ihrer Buchhandlung kaufen?

3) Wie sind die Bücher in der Buchhandlung sortiert?

4) Ich weiß nicht genau, was für ein Buch ich kaufen möchte, wie kann ich mich entscheiden?

5) Gibt es auch Veranstaltungen in Ihrer Buchhandlung?

a) Du kannst dir die Bücher anschauen und darin lesen, dich beraten lassen, ein Getränk im Café trinken oder im restlichen Angebot stöbern.

b) Zum einen nach dem Alter, zum anderen nach Themen. Zum Beispiel gibt es eine Abteilung für Romane, Sachbücher, Reiseführer usw.

c) Ja, immer wieder lesen Autorinnen oder Autoren aus ihren Büchern vor, es gibt Führungen, Wettbewerbe und Ausstellungen.

d) Natürlich Bücher, aber auch Filme, Postkarten, Kalender, Geschenkartikel und vieles mehr.

e) Du kannst dich beraten lassen, aber auch nach bestimmten Themen suchen (z. B. Fantasy) oder dir einfach viele verschiedene Bücher anschauen. Du siehst hier auch kleine Zettel von uns Mitarbeiterinnen, diese kleben wir auf ein Buch, wenn wir es besonders empfehlen.

2 Verfasse Ilkays Bericht für die Schulhomepage, in dem er die Buchhandlung vorstellt.

Informierend schreiben → S. 66

3 Erfahrt mehr über Buchhandlungen in eurer Umgebung.
- Recherchiert im Internet, welche Buchhandlungen es gibt und notiert die Namen und Adressen.
- Erkundet die Homepage von einer Buchhandlung genauer und macht euch
- Notizen, was ihr über die Buchhandlung erfahrt (z. B. Angebot, Besitzer oder Besitzerin, Mitarbeitenden, Öffnungszeiten, Veranstaltungen, Online-Shop...).

4 Plant den Besuch einer Buchhandlung bei euch vor Ort und erstellt über diese Buchhandlung einen schriftlichen Bericht, wie Ilkay das gemacht hat. Geht so vor:
- Informiert euch über die Öffnungszeiten der Buchhandlung und vereinbart telefonisch oder per E-Mail einen Termin mit dem Buchhändler oder der Buchhändlerin.
- Überlegt euch, was ihr von dem Buchhändler oder der Buchhändlerin gerne wissen möchtet und erstellt einen Fragebogen. Ihr könnt euch von Ilkays Fragen inspirieren lassen.
- Erkundet die Buchhandlung und sprecht mit der Buchhändlerin oder dem Buchhändler. Haltet die Antworten auf eure Fragen schriftlich fest.
- Verfasst einen Bericht für eure Schulhomepage, in dem ihr die Buchhandlung vorstellt.

inspirieren
zu etwas anregen

Eine Lesekiste erstellen

Schritt 2

Wortschatz

gemütlich
anstrengend
entspannt
konzentriert
glücklich
ruhig
laut …

Falls es in deinem Buch keine Kapitelnummern gibt, nummerierst du sie selbst durch.

1 Betrachtet die Bilder und tauscht euch mithilfe des **Wortschatzes** darüber aus:
- Wo sind die Kinder und was machen sie?
- Wie wirken die Kinder und die Situationen auf euch?
- Wo und wann lest ihr am liebsten? Wann könnt ihr euch am besten auf ein Buch konzentrieren? Begründet eure Meinung.

2 Betrachte nun das Buch genauer, das du der Klasse vorstellen möchtest und mache dir Notizen zu den folgenden W-Fragen:
- Wie heißt der Autor oder die Autorin?
- Welche Hinweise gibt der Titel, um was es gehen könnte?
- Was erfährt man durch den Klappentext?
- Wie ist das Cover und die Buchrückseite gestaltet? Wie gefällt es dir?
- Was erwartest du von dem Buch?

3 Tauscht euch über eure Ergebnisse aus Aufgabe 2 aus und besprecht, warum ihr euch für das jeweilige Buch entschieden habt.

4 Anton hat sich dazu entschieden, seiner Klasse das Buch *Das Blubbern von Glück* des australischen Autors Barry Jonsberg vorzustellen. Er hat die folgende Tabelle erstellt, um darin seine Notizen während des Lesens einzutragen. Besprecht, wie er die Tabelle aufgebaut hat und überlegt, wofür diese Tabelle nützlich sein kann.

Barry Jonsberg: Das Blubbern von Glück

Kapitel	*Inhalt*	*Wichtige Personen*	*Auffälligkeiten/ Fragen*	*Mögliche Gegenstände für Lesekiste*
1	*• Candices Klasse bekommt die Aufgabe: Aufsatz A–Z • Beschreibung Miss Bamford und Candice • Candice denkt in der Bibliothek über die Aufgabe nach • Erster Brief an Denille*	*Candice, Miss Bamford, Jen Marshall, Denille*	*Warum schreibt Denille nicht zurück?*	*Heft (für den Aufsatz), Briefumschlag (für Briefe an Denille), Känguru (Candice lebt in Australien)*
2	*…*	*…*	*…*	*…*

5 Lies nun das Buch, das du ausgewählt hast und mache dir währenddessen Notizen zu den Kapiteln, z. B. in einer Tabelle wie Anton.

6 Gestalte die Außenseite und den Deckel deiner Lesekiste wie im Info-Kasten beschrieben. Du kannst dafür verschiedene Materialien verwenden: Bunt- oder Filzstifte, Wasserfarben, farbiges Papier oder Pappe, Schere, Kleber, Knete, Watte usw.

7 Fasse zusammen, um was es in deinem Buch geht. Schreibe sachlich und im Präsens. Klebe deinen Text dann in die Innenseite des Deckels deiner Lesekiste. Die folgenden Formulierungen können dir helfen:
Das Buch heißt „..." und wurde von ... geschrieben. Es geht um... Die Hauptperson ist... Sie/Er... Dann... Nachdem... Am Ende...

8 Verfasse einen kurzen Text, in dem du deine persönliche Meinung zum Buch wiedergibst und klebe ihn ebenfalls in die Innenseite des Deckels deiner Lesekiste. Die folgenden Formulierungen können dir helfen:
Das Buch hat mir sehr gut/gut/nicht so gut gefallen, weil... Es war spannend/interessant/lustig/aufregend/langweilig/seltsam/traurig/berührend... Neu war für mich, dass... Am meisten mochte ich..., weil... Mit... konnte ich nichts anfangen, weil... Gestört hat mich, dass... Ich konnte gut nachempfinden, wie... Das Ende fand ich... Ich würde das Buch empfehlen/nicht empfehlen/empfehlen für...

9 Sammle Gegenstände für Dinge, die in deinem Buch eine Rolle spielen und lege für jeden Gegenstand eine kleine Karte an.

Digital+
WES-126526-063
Vorlage Tabelle

In Schuhgeschäften kannst du nach einem Schuhkarton fragen.

B → Seite 322
Präsens

Das Buch lesen und die Lesekiste erstellen

Lies das Buch, das du der Klasse vorstellen möchtest, sorgfältig. Mache dir zu jedem Kapitel **Notizen**, z. B. in einer Tabelle:
- Worum geht es in diesem Kapitel?
- Welche wichtigen Personen treten in diesem Kapitel auf?
- Welche Dinge fallen dir zu diesem Kapitel auf? Welche Fragen hast du noch?
- Welche Gegenstände kommen im Kapitel vor und wären für die Lesekiste geeignet?

Zu deinem Buch erstellst du dann die Lesekiste. Für die Lesekiste verwendest du einen mittelgroßen Karton (z. B. Schuhkarton), den du so gestaltest:
1. Gestalte die **Außenseiten** und den **Deckel** passend zum Buch und beschrifte sie mit Buchtitel, Autor oder Autorin und deinem Namen. Du kannst die Kiste bemalen oder bekleben. Gestalte sie so, dass deine Mitschüler und Mitschülerinnen neugierig auf den Inhalt der Kiste werden.
2. In die **Innenseite des Deckels** klebst du eine kurze Zusammenfassung des Inhalts und deine persönliche Meinung zum Buch.
3. Sammle **Gegenstände**, die im Buch eine Rolle spielen und lege sie in die Kiste. Schreibe für jeden Gegenstand auf ein kleines **Kärtchen**, welche Bedeutung dieser Gegenstand im Buch hat (z. B. *Briefumschlag: Candice schreibt Denille Briefe*).

Digital+
WES-126526-064
Kärtchen zum Ausfüllen

Eine Textstelle zum Vorlesen vorbereiten

Schritt 3

Gestaltendes Vorlesen und Vortragen → S. 26

1 Anton hat seine Lesekiste für das Buch fertiggestellt und eine Textstelle zum Vorlesen vorbereitet. Beschäftigt euch mit dieser Textstelle.
- Lest die Textstelle und übt das Vorlesen mithilfe der Vorlesezeichen.
- Anton wird zu dieser Textstelle seinen ersten Gegenstand zeigen. Besprecht, welche Gegenstände aus diesem Abschnitt sich dafür anbieten würden.

Anton: „Die Hauptfigur Candice und ihr reicher Onkel Brian waren auf einem Jahrmarkt. Dort hat Brian ihr einen Goldfisch in einem kugelförmigen Plastikbehälter gekauft. Ich lese euch jetzt vor, was dann passiert."

Später, | auf dem Heimweg im Auto, | fragte er mich, | wie ich den Fisch nennen wolle. || „Erdferkel", | antwortete ich. || Mein reicher Onkel Brian seufzte. || „Das ist die Übersetzung des Wortes Aardvark aus dem Afrikaans", | erklärte ich ihm. | „Es ist ein Ameisenbär und heißt übersetzt Erdferkel." || „Gibt es irgendeinen Grund, Pumpkin, | weshalb du einen Goldfisch nach einem afrikanischen Ameisenbären nennen willst? | Ich sehe nicht allzu viele Ähnlichkeiten. | Dafür aber viele Unterschiede. | Farbe, | Größe, | das Vorhandensein oder Nichtvorhandensein von Kiemen, | solche Sachen." || „Du hast recht, reicher Onkel Brian", | sagte ich, | „aber es ist das erste richtige Wort im Wörterbuch." || Das Wörterbuch ist mein Lieblingsbuch. || Ich lese oft vor dem Zubettgehen darin. | Es stehen Tausende verschiedener Wörter darin, | und es versucht nicht, | eine Geschichte zu erzählen, | die dann nicht gut ist. || Es handelt von Wörtern um ihrer selbst willen. || Es ist rein. || Das Einzige, | was ich sonst noch lese, | sind Bücher von Charles Dickens. | Er hat viele der kniffligsten Wörter aus dem Wörterbuch ausgesucht | und sie in eine interessante Reihenfolge gebracht. | Das ist clever und bewundernswert. || „Meinst du nicht, | er ist verwundert, | wenn du ihn Ferkel nennst?" || „Vielleicht", | gab ich zu. | „Das könnte eine Identitätskrise bei ihm auslösen." || Ich überlegte kurz. || „Ich werde ihn Erdferkel-Fisch nennen. | Das ist ein guter Name." || ← Ungefähr zwanzig Minuten fuhr mein reicher Onkel Brian schweigend weiter. || „Weißt du, | was das Beste an dir ist, Pumpkin?", | fragte er schließlich. || „Nein." || „Du singst dein eigenes Lied, Pumpkin, | und du tanzt nach deiner eigenen Melodie. | Du siehst die Welt mit anderen Augen als wir. || Und weißt du, was? | Manchmal wünschte ich, | jeder sähe sie mit deinen Augen. | Ich weiß, | dass die Welt dann ein besserer Ort wäre."

„Pumpkin" *ist Candice Spitzname in der Familie.*

Kieme *Atmungsorgan vieler Wassertiere*

Charles Dickens (1812–1870): *Bedeutender englischer Schriftsteller*

knifflig *schwierig, kompliziert*

Digital+
WES-126526-065
Text mit allen Vorlesezeichen

2 Bereite eine Textstelle aus deinem Buch zum Vorlesen vor.
a) Wähle einen kurzen Textabschnitt aus, den du während deiner Präsentation vorlesen möchtest. Wähle eine interessante, lustige oder spannende Stelle aus oder eine Stelle, die etwas über eine wichtige Figur aussagt. Geeignet zum Vorlesen sind auch Textabschnitte, in denen wörtliche Rede vorkommt. Überlege dir auch, ob du zu der Textstelle einen Gegenstand zeigen kannst.
b) Bereite den Abschnitt vor und lese ihn dir zur Übung mehrmals laut vor.

Die Buchvorstellung planen und durchführen

1 Es ist soweit: Anton stellt der Klasse sein Buch *Das Blubbern von Glück* vor. Betrachtet die Bilder und überlegt, was Anton in der jeweiligen Situation macht und sagt. Ordnet den Bildern die passenden Sprechblasen zu.

Schritt 4

a) An einer Stelle im Buch waren Candice und ihr reicher Onkel Brian auf einem Jahrmarkt. Dort hat Brian ihr einen Goldfisch in einem kugelförmigen Plastikbehälter gekauft. Ich lese euch jetzt vor, was dann passiert (liest Textstelle von S. 9 vor). Candice ist also ein ganz besonderes Mädchen, sie ist selbstbewusst, hat ihre eigenen Vorstellungen und auch sehr spezielle Vorlieben, wie z. B. das Lesen im Wörterbuch. In ihrer Klasse hat sie es deswegen nicht leicht...

b) Guten Morgen, liebe Klasse! Ich stelle euch heute das Buch „Das Blubbern von Glück“ von Barry Jonsberg vor. Es ist 2014 auf Deutsch erschienen.

c) Die Hauptperson in meinem Buch heißt Candice, ist 12 Jahre alt und lebt in einer Kleinstadt in Australien, wo es ja eben auch viele Kängurus gibt.

d) Das ist meine Lesekiste. Schaut sie euch mal genau an. Was denkt ihr, worum es gehen könnte?

e) Ich fand das Buch... Welche Fragen habt ihr noch zu meinem Buch?

Digital+
WES-126526-066
Seite zum Bearbeiten

2 Plane nun deine eigene Buchvorstellung. Lege dafür Karteikarten an, auf denen du in Stichworten notierst, was du der Reihe nach sagen und machen willst. Du kannst die folgenden Karteikarten für dich passend ausfüllen:

1) Begrüßung: ...

2) Buch von allen Seiten zeigen
Autor/in: ... Titel: ... Erscheinungsjahr: ...

3) Kiste von außen zeigen (von allen Seiten)
Klasse fragen: Was denkt ihr, um was es in dem Buch geht?
→ Verschiedene Antworten anhören

4) Ersten Gegenstand (...) zeigen + Bedeutung erklären: ...

5) Zweiter Gegenstand: ....
Dritter Gegenstand: ...
...
Textstelle (S....) vorlesen

6) Meine Meinung zum Buch: ...

7) Welche Fragen habt ihr noch zu dem Buch? → Fragen beantworten
Danke für eure Aufmerksamkeit!

Die Buchvorstellung planen und durchführen

Am Tag deiner Buchvorstellung bringst du dein Buch und deine Lesekiste in die Schule mit. Stelle dann dein Buch der Klasse wie folgt vor:

1. Begrüße deine Klasse, zeige dein Buch und nenne den Titel, den Autor oder die Autorin und das Jahr, in dem das Buch erschienen ist.
2. Zeige deiner Klasse die noch ungeöffnete Lesekiste und frage deine Mitschüler und Mitschülerinnen, worum es in dem Buch wohl gehen könnte.
3. Öffne deine Lesekiste und erzähle mithilfe der Gegenstände, worum es in deinem Buch geht. Hebe die Gegenstände gut sichtbar und lange genug hoch, damit alle sie gut sehen können.
4. Lies einen kurzen Abschnitt aus deinem Buch vor, der interessant/lustig/spannend/aussagekräftig ist oder in dem ein wichtiger Gegenstand eine Rolle spielt.
5. Stelle der Klasse deine eigene Meinung zum Buch vor.
6. Ermuntere deine Mitschüler und Mitschülerinnen, Fragen zum Buch zu stellen und beantworte sie. Bedanke dich dann für ihre Aufmerksamkeit.

Ihr könnt euch nach der Präsentation ein Feedback geben.

Tipps:

- Mache dir zuvor Notizen, was du wann sagen und zeigen möchtest (z. B. auf kleinen Zetteln oder Karteikarten). Bringe diese Notizen zur Präsentation mit.
- Übe deine Präsentation, indem du sie vorab jemandem vorstellst, z. B. einem Familienmitglied. Lass dir eine Rückmeldung geben.
- Versuche, ruhig zu stehen, schau dein Publikum an und spreche laut und deutlich.

Den Charakter einer Buchverfilmung kennenlernen

1 Lies den Text.

Wenn sich ein Buch in Bild und Ton verwandelt

Wenn man als Leserin oder Leser die letzte Seite eines Buches umblättert, bedeutet das meist den Abschied von liebgewonnenen Figuren und Orten. Gar nicht so selten hat man jedoch Glück: Dann, wenn das Buch verfilmt wird und man die Figuren und Orte auf der großen Leinwand erleben darf.

Besonderheiten von Buchverfilmungen

Bei der Verfilmung von Büchern müssen vom Filmteam viele Entscheidungen getroffen werden. Das, was bisher nur in den Köpfen der Leser und Leserinnen stattfand, muss nun in reale Bilder verwandelt und mit dem passenden Ton versehen werden.
Da kann es durchaus passieren, dass das Ergebnis nicht immer mit den Vorstellungen übereinstimmt, die man sich beim Lesen gemacht hat. Manchmal führt das zu Verärgerung: „So habe ich mir das Schloss nicht vorgestellt!", „Hatte die Heldin im Buch nicht Locken und eine tiefe Stimme?" oder auch „So hätte sich die Figur im Buch niemals verhalten!".
Eine besondere Herausforderung ist es auch, die Gefühle und Gedanken von Figuren im Film darzustellen. Im Buch ist das einfach – Gefühle und Gedanken können ausführlich beschrieben werden. Der Film kann das nicht. Das Filmteam muss sich also überlegen, wie das Innenleben von Figuren trotzdem für die Zuschauer und Zuschauerinnen deutlich wird, z. B. durch die Körperhaltung, die Gestik, Mimik oder das, was die Figur laut sagt oder wie sie handelt.
Und nicht zuletzt muss sich das Filmteam auch einige Gedanken darüber machen, wie mit der Zeit umgegangen wird: Möchte man die Zeit so darstellen wie im Buch? Oder werden Handlungen in die Länge gezogen, gekürzt oder vielleicht ganz gestrichen? Auch diese Entscheidungen können dazu führen, dass die Zuschauer und Zuschauerinnen begeistert sind, beispielsweise wenn eine wichtige Szene im Film mehr Zeit bekommt und man sich dadurch alles noch besser vorstellen kann. Manche dieser Entscheidungen können aber auch zu Enttäuschungen führen, beispielsweise wenn eine geliebte Figur oder Szene im Film gar nicht vorkommt.
Trotz dieser Herausforderungen sorgen viele Buchverfilmungen für Begeisterung, denn zusätzlich zum Text aus dem Buch können die Zuschauer und Zuschauerinnen durch beeindruckende Bilder und die passende Musik in ganz neue Welten versetzt werden. In den letzten Jahren waren daher auch viele erfolgreiche Kinofilme Buchverfilmungen und brachten auf die Leinwand, was sich zuvor nur in der Fantasie der Leser und Leserinnen abgespielt hatte.

Gestik
Körperbewegungen, die etwas ausdrücken

Mimik
Ausdrücke im Gesicht

2 Tauscht euch über Buchverfilmungen aus.
- Sprecht darüber, warum Bücher verfilmt werden.
- Tauscht euch über eure Erfahrungen mit Buchverfilmungen aus: Welche kennt ihr? Welche fandet ihr gut? Von welchen wart ihr vielleicht enttäuscht? Woran könnte es liegen, dass man begeistert oder enttäuscht ist?

3 Wählt eure Aufgabe und tauscht euch anschließend darüber aus.
a) Erkläre, warum es im Buch einfacher ist, Gefühle und Gedanken der Figuren darzustellen als im Film.
b) Erkläre, warum Zuschauer und Zuschauerinnen, die zuvor das Buch gelesen haben, von einer Buchverfilmungen enttäuscht sein können.
c) Erkläre, was sich das Filmteam bei einer Buchverfilmung hinsichtlich der Zeit überlegen muss und welche Konsequenzen ihre Entscheidungen haben können.

4 Das Buch *Das Blubbern von Glück* wurde verfilmt. Vergleicht mit dem Buch:
- Vergleicht die beiden Produktinformationen: Welche unterschiedlichen Informationen erhaltet ihr?

Originaltitel: H is for Happiness
Produktion: Australien (2019)
Länge: 1 Std. 42 Min.
Deutscher Titel: Das Blubbern von Glück (2020)
Altersfreigabe (FSK): ab 6
Regie: John Sheedy
Drehbuch: Lisa Hoppe
Kamera: Bonnie Elliott
Musik: Nerida Tyson-Chew
Schnitt: Johanna Scott

Darsteller und Darstellerinnen: Daisy Axon (Candice), Wesley Patten (Douglas Benson), Richard Roxburgh (Jim Phee), Emma Booth (Claire Phee), Joel Jackson (Rich Uncle Brian) u. a.
Genre: Komödie, Drama, Kinder

Autor: Barry Jonsberg
Originaltitel: My life as an alphabet (2013)
Deutscher Titel: Das Blubbern von Glück (2014)
Übersetzung: Aus dem Englischen von Ursula Höfker
Seiten: 256

Schlagwörter: Anderssein, Familie, Glück, Freundschaft
Altersempfehlung: 6. und 7. Klasse

Digital+
WES-126526-067
Cover vergrößert

- Vergleicht das Buchcover mit dem DVD-Cover.
  - Tauscht euch darüber aus, welche unterschiedlichen Informationen und Eindrücke ihr bekommt.
  - Sprecht darüber, welches Cover euch mehr anspricht. Begründet eure Meinung.

Zusammenhänge zwischen Buch und Film erkennen

1 Lies dir die Textauschnitte aus dem Buch *Das Blubbern von Glück* durch.

Ich bin aufgeregt. Miss Bamford ist meine Englischlehrerin und sie ist die beste Lehrerin auf der Welt. […] Miss Bamford ist klein und zwischen dreißig und sechzig Jahre alt. Ich versuche grundsätzlich nicht, das Alter von Leuten zu erraten. Im Interesse der Genauigkeit habe ich sie einmal danach gefragt, doch sie wollte es mir nicht sagen. Sie trägt lange, formlose Kleider, sodass es schwierig ist, eine Aussage über ihre Figur zu machen. Aber wahrscheinlich ist sie schlank. Das einzig Unverwechselbare an Miss Bamford ist ihr Kullerauge. Es ist das rechte und es kullert unkontrolliert herum wie eine Murmel. Diese mangelnde Kontrolle verwirrt viele meiner Mitschüler. Manchmal schimpft Miss Bamford mit einem Schüler, und man kann wegen ihres Kullerauges nicht genau sagen, wen sie meint. Ein Auge hüpft wie verrückt auf und ab und das andere blickt finster auf einen nicht genau zu bestimmenden Ort. […]

Ich heiße Candice Phee und bin zwölf Jahre alt. Ich gehe in Albright zur Schule, einer Kleinstadt einundvierzigeinhalb Kilometer von Brisbane im Staat Queensland entfernt. […] Ich bin durchschnittlich groß für mein Alter […] und ich habe langes, schmutzig blondes Haar. […] Ich habe Sommersprossen. Überall im Gesicht und am Körper. Ich kann nur in die Sonne gehen, wenn ich mich mit einer Creme mit Lichtschutzfaktor tausend eincreme. […] Ich habe auffallend blaue Augen. […] Ich hatte eine Schwester, aber sie starb. Ihr Tod hat mich zu einem Einzelkind gemacht.

Queensland
Staat in Australien

Ich saß in Miss Bamfords Englischklasse und arbeitete an einem Verständnistext, als die Tür aufging und Miss Coolidge hereinkam. Sie ist die stellvertretende Rektorin und für den Lehrplan zuständig. Ein Junge schlurfte neben ihr her. Sie stellte den Jungen (Douglas Benson) der Klasse vor und bat darum, dass alle ihn freundlich und rücksichtsvoll behandeln. Sie sagte, dass er gerade erst hierhergezogen sei und niemand kenne. Er schaute in das Meer unserer Gesichter mit dem Gesicht eines Jungen, der öffentlich bloßgestellt wurde als jemand, der gerade erst hierhergezogen ist und niemand kennt. […] Douglas Benson setzte sich neben mich. Es blieb ihm auch nichts anderes übrig. Es war der einzig freie Platz. Niemand setzte sich freiwillig neben mich. Auch das gehörte zur Routine und ich respektierte es.

2 Wählt eure Aufgabe und tauscht euch anschließend darüber aus.

a) Notiere, was du über Miss Bamford erfährst.

b) Notiere, was du über Candice erfährst und welchen Eindruck du von ihr bekommst.

c) Notiere, was du über Candice erfährst, welchen Eindruck du von ihr bekommst und male ein Bild dazu, das sie zeigt.

3 Betrachtet die Bilder aus der Buchverfilmung und tauscht euch aus:
- Wer oder was ist auf den Filmbildern zu sehen? Woran habt ihr es erkannt?
- Welche Textstellen von Seite 183 könnt ihr den Bildern zuordnen?
- Was ist in den Textstellen und auf den Filmbildern gleich oder ähnlich?
- Welche Unterschiede zwischen dem Buch und den Bildern fallen euch auf?

Digital+
WES-126526-068
Filmbilder vergrößert

4 In den Textausschnitten und den Filmbildern bekommst du einen Eindruck vom Schulleben an Candices Schule in Australien. Vergleiche es mit deinem Schulleben: Was kommt dir bekannt vor, was ist anders?

B → Seite 305
Dialog schreiben

5 Betrachte Bild 5 und verfasse einen passenden Dialog zwischen Candice und Douglas.

6 Vergleiche das Bild, das du bei Aufgabe 2c gemalt hast, mit den Filmbildern von Candice. Welche Gemeinsamkeiten und Unterschiede stellst du fest?

Text-Bild-Zusammenhänge beschreiben, die eigene Lebenswirklichkeit von Realitätsdarstellungen und der Darstellung fiktionaler Welten in Medien unterscheiden, eigene Bildvorstellungen mit einer visuellen Gestaltung vergleichen

Filmbilder untersuchen

1 Lies den Textauschnitt aus dem Buch „Das Blubbern von Glück" und beschreibe, wie Candice ihre Familie wieder versöhnen möchte.

Meine Familie ist ein einziges Chaos. Mein Vater hasst meinen Onkel. Mein Onkel liebt meinen Vater, kann aber nicht einlenken. Meine Mutter ist zwischen Familienloyalitäten hin- und hergerissen. Ich habe mir gedacht, wenn mein Onkel und mein Vater ein gemeinsames Ziel verfolgen (mich vor dem Ertrinken zu retten), würden sie ihren Streit vergessen und zueinanderfinden. Ich habe mir vorgestellt, wie sie ins Wasser springen und mich an die Oberfläche ziehen. Einer macht meine Atemwege frei und der andere führt Mund-zu-Mund-Beatmung durch. Während ich dann keuche und nach Luft ringe, gibt es viel Weinen und Wehklagen. Aber auch Umarmungen und Freudentränen. Eine Versöhnung. [...] Es war nicht so abgelaufen. [...] Wie ich den Erfolg meines Plans zur Familienversöhnung einstufe? Auf einer Skala von null bis zehn? Ungefähr minus fünfzehn.

Loyalität
innere Verbundenheit

Wehklage
lautes Klagen, Jammern

2 Tauscht euch über die Filmbilder aus:
- Wer oder was ist auf den Filmbildern zu sehen?
- Was läuft anders ab, als Candice sich das vorgestellt hat?

Digital+
WES-126526-069
Filmbilder vergrößert

3 Lies dir den Textausschnitt aus Aufgabe 1 auf Seite 185 noch einmal durch und ergänze ihn an der rot markierten Stelle. Erzähle, was statt des Plans von Candice geschieht und lasse dich dabei von den Filmbildern inspirieren.

4 Lies den Info-Kasten und bearbeite die Aufgaben.
- Notiere, welches Filmbild aus Aufgabe 2 auf Seite 189 in der Einstellungsgröße *Totale* und welches in der *Nahaufnahme* aufgenommen wurde.
- Ordne der Normal-, Vogel- und Froschperspektive je ein Filmbild aus Aufgabe 2 (Seite 189) zu.

5 Regisseure und Regisseurinnen nutzen verschiedenen Kameraeinstellungen und -perspektiven, um bestimmte Wirkungen zu erzählen. Ordne die Aussagen den Bildern aus Aufgabe 2 (Seite 185) zu.

A: Mit dieser Einstellung wollte ich zeigen, an welchem Ort die Handlung spielt.

B: Diese Kameraperspektive sollte deutlich machen, dass der Sprung aus großer Höhe erfolgt.

C: Hier sollte deutlich werden, wie allein sich Candice oft fühlt.

Kameraeinstellungen und Kameraperspektiven

Bei einem Film spielt es nicht nur eine Rolle, was von einer Kamera gefilmt und somit im Film gezeigt wird, sondern auch, wie die Kamera auf das Geschehen gerichtet ist. Dadurch werden unterschiedliche Wirkungen erzielt und die Aufmerksamkeit der Zuschauer und Zuschauerinnen gelenkt.

Die **Einstellungsgröße** der Kamera bestimmt den Bildausschnitt. Sie gibt an, wie nah die Zuschauer/innen an das Geschehen herankommen. Je nachdem sind die gezeigten Menschen, Dinge und Räume dann größer oder kleiner. Bei der Einstellungsgröße „**Totale**" ist der ganze Handlungsort erkennbar. Bei der „**Nahaufnahme**" zoomt die Kamera näher heran.

Eine Kamera kann die Handlung außerdem aus verschiedenen **Perspektiven** zeigen. Bei der **Normalperspektive** wird das Geschehen so gezeigt, als ob es sich auf der Augenhöhe der Zuschauer und Zuschauerinnen befinden würde. Wenn das Geschehen von oben gezeigt wird, also aus der Sicht eines Vogels, spricht man von der **Vogelperspektive**. Wird das Geschehen von unten, aus der Sicht eines Frosches, gezeigt, spricht man von der **Froschperspektive**.

Einen Film vorstellen: Filmkritik

1 Anton hat sich den Film *Das Blubbern von Glück* angeschaut und dazu eine Filmkritik für die Schulhomepage verfasst. Lies sie dir durch.

Das Blubbern von Glück

Der Film „Das Blubbern von Glück" ist eine Verfilmung des gleichnamigen Buchs, das von dem australischen Autor Barry Jonsberg geschrieben wurde. Der Originaltitel des Buchs lautet „My life as an alphabet", die Verfilmung wurde 2019 mit dem Titel „H is for Happiness" in Australien produziert. In Deutschland erschien der Film 2020. Er ist ab 6 Jahren freigegeben und hat eine Länge von 1 Stunde und 42 Minuten. Das Drehbuch stammte von Lisa Hoppe, Regie führte John Sheedy. Die Hauptrolle Candice wird von Daisy Axon gespielt.

Candice ist zwölf Jahre alt und muss sich für ihren Englischaufsatz mit ihrem Leben beschäftigten. Dabei fasst sie den Entschluss, dass sie ihre Familie wieder glücklich machen will. Das ist allerdings gar nicht so einfach, denn ihre Eltern trauern um ihre kleine Schwester, die als Baby plötzlich verstorben ist und ihr Vater ist mit ihrem geliebten „reichen Onkel Brian" zerstritten. Viel Geld haben ihre Eltern auch nicht. Sie unternimmt die verschiedensten Versuche, ihre Eltern wieder glücklich zu machen und ihren Vater mit ihrem Onkel zu versöhnen, doch alle gehen schief und oft macht sie die Situation noch schlimmer. Zum Glück für Candice kommt Douglas neu in die Klasse. Er ist davon überzeugt, nach einem Sturz in einer anderen Dimension gelandet zu sein. Sein großes Ziel ist es, wieder in seine frühere Dimension zurückzukehren. Candice und Douglas freunden sich an und unterstützen sich gegenseitig bei ihren Plänen.

Mir hat der Film richtig gut gefallen. Eigentlich klingt alles ja ziemlich traurig: Die tote Schwester, die Eltern, die so unglücklich sind, dass sie gar nicht merken, wie es Candice geht, der Streit mit dem Onkel und außerdem wird Candice in der Schule geärgert. Aber der Film ist super witzig und ich musste wirklich oft lachen. Candice ist eine totale Optimistin und gibt nie auf, auch wenn ihre Glücksversuche mal wieder gründlich schiefgehen. Der ganze Film ist bunt und verrückt und das passt sehr gut zu Candice Charakter. Manchmal macht der Film einen auch nachdenklich. Ich kann ihn nur empfehlen!

Optimist/ Optimistin
Person, die das Leben positiv sieht

2 Ordne zuerst die blauen und dann die gelben Begriffe der Filmkritik von Anton zu. Gib hierfür jeweils die entsprechenden Zeilen an.

Einleitung | *Hauptteil* | *Schluss* | *Persönliche Bewertung* | *Allgemeine Informationen* | *Handlung*

3 Schreibe nun eine Filmkritik zu einem Film, den du kürzlich gesehen hast oder der dir besonders gut gefällt. Richte dich dabei nach dem Aufbau von Antons Filmkritik.

Einen Text lesen, Inhalte eines Texts herausarbeiten, den Inhalt eines Films wiedergeben, den Gesamteindruck eines Films beschreiben

Zusammenfassung

Überprüfe dein Wissen und Können

1 Erkläre, wo du ein für dich passendes Buch finden kannst und was dir dort bei der Auswahl jeweils helfen kann.

2 Erläutere, mit welchen W-Fragen du dich einem Buch annähern kannst.

3 Ergänze in den grünen Feldern der Tabelle, zu welchen Bereichen du dir während des Lesens deines Buches Notizen machst.

Kapitel	…	…	…	…
1	*Candices Klasse bekommt die Aufgabe: Aufsatz A–Z*	*Candice, Miss Bamford*	*Warum schreibt Denille nicht?*	*Känguru (Candice lebt in Australien)*

4 Schreibe die folgenden Aussagen ab. Verbessere dabei die Fehler oder ergänze die Aussagen um fehlende Informationen.
1) Als Lesekiste eignet sich ein Umzugskarton.
2) Auf die Außenseite und den Deckel der Lesekiste gehört der Name des Autors oder der Autorin und Bilder.
3) In die Innenseite des Deckels wird die eigene Meinung und eine Zusammenfassung geklebt.
4) In die Lesekiste werden Gegenstände gepackt, die zum Buch passen.
5) Die Gegenstände können auch größer sein als die Lesekiste.

1

5 Erkläre, welche Art von Textstellen sich zum Vorlesen eignen.

2

6 Bringe die Bestandteile einer Buchpräsentation in die richtige Reihenfolge.
1) Mitschüler und Mitschülerinnen Fragen stellen lassen
2) Klasse begrüßen und das Buch zeigen
3) Kiste öffnen und den Inhalt mit den Gegenständen und der Textstelle vorstellen
4) Titel, Autor oder Autorin, Erscheinungsjahr nennen
5) Kiste zeigen und die Mitschülerin oder den Mitschüler vermuten lassen, worum es im Buch geht
6) Eigene Meinung äußern
7) Sich für die Aufmerksamkeit bedanken

3

7 Erkläre, wie man eine Filmkritik schreibt.

8 Erkläre den Unterschied zwischen der Kameraeinstellung *Nahaufnahme* und *Totale*.

9 Ordne den Bildern in der Randspalte die Kameraperspektiven *Normalperspektive*, *Froschperspektive* und *Vogelperspektive* zu.

Digital+
WES-126526-070
Lösungen

Wortgruppen: Bausteine des Satzes

Adjektivgruppen

1 Vergleicht die Wortgruppen.
- Nennt Gemeinsamkeiten und Unterschiede.
- Wo steht das Adjektiv *interessant?*
- Was drücken die unterschiedlichen Wortgruppen aus?

total interessant / unglaublich interessant
ziemlich interessant / einigermaßen interessant

2 Schreibe mit den Wortgruppen aus Aufgabe 1 Sätze zum Thema Buch. Unterstreiche die Adjektivgruppen. Beispiel: *Das Buch ist unglaublich interessant.*

3 Wie interessant kann ein Buch noch sein? Schreibe fünf weitere Sätze. Du kannst das Wortmaterial verwenden.
Beispiel: *Das Buch ist äußerst interessant.*
arg, außergewöhnlich, sehr, äußerst, außerordentlich, ungewöhnlich, erschreckend, ausgesprochen, überaus, ganz, …

Digital+
WES-126526-071
Texte und Sätze zu den Adjektivgruppen zum Bearbeiten

4 Lies den Text und unterstreiche die Adjektivgruppen mit dem Adjektiv *interessant.*

Ich habe ein sehr interessantes Buch über Fische gelesen. Unglaublich interessante Fische leben im Meer vor Australien. Sie „singen“ morgens und abends gemeinsam im Chor. Total interessant ist auch, dass Fische gern im Team arbeiten, zum Beispiel wenn sie angegriffen werden. Dann schwimmen sie so zusammen, dass sie wie ein großer Fisch aussehen. Eine außergewöhnlich interessante Erkenntnis ist für mich, dass sie ein gutes Gedächtnis haben. Aber besonders interessant finde ich, dass es Fische gibt, die mit einem Wasserstrahl Insekten von Uferpflanzen schießen.

Orientiere dich am Info-Kasten.

5 Schreibe alle Adjektivgruppen aus dem Text mit dem Adjektiv *interessant* auf.
- Unterstreiche das Adjektiv *interessant.*
- Markiere die Flexionsendung.
  Beispiel: *sehr interessantes*

6 Besprecht, warum diese Wortgruppen Adjektivgruppen heißen.

Adjektivgruppen 1

Adjektivgruppen sind Wortgruppen, in denen ein Adjektiv die wichtigste Rolle spielt, den Kern bildet. Adjektivgruppen können durch die **Verstärkung** des Adjektivs gebildet werden:
der ***ziemlich schnelle*** *Lauf* / *ein* ***sehr schnelle*** *Lauf* / *der* ***rasend schnelle*** Lauf
Nur das rechts stehende Adjektiv wird flektiert (gebeugt).

7 Besprecht, warum auch die folgenden Wortgruppen Adjektivgruppen sind.

interessanter als Fische **am interessantesten**

8 Übe mit Adjektivgruppen.

a) Schreibe die Sätze ab und unterstreiche die Adjektivgruppen.

1) Ein Hase ist größer als eine Maus.
2) Ein Elefant ist am größten.
3) Ein Pferd ist schneller als ein Kind.
4) Am schnellsten ist ein Leopard.
5) Ein Schokoeis ist leckerer als ein Zitroneneis.
6) Am leckersten ist Erdbeereis.
7) Ein Moped ist teurer als ein Fahrrad.
8) Am teuersten ist ein Auto.

b) Schreibe die Sätze ab, ergänze sie und unterstreiche die Adjektivgruppen.
Beispiel: *Ein Auto fährt schneller als ein Mofa. Ein Rennauto fährt am schnellsten.*

9) Ein Auto fährt (schnell) ___ .
10) Ein Rennauto fährt ___ .
11) Unser Kirchturm ist (hoch) ___ .
12) ___ ist der Stuttgarter Fernsehturm.
13) Ein Pferd ist (groß) ___ .
14) Eine Giraffe ist ___ .
15) Eine Gespenstergeschichte ist (gruselig) ___ .
16) ___ ist eine Gespensterbahn.

c) Schreibe jeweils vier Sätze mit Adjektivgruppen wie in Aufgabe 7. Unterstreiche die Adjektivgruppen.

9 Lamia liest ein Plakat zu einem aktuellen Kinofilm und ist enttäuscht – eine genaue Beschreibung des Films fehlt. Schreibe den Text ab und setze passende Adjektivgruppen ein.

außerordentlich bunte, ganz aktueller, sehr persönliche, ziemlich ungewöhnliche, noch jungen, besonders lebendiges, Am witzigsten, total schrägen, großartig wie der Film selbst

Taucht in die ___ Welt des Films ein. Unser ___ Film erzählt eine ___ Geschichte über eine ___ Freundschaft, das Erwachsenwerden und die erste Liebe. Die ___ Darsteller beeindrucken durch ihr ___ Spiel. ___ sind die ___ Dialoge. Die Filmmusik ist genauso ___ und geht sofort ins Ohr. Haben wir eure Neugierde geweckt? Dann schaut einfach mal in eurem vorbei.

10 Schreibe einen Beitrag für die Schülerzeitung über einen Film, den du kürzlich gesehen hast. Verwende dabei passende Adjektivgruppen.

Adjektivgruppen 2

Adjektivgruppen sind Wortgruppen, in denen ein Adjektiv die wichtigste Rolle spielt, den Kern bildet. Adjektivgruppen können beim Komparieren gebildet werden:

- im Komparativ durch die Verbindung mit **als**: *Max ist* ***schneller als Ben.***
- im Superlativ mit der Partikel **am**: *Max läuft* ***am schnellsten.***

Adjunktorgruppen

1 Schaut euch die Sätze genau an.
- Was wird miteinander verglichen?
- Wie heißen die Vergleichswörter (Adjunktionen)?
- Was drücken die Vergleichswörter (Adjunktionen) aus?

Der Stuttgarter Fernsehturm ist höher als das Ulmer Münster.

Einige Hochhäuser sind so hoch wie das Ulmer Münster.

Ihr könnt euch am Info-Kasten orientieren.

2 Schreibt beide Sätze ab.
- Unterstreicht die Adjunktionen und die anschließenden Wortgruppen.
- Erklärt, warum die unterstrichenen Wortgruppen Adjunktorgruppen heißen.

Wenn ihr in Gedanken ein Adjektiv vor die Adjunktion setzt, geht es leichter.

3 Schreibt vier Wortgruppen, die mit *als* oder *wie* eingeleitet werden. Markiert *als* und *wie.*
Beispiel: *(kleiner) als ein Pferd*

4 Schreibe mit den Wortgruppen aus Aufgabe 3 zwei vollständige Sätze. Markiere *als* und *wie* und unterstreiche die Adjunktorgruppe.
Beispiel: *Ein Hund ist kleiner als ein Pferd. Ein Hund kann so klein sein wie eine Katze.*

5 Übe mit Adjunktorgruppen.

a) Schreibe die Sätze ab.
Markiere die Adjunktion *als* oder *wie* und unterstreiche die Adjunktorgruppe.

1) Chiara mag Mathe mehr als Deutsch. 2) Ben ist so alt wie Kari.
3) Ben wünscht sich einen größeren Rucksack als diesen.

b) Ergänze die Sätze mit passenden Adjunktorgruppen. Verwende die Adjunktionen *als* oder *wie.* Markiere *als* und *wie* und unterstreiche die Adjunktorgruppe.

4) Zum Fasching schminkt sich Theo ___ .
5) Tabea mag Pizza genauso gern ___ . 6) Sie läuft schneller ___ .

Adjunktorgruppe 1

Adjunktorgruppen sind Wortgruppen, die mit einer Adjunktion (Bindewort/Vergleichswort) als Kern der Wortgruppe eingeleitet werden. Adjunktionen sind z. B. *als* und *wie.*
Adjunktorgruppen werden beim Vergleichen gebildet aus:
- Adjunktion und Nominalgruppe: Der Fernsehturm ist höher ***als das Ulmer Münster***. / *Das Hochhaus ist so hoch* ***wie das Ulmer Münster***.
- Adjunktion und Pronomen: *als es / wie es*

GR: Adjunktorgruppen in komparativen Vergleichssätzen aus Adjunktion und Nominalgruppe bzw. Pronomen bestimmen und bilden, Adjunktionen als Kern einer Adjunktorgruppe bestimmen

6 Vergleicht beide Wortgruppen.
- Nennt Gemeinsamkeiten und Unterschiede.
- Ordnet den Wortgruppen die Begriffe Adjektiv- und Adjunktorgruppe zu.

schneller als ein Löwe *als ein Löwe*

7 Schreibt die folgenden Sätze ab. Unterstreicht die Adjektivgruppe mit einer Farbe und die Adjunktorgruppe mit einer anderen Farbe. Geht so vor.
- Schritt 1: *als/wie* markieren
- Schritt 2: Adjektiv mit einer Farbe unterstreichen + *als/wie*
- Schritt 3: übrigen Vergleich mit einer anderen Farbe unterstreichen + *als/wie*

Digital+
WES-126526-072
Sätze der Seite zum Bearbeiten

1) Am Nordpol ist es wärmer als am Südpol. 2) Der Rhein ist länger als der Neckar.
3) Ein Nilpferd ist fast so groß wie ein Nashorn. 4) Tina läuft so schnell wie Brian.

8 Im folgenden Satz sind die zwei Dinge unterstrichen, die mithilfe einer Adjunktion verglichen werden.
Bestimmt den Kasus der unterstrichenen Wortgruppen. Was stellt ihr fest?
Tabea mag den roten Apfel lieber als den grünen Apfel.

9 Schreibe die Sätze ab.
Schreibe den Kasus der unterstrichenen Wortgruppen und Wörter darunter.

Digital+
WES-126526-073
Deklinationstabelle zur Kasusbestimmung

5) Tahim fährt genauso gern Ski am Feldberg wie am Kandel.
6) Eine Hauskatze ist zahmer als eine Wildkatze.
7) Die Kirschen schmecken viel süßer als die Äpfel.
8) Oma nimmt einen größeren Korb als diesen.

10 Ergänze die Sätze mit passenden Vergleichen so wie in Aufgabe 7.
Unterstreiche, was miteinander verglichen wird. Stelle den Kasus der unterstrichenen Wortgruppen oder Wörter fest.

9) Der Rennwagen kostete mehr als ___ .
10) Im Gebirge ist es oft kälter als ___ .
11) Eine Rose duftet stärker als ___ .
12) Lea wünscht sich den Rucksack genauso wie ___ .

Adjunktorgruppe 2

Die Adjunktorgruppe ist Teil einer Adjektivgruppe: *höher als das Ulmer Münster.*
Adjektivgruppe: ***höher als*** *das Ulmer Münster*
Adjunktorgruppe: ***als*** *das Ulmer Münster*
Werden zwei Dinge verglichen, haben beide Vergleichsgrößen den gleichen Kasus.
Das Ulmer Münster ist höher als das Freiburger Münster.
Nominativ Nominativ

GR: Herausarbeiten, dass die Adjunktorgruppe Konstituente einer Adjektivgruppe ist und die beiden Vergleichsgrößen, die durch eine Adjunktion verbunden werden, kasusidentisch sind

Aufbau und Schreibung von Wörtern

Maja soll als Hausaufgabe einen Tagebucheintrag über den letzten Samstagmorgen verfassen. Das Mädchen ist sich bei der Rechtschreibung einiger Wörter unsicher.

B → S. 322 *Rechtschreibstrategien*

1 Lies den folgenden Text.

2 Schreibe die markierten Wörter in der richtigen Schreibweise auf.
- Notiere hinter das Wort das Symbol der angewendeten Rechtschreibstrategie
- Beachte, dass manchmal auch mehrere Rechtschreibstrategien zusammen angewendet werden können.
  Beispiel: *Tatze*

Liebes Tagebuch,

ich bemerkte eine Ta(tz/z)e auf meinem Gesicht und wachte dadurch auf. Meine Ka(tz/z)e Momo war ins Be(tt/t) geschlichen und hatte mich ganz sanft aus dem Schlaf geri(ss/s)en. Das Tier kuschelte sich an meine Wange und schlief sofort ein. Ich sa(h/-) mich im Zi(m/mm)er um und bemerkte, dass die Tür einen Spalt auf war. Sie ö(ff/f)nete sich weiter. Meine Mu(tt/t)er steckte ihren Kopf herein und sagte fröhlich: „Guten Morgen, Schlafmü(z/tz)e. Aufstehen!". Das Aufstehen fiel mir nie schwer und so legte ich die schnu(rr/r)ende Momo vorsichtig beiseite, damit sie ru(h/-)ig weiterschlafen konnte, und schlüpfte aus dem Bett. Fertig angezogen, se(z/tz)te ich mich zu meiner Familie an den Frühstü(k/ck)stisch. Der Tisch war üppi(g/k) gede(ck/k)t. Ich aß zwei hartgekochte Eier und beschmierte ein Brot mit Marmelade. Während die Familie sich über den heutigen Ausflu(g/k) austauschte, bekle(k/ck)erte ich mich. Mein frisch angezogenes T-Shirt hatte nun einen Marmeladenfle(ck/k). Als der Ta(g/k) geplant war, stand ich auf, wechselte das T-Shirt und half meinem Vater beim Aufr(äu/eu)men. Anschließend pa(ck/k)te ich die Badetasche. Die Familie hatte nämlich beschlo(s/ss)en, an den See zu fahren und zu schwi(mm/m)en.

In diesem Kapitel lernst du (,) …
- die Rechtschreibregel zum i-Laut.
- das Suffix -in/-innen und -nis/nisse kennen.
- Wörter mit End-/end und dem Präfix Ent-/ent zu erkennen.
- die besondere Schreibung von Verben.
- mit Merkwörtern zu arbeiten.

Rechtschreibstrategien anwenden: der i-Laut

1 Ihr wurdet zu Rechtschreib-Forschenden ernannt. Erklärt, warum manche Wörter mit einem *i* und manche mit *ie* geschrieben werden. Welche Rechtschreibstrategien kann man hier anwenden?
Birne, Fieber, singen, Winter, Fliege, gießen, riechen, Wiese, Witze, binden

Digital+
WES-126526-074
Wörter zum Anhören

2 Arbeitet mit den Wörtern aus Aufgabe 1.
- Hört euch die Wörter an.
- Entscheidet: Wird der i-Laut kurz oder lang gesprochen?
- Übernehmt die Tabelle und ordnet die Wörter in die jeweilige Spalte ein.
- Markiert den langen i-Laut mit einem Strich und den kurzgesprochenen mit einem Punkt.

Wörter mit *ie*	Wörter mit *i*
Fieber	Birne

3 Sprecht euch die Wörter aus Aufgabe 1 gegenseitig in Silben gegliedert vor.
- Schreibt die Wörter noch einmal ab und tragt die Silbenbögen ein. Befindet sich der i-Laut in einer offenen oder geschlossenen Silbe?
- Markiert das *i* und *ie*.

B → S. 320
Offene Silbe

B → S. 317
Geschlossene SIlbe

4 Arbeite mit folgenden Wörtern.
- Verlängere die Wörter wie im Beispiel.
- Trage die Silbenbögen ein und markiere das *i* und *ie*.

Beispiel: *Pilz – Pil ze, er friert – frie ren, dicht – dich ter*
Pilz, er friert, dicht, Ring, Stier, Stift, Bild, wild, Kind, Ziel, lieb, König, er liegt

5 Entscheide, ob *i* oder *ie* in die Lücke des Kompositums eingetragen werden muss.
- Trenne das Kompositum und verlängere anschließend das erste Wort.
- Trage die Silbenbögen ein und markiere das *i* und *ie*.

Beispiel: *Filzschuh: fil zen + Schuh*
F ▢ lzschuh, M ▢ twohung, T ▢ fsee, G ▢ ßkanne, Sp ▢ lplatz, Br ▢ ffreund, L ▢ chtschalter

B → S. 318
Kompositum

Digital+
WES-126526-075
Wortliste für das Spiel

6 Spielt gemeinsam:
- Reihum sagt jeder ein Wort mit *i* oder *ie*
- Bei Wörtern mit *i* bleiben alle sitzen, bei Wörtern mit *ie* stehen alle auf.

der i-Laut

ie steht immer in einer **offenen Silbe** und wird **lang ausgesprochen**.
Briefe, verschieden
i steht immer in einer **geschlossenen Silbe** und wird **kurz ausgesprochen**.
Winter, singen

Rechtschreibstrategien anwenden (Silbierung, Wortverlängerung), elementare Anforderungen des Schreibens erfüllen (Regeln der Rechtschreibung anwenden)

B → S. 323
Suffix

Verben mit dem Suffix -ieren

Digital+
WES-126526-076
Verben zum Anhören

1 Lest euch die folgenden Verben gegenseitig vor oder hört sie euch an.
- Welche Gemeinsamkeiten haben sie?
- Welche Silbe wird betont?

gratulieren, probieren, addieren, verlieren, spazieren, radieren, markieren, trainieren, formulieren, explodieren, halbieren

2 Schreibe die Verben aus Aufgabe 1 ab. Unterstreiche die Suffixe und markiere *ie*.
Beispiel: *gratulieren, probieren*

3 Schreibt fünf weitere Verben mit dem Suffix *-ieren* auf. Geht vor wie in Aufgabe 2.

Digital+
WES-126526-077
Erweiterte Tabelle zum Ausfüllen

4 Übernimm die Tabelle und fülle sie aus. Unterstreiche die Suffixe und markiere *ie*.

		gratulieren	probieren	formulieren	transportieren
Präsens	1. Pers. Sg	*Ich gratuliere*			
	2. Pers. Sg	*Du gratulierst*			
Präteritum	1. Pers. Sg				
	2. Pers. Sg				

5 Bearbeite eine der folgenden Teilaufgaben.

a) Lies den Text. Fülle die Lücken mit dem angegebenen Wortmaterial.
addieren (+), subtrahieren (–), multiplizieren (·), dividieren (:)

Ich muss 5 und 8 ___, damit ich als Ergebnis 40 erhalte. Wenn ich die Zahl 201 mit 289 ___ soll, ergibt das 490. Mein Nebensitzer sagt mir, dass ich gut schriftlich ___ kann. Außerdem sollte ich auch ___ können.

b) Lies den Text. Fülle die Lücken mit dem angegebenen Wortmaterial. Achte darauf, dass du die Verben konjugierst.
addieren (+), subtrahieren (–), multiplizieren (·), dividieren (:)

Ich ___ 200 von 500, damit ich als Ergebnis 300 erhalte. Wenn ich die Zahl 59 mit 12 ___, ergibt das 71. Du ___ die Zahl 22 durch 2, sodass das Resultat 11 ist. Der Lehrer sagt: „___ 9 mit 9."

Division, Subtraktion, Addition, Multiplikation, Kommunikation, Präsentation, Reparatur, Diskussion, Struktur, Orientierung, Verlust, Motivation, Reaktion

c) Bilde aus den Nomen in der Randspalte Verben, die das Suffix *-ieren* beinhalten. Unterstreiche die Suffixe und markiere *ie*. Beispiel: *Division – dividieren*

Verben mit dem Suffix -ieren

Einige Verben besitzen den Nachbaustein (Suffix) ***-ieren***. Dieser ist **immer betont**: *gratulieren, probieren.* ***ie*** steht immer in einer **offenen Silbe** und wird **lang ausgesprochen**. Das ***ie*** **bleibt bestehen**, auch wenn das Verb konjugiert wird.

RR: Besondere Phonem-Graphem-Zuordnung (Suffix -ieren), Rechtschreibstrategien anwenden (Silbierung), elementare Anforderungen des Schreibens erfüllen (Regeln der Rechtschreibung anwenden)

Plural bei Suffixen

Nomen mit dem Suffix -in/-innen

1 Lest euch die Nomen abwechselnd vor und bildet den Plural.
Ärztin, Lehrerin, Schülerin, Spielerin, Beobachterin, Handwerkerin, Bäckerin

Überprüft die Pluralbildung mit dem Wörterbuch.

2 Schreibe die Tabelle ab und ordne die Nomen aus Aufgabe 1 ein.
- Trage die Silbenbögen ein und markiere wie im Beispiel.
- Tauscht euch aus. Welche Gemeinsamkeiten haben sie?

Singular	Plural
Ärz tin	Ärz tin nen

Digital+
WES-126526-078
Vorlagen für die Memo-Spiele

3 Notiere wie im Beispiel drei eigene Begriffe in der Tabelle.

4 Fertigt ein Memo-Spiel mit den Nomen aus der Tabelle im Plural und Singular an und spielt es.

Nomen mit dem Suffix -in/-innen

Zerlegt man das Nomen mit dem Suffix *–innen* in Silben, wandert die **Betonung im Plural auf die vorletzte Silbe**. Im Plural wird der letzte Konsonant des Suffixes *-in* verdoppelt: *Ärztin* – *Ärzt**inn**en*, *Lehrerin* – *Lehrer**inn**en*

Nomen mit dem Suffix -nis/-nisse

1 Lest euch die Nomen abwechselnd vor und bildet den Plural.
Hindernis, Ereignis, Gefängnis, Ärgernis, Geständnis

2 Ordne die Nomen aus Aufgabe 1 in die Tabelle ein.
- Trage die Silbenbögen ein und markiere wie im Beispiel.
- Tauscht euch aus. Welche Gemeinsamkeiten haben sie?

Überprüft die Pluralbildung mit dem Wörterbuch.

Singular	Plural
Ge heim nis	Ge heim nis se

3 Fertigt ein Memo-Spiel mit den Nomen aus der Tabelle im Plural und Singular an und spielt es.

Nomen mit dem Suffix -nis/-nisse

Zerlegt man das Wort mit dem Suffix *-nisse* in Silben, wandert die Betonung im Plural auf die vorletzte Silbe. Im Plural wird der letzte Konsonant des Suffixes *-nis* verdoppelt: *Geheimnis* – *Geheimni**ss**e*, *Zeugnis* – *Zeugni**ss**e*

RR: Besondere Phonem-Graphem-Zuordnung (Plural bei den Suffixen -in/-innen und -nis/-nisse), Rechtschreibstrategien anwenden (Silbierung, Wortverlängerung), elementare Anforderungen des Schreibens erfüllen

Wörter mit End-/end- und dem Präfix Ent-/ent-

Digital+
WES-126526-079
Wörter zum Anhören

1 Höre dir die folgenden Wörter an.
- Übernimm die Tabelle und ordne die Wörter beim Anhören in richtiger Schreibweise in die Tabelle ein. Trage anschließend die Silbenbögen ein.

En___stand, en___zwei, En___scheidung, En___spannung, En___wicklung, en___lasten, En___ziffer, En___zündung, en___los, Unen___dlichkeit, en___fernen, en___gültig

End- / end-	Ent- / ent-
End stand	ent zwei

2 Überprüfe als Rechtschreib-Forscher oder - Forscherin, auf welcher Silbe die Wörter mit *End-/end-* und auf welcher Silbe die Wörter mit *Ent-/ent-* betont werden. Unterstreiche die betonten Silben der Wörter in der Tabelle.

3 Trenne das Kompositum und verlängere anschließend das Wort.
Beispiel: *Endstand: Ende + Stand*
Endauswahl, Endergebnis, Endlaut, Endgegner, Endstück, Endstation

Informiert euch im Info-Kasten

4 Lest euch die folgenden Sätze laut vor, schreibt die Sätze ab und vervollständigt sie mit einem passenden Begriff aus dem Wortmaterial. Achtet auf die richtige Schreibweise.

En___station, En___spurt, en___lich, en___gültig, En___spiel, En___gegner

1) Die letzte Haltestelle einer Straßenbahn ist die ___.
2) Das Spiel, das am Ende eines Turniers stattfindet, ist das ___.
3) Wer am Schluss eines Laufes noch einmal sein Tempo erhöht, setzt zum ___ an.
4) Eine Tatsache, die für immer gültig ist, ist ___.
5) Der ___ ist in virtuellen Spielen ein besonders schwieriger Gegner, den man am Ende des Spiels bezwingen muss.

Digital+
WES-126526-080
Sätze zum Bearbeiten

5 Setzt diese Verben mit dem Präfix *ent-* mündlich zusammen.
decken, rümpeln, täuschen, stehen, zünden, ziffern

6 Schreibe die Verben aus Aufgabe 5 mit dem Präfix *ent-* auf und bilde zu den Verben Nomen. Beispiel: *entführen – die Entführung*

Wörter mit *End-/end-* und Wörter mit dem Präfix *Ent-/ent-*

Wörter mit dem Wortstamm ***end-*** werden von dem Wort **Ende** abgeleitet: *Endrunde, endlos*. Wörter, die mit dem Wortstamm *end-* zusammengesetzt sind, werden immer auf dem ***end-*** **betont:** *endgültig, unendlich, Endstation*

Das Präfix ***ent-*** bedeutet oft so etwas wie weg, fort. In Wörtern mit dem Präfix *ent-* bleibt das ***ent-*** **unbetont**: *entfernen, entsprechen*

RR: Phonem-Graphem-Zuordnung (Häufige Präfixe: ent-), Rechtschreibstrategien anwenden (Silbierung)

Schreibung einiger Verben mit Doppelkonsonanten

1 Lest die Wörter.

B → S. 323
Tempusform

Infinitiv	konjugierte Personalform im **Präteritum**	*Verb im* ***Partizip II***
bellen	*er bellte*	*gebellt*
nehmen	*du nahmst*	*genommen*
nennen	*du nanntest*	*genannt*

2 Übernimm die Tabelle aus Aufgabe 1 und markiere die Doppelkonsonanten. Was fällt dir auf?

Digital+
WES-126526-081
Tabelle zum Ausfüllen

3 Erweitere die Tabelle.

a) Ergänze die Tabelle mit folgenden Verben. Markiere die Doppelkonsonanten.

bitten, essen, fallen, lassen, treffen, vergessen, schließen

b) Ergänze die Tabelle aus Aufgabe 1 um weitere 10 Verben mit Doppelkonsonanten. Nutze die Verben im hinteren Einband des Buches.

4 Formuliere mit den Verben ***bekommen, nehmen, treffen*** jeweils einen Satz im Präsens, Präteritum und im Perfekt.

- Markiere die Doppelkonsonanten.
- Lest euch anschließend die Sätze vor.

a) Schreibe die Sätze für jeweils 2 Verben.

b) Schreibe die Sätze für jeweils alle Verben.

Beispiel:
Susi bekommt ein Paket.
Susi bekam ein Paket.
Susi hat ein Paket bekommen.

Schreibung einiger Verben mit Doppelkonsonanten

In den verschiedenen Tempusformen verändern starke und unregelmäßige Verben ihre Schreibweise. Wird der Stammvokal kurz gesprochen, folgt ein Doppelkonsonant.
nehmen (langer Stammvokal) – *genommen* (kurzer Stammvokal)

RR: Besondere Phonem-Graphem-Zuordnung (Konstantschreibungen), elementare Anforderungen des Schreibens erfüllen (Regeln der Rechtschreibung anwenden)

M

Merkschreibungen

Digital+
WES-126526-082
Vorlage für ein Buddybook

Merkwörter mit i

1 Untersucht als Rechtschreib-Forschende folgende Nomen.
Lest sie euch gegenseitig laut vor. Vergleicht die Schreibung und Aussprache der Nomen auf der linken mit den Nomen auf der rechten Seite.
Tiger, Biber, Krise, Kino *Film, Schrift, Liste, Pilz*

2 Notiere dir die Merkwörter in einem Buddybook.
- Schreibe auf die erste Seite die Überschrift: *Merkwörter* und notiere das Rechtschreibsymbol.
- Schreibe auf die zweite Seite: *Merkwörter mit i* und notiere darunter die folgenden Wörter. Markiere das *i*.

Kino, Biber, Margarine, Mandarine, Lawine, Maschine, Liter, Tiger, Vampir, Krise

3 Schreibe mit einigen der Wörter aus Aufgabe 2 Sätze. Markiere das *i*.
a) Schreibe 3 Sätze.
b) Schreibe 5 Sätze.

Merkwörter mit i

Trotz der langen Aussprache des i-Lautes, werden manche Wörter nicht mit *ie* geschrieben. Wörter, in denen der **lang gesprochene i-Laut** nur als ***i*** geschrieben wird, sind Merkwörter. *Maschine, Kino*

Merkwörter mit eih

1 Für die Schreibung der folgenden Wörter gibt es keine Regel. Ihre richtige Schreibweise musst du dir merken.
- Schreibe auf die nächste Seite: *Merkwörter mit eih* und notiere die folgenden Merkwörter darunter.
- Markiere das *eih*.

Reihe, Geweih, Weiher, gedeihen, Weihnachten, leihen, verzeihen

B → S. 325
Wortfamilie

2 Bilde zu den Wörtern aus Aufgabe 1 eine Wortfamilie.
Beispiel: *Weihnachten: weihnachtlich, Weihnachtsstern, Weihnachtsmann,...*

Nutze ein Wörterbuch.

Merkwörter mit eih

Die aufgeführten Wörter sind Merkwörter. Diese musst du dir merken.
Reihe, Geweih, Weiher, gedeihen, Weihnachten, leihen, verzeihen

Besondere Flexionsformen: Pluralbildung I

1 Höre dir die Wörter aus Aufgabe 2 an. Sprich die Wörter mit dem Sprecher mit.

2 Ihr seid Rechtschreib-Forschende. Bildet schriftlich den Plural. Was stellt ihr fest?
Kürbis, Ananas, Rhinozeros, Zirkus, Kaktus, Globus

3 Die Schreibung der aufgeführten Wörter musst du dir merken.
- Schreibe auf die nächste Seite deines Buddybooks folgende Überschrift: *Besondere Flexionsformen – Pluralbildung*
- Schreibe die Merkwörter und den Plural mit den dazugehörigen Endungen. Arbeite mit dem Wörterbuch.
- Markiere die Endungen wie im Beispiel.
  - *is/-isse: Kürbis – Kürbisse*
  - *-as/-asse: Ananas – , Atlas – ,*
  - *-os/-osse: Rhinozeros – ,*
  - *-us/-usse: Bus – , Zirkus – , Fokus – , Kaktus – , Globus – , Oktopus – , Krokus –*

Flexion
Beugung eines Wortes. Oberbegriff zur Deklination und Konjugation

Digital+
WES-126526-083
Wörter zum Anhören

4 Tretet im Buchstabierwettbewerb gegeneinander an.
- Lies dir nochmal die Wörter in deinem Buddy-Book durch.
- Person A nennt ein Wort, Person B buchstabiert es.
- Person A überprüft, ob Person B das Wort richtig buchstabiert.
- Nun wird gewechselt.
- Beide notieren sich die Anzahl der richtig buchstabierten Wörter.
- Vergleicht innerhalb der Klasse. Wer ist der Buchstabiermeister?

Besondere Flexionsformen: Pluralbildung II

1 Höre dir die folgenden Wörter an. Sprich die Wörter dabei selbst mit.
der See – die Seen, die Batterie – die Batterien, die Idee – die Ideen, die Melodie – die Melodien, die Orchidee – die Orchideen, die Fantasie – die Fantasien, das Knie – die Knie

2 Vergleiche das Gehörte mit dem Geschriebenen. Was fällt dir auf?

Digital+
WES-126526-084
Wörter zum Anhören

RR: Merkschreibungen (besondere Flexionsformen, Besonderheit bei -e)

M

3 Die Schreibung der aufgeführten Wörter musst du dir merken.
- Schreibe auf die nächste Seite deines Buddybooks die Überschrift: *Besondere Flexionsformen: Merkwörter mit –e am Wortende*
- Ordne die Wörter aus Aufgabe 2 in eine Tabelle ein. Markiere wie im Beispiel.

Merkwörter mit *–e* am Wortende	
Singular	**Plural**
der See die Batterie	die Seen die Batterien

Besondere Flexionsformen: 2. Person Singular

1 In einem Aufsatz der Klasse 6c wurden folgende Schreibweisen des konjugierten Verbs *heißen* verwendet. Du als Rechtschreib-Forscher oder -Forscherin kannst bestimmt helfen.
- Beschreibe die unterschiedlichen Schreibweisen.
- Welche Schreibweise ist richtig? Begründe.

Du heißt …
Du heißest …
Du heißst …

2 Merke dir die aufgeführten Wörter.
- Schreibe auf die nächste Seite des Buddybooks die Überschrift: *Besondere Flexionsformen bei der 2. Person Singular*
- Schreibe die Wörter sinnvoll untereinander ab. Decke das Wort oder die Wortgruppe ab und schreibe das Wort aus deiner Erinnerung auf.
- Vergleiche Buchstabe für Buchstabe und markiere wie vorgegeben.

gießen – du gießt, fassen – du fasst, reisen – du reist, mixen – du mixt

Ergänze die Wörter in deinem Buddybook.

3 Bilde mit folgenden Verben die 2. Person Singular. Schreibe wie im Beispiel auf.
Beispiel: *beißen – du beißt*
beißen, boxen, genießen, schießen, süßen, schließen, schweißen, reißen, müssen

4 Schreibe eine Geschichte mit möglichst vielen Merkwörtern.
- Unterstreiche die Merkwörter und markiere die Merkstellen.
- Stell deine Geschichte der Klasse vor.

i

Besondere Flexionsformen: Pluralbildung

In seltenen Fällen wird bei der Pluralbildung der s-Laut verdoppelt.

-is/-isse: Kürbis – Kürbisse
-os/osse: Rhinozeros – Rhinozerosse
-as/-asse: Ananas – Ananasse
-us/-usse: Bus – Busse

Besondere Flexionsformen: *–e* am Wortende / 2. Person Singular

Wenn einige Wörter flektiert werden, hört man einen weiteren Buchstaben. Um die Vokal- bzw. Konsonantenhäufung zu vermeiden, wird das Flexions-*e* und -*s* weggelassen. *der See – die See-en, gießen – du gieß-st*

Merkwörter mit Doppelvokalen

1 Sieh dir das Bild in der Randspalte an und sprich den Begriff laut aus.
- Schreibe das Wort auf. Nimm gegebenenfalls das Wörterbuch zur Hilfe.
- Welche Besonderheit hat das Wort?

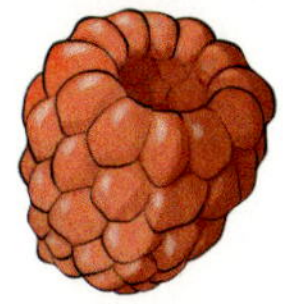

2 Bilde Wortfamilien zu den nachfolgenden Wörtern.
Beispiel: *Idee: ideenreich, ideenlos, ...*
Beere, Haar, Schnee, Tee, See

a) Arbeitet mit dem Wörterbuch und schreibt so viele Wörter wie möglich zu einer Wortfamilie auf.

b) Bildet Wortfamilien zu den Wörtern. Wer findet mehr Wortfamilien innerhalb von drei Minuten? Schreibt diese auf.

3 Schreibe Sätze mit den gesammelten Wörtern. Lest euch die Sätze danach vor.

a) Schreibe drei Sätze, die möglichst viele Wörter mit Doppelvokalen beinhalten.

b) Schreibe fünf Sätze, die möglichst viele Wörter mit Doppelvokalen beinhalten.

4 Spielt gemeinsam das Doppelvokal-Spiel.
- Sammelt Wörter mit langen Vokallauten (z. B. Rose) und mit Doppelvokalen (z. B. Boot).
- Alle Personen stehen auf. Eine Person liest das Wort.
- Wenn das Wort mit einem Doppelvokal geschrieben wird, bleiben alle stehen.
- Wenn das Wort mit nur einem Vokal geschrieben wird, setzen sich alle hin.

Digital+
WES-126526-085
Vorlage für das Doppelvokal-Spiel

5 Du erforschst wieder die Rechtschreibung. Untersuche folgende Wortpaare. Was fällt dir auf?

Haar – Härchen *Boot – Bötchen* *Paar – Pärchen* *Saal – Säle*

6 Spielt mit den Wörtern aus Aufgabe 5. Eine Person benennt, die andere buchstabiert das Wort.

7 Schreibe auf die nächste Seite deines Buddybooks die Überschrift: *Merkwörter mit Doppelvokalen*
- Schreibe darunter die Merkwörter mit Doppelvokalen auf.
- Markiere die Doppelvokale.

M

Wörter mit Doppelvokalen

Es gibt Wörter, die man mit Doppelvokalen schreibt. Der **Vokallaut** wird dabei **lang ausgesprochen.**
Beispiel: *Tee, Moos*
Wird der Doppelvokal zum Umlaut, fällt der Doppelvokal weg.
Beispiel: *H**aa**r – H**ä**rchen*

RR: Merkschreibungen (<ä>-,<ö>-Schreibung bei <aa>, <oo>

Homophone als Merkwörter

M

1 Lies das Gedicht. Beschreibe, was dir auffällt.

Auf der Lärche

Morgens singt der Vogel Lieder,
dabei schließt er die Augenlider.
Diese Klänge gehören einer Lerche,
pfeifend sitzt sie auf der Lärche.
Das klingt wie das Zupfen einer Harfensaite,
dabei lese ich im Buch eine Seite.

2 Spielt gemeinsam das Spiel. Lest die Begriffe und ordnet sie mithilfe des Wörterbuchs den Bildern zu. Beispiel: *1 = Lerche*

Digital+
WES-126526-086
Wörter und Bilder zum Zuordnen

Saite – Seite
Lerche – Lärche
Wal – Wahl
Lied – Lid
lehren – leeren
Boote – Bote
Miene – Mine

1

2

3

4

5

6

7

8

9

10

11
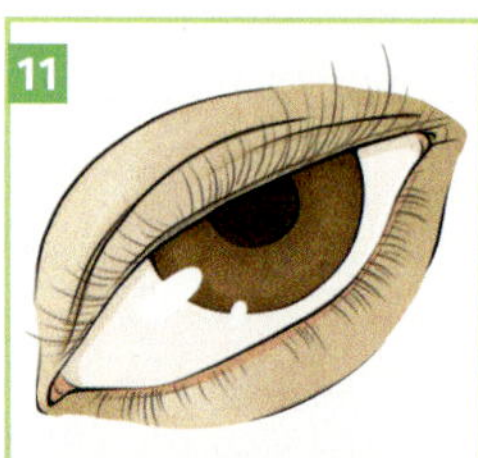

12

13

14

RR: Merkwörter (Kontrastschreibungen bei Homophonen)

3 Wähle eine Teilaufgabe aus.

a) Schreibe folgende Sätze ab und entscheide, welche Wörter sinnvoll in die Lücke passen.

1) **Der Lehrer lehrt/leert in keinem leeren/lehren Klassenzimmer.**
2) **Der Lehrer sagt: „Schlag im Buch die Seite/Saite auf."**
3) **Dieses Wochenende findet die Wahl/Wal des Bürgermeisters statt.**
4) **Die Lerche/Lärche pfeift ein fröhliches Lied/Lid.**

b) Diktiert euch abwechselnd folgende Sätze und unterstreicht die Homophone.

5) **Letztes Jahr fiel viel Regen.**
6) **Der Postbote bringt mir jeden Tag pünktlich meine Briefe.**
7) **Die Miene bezeichnet den Gesichtsausdruck.**

c) Formuliert mit den Wörtern aus Aufgabe 2 drei Sätze und diktiert euch diese gegenseitig. Recherchiert nach weiteren Homophonen.

4 Arbeite dein Buddybook weiter aus.

- Schreibe auf die nächste Seite die Überschrift: *Homophone als Merkwörter*
- Schreibe darunter alle Homophone der Seite 204. Beispiel: *Lärche – Lerche*
- Zeichnet, wenn möglich, passende Bilder dazu.

5 Tretet mit den Homophonen im Buchstabierwettbewerb gegeneinander an.

- Lest euch noch einmal die Wörter in eurem Buddybook durch.
- Person A nennt ein Wort auf dieser Seite.
- Person B buchstabiert das genannte Wort.
- Person A überprüft, ob Partner B das Wort richtig buchstabiert.
- Nun wird gewechselt.
- Beide Partner oder Partnerinnen notieren sich die Anzahl der richtig buchstabierten Worte mit einem Strich.
- Vergleicht innerhalb der Klasse. Wer ist der Buchstabiermeister?

Digital+
WES-126526-087
Satzdiktat zum Anhören

B → S. 312
Suchstrategien

Digital+
WES-126526-088
Merkwörter mit passenden Bildern zum Einkleben

Homophone als Merkwörter

Manche Wörter werden **gleich ausgesprochen,** aber sie werden **anders geschrieben** und haben außerdem eine **andere Bedeutung.** Diese Wörter nennt man **Homophone.** Deshalb muss man die Bedeutung des Wortes kennen, um die richtige Schreibweise zu wissen.

Zusammenfassung

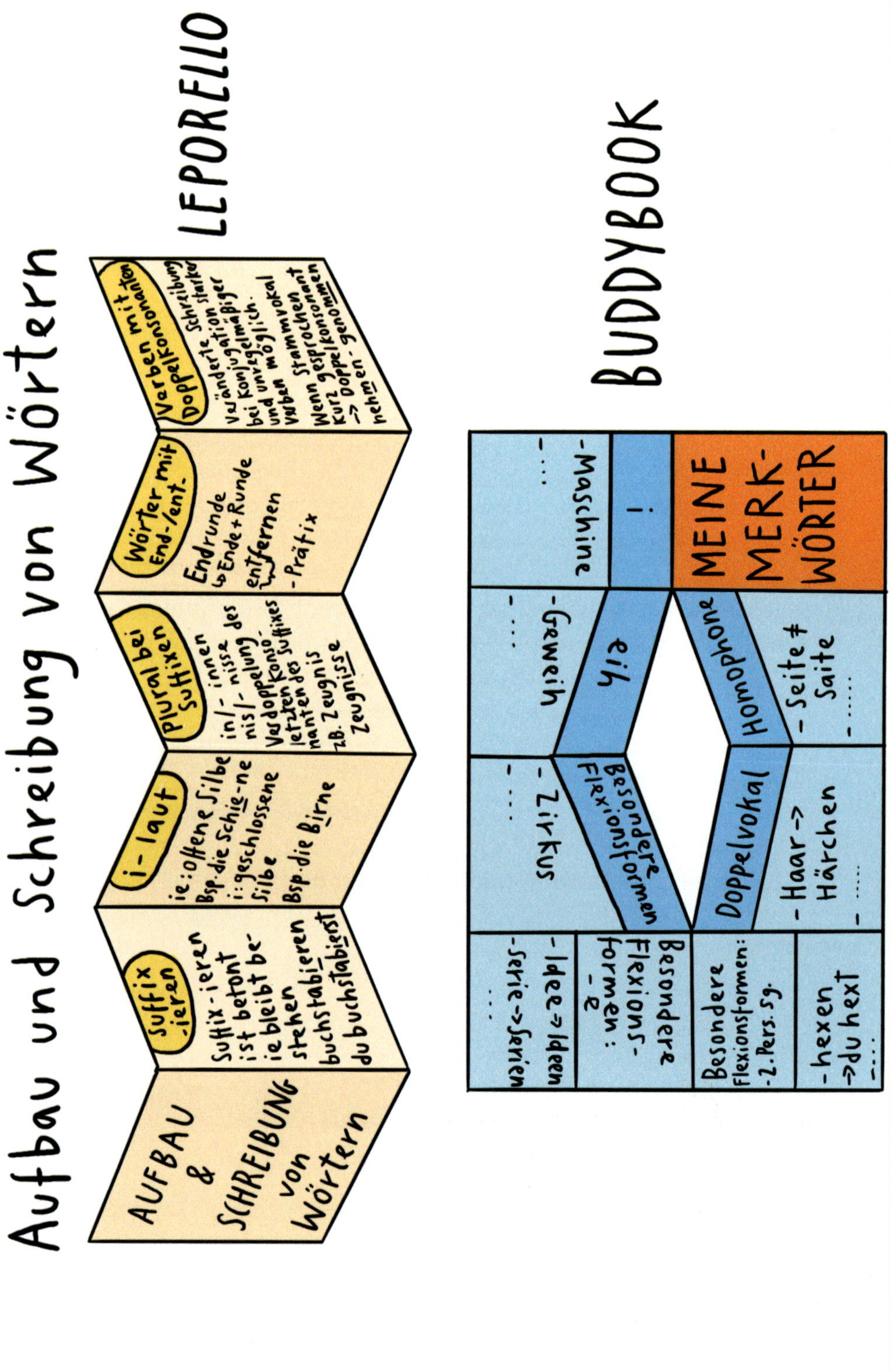

Überprüfe dein Wissen und Können

1 Entscheide, ob *i* oder *ie* in die Lücke des Kompositums eingetragen werden muss.
- Trenne das Kompositum und verlängere es anschließend.
- Trage die Silbenbögen ein und markiere das *i* und *ie*.

Beispiel: *Stifthalter: Stif te + Halter*

St … fthalter, T … schtuch, Gemüsesp … ß, T … rbuch, St … rkampf, P … lzgericht, Z … lscheibe

Kompositum → S. 273

2 Bilde aus folgenden Nomen Verben, die das Suffix *-ieren* beinhalten. Unterstreiche die Suffixe und markiere *ie*.
Beispiel: *Division – dividieren*

Division, Diktat, Notiz, Nummer, Studium, Interesse, Tapete, Stolz, Information, Operation, Kritik

3 Schreibe die Sätze ab und setzte die passenden Homophone ein.
Laib/Leib, Stil/Stiel, mahlen/malen

1) Jeden Samstag kaufe ich für die Familie einen … Brot ein.
2) Ein trainierter Mensch hat einen muskulösen … .
3) Ich benötige einen langen Besen …, um die Straße ordentlich zu kehren.
4) Die Lehrerin sagt: „Dein Schreib … gefällt mir.“
5) Das Getreide muss man …, damit Mehl entsteht.
6) Sie … das Bild mit Wasserfarben.

Schau im Wörterbuch nach den Wörtern Stiel, Stil, Leib und Laib.

4 Höre dir die folgenden Sätze an.
- Schreibe beim Anhören die Sätze aufmerksam mit.
- Markiere die Rechtschreibbesonderheit, die in diesem Kapitel behandelt wurde.

1) Die Noten stehen zum Ende des Jahres endgültig fest.
2) Manuel entschuldigt sich bei seinen Freundinnen.
3) Meine Geheimnisse sind bei dir sicher.
4) Ein Vampir schreckt vor Knoblauch zurück.

5) In den Zirkussen arbeiten viele Künstlerinnen.
6) In der Schule teilen die Schüler und Schülerinnen die Atlasse aus.
7) Die Tiger und Oktopusse faszinieren Verena im Zoo am meisten.
8) Die Härchen richten sich bei einer Gänsehaut auf.

Digital+
WES-126526-089
Satzdiktat zum Anhören

Digital+
WES-126526-090
Lösungen

Groß- und Kleinschreibung

1 Wichtiges zur Groß- und Kleinschreibung habt ihr schon gelernt. Lest den folgenden Nachrichtenverlauf. Bestimmt könnt ihr als Rechtschreib-Forschende Amelie und Nick bei ihrem Problem helfen. Welche Schreibweise ist nun richtig? Begründet.

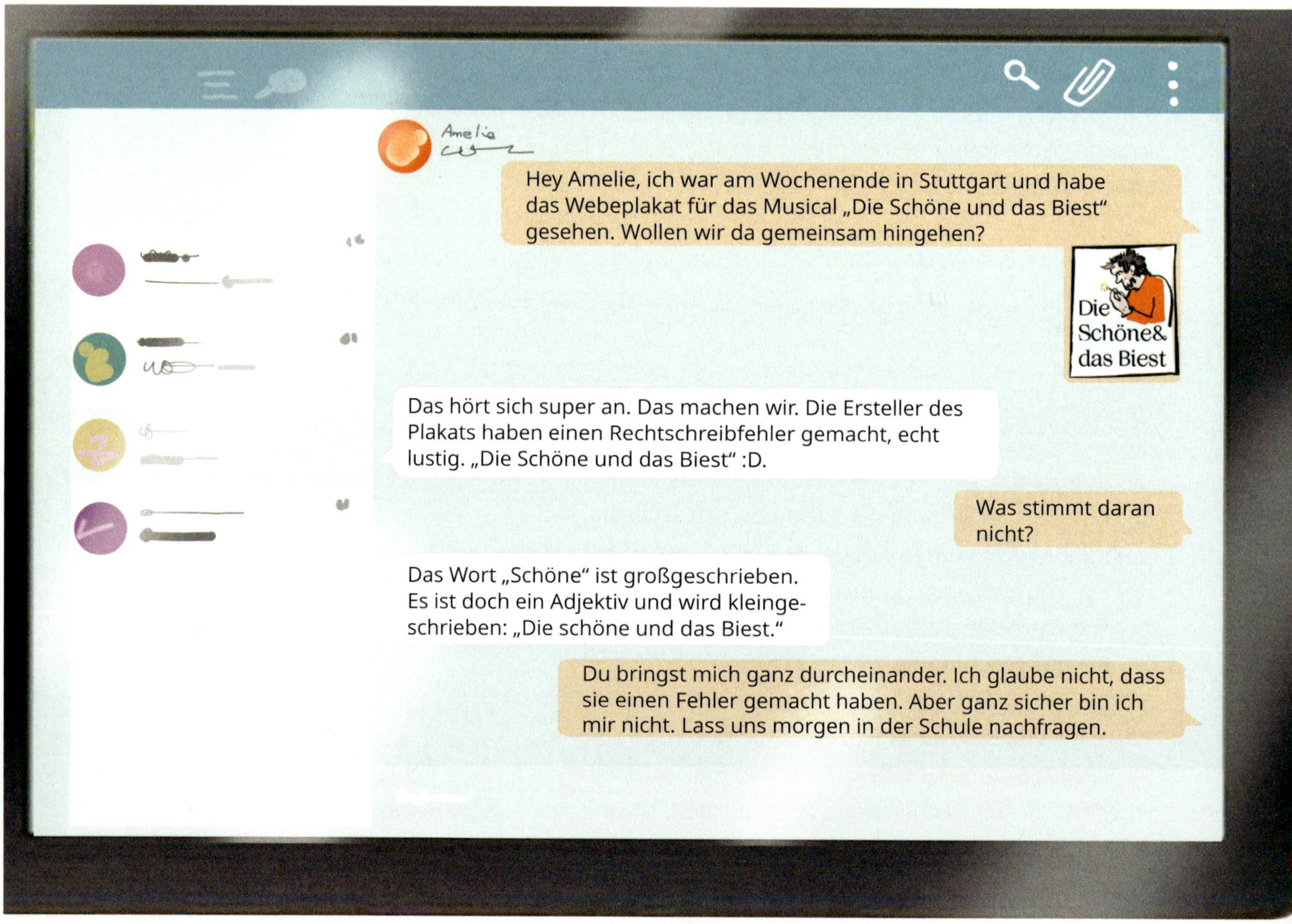

In diesem Kapitel lernst du …
- weitere Artikelwörter kennen.
- die Großschreibung von Nomen ohne Artikelwörter.
- die Großschreibung von Eigennamen, Orts- und Herkunftsbezeichnungen.
- die Großschreibung von häufigen Wendungen.
- die Groß- und Kleinschreibung von Zeitangaben.
- die Groß- und Kleinschreibung von Zahlen und Zahlausdrücken.
- Suffixe als Merkmal der Kleinschreibung kennen.
- die Schreibung und Nutzung von Anredepronomen.

Großschreibung

nach Artikelwörtern

Digital+
WES-126526-091
Sätze und Tabelle der Seite zum Bearbeiten

1 Lies den Text und den Info-Kasten.

Wenn du in den Nachthimmel schaust, entdeckst du oft etliche Sterne. Das Licht der Sterne können wir sehen. Sie haben eine eigene Leuchtkraft. Auch unsere Sonne ist ein Stern. Um viele Planeten kreisen manche Monde. Unsere acht Planeten umkreisen die Sonne. Alle Planeten und Monde können nicht selbst leuchten. Diese werden von der Sonne angestrahlt und werfen das Licht in das Weltall.

2 In Aufgabe 1 steht vor jedem Nomen ein Artikelwort, an dem du das Nomen erkennst. Schreibe die Sätze ab.
- Unterstreiche die Artikelwörter und den Anfangsbuchstaben des Nomens.
- Trage den Pfeil ein.

Beispiel: *Wenn du in* ***den*** *Nachthimmel schaust, siehst du oft* ***etliche*** *Sterne.*

a) Schreibe die ersten vier Sätze ab.
b) Schreibe alle Sätze ab.

3 In den folgenden Sätzen sind viele Nomen nach Artikelwörtern kleingeschrieben.
- Schreibe die Sätze richtig auf.
- Unterstreiche die Artikelwörter und die Großschreibung der Nomen.

Beispiel: *Theo geht oft mit* ***seinem*** *Onkel zum Angeln.*

1) Er will sich nicht irgendeine ausrüstung kaufen.
2) Für den Angelschein muss er etliche theoriestunden besuchen.
3) Außerdem benötigt er viele köder.
4) Sein onkel schenkt ihm beide angelruten.

4 Als Rechtschreib-Forscher oder -Forscherin bestimmst du die Artikelwörter aus Aufgabe 1 und 3. Ordne diese in die Tabelle. Orientiere dich dabei am Info-Kasten.

Artikel	Possessivartikel	Demonstrativartikel	Indefinitartikel
den Nachthimmel			etliche Sterne

Großschreibung nach Artikelwörtern:

Artikelwörter sind Begleiter des Nomens und legen dessen Großschreibung fest. Zu den Artikelwörtern gehören die **Artikel** *der, die das, ein(-),* **Possessivartikel** *mein(-), dein(-), sein(-), ihr(-), unser(-), euer(-), ihr(-),* **Demonstrativartikel** *dies(-), jed(-), derselbe, dieselbe, solch(-), beide(-),* **Indefinitartikel** *kein(-), einige(-), alle, viele, etwas, nichts, wenig(-), etliche, manch(-), irgendein(-), irgendwelch(-), ein bisschen*

Nomen ohne Artikelwörter

1 In den folgenden Sätzen haben sich Fehler eingeschlichen. Überprüfe als Recht-schreib-Forscher oder- Forscherin die folgenden Sätze. Erkläre, wie sie richtig geschrieben werden und warum.

1) Wir trinken wasser.
2) Ich habe hunger.
3) Der Schrank besteht aus holz.

Informiere dich im Info-Kasten.

2 Schreibe die Sätze richtig auf.

- Entscheide, ob in die Lücken ein Artikel eingefügt werden muss.
- Unterstreiche den Anfangsbuchstaben der Nomen, die ohne Artikel groß-geschrieben werden. Beispiel: *Sie trinkt **M**ilch.*

4) Sie trinkt ___ Milch.
5) ___ Aufgabe hat mir gut gefallen.
6) Viele Menschen haben ___ Angst vor Spinnen.
7) Jener Stuhl besteht aus ___ Plastik.
8) Diese Schule trägt ___ Namen Sophie-Scholl-Realschule.

3 Überprüfe, ob die Wörter ohne Artikel wirklich Nomen sind. Nutze dabei die Erweiterungsprobe.

- Füge die Artikelwörter *viel* oder *etwas* in die Lücken aus Aufgabe 2 ein. Schreibe die Sätze 1, 3 und 4 ab.
- Unterstreiche wie im Beispiel und trage die Pfeile ein.
  Beispiel: *Sie trinkt **viel** **M**ilch.*

Adjektivattribut → S. 294

4 Setze in die Sätze 1, 3 und 4 aus Aufgabe 2 Adjektivattribute ein. Unterstreiche wie im Beispiel und trage die Pfeile ein. Beispiel: *Sie trinkt **fettarme** **M**ilch.*

a) Füge das angegebene Wortmaterial sinnvoll in die Lücken ein. ***groß, bunt, fettarm***

b) Füge selbstgewählte Adjektivattribute in die Lücken ein.

Informiere dich im Info-Kasten.

5 Schreibe jeweils Sätze mit und ohne eine Erweiterungsprobe. Unterstreiche wie im Beispiel und trage die Pfeile ein. ***Glück, Baumwolle, Sport, Klavier, Honig***
Beispiel: *Ich wünsche dir Glück. – Ich wünsche dir **viel** **G**lück*

a) Schreibe 3 Sätze.

b) Schreibe 5 Sätze.

Großschreibung von Nomen ohne Artikel

In Sätzen stehen manchmal **keine Artikelwörter (Nullartikel)** vor Nomen. Vor dem Nomen kann man **ein Adjektivattribut** oder das **Artikelwort *viel/etwas*,** einfügen **(Erweiterungsprobe).**
Beispiel: *Menschen müssen **W**asser trinken.*
*Menschen müssen **viel** **W**asser trinken. Menschen müssen **viel** **frisches** **W**asser trinken.*

Eigennamen

1 Die nächste Forschung steht an. Vergleicht die folgenden Sätze miteinander. Welche Schreibweise stimmt?

1) Ein berühmtes Bauwerk in Italien heißt der schiefe Turm von Pisa.
2) Ein berühmtes Bauwerk in Italien heißt der Schiefe Turm von Pisa.

Recherchiere nach der Sehenswürdigkeit im Internet.

Digital+
WES-126526-092
Sätze und Texte der Seite zum Bearbeiten

2 Wende die Heißt-Probe an. Informiere dich dazu im Info-Kasten.

- Schreibe die Satzanfänge ab und verbinde sie mit dem passenden Wortmaterial.
- Markiere die Großbuchstaben des Wortmaterials.

3) Einer der größten Ozeane heißt ...
4) Das deutsche Eisenbahnunternehmen heißt ...
5) Bekannte Sternbilder heißen ...

- *Deutsche Bahn*
- *der Kleine Bär*
- *der Große Wagen*
- *Pazifischer Ozean*

Großschreibung von Eigennamen

Adjektive werden **großgeschrieben,** wenn sie Bestandteil eines **Eigennamens** sind. Dies lässt sich durch die **Heißt-Probe** feststellen:
*Das größte Land in Nordamerika heißt „**V**ereinigte **S**taaten von **A**merika".*

Orts- und Herkunftsbezeichnungen auf -er

1 Lies den Text und unterstreiche die Orts- und Herkunftsbezeichnungen.

In den Ferien starteten wir mit dem Auto in der Ludwigsburger Straße. Während der Fahrt las meine Mutter die Stuttgarter Zeitung. Auf dem Weg nach Freiburg hielten wir an und probierten den Schwarzwälder Schinken. In der Stadt angekommen, betrachteten wir das Freiburger Münster. Am nächsten Tag fuhren wir mit dem Auto in die Allgäuer Alpen und wanderten.

2 Schreibe die Orts- und Herkunftsbezeichnung aus Aufgabe 1 auf.

- Unterstreiche den Anfangsbuchstaben der Ortsbezeichnung, markiere die Endung und trage den Pfeil wie im Beispiel ein. Beispiel: *Ludwigsburger Straße*

3 Schreibe die Orts- und Herkunftsbezeichnungen richtig auf.

- Unterstreiche den Anfangsbuchstaben der Ortsbezeichnung, markiere die Endung und trage den Pfeil wie im Beispiel (Aufgabe 2) ein.
  ULMER MÜNSTER, TÜBINGER TOR, ALLGÄUER KÄSE, HEIDELBERGER SCHLOSS, TRIBERGER WASSERFÄLLE, STUTTGARTER FERNSEHTURM

Großschreibung von Orts- und Herkunftsbezeichnungen auf -er

Orts- und Herkunftsbezeichnungen, die mit ***-er* enden,** werden **großgeschrieben.**
Stuttgarter Straße, Allgäuer Alpen, Wiener Schnitzel

Häufige Wendungen

1 Bei diesen Wendungen passieren oft Rechtschreibfehler. Lest diese Wendungen durch. Findet ihr als Rechtschreib-Forschende auf folgende Frage eine Antwort? Warum wird einmal das unterstrichene Wort klein und einmal großgeschrieben?

A	B
Es ist **a**llgemein bekannt, dass Zucker dick macht.	Im **A**llgemeinen ist bekannt, dass Zucker dick macht.
Lies die **f**olgenden Sätze.	Im **F**olgenden werden die Sätze gelesen.

Digital+
WES-126526-093
Anleitung zum Auswendiglernen

2 Schreibe den folgenden Merkvers ab und lerne ihn auswendig.

Merkvers

Im Allgemeinen und im Besonderen, aber vor allem im Folgenden schreibt man im Großen und Ganzen groß.

Lest einmal den kompletten Satz laut und deutlich vor. Diktiert immer die Wortgruppen am Stück und macht eine Pause. Denkt an die Satzzeichen.

Digital+
WES-126526-094
Sätze für das Dosendiktat

3 Diktiert euch gegenseitig das Dosendiktat. Für diese Übung benötigt ihr eine Dose oder eine kleine Schachtel.
- Schreibt die Sätze auf jeweils einen Papierstreifen und legt sie in die Dose.
- Dann wird ein Streifen aus der Dose gezogen und schrittweise diktiert.
- Der Textstreifen wird nun mit dem geschriebenen Satz verglichen. Der Satz wird gegebenenfalls verbessert. Danach wird gewechselt.

Im Großen und Ganzen bin ich mit meinem Aufsatz zufrieden.

Im Wesentlichen bin ich auf dem Laufenden.

Wenn man erkältet ist, hat man eine laufende Nase.

Auf unserer Reise schwammen wir in einem See. Des Weiteren waren wir in den Bergen wandern.

Lies die folgenden Sätze durch.

Es ist allgemein bekannt, dass Zucker dick macht.

Häufige Wendungen

Die genannten Wendungen werden großgeschrieben, da sie einen **verschmolzenen Artikel oder einen Artikel** besitzen. Sie weisen keine weiteren Merkmale für die Großschreibung auf.
*im **A**llgemeinen, im **B**esonderen, im **F**olgenden, im **G**roßen und **G**anzen, auf dem **L**aufenden, des **W**eiteren, im **W**esentlichen*

Groß- und Kleinschreibung

Zeitangaben

1 Lest als Rechtschreib-Forschende folgende Sätze. Vergleicht die unterstrichenen Zeitangaben miteinander und erklärt euch gegenseitig, warum diese in Spalte *A* kleingeschrieben und in Spalte *B* großgeschrieben werden.

A	B
Ich trinke morgens Kakao.	Eines Morgens ertönte die Sirene.
Ich spiele freitags immer Fußball.	Am Sonntag bekam ich einen Hund.
Lisa war gestern auf dem Reiterhof.	Viktor geht heute Mittag zum Einkaufen.

2 Schreibe die Sätze ab und setze dabei die Zeitangaben in der richtigen Groß- und Kleinschreibung ein.

1) EINES ABENDS hörte Lucy das Heulen einer Sirene.
2) Luca schlief tief und fest bis er NACHTS von seiner Katze geweckt wurde.
3) Luna joggt SONNTAGS eine große Runde.
4) Die Musikprobe findet FREITAGABENDS statt.
5) AM MONTAGMORGEN stand vor Lillis Haustür ein Paket.

3 Schreibe die Sätze ab. Entscheide dich für die richtige Groß- und Kleinschreibung.

a) Schreibe die Sätze 1 – 3 ab.

b) Schreibe die Sätze 1 – 5 ab.

6) AM MORGEN habe ich den größten Hunger.
7) Ich möchte MORGEN eine Suppe kochen.
8) Beatriz fährt MORGEN NACHT in den Urlaub.
9) Paula musste GESTERN NACHMITTAG ins Krankenhaus.
10) Was sollen wir HEUTE MITTAG essen?
11) Ein schönes Konzert haben wir GESTERN ABEND gehört.

c) Formuliere mit dem Wortmaterial drei Sätze.
ABENDS, HEUTE MITTAG, MORGEN ABEND, AM VORMITTAG

Digital+
WES-126526-095
Sätze zum Bearbeiten (Aufgabe 2 und 3)

Die Groß- und Kleinschreibung von Zeitangaben

Zeitangaben werden **großgeschrieben**, wenn

- ein **Artikelwort** davorsteht: ***der** Morgen*
- ein **verschmolzener Artikel** davorsteht: ***am** Morgen*
- ein **Adverb** davorsteht: ***heute** Morgen*

Alle anderen Zeitangaben werden **kleingeschrieben.**
heute, morgens, übermorgen, gestern, vorgestern, mittags, abends

Zahlen

Ein Märchen, welches aus mehreren Märchen besteht, heißt Schüttelmärchen.

1 Lest den Text. Erratet ihr die Märchen?

Es war einmal eine Prinzessin mit langen schwarzen Haaren und schneeweißer Haut, welche eine Zeit lang bei den 7 Zwergen hinter den 7 Bergen lebte. An jedem 3. Tag fegte sie die Hütte, jeden 2. Tag wusch sie die Kleidung. Wenn ihr langweilig war, spann sie am Spinnrad. Dabei stach sie sich auf einmal in den Finger, sodass sie in einen 100 Jahre langen Schlaf fiel. Die Schlafzeit konnte man nur verkürzen, wenn es ein tapferer Jüngling schaffte, in der 1001. Nacht 3 goldene Haare des Teufels zu besorgen. Um 12 Uhr Mitternacht kam in besagter Nacht ein Prinz vorbei und brachte 3 goldene Haare mit. Dadurch erwachte die Prinzessin frühzeitig aus ihrem Schlaf. Zum Dank heiratete sie ihn und sie lebten glücklich bis an ihr Lebensende.

Digital+
WES-126526-096
Märchen zum Bearbeiten

2 Schreibt das Märchen ab und schreibt die Zahlen dabei aus.
- Vergleicht die Schreibweisen des Märchens in Aufgabe 1 mit eurer Variante. Welche Fassung gefällt euch besser? Begründet.
- Welche Schwierigkeiten treten auf?

In Texten wie Märchen werden Zahlen oft ausgeschrieben, damit der Lesefluss nicht unterbrochen wird. Sollen die Zahlen wie zum Beispiel in Sachtexten schnell ins Auge springen, werden eher Ziffern genutzt. Beide Schreibweisen sind richtig.

3 Schreibe folgende Sätze ab und entscheide dich, ob du die Zahl ausschreibst oder die Ziffer notierst. Begründe deine Entscheidung.
1) Der Würfel zeigte 6 Augen.
2) Das Gipfelkreuz befand sich auf einer Höhe von über 2000 Metern.
3) Sie gewann bei der Glücksspiel Lotterie 1 000 000 Euro.
4) In Deutschland leben über 82 000 000 Menschen.
5) 250 000 Menschen wohnen in meiner Heimatstadt.

4 Überprüfe, ob im Kapitel *Beschreiben* die Mengenangaben für das Simit-Rezept (S. 41) deiner Meinung nach sinnvoll angegeben sind. Begründe deine Meinung.

Die Groß- und Kleinschreibung von Zahlen

Die **Kardinal-, Ordnungs- und Bruchzahlen** werden **kleingeschrieben.**
***d**rei, **d**reizehn, **d**reihundert, **d**reitausend, **d**reihunderttausend, **d**ritte, **d**rittel*
Zahlen **ab einer Million** werden **großgeschrieben**: *eine **M**illion*

Zahlausdrücke

1 Überprüfe als Rechtschreib-Forscher oder -Forscherin folgende Schreibweisen.
- Schreibe die unterstrichenen Wörter in der richtigen Schreibweise auf.
- Markiere wie im Beispiel und trage die Pfeile ein.

Beispiel: *Er würfelt immer **eine** **S**echs.*

1) Er würfelt immer EINE SECHS.
2) Jona will in der nächsten Deutscharbeit EINE ZWEI schreiben.
3) JEDER ZWEITE in der Klasse hat den Elternbrief abgegeben.
4) Wir haben EIN VIERTEL DES WEGES geschafft.
5) Das Pferd gewinnt JEDES VIERTE RENNEN.

2 Schaut euch die Pizzen an. Benennt die gegessene Menge der jeweiligen Pizza.

Thea **Ahmed** **Marleen** **Chris**

3 Lest den Info-Kasten und vervollständigt die Sätze. Unterstreiche die Mengenangabe.
1) Thea hat noch eine ganze Pizza vor sich.
2) Ahmed hat ___ Pizza gegessen.
3) Marleen hat ___ Pizza verzehrt.
4) Chris hat ___ der Pizza vertilgt.

Bezieht sich „ein" oder „drei" auf die Bruchzahl, so wird der Bruch großgeschrieben.

4 Lies die Uhrzeiten und formuliere Sätze wie im Beispiel. Markiere wie im Beispiel und trage die Pfeile ein.

Beispiel: *Es ist **(ein)** **V**iertel vor **a**cht. Aber: Es ist **d**rei **vi**ertel **a**cht.*

Die Groß- und Kleinschreibung von Zahlausdrücken

Kardinal-, Ordnungs- und Bruchzahlen werden **großgeschrieben**, wenn ein **Artikelwort** vor ihm steht.

Kardinalzahl: *Sie würfelte **eine** **S**echs.*

Ordnungszahl: ***Jede*** ***D**ritte in der Klasse hatte Husten.*

Bruchzahl: *Wir haben **ein** **D**rittel des Weges geschafft.*

Achtung: Die Nominalgruppe kann dabei mit einem Adjektiv erweitert werden.

Eine ***v**iertel **S**tunde dauert es noch, bis die Vorstellung anfängt.*

M

Anredepronomen

1 Lest die Sprechblasen. Der Schüler Nermin stellt folgende Fragen. An wen könnte er die Fragen gestellt haben? Tauscht euch darüber aus und begründet.

Kannst du mir bitte helfen?

Können Sie mir bitte helfen?

Freundin Schwester Hausmeister Lehrer Vater

2 Ordne die Anredepronomen in die jeweilige Tabellenspalte ein und beachte die richtige Groß- und Kleinschreibung.
DU, IHR, IHR, SIE, DIR, DICH, EUCH, IHNEN, DEIN, EUER, EURE, IHRE

Digital+
WES-126526-097
Tabelle zum Ausfüllen

Vertrauliche Anredepronomen	Höfliche Anredepronomen

3 Schreibe den Text ab, den Nermin an seine Freundin Nadja geschrieben hat.
a) Setze die folgenden Anredepronomen in den Text ein. *du, dich, dir, dir, dir, dir*
b) Ergänze die Lücken mit den richtigen Anredepronomen. Achte auf die Groß- und Kleinschreibung.

Digital+
WES-126526-098
Texte zum Bearbeiten

Liebe Nadja,
ich schreibe ___ aus Portugal. Wie geht es ___? Ich hoffe es geht ___ gut. Das Wetter und die Wellen sind super. Das Surfen würde ___ auch großen Spaß machen. Genießt ___ die Ferien? Ich freue mich ___ bald wiederzusehen. Liebe Grüße Nermin

Die Klasse 6b plant einen Kuchenverkauf in der Schule. Aus diesem Grund fragt Nermin als Klassensprecher seinen Rektor Herrn Stock um Erlaubnis.

4 Schreibe den Text ab.
a) Setze die Anredepronomen in den Text ein. *dich, du, ihr, Ihnen, Sie, Sie*
b) Ergänze die Lücken mit den richtigen Anredepronomen. Achte auf die Groß- und Kleinschreibung.

Nermin: Hallo Herr Stock. Haben ___ kurz Zeit?
Herr Stock: Hallo Nermin, ja, ich habe Zeit für ___. Was hast ___ für ein Anliegen?
Nermin: Dieses Schuljahr fahren wir ins Schullandheim. Dafür benötigen wir Geld. Deshalb haben wir uns überlegt, Kuchen in der Schule zu verkaufen. Würden ___ das erlauben?
Her Stock: Das ist eine sehr gute Idee. Das könnt ___ gerne machen.
Nermin: Ich danke ___ sehr. Wir freuen uns darüber.

i

Anredepronomen

Man unterscheidet die Anredepronomen nach der **vertraulichen und höflichen Anrede.** Bei **vertrauten** Personen verwendet man die Anredepronomen ***du, ihr, dir, dein(-), dich, euch, euer(-), eure.*** Diese werden **kleingeschrieben.**
Bei **nicht vertrauten Personen** verwendet man die **Höflichkeitsform *Sie, Ihnen, Ihr(-).*** Diese werden **großgeschrieben.**

matisches Wissen bei der Groß- und Kleinschreibung anwenden (Höflichkeitsform), RR: Groß- und Kleinschreibung (Merkschreibungen - Anredepronomen)

Kleinschreibung – Signal: Suffix

1 Bildet aus den Nomen und den Suffixen *- los, -haft, -ig, -bar, -isch, -lich* mündlich Adjektive.

Herz	*König*	*Wunder*	*Wind*	*Neid*	*Mut*	*Fabel*
Schmutz	*Rätsel*	*Wähler*	*Freund*	*Frucht*	*Salz*	*Witz*

Es gibt oft mehrere Möglichkeiten. Arbeitet mit dem Wörterbuch.

2 Sammelt weitere Adjektive mit den Suffixen *-los, -haft, -ig, -bar, -isch, -lich*.

B → S. 314
Adjektiv

3 Arbeite als Rechtschreib-Forscher oder -Forscherin mit den Adjektiven aus Aufgabe 1. Warum werden die Wörter kleingeschrieben?

a) Schreibe die Wörter aus Aufgabe 1 auf.
- Unterstreiche das Suffix.
- Trage den Pfeil ein.

Beispiel: *herz**lich***

b) Bilde Nominalgruppen und verwende dazu Adjektive aus Aufgabe 1.
Beispiel: *der herz**liche** Abschied*

B → S. 320
Nominalgruppe

4 In den folgenden Nominalgruppen haben Adjektivattribute fehlerhafte Suffixe. Schreibe die Wortgruppe richtig ab und ersetze die falschen Suffixe.
- Unterstreiche das Suffix.
- Trage den Pfeil ein.

Arbeite mit dem Wörterbuch.

die rätselbare/hafte/ige Aufgabe
der freundische/bare/liche Mann
die dankischen/lichen/baren Worte
die sandlosen/ischen/igen Füße
das stürmische/liche/lose Wetter
die schriftliche/bare/hafte Prüfung

5 Setzt die Nomen mit den Suffixen richtig zusammen und schreibe die Adverbien auf. Arbeitet mit dem Wörterbuch.
Beispiel: *himmel**wärts***

B → S. 314
Adverb

Nomen: *Tal*, *Anfang*, *Himmel*, *Dienstag*, *Recht*, *Probe*, *Morgen*, *vergeben*

Suffixe: *-s*, *-lings*, *-halber*, *-wärts*, *-ens*, *-mal*, *-weise*

Zusammenfassung

Überprüfe dein Wissen und Können

1 Lies den Text.

Das FANTASTISCHE/BARE/LICHE Konzert

1) „Es ist 17 Uhr. Wir müssen los, das Einspielen für das Konzert beginnt bald“, ruft Edi durch die ganze Wohnung.
2) Edi ist ganz nervös, weil er HEUTE ABEND das erste Mal ein Solo spielt.
3) Deshalb war er schon seit ETLICHEN TAGEN nervös.
4) Edi ist ein FABELBARER/HAFTER/ISCHER Tuba-Spieler.
5) Der Junge übt aber nur JEDEN ZWEITEN TAG.
6) Zum Konzert muss die gesamte Familie mit DER DEUTSCHEN BAHN fahren.
7) Zur Familie gehört auch DER DEUTSCHE SCHÄFERHUND Willi.
8) Nach EINER VIERTEL STUNDE Fahrt kommen sie an.
9) Die Haltestelle befindet sich in der STUTTGARTER STRAẞE.
10) DREI VIERTEL VOR ACHT kommt die Familie im Konzertsaal an.
11) „Das müssen EINE MILLION Plätze sein, naja aber mindestens EINHUNDERT“, stammelt Edi nervös.
12) Bei seiner Ankunft begrüßt sein Freund René Edi HERZHAFT/LICH/BAR.
13) René erzählt, dass er nicht spielen kann, weil er HEUTE MITTAG einen Unfall hatte.
14) Da fallen Edi erst die 2 eingebundenen Finger auf.
15) IM GROẞEN UND GANZEN ist ihm aber NICHTS SCHLIMMERES passiert.
16) Das Orchester eröffnet ABENDS das Konzert mit einem modernen Lied.
17) In der Pause trinkt Edi EINEN GANZEN Liter Wasser.
18) Nach dem WUNDERLOSEN/HAFTEN/ISCHEN Abend schläft Edi zufrieden ein.

2 Arbeite mit den Sätzen aus Aufgabe 1 und entscheide dich für die richtige Schreibweise.
- Schreibe die Sätze 2, 12 und 13 richtig ab.
- Schreibe den Satz 3 richtig ab und unterstreiche das Artikelwort.
- Schreibe die Sätze 5, 8 und 16 richtig ab.
- Schreibe die Sätze 1, 11 und 14 ab und entscheide dich für die Ziffer oder die Ausschreibung der Zahl. Begründe deine Entscheidung und beachte die Groß- und Kleinschreibung.
- Schreibe die Sätze 4, 12, 18 und die Überschrift richtig ab und entscheide dich für die richtigen Suffixe.
- Schreibe die Sätze 6, 7 und 9 richtig ab.
- Schreibe den Satz 15 richtig ab. Unterstreiche den verschmolzenen Artikel und das Artikelwort.
- Schreibe den Satz 10 richtig ab.

Digital+
WES-126526-099
Lösungen

Zeichensetzung

Nico war mit anderen Kindern im Freibad. Am Abend erzählt er seiner Freundin Eleni davon.

Eleni: „Wer war denn mit dir im Freibad?“
Nico: „Da waren mein Freund Max sowie meine Schwester Loana und ich.“
Eleni fragt sich: „Wie viele waren denn nun eigentlich dabei?“

1 Besprecht, warum Eleni sich diese Frage stellt.

Digital+
WES-126526-100
Satz zum Bearbeiten

2 Schreibe den unterstrichenen Satz zweimal auf und setze die Kommas so ein, dass
- einmal drei Kinder gemeint sind
- einmal fünf Kinder gemeint sind.

3 Vergleicht eure Sätze und besprecht, wie ihr vorgegangen seid.

In diesem Kapitel lernst du ...
- den eingeschobenen Redesatz bei der wörtlichen Rede kennen.
- die Zeichensetzung bei weiteren Konjunktionen kennen.
- die Zeichensetzung bei weiteren Subjunktionen kennen.
- die Zeichensetzung bei Appositionen kennen.
- das Apostroph kennen.

Zeichen der wörtlichen Rede

B → S. 306
Wörtliche Rede

1 Lest die folgenden Sätze in verteilten Rollen (Nefeli, Lasse, Sprecher).

1) „Wer ist das denn? Kennst du die?“, flüstert Nefeli als zwei Frauen das Klassenzimmer der 6a betreten.
2) Lasse sagt leise: „Das sind doch Frau Märtz und Frau Lehmann. Die machen irgendwas mit Berufen.“
3) „Und was wollen sie dann bei uns?“, fragt Nefeli.

Digital+
WES-126526-101
Sätze zur wörtlichen Rede zum Bearbeiten

2 Besprecht:
- Woran erkennt man die wörtliche Rede?
- Wo kann der Redebegleitsatz stehen?
- Was muss man bei der Zeichensetzung beachten?

3 Lest die folgenden Sätze. Achtung: Es fehlen einige Satzzeichen.

4) Doch da sagt die eine Frau Das ist Frau Märtz.
5) Und das ist Frau Lehmann sagt Frau Märtz.
6) Sie ergänzt Wir wollen euch ein neues Projekt vorstellen.
7) Wisst ihr, wo eure Eltern arbeiten und was genau sie den ganzen Tag tun? fragt Frau Lehmann.

4 Arbeite mit den Sätzen.

a) Schreibe die Sätze 4) bis 7) ab.
   - Unterstreiche die Redesätze.
   - Setze die fehlenden Satzzeichen ein und markiere sie (Anführungszeichen oben und unten, Doppelpunkt, Komma).

b) Schreibe die folgenden Sätze ab. Setze alle fehlenden Satzzeichen ein und markiere sie.

8) Mara meldet sich sofort Meine Mutter arbeitet im Pflegeheim. Ich habe sie schon nach der Arbeit abgeholt
9) Mein Vater fährt Pakete aus. Er fährt morgens schon ganz zeitig los und ist oft den ganzen Tag unterwegs berichtet Adrian.
10) Frau Märtz fragt Wie wäre es, wenn ihr eure Eltern einen Tag lang bei der Arbeit begleitet. Vielleicht könnt ihr sogar helfen
11) Geht das denn ruft Obada rein.

5 Überprüft, ob ihr richtig gearbeitet habt.

6 Lest die folgenden Sätze und vergleicht:
- Wo steht der Redebegleitsatz?
- Welche Satzzeichen werden gesetzt? (Anführungszeichen oben und unten, Doppelpunkt, Komma) und wo stehen sie?

1) Adrian berichtet: „Mein Vater arbeitet bei der Post."
2) „Mein Vater", berichtet Adrian, „arbeitet bei der Post."
3) „Mein Vater arbeitet bei der Post", berichtet Adrian.

7 Schreibe die drei Sätze aus Aufgabe 6 ab. Unterstreiche die Redesätze und Markiere alle Satzzeichen.

8 Schreibe die folgenden Sätze ab.

a) Unterstreiche die Redesätze und markiere die Satzzeichen.

4) „Da musste ich", erzählt Adrian weiter, „schon 3.00 Uhr morgens aufstehen."
5) „Warst du da", erkundigt sich Mara, „nicht total müde?"
6) „Oh ja", lacht Adrian, „aber ich habe während der Fahrt nicht geschlafen."

b) Schreibe die weiteren Sätze ab. Die Redesätze sind unterstrichen. Trage die fehlenden Kommas und die Anführungszeichen oben und unten ein.

7) <u>Denn</u> ergänzt er <u>ich war total aufgeregt und habe pausenlos geredet.</u>
8) <u>Und dann habe ich</u> ergänzt er <u>beim Austeilen der der Pakete geholfen.</u>
9) <u>Ich bin sogar</u> fügt er hinzu <u>mit zu den Wohnungen der Leute gegangen.</u>

c) Unterstreiche die Redesätze, setze und markiere die fehlenden Satzzeichen.

10) Ich war erzählt Mara mit meiner Mutter im Pflegeheim.
11) Konntes du will Obada wissen auch manchmal mithelfen?
12) Einige kleine Aufgaben erzählt Mara konnte ich schon übernehmen.
13) Und die alten Leute ergänzt sie haben sich gefreut und von früher erzählt und gelacht. Das war wirklich schön.

Zeichen der wörtlichen Rede

Die Zeichen der wörtlichen (direkten) Rede zeigen an, dass Gesprochenes wörtlich wiedergegeben wird. Das **Gesprochene**, der Redesatz, steht **in Anführungszeichen**. Der Redesatz kann:
- vorangestellt werden.
  Die Lehrkraft erklärt: „<u>Das Projekt findet in der letzten Schulwoche statt.</u>"
- nachgestellt werden.
  „<u>Das Projekt findet in der letzten Schulwoche statt</u>", erklärt die Lehrkraft.
- eingeschoben werden.
  „<u>Das Projekt</u>**"**, erklärt die Lehrkraft, „<u>findet in der letzten Schulwoche statt.</u>"

Das reihende Komma

B → S. 318
Komma

Digital+
WES-126526-102
Sätze der Seite zum Bearbeiten

1 Schreibt die folgenden Sätze ab.
- Unterstreicht in jedem Satz die Wörter, die in allen drei Sätzen vorkommen.
- Besprecht, welche Wörter in Satz 2) wegfallen und begründet.
- Besprecht, welche Wörter in Satz 3) wegfallen und begründet.

1) Antun fährt in den Ferien durch Süddeutschland und er fährt durch Österreich und er fährt durch Slowenien und er fährt fast durch ganz Kroatien.
2) Antun fährt in den Ferien durch Süddeutschland, er fährt durch Österreich, er fährt durch Slowenien und er fährt fast durch ganz Kroatien.
3) Antun fährt in den Ferien durch Süddeutschland, durch Österreich, durch Slowenien und fast durch ganz Kroatien.

2 Schreibe die folgenden Sätze so auf wie in Aufgabe 1.

4) Mia schläft in den Ferien morgens lange und sie geht vormittags ins Freibad und sie probt nachmittags im Kinderzirkus.
5) Greta mag das Wandern und sie mag das Baden und sie mag das Kanufahren.
6) Tamar liebt die freie Zeit und er nutzt die freie Zeit zum Radfahren.

3 Schreibe den Satz ab und verbessere ihn.
a) Arbeite wie in Aufgabe 2.

7) Ajosch probiert das Mountainbiken aus und er probiert das Klettern aus und er probiert das Tauchen aus.

b) Schreibe den Satz 8) so auf, dass nicht so viele Wörter wiederholt werden.

8) Die örtlichen Vereine bieten in den Ferien kostenlose Veranstaltungen an und einige örtliche Betriebe bieten kostenlose Veranstaltungen an.

4 Kontrolliert eure verbesserten Sätze gegenseitig.

Das reihende Komma

Gleichrangige Sätze (Hauptsätze) können gereiht werden. Dann werden sie mit **und, oder** oder **einem Komma** abgetrennt.
Sind Satzglieder gleich, kann eines weggestrichen werden:
- Subjekt: *Ariane hört Musik und ~~Ariane~~ malt dabei ein Bild. Ariane hört Musik und sie malt dabei ein Bild.*
- Subjekt und Prädikat: *Anna hört Musik und ~~sie hört~~* Hörbücher.
- Subjekt und Objekt: *Anna liebt ~~das Wandern~~ und ~~sie~~ genießt das Wandern.*

RSR: Satzinterne Zeichen: Reihendes Komma (Sätze, Wortgruppen, Wörter)

B → S. 319
Konjunktion

Reihung mit mehrgliedrigen Konjunktionen

1 Lest die folgenden Sätze und besprecht Gemeinsamkeiten und Unterschiede.

1) Adrian spiel Fußball. Adrian spielt Minigolf.
2) Adrian spielt sowohl Fußball als auch Minigolf.
3) Adrian spielt entweder Fußball oder Minigolf.
4) Adrian spielt weder Fußball noch Minigolf.

Digital+
WES-126526-103
Sätze zum Bearbeiten

2 Schreibt die Sätze aus Aufgabe 1 ab.
- Markiert die Konjunktionen (Bindewörter) ***sowohl... als auch, entweder... oder, weder... noch***.
- Unterstreicht die Wörter, die in allen Sätzen gleich sind.
- Besprecht für jeden Satz: Was spielt Adrian? Was spielt Adrian nicht?
- Besprecht, durch welche Wörter sich die Aussage der Sätze verändert.

3 Verbinde die folgenden Sätze mit mehrgliedrigen Konjunktionen.
- Schreibe jeweils alle drei Möglichkeiten auf wie in Aufgabe 1.
- Markiere die mehrgliedrigen Konjunktionen.

Dunja geht mit ihren Freunden ins Freibad. Dunja geht mit ihren Freunden ins Kino.
Linos geht einen Vormittag zur Feuerwehr. Linos geht einen Vormittag zum Imker.

4 Verbinde die folgenden Satzpaare mit der vorgegebenen mehrgliedrigen Konjunktion.
Markiere die mehrgliedrigen Konjunktionen.

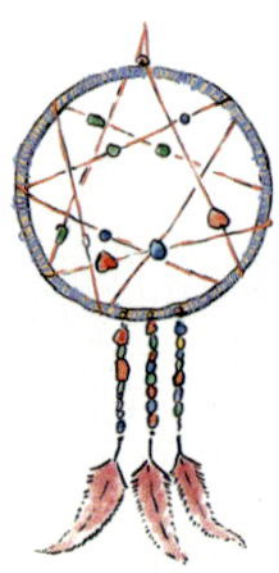

Edib baut nachmittags eine Essigrakete.
Edib baut nachmittags Papierdrahtfiguren. ***weder... noch***

Eleni bastelt für ihre Freundin ein Armband.
Eleni bastelt für ihre Freundin einen Traumfänger. ***entweder... oder***

Maxi verbringt einen Tag auf der Rettungswache.
Maxi verbringt einen Tag im Maislabyrinth. ***sowohl... als auch***

Reihung mit mehrgliedrigen Konjunktionen

Mehrgliedrige Konjunktionen (Bindewörter) bestehen aus zwei oder mehreren Wörtern. Sie verbinden Hauptsätze oder Satzglieder **ohne Komma**. Dadurch kann sich die Aussage der Sätze verändern. Mehrgliedrige Konjunktionen sind z. B. *sowohl ... als auch, entweder ... oder, weder ... noch.*
Er spielt sowohl Fußball als auch Minigolf. (Er spielt beides.)
Er spielt entweder Fußball oder ~~er spielt~~ Minigolf. (Er spielt nur eines von beiden, er muss wählen)
Er spielt weder Fußball noch Minigolf. (Er spielt keines von beiden.)

RSR: Satzinterne Zeichen: Reihendes Komma (mehrgliedrige Konjunktion)
GR: Mehrgliedrige Konjunktionen

Reihung mit entgegensetzenden Konjunktionen

1 Lest die folgenden Sätze und besprecht:
- Verändert sich die Satzaussage durch die unterstrichenen Wörter?
- Vor welchen Konjunktionen steht ein Komma?

Digital+
WES-126526-104
Sätze der Seite zum Bearbeiten

1) Klara ist mit Mädchen befreundet. Klara ist mit Jungen befreundet.
2) Klara ist nicht nur mit Mädchen befreundet, sondern auch mit Jungen.
3) Klara ist mit Mädchen befreundet, aber mit Jungen auch.

2 Schreibe die folgenden Sätze ab.
- Unterstreiche die Konjunktionen *aber, nicht nur … sondern auch.*
- Setze die Kommas.

4) Eleni spielt gern am Computer aber nicht so oft.
5) Das Wasser im See ist nicht nur tief sondern auch kalt.
6) Manche schwimmen nicht nur im Badesee sondern auch im nahen Fluss.
7) Alessandro bekommt zum Geburtstag ein kleines aber besonders schönes Geschenk.

3 Arbeite mit den Konjunktionen ***aber, nicht nur … sondern auch***

a) Schreibe die Sätze 8) bis 11) ab. und setze in die Lücken die Konjunktionen ein:
- Unterstreiche die Konjunktionen *aber, nicht nur … sondern auch.*
- Setze die Kommas.

8) Der Weg ist ___ steil ___ auch steinig. Morgen wird es warm ___ windig.
9) Mia spielt ___ Gitarre ___ Flöte. Leon sieht einen schönen ___ ungenießbaren Pilz.
10) Eleni fährt heute mit dem Bus ___ an den anderen Tag mit dem Fahrrad.
11) Viele Kinder essen ___ gern Nudeln ___ Pizza.

b) Bilde Sätze mit den Konjunktionen, unterstreiche sie und setzte die Kommas. Verwende das Wortmaterial.
kochen – backen, nicht steil – steinig, kalt – trocken, klein – gemütlich, breit – tief, Geige – Klavier

c) Bilde selbst sechs Sätze.

Reihung mit entgegensetzenden Konjunktionen

Entgegensetzende (adversative) Konjunktionen (Bindewörter) bringen einen Gegensatz zum Ausdruck. Sie verbinden Hauptsätze oder Satzglieder.
Adversative Konjunktionen sind z. B. *aber, nicht nur … sondern auch.*
Arian spielt Fußball. Adrian spielt Handball. Arian spielt Fußball, aber ~~er spielt~~ Handball auch. Arian spielt nicht nur Fußball, sondern ~~er spielt~~ auch Handball.

RSR: Satzinterne Zeichen: Reihendes Komma (adversative Konjunktion)
GR: Adversative Konjunktion

B → S. 323
Satzgefüge

Komma in Satzgefügen

Eingeleitete Nebensätze: Subjunktion

Digital+
WES-126526-105
Sätze mit Subjunktionen zum Bearbeiten

1 Schreibe die folgenden Satzgefüge ab

- Markiere in beiden Satzgefügen die Subjunktion (Bindewort) *weil*.
- Markiere in beiden Satzgefügen das Komma.
- Unterstreiche in beiden Satzgefügen die Verben.
- Was fällt dir auf?

1) Janna bleibt in den Ferien zu Hause, weil ihre Eltern arbeiten.
2) Weil ihre Eltern arbeiten, bleibt Janna in den Ferien zu Hause.

2 Schreibe die Sätze 3) bis 7) ab.

- Markiere die Subjunktionen *während, weil, wenn, sodass*
- Setze das Komma vor die Subjunktion und markiere es.
- Unterstreiche die Verben.

Beispiel: *Janna bleibt in den Ferien zu Hause, während ihre Freundin verreist.*

3) Janna bleibt in den Ferien zu Hause während ihre Freundin verreist.
4) Ihre Eltern können in dieser Zeit keinen Urlaub nehmen weil ihre Mutter in einem Hotel arbeitet.
5) Sie machen aber Tagesausflüge wenn die Eltern ein paar Tage frei haben.
6) Gemeinsam legt die Familie ein Ausflugsziel fest sodass sich jeder darauf freut.
7) Häufig suchen sie Ziele in der näheren Umgebung aus wenn sie einen Ausflug planen.

3 Schreibe die Sätze 3) und 4) so auf, dass der Nebensatz vor dem Hauptsatz steht. Bearbeitet dann die Sätze wie in Aufgabe 2.

4 Lest die folgenden Sätze und besprecht Gemeinsamkeiten und Unterschiede.

8) Oft fährt die Familie mit dem Fahrrad, weil sie so das Geld für die Bahn spart.
9) Oft fährt die Familie, weil sie so das Geld für die Bahn spart, mit dem Fahrrad.

5 Schreibe die Sätze 8) und 9) ab.

- Markiere die Subjunktion *weil* und die Kommas.
- Unterstreiche die Verben.
- Unterstreiche in beiden Sätzen den Hauptsatz mit einer Farbe und den Nebensatz mit einer anderen Farbe.

6 Arbeite mit den folgenden Sätzen.
- Markiere in allen Sätzen die Subjunktionen und die Kommas.
- Unterstreiche in allen Sätzen die Verben.
- Unterstreiche in allen Sätzen den Hauptsatz mit einer Farbe und den Nebensatz mit einer anderen Farbe.

a) Schreibe die Sätze 10) bis 14) ab und bearbeite sie.

10) Janna schaut sich, während sie über ein Ausflugsziel nachdenkt, eine Freizeitkarte ihres Landkreises an.
11) Die Entscheidung fällt ihr, als sie die vielen Angebote sieht, schwer.
12) Deshalb schließt sie, während sie mit ihrem Zeigefinger über die Karte fährt, die Augen.
13) Alle sind, als sie auf eine Ort tippt, ganz aufgeregt.
14) Das, was sie vorliest, klingt spannend.

b) Schreibe die Sätze 15) bis 18) ab. Setze dabei die fehlenden Kommas ein und bearbeite die Sätze wie oben angegeben.

15) Janna kann sich als sie die vielen Angebote auf der Freizeitkarte sieht nicht entscheiden.
16) Deshalb schließt sie während ihre Hand über der Karte kreist die Augen.
17) Dann bewegt sie ihren Zeigefinger langsam bis er auf einen Punkt tippt über die Karte.
18) Ihr Bruder fragt sich als Jannas Finger auf einen Punkt tippt ob sie ein bisschen geschummelt hat. Denn das Symbol auf der Karte bedeutet dass der nächste Ausflug zu einem Pferdehof geht. Janna jubelt als sie die Augen öffnet laut.

Eingeleitete Nebensätze: Stellung der Nebensätze im Hauptsatz

Der Nebensatz kann:
- vor dem Hauptsatz stehen:
  Während *ihre Freundin verreist, bleibt Janna in den Ferien zu Hause.*
- nach dem Hauptsatz stehen:
  Janna bleibt in den Ferien zu Hause, während ihre Freundin verreist.
- in den Hauptsatz eingeschoben sein:
  Janna bleibt, ***während*** *ihre Freundin verreist, in den Ferien zu Hause.*

Der Nebensatz mit den Subjunktionen *während, weil, wenn, sodass,* wird vom Hauptsatz mit Kommas abgetrennt.

RSR: Satzinterne Zeichen: Komma bei eingeleiteten finiten Nebensätzen (Subjunktion)

Eingeleitete Nebensätze: Relativpronomen

Digital+
WES-126526-106
Sätze mit Relativpronomen zum Bearbeiten

1 Lest die folgenden Sätze und besprecht:
- Mit welchen Wörtern werden die unterstrichenen Nebensätze eingeleitet?
- Worauf bezieht sich der Nebensatz?

1) Am Abend vor der Wanderung packen alle die Rucksäcke, die sie mitnehmen.
2) Janna lädt noch einmal das Handy, das sie unterwegs braucht.

2 Schreibe die Sätze aus Aufgabe 1 ab.
- Markiere die Relativpronomen *die, das* und die Kommas.
- Unterstreiche Hauptsatz und Nebensatz mit unterschiedlichen Farben.
- Trage den Pfeil vom Relativpronomen zum Satzglied, auf das es sich bezieht, ein.

Beispiel: *Sie will die Pferde, die sie unterwegs sieht, fotografieren.*

3 Schreibe die Sätze ab und bearbeite sie, wie in Aufgabe 2.

a) Arbeite mit den Sätzen 3) bis 5).

3) Am Morgen fahren sie mit dem Zug, der sie schnell ins Wandergebiet bringt.
4) Zuerst wandern sie durch das Tal, das von Bergen eingeschlossen ist.
5) Dort befinden sich die Weiden, die nur für die jungen Hengste genutzt werden.

Digital+
WES-126526-107
Deklinationstabelle für Relativpronomen

b) Arbeite mit den Sätzen 6) bis 8). Setze beim Abschreiben passende Relativpronomen in die Lücken ein und setze die Kommas.

6) Zu dem Pferdehof ___ Janna ausgesucht hat wandert die Familie danach.
7) Sie steigen zu einem Wasserfall auf an ___ sie sich erfrischen.
8) Über einen Felsen ___ das Tal von einer Albwiese trennt klettern sie auch.

c) Verbinde mithilfe von Relativpronomen die Satzpaare und setze die Kommas.

9) Die Familie wandert zu dem Pferdehof. Den Pferdehof hat Janna ausgesucht.
10) Auf einer eingezäunten Wiese sehen sie Pferde. Die Pferde kommen sofort neugierig näher.
11) Janna fotografiert jedes Pferd mit dem Handy. Sie hält das Handy in der Hand.

B → S. 316
Deklination

Eingeleitete Nebensätze: Relativpronomen

Nebensätze können auch mit Relativpronomen eingeleitet werden. Relativpronomen sind zum Beispiel: *der, die, das*. Es kann auch in deklinierter Form auftreten. Der Nebensatz wird durch Kommas vom Hauptsatz abgetrennt und kann:
- nach dem Hauptsatz stehen.
  *Sie will die Pferde fotografieren, **die** sie unterwegs sieht.*
- in den Hauptsatz eingeschoben sein.
  *Sie will die Pferde, **die** sie unterwegs sieht, fotografieren.*

Zeichensetzung bei Anreden und Ausrufen

1 Hört euch die folgenden Sätze an. Was fällt euch auf?

Robert, komm bitte zur Tafel.

Komm bitte zur Tafel, Robert.

Digital+
WES-126526-108
Sätze (Aufgabe 1 und 3) zum Anhören

2 Schreibe Sätze mit den Wortmaterial und achte auf die Kommasetzung.
Anreden: Liebe Lisa, Hallo, Guten Tag, Sehr geehrte Frau Müller,
Bausteine: Geburtstag, krank sein, Hausmeister nach verlorener Mütze fragen, Hilfe bei Hausaufgaben

3 Vergleicht folgende Sätze. Wodurch unterscheiden sie sich?

A Hey, gib mir meinen Stift zurück!
Ach, lass mich doch endlich in Ruhe!

B Hey gib mir meinen Stift zurück.
Ach lass mich doch endlich in Ruhe.

4 Lasst euch die Sätze aus Aufgabe 3 vorlesen oder hört sie euch an.
Besprecht, welcher gelesenen Satz zu den Sätze A oder B passt. Begründet.

5 Schreibe die Sätze ab und entscheide, ob du Kommas und Ausrufezeichen setzt.

1) Igitt schon wieder ein Hundehaufen
2) Ach reg dich doch nicht darüber auf
3) Ha du bist auch nicht hineingetreten

6 Schaut euch die Bilder an. Was könnten die Personen sagen? Ihr könnt das Wortmaterial benutzen: ***puh, aua, ach je, hurra***

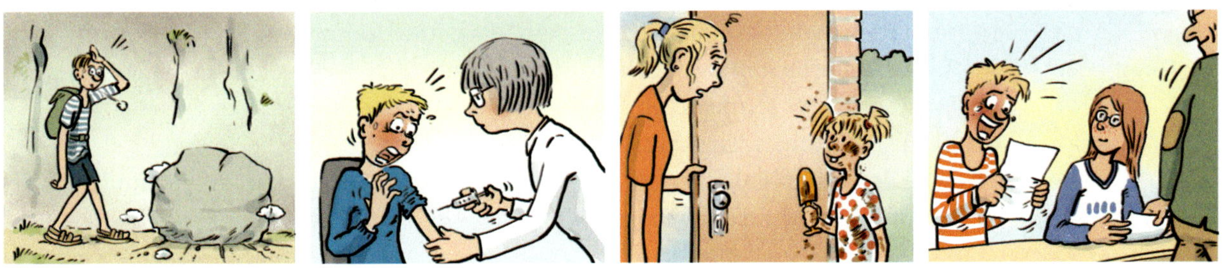

Zeichensetzung bei Anreden oder Ausrufen

Anreden werden durch ein Komma vom übrigen Satz abgetrennt.
Beispiel: *Lisa, komm bitte an die Tafel.*
Ausrufe werden durch ein Komma vom übrigen Satz abgetrennt, wenn sie besonders hervorgehoben werden sollen. Dann steht am Satzende ein Ausrufezeichen.
Beispiel: *Ach, das ist aber schade**!***

Komma bei Appositionen

Digital+
WES-126526-109
Sätze zum Anhören

1 Lest die Sätze und besprecht Gemeinsamkeiten und Unterschiede.

Die Römer waren ein Volk in der Antike. Die Römer kamen bis Baden-Württemberg.

Die Römer, ein Volk der Antike, kamen bis Baden-Württemberg.

2 Lest aufmerksam den Info-Kasten. Besprecht, wie eine Apposition gebildet wird.

Digital+
WES-126526-110
Sätze der Seite zum Bearbeiten

3 Schreibe die folgenden Sätze ab.
- Markiere die Kommas.
- Unterstreiche die Apposition und das näher erklärte Nomen oder die Nominalgruppe.

  Beispiel: *Die Klasse 6a behandelt im Unterricht das Römische Reich, ein Reich der Antike.*

1) Die Klasse 6a behandelt im Unterricht das Römische Reich, ein Reich der Antike.
2) Die Kinder erfahren etwas über den Limes, den Grenzwall.
3) Ein Modell des Limes, ein Stück der Mauer mit Turm, baut Elif zu Hause nach.
4) Gemeinsam wollen sie nach Aalen, einer Stadt westlich von Stuttgart, fahren.

4 Bildet aus jeweils zwei Sätzen einen Satz.
- Verwendet den zweiten Satz als Apposition für das unterstrichene Nomen im Hauptsatz.
- Setzt die Kommas.

a) Das Museum befindet sich auf dem Platz eines Reiterkastells.
a) Das Reiterkastell war ein befestigtes Lager.
b) Mit einer Museumsrallye erforschen sie das Leben der Römer.
b) Die Museumsrallye ist ein Quiz zur Ausstellung.
c) In den unterschiedlichen Workshops stellen sie Spiele und Gegenstände her.
c) Workshops sind Arbeitsgruppen.

Komma bei Apposition

Die Apposition ist ein **nachgestelltes Attribut, das ein Nomen näher erklärt**.
Unterbricht sie den Hauptsatz, wird sie von zwei Kommas eingeschlossen.
Das Limesmuseum, eine Ausstellung zu den Römern, befindet sich in Aalen.
Steht sie am Ende des Hauptsatzes, wird sie mit einem Komma vom Satz abgetrennt.
Das Limesmuseum befindet sich in Aalen, einer Stadt westlich von Stuttgart.
Apposition und Nomen stimmen im Kasus, Genus und Numerus überein.

Satzzeichen bei Apposition normgerecht anwenden
RSR: Satzinterne Zeichen: Komma bei Apposition

Apostroph

1 Lest die Sätze und ordnet die Namen den Kindern auf dem Bild zu. Begründet eure Entscheidung.

Das ist Andreas Fahrrad. Das ist Andreas‘ Fahrrad.

2 Schreibt die Sätze aus Aufgabe 1 untereinander auf.
a) Formuliert den jeweiligen Satz so um, dass er eindeutig zeigt, wer gemeint ist. Verwendet dazu die Präposition *von*.
b) Bestimmt den Kasus der Namen in beiden Sätzen.
Beispiel: *Das ist Max' Füller. (Genitiv) Das ist der Füller von Max. (Dativ)*

3 Ordnet die folgenden Wortgruppen in die Tabelle ein. Besprecht, nach welchen Buchstaben der Genitiv-Apostroph steht.
Alex' Vater, Carlos' Fehler, Fritz' Mathebuch, Tinas Busfahrkarte, Luis' Mütze, Pauls Trinkflasche, Liz' Jacke, Lauras Tasche, Lara Strauß' Heft, Karis Schal

Eigennamen mit Apostroph	Eigennamen ohne Apostroph
Alex' Vater	

4 Schreibe die Wortgruppen so auf, dass der Eigenname im Genitiv steht.
Markus Geldbeutel, Alina Kamm, Daniel Papierflieger, Franz Zeichenblock, Tala Brillenetui, Moritz Zeichnung, Beatrix Geschenk, Lorenzo Spickzettel

Unterstreiche, wenn du unsicher bist, zuerst den letzten Buchstaben des Namens.

5 Schreibt die folgenden Sätze untereinander ab.
- Schreibt daneben dieselben Sätze wie im Beispiel.
- Besprecht, warum einmal der Apostroph verwendet wird und einmal nicht.

Beispiel: *Ich hab's!* *Ich habe es!*

So 'n Quatsch!
Du bist fleißig wie 'ne Biene.
Ich find's komisch.
Hat er's verstanden?
Maja ist 'ne tolle Sportlerin.
Wie's aussieht, kommen wir zu spät.

6 Schreibt die folgenden Sätze verkürzt auf. Lasst bei den unterstrichenen Wörtern Buchstaben weg und setzt den Apostroph.

Es ist schon spät.
Erzähl nicht so ein Zeug!
Hast du Lust auf eine Apfelschorle?
Hast du mal einen Euro?

Apostroph

Der Apostroph zeigt den Genitiv bei Eigennamen mit einer s-Laut-Endung (-s, -ss, -ß, -z, -tz, -x) an. *Alex' Buch, Liz' Heft*
Der Apostroph ist ein **Auslassungszeichen**. Er zeigt an, dass ein oder mehrere Buchstabe(n) innerhalb eines Wortes ausgelassen werden. *Ich hab's! Ich habe es!*

RSR: Wortzeichen: Genitiv-Apostroph bei Eigennamen, Apostroph als Auslassungszeichen

Zusammenfassung

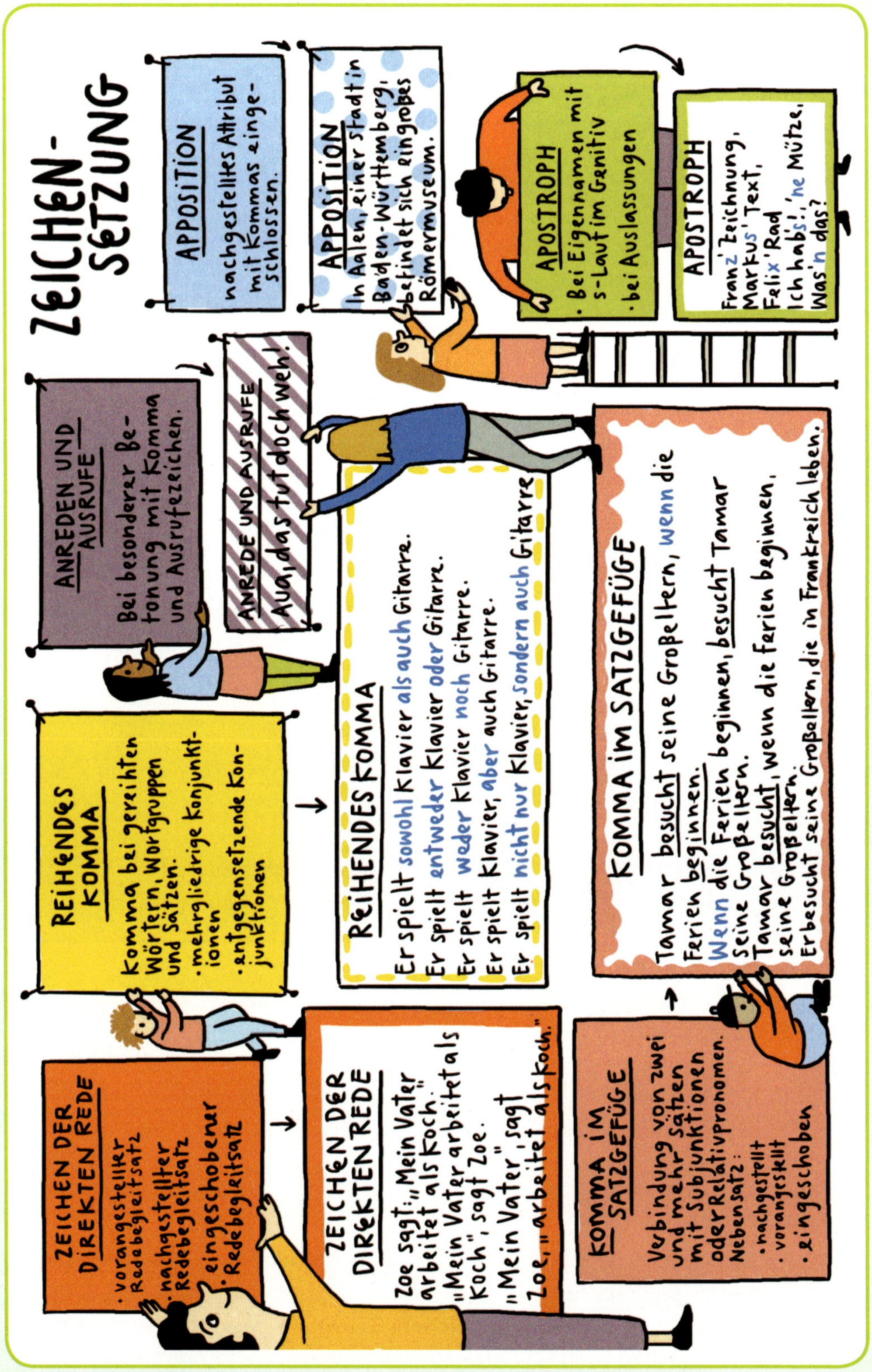

Überprüfe dein Wissen und Können

1 Lies den Text.

Drängelei in der Pause

1) Aua das tut doch weh ruft Alina.
2) Sie beklagt sich bei Frau Yilmaz ihrer Klassenlehrerin.
3) Adi hat mit dem Heft nach mir geschlagen als ich zu meinem Platz gegangen bin.
4) Und Alina hat mich sagt Adi von meinem Bücherfach weggeschubst.
5) Schon öfter kam es zum Streit es wurde gedrängelt geschubst und geschlagen.
6) Deshalb kündigt Frau Yilmaz an dass die 6a beim nächsten Klassenrat über das Thema sprechen wird.
7) Zuerst sollen die Kinder Situationen aufschreiben die am häufigsten zu Gedrängel und Geschubse führen.
8) Schon bald wird den Kindern klar: Es wird nicht nur im Klassenzimmer gedrängelt sondern auch auf dem Schulhof.
9) Wenn alle vom Pausenhof ins Schulhaus stürmen ist es am schlimmsten sagt Elif.
10) Boris stellt fest An den Regalen mit den Schulbüchern wird am meisten gedrängelt. Während einige ihre Materialien holen wollen stehen andere da und schwatzen.
11) Gemeinsam beraten die Kinder was sie ändern können.
12) Sie besprechen dass sie mehr Rücksicht aufeinander nehmen wollen.
13) Und am Ende der Hofpause wollen sie warten bis die meisten im Schulhaus sind.

2 Arbeite mit den Sätzen aus Aufgabe 1 weiter.

a) Arbeite mit folgenden Sätzen.
- Schreibe die Sätze 3), 4), 9) und 10) ab, unterstreiche den Redesatz und trage alle fehlenden Satzzeichen ein.
- Markiere in den Sätzen 3), 9), 10) die Subjunktionen *als, wenn, während* und trage die Kommas ein.
- Schreibe die Sätze 6), 8), 11), 13) ab, markiere die Subjunktionen *dass, nicht nur…sondern auch, was, bis* und trage die Kommas ein.
- Schreibe den Satz 5) ab und trage alle reihenden Kommas ein.
- Schreibe den Satz 7) ab, markiere das Relativpronomen *die* und trage das Komma ein.

b) Schreibe die Sätze 3) bis 13) ab und trage alle fehlenden Satzzeichen ein.

c) Schreibe alle Sätze ab und trage alle fehlenden Satzzeichen ein.

Digital+
WES-126526-111
Lösungen

Getrennt- und Zusammenschreibung

Janne hat seinen Aufsatz zurückbekommen und wundert sich.

Aufregung im Zug
In den Ferien fuhr ich das erste mal allein
mit dem Zug zu meinen Großeltern. Morgens
stand ich schon ganz früh noch vor allen anderen
auf. Ich konnte einfach nicht weiter schlafen.
Noch einmal schaute ich in den Ruck sack. Alles
war da: vor allem die Fahr karte. Im Zug steckte ich
die Kopf hörer ins Ohr und hörte Musik. Irgend wie
musste ich dabei eingeschlafen sein. Als der Schaffner
meine Fahr karte ansehen wollte, griff ich noch etwas
verschlafen in die Seiten tasche meines Ruck sacks.
Aber da war keine Fahr karte! Na sowas, das konnte doch
gar nicht sein! Heute Morgen war sie doch genau dort!
Aufgeregt wühlte ich im Ruck sack herum. Hatte sie jemand
heraus genommen, als ich schlief? Mein Herz klopfte ganz
wild, als ich mit zitternden Händen alles aus packte.
Noch einmal griff ich ganz tief in die Tasche und ein
zerknittertes Blatt Papier kam zum Vorschein: meine Fahr karte.

1 Lies den Text und achte besonders auf die unterstrichenen Wörter mit den Fragezeichen.

2 Besprecht, warum an den unterstrichenen Wörtern Fragezeichen stehen.

Digital+
WES-126526-112
Text in Druckschrift

3 Verbessert die unterstrichenen Wörter mithilfe eines Wörterbuches.

4 Besprecht, warum es wichtig ist, Wörter deutlich getrennt- oder zusammenzuschreiben.

In diesem Kapitel lernst du ...
- die Konstantschreibung bei Komposita kennen.
- die Schreibung zusammengesetzter Nomen mit Fuge kennen.
- die Zusammenschreibung bei Kondensation kennen.
- die Zusammenschreibung mit *irgend-* kennen.
- die Zusammen- oder Getrenntschreibung mit *mal/Mal* kennen.
- die Getrenntschreibung bei Verben mit *sein* kennen.

Konstantschreibung von Komposita

1 Spielt das Komposita-Domino. Druckt euch dazu die Vorlage aus.
Achtung: Alle Komposita müssen drei gleiche aufeinanderfolgende Vokale oder Konsonanten haben.

B → S. 318
Kompositum

Digital+
WES-126526-113
Vorlage für das Domino-Spiel

2 Besprecht, welche Besonderheit alle gelegten Wörter haben.

3 Schreibe alle Wörter untereinander auf.
- Markiere die drei gleichen Konsonanten bzw. Vokale.
- Unterstreiche das Bestimmungswort und trage den Pfeil ein.
- Schreibe die Wörter getrennt daneben. Achte auf die Groß- und Kleinschreibung.

Beispiel: *die Schifffahrt* – *Schiff* – Fahrt

4 Bilde mit den Wortpaaren Komposita. Markiere die drei gleichen Konsonanten.
der Stoff, die Falte / voll, laden / der Stamm, die Mannschaft / das Geschirr, der Reiniger / der Schluss, der Strich / das Ballett, die Tänzerin

5 Schreibe die Wortgruppen ab und trage die fehlenden Buchstaben in die Lücken ein. Markiere sie.

a) *die Schi __ ahrt auf dem Bodensee, ein Pa __ lakat aufhängen, beim We __ auchen gewinnen, im Schri __ empo fahren, in der Sta __ annschaft spielen, das Auto vo __ aden, der Balle __ änzerin zuschauen, die richtige Gewi __ ummer ziehen*

b) *etwas auf Gri __ estigkeit prüfen, in der Fußba __ iga spielen, die Schla __ assen wegschaufeln, den Schlu __ atz schreiben, mit einer Pi __ adel befestigen, fe __ riefende Pommes, im Schri __ empo gehen*

Schreibung von Komposita

Bezieht sich der Artikel auf das Grundwort, wird zusammengeschrieben.
Treffen bei der Zusammenschreibung von Wörtern gleiche Buchstaben zusammen, werden alle geschrieben.
*Schi**fff**ahrt, sti**lll**egen, Sto**fff**etzen*

Komposita mit Fugenelement

1 Lest die folgenden Komposita laut vor.
Leszeichen, Geschichtbuch, hoffnungvoll, Wörtbuch

2 Konntet ihr die Wörter gut lesen? Erklärt, warum das Lesen schwierig war.

3 Schreibt die Wörter aus Aufgabe 1 mit den fehlenden Buchstaben auf.

4 Schreibe die folgenden Komposita untereinander auf.
Zerlege die Komposita in die einzelnen Wörter und schreibe sie wie im Beispiel.

Beispiel: *der Frühlingstag: der Frühling + s + tag*
Hundebesitzer, Sonnenstrahl, Lichterkette, Liebesbrief, Herzenswunsch

Digital+
WES-126526-114
Tabelle zum Ausfüllen

5 Ordne die folgenden Komposita nach den Fugenelementen in die Tabelle ein.
Arbeite wie im Beispiel.

-e-	-s-	-en-	-er-	-es-
die Hundeleine				

altersschwach, das Glückskind, der Gebirgsurlaub, die Hundeleine, das Bücherregal, der Elefantenzahn, die Geisterbahn, das Reihenhaus, die Schlafenszeit, die Haltestelle, die Häuserreihe, das Hilfsangebot, der Freundeskreis, das Bärenfell, der Kindergarten

6 Füge beim Abschreiben der Komposita das passende Fugenelement ein.
Markiere das Fugenelement. Unterstreiche das Grundwort. Trage den Pfeil ein.
die Les▢ecke, der Geburt▢tag, das Wart▢zimmer, der Kind▢arzt, der Advent▢kalender, der Mannschaft▢sport, die Pust▢blume, rabe▢schwarz, der Kleid▢schrank, die Maus▢falle

7 Setze jeweils ein Bestimmungs- und ein Grundwort sinnvoll zusammen und markiere das Fugenelement.
Bestimmungswort: *Auge, Arbeit, Bild, Ganztag, Held, Jahr, Pferd, Seite, Scheibe*
Grundwort: *Betreuung, Blick, Platz, Rahmen, Stall, Tat, Wischer, Zahl, Zeit*

Nahtstelle
Stelle, an der Bestimmungs- und Grundwort aufeinandertreffen.

Zusammengesetzte Wörter mit Fugenelement

Die Nahtstelle zwischen den Bestandteilen eines Kompositums nennt man Fuge. Bei manchen Komposita stehen in der Wortfuge Buchstaben (**Fugenelemente**), damit das Kompositum leichter ausgesprochen werden kann.
*Les**e**zeichen, Glück**s**kind, Sonne**n**strahl, Kind**er**garten, Freund**es**kreis, Herz**ens**wunsch*
Kann man eine Fuge *(-e-, -s-, -n-, -en-, -er-, -es-, -(e)ns-)* erkennen, wird immer zusammengeschrieben.

Zusammenschreibung bei Verkürzung

1 Ordnet die Wortgruppen auf der linken Seite den Wörtern auf der rechten Seite zu.

um die Wette laufen	*schneebedeckt*
von Schnee bedeckt	*wettlaufen*

2 Vergleicht die gefundenen Paare. Was ist gleich? Worin unterscheiden sie sich?

3 Im folgenden Text erzählt Tammi von einem besonderen Ferienerlebnis.
a) Lies den ganzen Text.
b) Schreibe die Zeilen 1 bis 6 ab. Ersetze dabei die unterstrichenen Wortgruppen mit dem Wortmaterial.
werbewirksam, angsterfüllt, seilgesichert, ganzjährig, wetterabhängig

c) Schreibe die Zeilen 7 bis 10 ab. Ersetze dabei einige Wortgruppen durch die Komposita des Wortmaterials.
windstill, preisgünstiges, sekundenschnell, meterhoch

d) Schreibe alle Sätze mit den unterstrichenen Wortgruppen ab. Ersetze diese dabei durch die entsprechenden Komposita.

Ihr habt bestimmt schon mal größere Ballons gesehen, die an einem Seil über Firmen schweben und sehr wirksam mit Werbung bedruckt sind.
Ich bin in Berlin sogar mit so einem Fesselballon in die Luft gestiegen. Als ich vor dem riesigen Ballon stand, war ich schon ein bisschen von Angst erfüllt. Aber dann sah ich, dass der Ballon am Boden mit einem Seil gesichert war. Wir hatten gelesen, dass der Ballon das ganz Jahr starten kann, aber dass dies auch vom Wetter abhängig ist.
Aber wir hatten Glück: Die Sonne schien und es war fast still vom Wind. Ich bekam ein vom Preis günstiges Schülerticket und dann stiegen wir in den aus Stahl gebauten, runden Korb. Kaum waren alle drin, stieg der Korb in einigen Sekunden schnell mehrere Meter hoch in die Luft. Das kribbelte total im Bauch.
Mehrere Minuten lang befanden wir uns in 150 Metern Höhe und hatten einen großartigen Blick in die Runde. Viel zu schnell wurde das Seil von einer einige Tonnen schweren Winde wieder eingeholt. Das war ein tolles Erlebnis.

4 Lest euch eure Texte vor. Besprecht, welche Form des Textes euch besser gefällt und begründet.

Zusammenschreibung bei Verkürzung

Verschwindet bei der Zusammensetzung ein Artikel oder eine Präposition (Kondensation), muss zusammengeschrieben werden.
vor Freude strahlen – freudestrahlend, das ganze Jahr lang – ganzjährig

Zusammenschreibung mit irgend-

Schlage im Wörterbuch nach, wenn du unsicher bist.

1 Sammelt weitere Komposita mit *irgend-*.

irgend-
→ was
→ wie
→ jemand
→ eine

B → S. 325 *Wortkarte*

2 Lege dir eine Wortkarte mit Wörtern mit *irgend-* an.

Zusammenschreibung
irgend-
irgendeine, irgendetwas, ...

Digital+
WES-126526-115
Text zum Bearbeiten

3 Schreibe den Text ab und setze dabei passende Komposita mit *irgend-* ein.
Nutze das Wortmaterial: ***wann, jemand, wo, ein, eine, wie, etwas, wo, wo***

„Guten Tag. Ich habe gestern irgend ___ meine Geldbörse verloren. Hat sie vielleicht irgend ___ abgegeben?" „Wo war das denn genau?"
„Das muss irgend ___ in der Nähe der Bushaltestelle gewesen sein. Denn als ich meine Fahrkarte gesucht habe, war sie nicht mehr da."
„Gestern hat irgend ___ Mädchen eine Geldbörse abgegeben. Aber ob sie deine ist? Hat deine Geldbörse irgend ___ Besonderheit."
„Ich weiß nicht. Irgend ___ sieht sie aus wie alle anderen auch."
„Aber irgend ___ muss doch anders sein."
„Ja, ich habe meine Monatskarte irgend ___ drin."
„Na bitte, da werden wir sie hier irgend ___ in der Kiste finden."

4 Vergleicht die folgenden beiden Wortgruppen. Beschreibt Gemeinsamkeiten und Unterschiede: ***irgendeine komische Frage*** ***irgend so eine komische Frage***

5 Formuliert einen Merksatz, wann man Verbindungen mit *irgend-* zusammen- bzw. getrennt schreibt.

Zusammenschreibung mit irgend-

Verbindungen mit irgend- werden zusammengeschrieben. Komposita mit **irgend-** können sein:
Artikelwörter: *Ich esse **irgendeine** Pizza*
Indefinitpronomen: ***Irgendetwas** ist komisch.*
Adverb: *Wir treffen uns **irgendwann** nach der Schule.*

Adverbien → S. 267

Schreibungen mit mal / Mal

1 Im folgenden Text befindet sich das Wort *mal/Mal* in ganz unterschiedlichen Verbindungen.
- Lies den Text und unterstreiche alle Wörter mit *-mal* in einer Farbe.
- Unterstreiche alle Wortgruppen mit *Mal* in einer anderen Farbe.

Mila wartet. Schon viele Male hat sie auf die Uhr gesehen. Die Zeit will dieses Mal einfach nicht vergehen. Immer wieder geht sie zum Fenster, erst einmal, dann noch zweimal. Ob diesmal auch Arian mitkommt? Als sie gerade ein viertes Mal ans Fenster tritt, klingelt es Sturm. Sie öffnet die Tür und da sieht sie alle auf einmal.

2 Vergleicht die folgenden Verbindungen.
- Beschreibt die einzelnen Verbindungen mit *mal/Mal*. Wie sind sie verbunden?
- Besprecht, wann Verbindungen mit *mal/Mal* zusammengeschrieben werden und wann getrennt. ***einmal / das eine Mal / viele Male***

3 Setze in die Lücken der Wortgruppen passende Artikelwörter wie im Beispiel ein.

Artikelwort	Wortgruppe	neue Wortgruppe
viele	Male winken,	*viele Male winken,*
nächstes	Mal besser zuhören,	
voriges	Mal vergessen,	
dieses	Mal pünktlich sein,	

Digital+
WES-126526-116
Tabellen zum Bearbeiten

4 Setze in die Lücken der Wortgruppen passende Ergänzungen aus dem Wortmaterial ein. Arbeite wie im Beispiel.

Wortmaterial	Wortgruppe	neue Wortgruppe
letztes	ein Mal winken,	*ein letztes Mal winken,*
nächsten	beim Mal besser zuhören,	
vorige	an das Mal denken,	
anderes	ein Mal vorbeikommen,	

5 Schreibt den Merksatz ab und ergänzt ihn.
Verbindungen mit Mal werden groß- und getrennt geschrieben, wenn...

Schreibungen mit mal / Mal 1

Mal wird getrennt und großgeschrieben, wenn *Mal* ein Nomen ist.
Dann steht vor Mal ein Artikelwort, das dekliniert ist: *manch***es** Mal, *dies***es** Mal
Manchmal steht zwischen Artikelwort und Mal ein weiteres Wort: *das erste Mal, ein einziges Mal*

Getrennt- und Zusammenschreibung in geläufigen Fällen normgerecht anwenden
RSR: Variantschreibung mit mal/Mal

Adverbien → S. 267

Digital+
WES-126526-117
Tabelle zum Ausfüllen

6 Aus Wortgruppen mit *Mal* können Adverbien werden.
Ergänzt die Tabelle. Arbeitet wie im Beispiel.

Wortgruppe	Adverb
manches Mal	manchmal
dieses Mal	
das eine Mal	
viele Male	
ein anderes Mal	

Digital+
WES-126526-118
Sätze der Seite zum Bearbeiten

7 Schreibt Sätze, in denen die Adverbien aus Aufgabe 6 verwendet werden.
a) Setze die passenden Adverbien in die Lücken ein.

Ben spielt ___ mit seinen Freunden am Computer. Weil Tina keine Zeit hat, liest sie ein ___ im Buch. Ich möchte es nur noch ___ probieren. ___ habe ich Glück gehabt. Ich bitte ___ um Entschuldigung.

b) Schreibe mit jedem Adverb eigene Sätze.

8 Manchmal ist es schwierig zu entscheiden, ob eine Verbindung getrennt- oder zusammengeschrieben wird.
- Lest die Beispielsätze. Betont dabei die unterstrichenen Teile.
- Besprecht, was mithilfe der unterschiedlichen Betonung ausgedrückt wird.

1) Ich bin einmal in diese Schule gegangen. (früher)
2) Ich bin ein Mal in diese Schule gegangen. (ein einziges Mal)

Ersetze einmal mit früher.
Erweitere ein Mal mit einziges.

9 Schreibt die Sätze ab und setzt dabei die Verbindungen mit *mal/Mal* richtig ein:

Wenn du noch ___ (*ein einziges Mal*) die Hausaufgaben vergisst, musst du nachsitzen. Aber andere haben doch auch schon ___ (früher) die Hausaufgaben vergessen und mussten nicht nachsitzen.
Wenn du das noch ___ machst, bekommst du Ärger.
Tom und Ben haben den Film schon ___ gesehen. Ich habe den Film erst ___ gesehen.
Es war ___ vor langer, langer Zeit, ...

Schreibungen mit mal / Mal 2

Verbindungen mit *-mal* werden immer klein und zusammengeschrieben, wenn das Wort ein Adverb ist. Dann verschmelzen beide Teile des Wortes. Der erste Teil der Zusammensetzung ist nicht dekliniert.
diesmal, einmal, keinmal, manchmal, zumal, irgendeinmal
Manchmal muss man sich entscheiden, ob getrennt- oder zusammengeschrieben wird.
etwas einmal gesehen haben (früher gesehen haben)
etwas ein Mal gesehen haben (ein einziges Mal gesehen haben)

Getrenntschreibung bei Verbindungen mit sein

1 Spielt gemeinsam in Gruppen.
- Jemand sagt das Alphabet still auf und ein anderer sagt irgendwann *Stopp*.
- Mit dem genannten Buchstaben schreiben alle ein Wort auf, das man mit *sein* verbinden kann. Für jede richtige Verbindung gibt es einen Punkt.
  Beispiel: ***F**: fertig sein*

2 Legt eine Merkliste für das Klassenzimmer an, auf der ihr alle Verbindungen mit *sein* aus Aufgabe 1 schreibt. Ergänzt diese Liste mit weiteren Verbindungen im Verlauf des Unterrichts.

B → S. 320
Merkliste

3 Ergänze die Tabelle mit den folgenden Wörtern: ***pünktlich sein, heiser sein, kaputt sein, los sein, lustig sein, eisig sein, chaotisch sein***

Infinitiv	Präsens	Perfekt	Präteritum
pünktlich sein	Er ist pünktlich.	Er ist pünktlich gewesen.	Er war pünktlich

Digital+
WES-126526-119
Tabelle zum Ausfüllen

4 Schreibe die Sätze ab, unterstreiche alle Verbindungen mit einer Form von *sein*.

Martin konnte nicht pünktlich sein. Er ist am Morgen ganz heiser gewesen.
Sie ist pünktlich in der Schule gewesen, auch wenn ihr Fahrrad kaputt war.
Auf dem Rummelplatz war viel los. Es ist ganz lustig gewesen.
Die Temperaturen sind heute eisig. Da wird es auf den Straßen wieder chaotisch sein.

Digital+
WES-126526-120
Sätze der Seite zum Bearbeiten

5 Schreibe die Satzteile ab und ergänze die Verbindungen mit *sein* in der angegebenen Zeitform, sodass ein ganzer Satz entsteht. Beispiel: *alle Äpfel waren reif*

Alle Äpfel (reif sein – Präteritum). Mein Fahrrad (ganz sein – Präsens). Vom Wandern Omar (müde sein – Präteritum). Ich (wach sein – Perfekt). Das Rennen (vorbei sein-Perfekt). Gestern ich (allein sein – Präteritum). Auf einmal alle Kinder (still sein – Präsens).

6 Schreibe je zwei Wortgruppen, in denen Verbindungen mit *sein* im Präsens, Präteritum und Perfekt vorkommen.

Getrenntschreibung bei Verbindungen mit sein

Verbindungen mit sein werden in allen Formen getrennt geschrieben.
*fertig **sein**, ich **bin** fertig, ich **war** fertig, ich bin fertig **gewesen**, ich war fertig **gewesen**.*
*ich werde fertig **sein***
Merkvers: „sein“ steht immer allein

Zusammenfassung

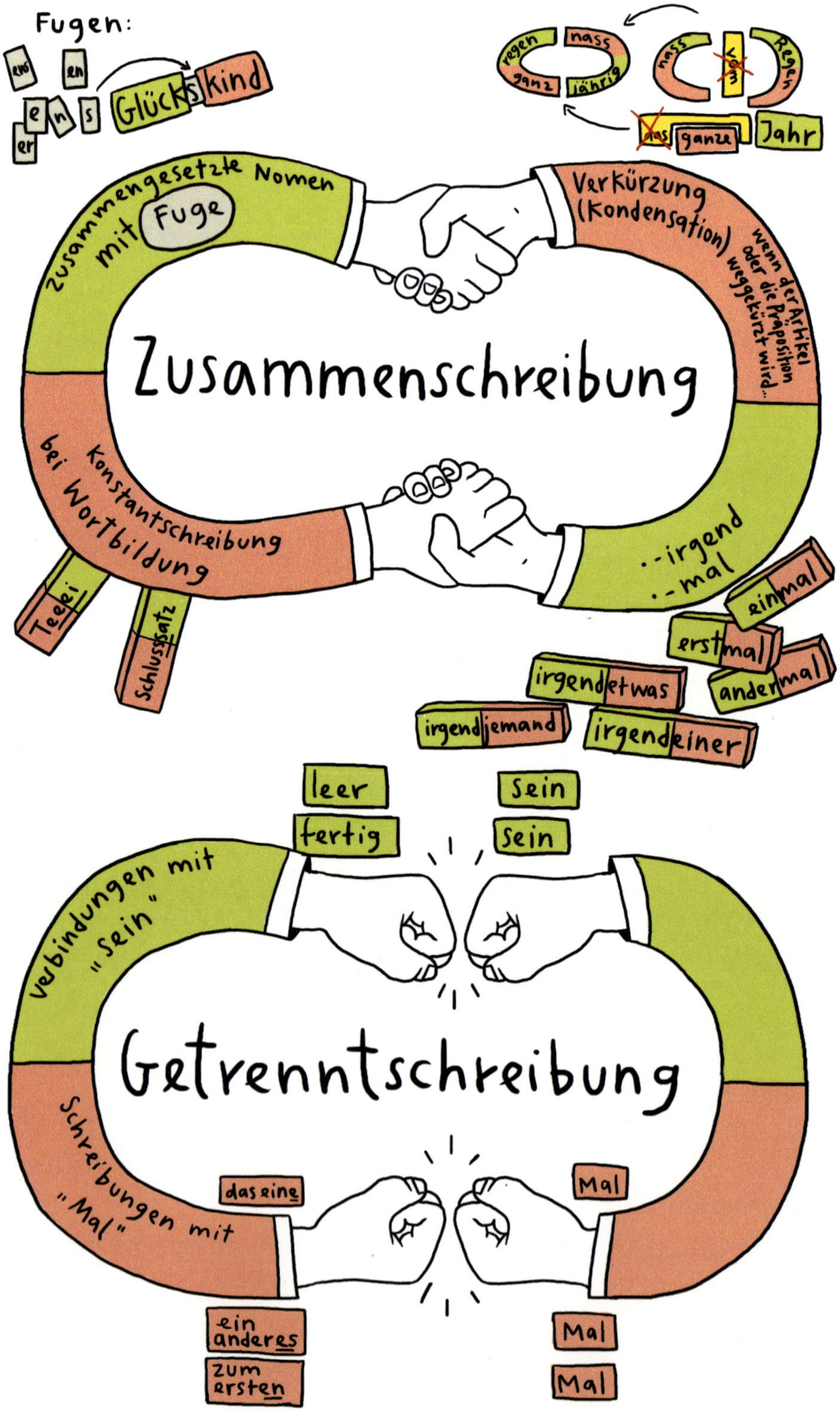

Überprüfe dein Wissen und Können

1 Bilde Komposita. Beachte die Rechtschreibung. Beispiel: *das Betttuch*

a) Schreibe Komposita mithilfe folgender Wörter.
die Nuss + die Schokolade / der Fußball + der Lehrer / der Gewinn + die Nummer / der See + der Elefant / der Stall + die Lampe / der Schluss + der Spurt

b) Setze in die folgenden Komposita die fehlenden Buchstaben ein.
der Ei (s) chne (l) äufer / das We (t) urnen / der Ro (l) aden / die Flu (s) chi (f) ahrt / die Kontro (l) ampe / der Schwi (m) eister / schadsto (f) rei / die Sta (m) annschaft

2 Bilde Komposita mit passendem Fugenelement: *-e-, -s-, -n-, -en-, -er-, -es-, -(e)ns-*

Beispiel: *die Leine + der Hund – die Hundeleine*
der Kuchen + der Geburtstag / das Zimmer + die Klasse / das Bett + das Kind / das Nest + der Storch / der Anfang + das Jahr / der Tag + das Buch / der Zwilling + die Schwester / der Schmerz + der Schrei / das Brett + die Bude / die Maus + das Loch

3 Stelle die folgenden Wortgruppen den passenden Komposita gegenüber. Schreibe mit jedem Kompositum einen Satz.
Beispiel: *bis zum Knie lang – knielang, Knielange Röcke sind gerade modern.*

a) Ordne den Wortgruppen die passenden Komposita zu und schreibe sie auf.
***Wortgruppen:** die Form einer Kugel, das Rechnen von Brüchen, reich an Sonne, das Saugen von Staub, verschmutzt von Öl*
***Komposita:** bruchrechnen, kugelförmig, ölverschmutzt, sonnenreich, staubsaugen*

b) Schreibe zu den Wortgruppen die passenden Komposita auf.
nass vom Regen, reif für die Ferien, tanzen auf einem Seil, zu faul zum Denken, nass wie Tropfen, begierig nach Wissen, die Form eines Schlauches, im Schlaf wandeln

4 Schreibe die Sätze ab und entscheide, ob die Verbindung mit *Mal* getrennt- oder zusammengeschrieben wird.

Ich komme ein anderes Mal / anderesmal zu dir. Dies Mal / Diesmal ist das Wetter in den Ferien schön. Tom fährt zum ersten Mal / erstenmal an die Nordsee. Ich war früher schon ein Mal / einmal hier. Auf ein Mal / einmal hörte Thea ein seltsames Geräusch.

5 Ergänze die Tabelle mit den folgenden Wörtern:
leer sein, sauer sein, munter sein, witzig sein, brav sein, wütend sein, leise sein

Infinitiv	Präsens	Perfekt	Präteritum
weg sein	Der Stift ist weg.	Der Stift ist weg gewesen.	Der Stift war weg.

Digital+
WES-126526-121
Lösungen

Wortarten

1 Ordnet die Wortarten den Wörtern in den Sätzen in der Tabelle zu.
- Lest die Wortartenkarten. Die meisten kennt ihr schon.

Wortarten

Nomen	Verb	Adjektiv	Adverb	Präposition
bestimmter Artikel	unbestimmter Artikel	Possessiv-artikel	Demonstrativ-artikel	Indefinit-artikel
Personal-pronomen	Possessiv-pronomen	Demonstrativ-pronomen	Indefinit-pronomen	Partikel

- Lest die Beispielsätze.
- Tragt zu jedem Wort die passende Wortart ein.

Digital+
WES-126526-122
Tabelle zum Ausfüllen

Beispielsätze

Ben	sitzt	auf	einer	Bank.	
Name	*Verb*	*Präposition*	*unbest. Artikel*	*Nomen*	
Er	betrachtet	den	Untergang	der	Sonne.
Mit	seinem	Handy	macht	er	Fotos.
Diese	braucht	er	morgen	im	Unterricht.
Er	kann	ziemlich	gut	zeichnen.	

In diesem Kapitel lernst du ...
- weitere Aufgaben von Wortarten kennen.
- weitere Merkmale von Wortarten kennen.
- Besonderheiten von Numerus und Genus von Nomen kennen.
- weitere Besonderheiten von Verben kennen.
- weitere Adjektive kennen.
- Adverbien kennen.
- weitere Präpositionen kennen.
- Partikeln kennen.

Nomen

Numerus: Singular und Plural

1 Spielt gemeinsam.
- Fertigt Spielkarten an, auf die ihr Gegenstände oder Personen zeichnet, einmal einzeln, einmal mehrere.
- Legt die Karten verdeckt auf einen Stapel.
- Reihum werden die Karten aufgedeckt und die Singular- und Pluralformen mit Artikel genannt.

Digital+
WES-126526-123
Spielkarten zum Ausdrucken

2 Ordne die folgenden Nomen in die Tabelle ein. Markiere die Veränderungen, die bei der Pluralbildung entstehen.
der Apfel, das Bild, der Bruder, das Buch, das Dorf, die Familie, das Fenster, der Hafen, der Hund, das Kino, der Koffer, der Mantel, die Stadt, der Wagen

Singular	Plural			
	Umlaut	Suffix	Umlaut und Suffix	ohne Veränderung
der Apfel	*die Äpfel*			

3 Einige Nomen kommen nur im Singular, einige nur im Plural vor.
- Lest die Nomen mit ihrem Artikel.
- Ordnet die Wörter in die Tabelle ein.
- Besprecht, welche Nomen nur im Singular und welche nur im Plural vorkommen. Wie könnt ihr eure Ergebnisse erklären?

das Wasser, das Mehl, der Schnee, der Lärm, das Obst, der Hunger, die Liebe, die Eltern, die Helligkeit, die Ferien, die Leute, die Dunkelheit, die Müdigkeit

Nomen nur im Singular	Nomen nur im Plural
das Wasser	*die Eltern*

4 Bilde drei Sätze mit möglichst vielen Nomen aus Aufgabe 3.
Beispiel: *Mit der Dunkelheit kommt bei den Leuten die Müdigkeit.*

Numerus: Singular und Plural

Die meisten Nomen kommen im Singular und Plural vor.
Einige Nomen kommen nur im Singular (Singularetantum) vor. Das sind zum Beispiel:
- **Stoffbezeichnungen:** *Mehl, Wasser, Schnee*
- **Nomen für Unzählbares**: *Lärm, Durst, Liebe*
- viele Nomen auf **-heit, (-ig)-keit**: *Dunkelheit, Müdigkeit*
- **nominalisierte Ausdrücke:** *(das) Warten, (das) Lesen*

Einige Nomen kommen nur im Plural vor (Pluraletantum) vor.
Eltern, Ferien, Kosten, Leute, Tropen

Numerus von Nomen bestimmen und verwenden, GR: Singularetantum und Pluraletantum

B → S. 316
Deklination

Digital+
WES-126526-124
Anleitung und Material für ein Legespiel

Kasus

1 Ergänzt die Lücken in der Tabelle mit den Nomen im passenden Kasus. Markiert die Veränderung des Artikels und die Kasusendung des Nomens.

	Maskulinum Singular 	Femininum Singular 	Neutrum Singular 	Mask./Fem. Neu. Plural 
Wer frisst denn da einen Regenwurm? Nominativ	___ frisst einen Regenwurm.	___ frisst einen Regenwurm.	___ frisst einen Regen-wurm.	___ fressen einen Regen-wurm.
Ich erfreue mich … Genitiv	des Hahnes im Garten.	der Henne im Garten.	des Kükens im Garten.	der Hühner im Garten.
Ich folge … Dativ	___	___	___	___
Ich beobachte … Akkusativ	___	___	___	___

2 Ergänzt die folgenden Sätze mit Nomen im passenden Kasus und bestimmt den Kasus. Arbeitet wie im Beispiel:
Beispiel: *Ben leiht seiner Schwester einen Füller. (Dativ / Akkusativ)*

a) Ergänzt die Sätze mit den vorgegebenen Nomen im angegebenen Kasus.
Der Arzt untersucht ___ *(der Mann / wen?)*.
Kari begegnet ___ *(der Nachbar / wem?)*.
Tillmann bringt ___ *(seine kleine Schwester – der Roller / wem? – wen?)*.

b) Ergänzt die Sätze mit Nomen im angegebenen Kasus.
Tabea trifft ___ *(wen?)*.
Oma kauft ___ *(wem? – was?)*.
Matti dankt ___ *(wem?)*.
Der Briefträger bringt ___ *(wem? – was?)*.

c) Ergänzt die Sätze mit Nomen im passenden Kasus.
Toby bewundert ___.
Opa erklärt ___.
Obada winkt ___.
Die Fremdenführerin zeigt ___.

Nomen: Kasus

Nomen stehen in der Nennform, dem Nominativ Singular, im Wörterbuch. Sie verändern sich entsprechend ihrer Aufgabe im Satz, die das Verb bestimmt. Das nennt man **Deklination**. Die vier **Kasus** (**Nominativ, Genitiv, Dativ, Akkusativ**) erkennt man an den Endungen der Artikelwörter und zum Teil an den Endungen des Nomens.
der Sohn – des Sohnes – dem Sohn – den Sohn
meine Söhne – meine Söhne – meinen Söhnen – meiner Söhne

Genus aufgrund der Wortbildung

1 Lest die Nomen. Ergänzt dabei die Artikel im Singular Nominativ.
Ärztin, Bäuerin, Bauer, Brauchtum, Eigentum, Gemeinschaft, Irrtum, Lehrer, Mannschaft, Ortschaft, Patin, Rittertum, Techniker, Verkäuferin, Wissenschaft

2 Schreibe die Nomen aus Aufgabe 1 mit ihrem Artikel in der Tabelle auf.
- Ordne die Nomen nach ihren Suffixen
- Unterstreiche die Artikel und die Suffixe.

B → S. 323
Suffix

Suffix *-tum*	Suffix	Suffix	Suffix
das Brauchtum			

3 Ergänzt in der Tabelle weitere Nomen mit den Suffixen *-tum, -schaft, -in, -er*. Besprecht Gemeinsamkeiten.

4 Lies den Text.

Morgenwanderung

Das Wandern ist des Müllers Lust, dachten wir und machten uns noch im Dunkeln auf den Weg in die Berge. Nur das erste Zwitschern der Vögel und das Zirpen der Grillen war zu hören. Mit der Morgendämmerung kündigten sich das Aufgehen der Sonne an. Und bald blendete uns das Gleißen der ersten Sonnenstrahlen. Nun wurde das Gehen auf den schmalen Pfaden leichter. Das Grün einer Bergwiese lud uns zu einer Pause ein. Wir packten das Essen und das Trinken aus und frühstückten gemütlich. Dabei beobachteten wir das Erwachen der Stadt unter uns. Gestärkt machte uns das Erklimmen des Gipfels keine Mühe mehr.

Zirpen
feine, helle Töne der Grillen

Gleißen
glänzen, glitzern

5 Übernimm die Tabelle und trage dort alle Nomen mit dem Artikel *das* ein und ergänze entweder das zugehörige Verb oder das zughörige Adjektiv.

Nomen	Verb	Adjektiv
das Wandern	*wandern*	

Genus aufgrund der Wortbildung

Einige Nomen haben ihr Genus aufgrund der Wortbildung.

Maskulinum:	Nomen mit dem Suffix **-tum**: *der Reichtum*
	Berufsbezeichnungen auf **-er**: *der Lehrer*
Femininum:	Nomen mit den Suffixen **-schaft**, **-in**: *die Mannschaft, die Lehrerin*
Neutrum:	Nomen mit dem Suffix **-tum**: *das Altertum*
	Nominalisierungen: *das Wandern, das Essen, das Vergissmeinnicht*

6 Schreibt die Tabelle ab, tragt die Ländernamen ein und ergänzt die Lücken.
Albanien, Frankreich, Georgien, Iran, Island, Kolumbien, Lettland, Mongolei, Oman, Österreich, Slowakei, Sudan, Thailand, Türkei

Ländernamen auf *-ien*	Ländernamen auf ___	Ländernamen auf ___	Ländernamen auf -___	Ländernamen auf -___
Albanien				

Benutze einen Atlas.

7 Ergänze in der Tabelle weitere Ländernamen auf *-land* und *-ien*.
a) Ergänze je zwei europäische Ländernamen.
b) Ergänze je drei Ländernamen außerhalb Europas.

8 Vergleicht die Ländernamen und ergänzt eure Tabelle.

Digital+
WES-126526-125
Sätze zum Bearbeiten (Aufgabe 9 und 10)

Informiert euch im Info-Kasten.

9 Findet heraus, welches Genus die Länder haben. Geht so vor:
- Schreibt die Satzpaare ab und ersetzt im zweiten Satz den Ländernamen durch das passende Pronomen.
- Unterstreicht den Ländernamen und das Pronomen und bestimmt das Genus.

1) Deutschland hat ungefähr 80 Millionen Einwohner.
___ ist damit das bevölkerungsreichste Land in der EU.
2) In Griechenland befinden sich viele bedeutenden Sehenswürdigkeiten.
Deshalb ist ___ ein beliebtes Reiseziel.
3) Die Türkei liegt am Schwarzen Meer.
___ befindet sich auf zwei Kontinenten.
4) Frankreich hat eine Fläche von ungefähr 543 940 km².
___ hat die größte Fläche in der EU.

Benutzt ein Wörterbuch.

10 Ergänzt für die Länder in den Sätzen die Artikel im passenden Genus.
1) ___ Mongolei hat die Nachbarstaaten Russland und China.
2) ___ Slowakei ist seit 2009 Mitglied der EU.
3) ___ erdölreiche Iran liegt am Kaspischen Meer.
4) ___ Sudan ist ein Staat im nordöstlichen Afrika.
5) ___ kleine Montenegro hat die Hauptstadt Pogorica.

Genus: Ländernamen

Die meisten Ländernamen haben keinen Artikel, sodass man das Genus nicht erkennen kann. Bei einigen Ländernamen kann man das Genus feststellen.
Maskulinum: Ländernamen mit der Endung ***-an***: *der Iran, der Sudan*
Femininum: Ländernamen mit der Endung ***-ei***: *die Türkei, die Slowakei*
Neutrum: Ländernamen auf ***-land, -reich, -ien***: *Deutschland, Frankreich, Belgien*
Bei weiteren Ländernamen erkennt man das Genus nur, wenn man dem Ländernamen ein Attribut voranstellt oder den Ländernamen durch ein Pronomen ersetzt: *Das schöne Portugal liegt am Atlantik. Es ist ein beliebtes Reiseziel.*

Pronomen

1 Maja stellt in der Klasse das Buch *Irgendwo ist immer Süden* von Marianne Kaurin vor. Sie hat ein Bild von den Hauptfiguren gezeichnet.

2 Besprecht, warum ihr nicht wisst, wie die Hauptfiguren heißen. Setzt die folgenden Namen ein. ***Ina, die Ich-Erzählerin / Vilmer / Mathilde und Regine***

3 Die Pronomen *er, sie* (Sg.), *sie* (Pl.) konntet ihr in den Sätzen durch Nomen ersetzen.

- Probiert, ob das auch mit den Personalpronomen *ich, du, wir, ihr* geht.
- Achtung: Das Verb darf sich dabei nicht verändern.
  Das bin ich. Das bist du. Das sind wir. Das seid ihr.

4 Besprecht, warum man die Personalpronomen *ich, du, wir, ihr* nicht mit Nomen ersetzen kann. Ergänzt dazu die folgenden Sätze:

1) Die Personalpronomen *ich* und *wir* stehen für die ___.
2) Die Personalpronomen *du* und *ihr* stehen für die ___.

Informiert euch im Info-Kasten.

Pronomen

Personalpronomen nennt man auch **Zeigewörter**. Sie zeigen auf den Sprecher (*ich, wir*) oder auf den Hörer (*du, ihr*). Man kann sie nicht durch Nomen oder Nominalgruppen ersetzen. Sie sind ausschließlich Pronomen.

Textpronomen (*er, sie, es, sie*) nennt man auch **Verweiswörter**. Sie weisen auf Nomen und Nominalgruppen hin. Sie machen es möglich, dass Nomen nicht ständig wiederholt werden müssen. Wird im Satz ein Nomen durch ein Pronomen ersetzt, sind Kasus, Numerus und Genus dieselben wie beim Nomen.

Digital+
WES-126526-126
Texte zum Bearbeiten

5 Lest, was Maja über das Buch erzählt, und ersetzt die unterstrichenen Namen und Nominalgruppen durch passende Textpronomen.

„Am letzten Schultag vor den Sommerferien erzählen alle Kinder in Inas Klasse von ihren Urlaubsplänen. Die Kinder reisen nach Portugal, Griechenland, Frankreich und in viele andere Länder. Nur Ina kann nicht verreisen, weil ihre Mutter dafür kein Geld hat. Ina schämt sich dafür, sodass Ina eine Reise in den Süden erfindet. Ina lügt auch ihre Mutter an, damit die Mutter sich keine Sorgen um Ina macht und erzählt vom Baden in einer Bucht."

6 Schreibe den obigen Text ab und ersetze die unterstrichenen Nomen und Nominalgruppen durch passende Textpronomen.

7 Schreibe den folgenden Text ab und setze passende Textpronomen ein.

„In Wirklichkeit verbringt Ina die ganze Zeit allein in der Wohnung, bis Vilmer, der Neue in ihrer Klasse, Kontakt zu ___ aufnimmt. Gemeinsam richten ___ sich die alte Hausmeisterwohnung mit Süddingen ein und spielen Urlaub im Süden. Als Inas Lügen entdeckt werden, tut ___ so, als ob ___ nur aus Mitleid mit Vilmer gespielt habe. Das macht ___ sehr traurig und Ina schließlich auch, weil ___ merkt, dass Vilmer ihr einziger Freund ist. Am ersten Schultag nach den Sommerferien erzählt ___ allen von ihrem Urlaub im Süden und ihrem besten Südenfreund."

Informiert euch im Info-Kasten auf Seite 246.

8 Ihr habt die Textpronomen in Aufgabe 7 in einem bestimmten Kasus eingesetzt. Bestimmt den Kasus mithilfe der folgenden Tabelle.

Pronomen kommen im Singular und Plural vor und verändern ihre Form in den einzelnen Kasus.

	1. Person (Sprecher)		**2. Person** (Hörer)		**3. Person** (Person, über die man spricht)	
	Singular	**Plural**	**Singular**	**Plural**	**Singular**	**Plural**
Nominativ (Wer?)	ich	wir	du	ihr	er / sie / es	sie
Genitiv (Wessen?)	meiner	unser	deiner	euer	seiner / ihrer / seiner	ihr
Dativ (Wem?)	mir	uns	dir	euch	ihm / ihr / ihm	ihnen
Akkusativ (Wen?)	mich	uns	dich	euch	ihn / sie / es	sie

Artikelwort oder Pronomen?

1 Schreibe die folgenden Sätze ab und unterstreiche Artikelwörter und Textpronomen mit unterschiedlich Farben. Beispiel: *Wir haben einen großen Garten. In ihm bauen wir unser Gemüse und Obst an.*

B → S. 315
Artikelwörter

Wir haben einen großen Garten. In ihm bauen wir Gemüse und Obst an. Ich habe ein eigenes Beet. Auf diesem habe ich einige Kartoffeln angepflanzt. Unter jeden alten Obstbaum habe ich Blumensamen gestreut. Die meisten Samen sind aufgegangen. Aus ihnen sind einige Blumen und viele bunte Blüten gewachsen. Zu ihnen fliegen viele Insekten.

Digital+
WES-126526-127
Sätze der Seite zum Bearbeiten

2 Lest die zwei Sätze.
- Bestimmt Genus, Numerus und Kasus der unterstrichenen Nominalgruppe und des unterstrichenen Pronomens.
- Besprecht Gemeinsamkeiten und Unterschiede.

Sieh dir den hohen Baum an. Er spendet im Sommer viel Schatten.

3 Schreibt die folgenden Sätze ab und bearbeitet sie wie im Beispiel.
Mein Opa sitzt gern unter diesem Baum. Er hat ihn (den Baum) vor vielen Jahren gepflanzt. Dativ/Singular/maskulin Akkusativ/Singular/maskulin
1) Oma und Opa kommen gern in unseren Garten. Früher gehörte er ihnen.
2) Meine Oma bittet meine Mutter, dass sie ihr beim Pflanzen helfen solle.

4 Schreibt die Sätze ab und setzt Artikelwort und Pronomen im passenden Kasus ein. Bestimmt Kasus, Numerus, Genus wie in Aufgabe 4.
1) Mina braucht ein ___ Spaten. Bei ihr ___ ist der Stiel gebrochen.
2) Die Nachbarin möchte ein ___ großen Kohlrabi. Ihr ___ ist noch etwas klein.

5 Schreibt die Sätze ab und setzt passende Artikelwörter und Pronomen ein. Bestimmt Kasus, Numerus, Genus wie in Aufgabe 4.
1) Oma sammelt ___ Schnecken vom Salat, sonst fressen ___ alle Blätter an.
2) Ganz früh am Morgen gießen wir ___ jungen Salat, damit ___ nicht ver trocknet.

Unterscheidung: Artikelwort und Pronomen Wortbildung

Ein **Artikelwort** ist ein Begleiter: Es steht vor einem anderen Wort und **stimmt in Kasus, Numerus und Genus mit dem Nomen überein**. *Lisa fragt nach dein**em** neu**en** Rucksack.* (Dativ, Singular, Maskulin)
Ein **Pronomen steht anstelle eines Nomens**. Es stimmt in Genus und Numerus mit dem Nomen überein. Es besteht aber **keine Übereinstimmung im Kasus**.
*Lisa fragt nach dein**em** neu**en** Rucksack.* (Singular, Maskulin, Dativ). *Ihr**er** muss genäht werden.* (Singular, Maskulin, Nominativ)

Besonderheiten von Verben

Kopulaverben

In der Klasse 6a tauchen immer wieder kleine Zettel mit „wichtigen" Nachrichten auf.

1 Lest die Zettel und ersetzt dabei = mit passenden Verbformen von *sein*.

M=ein Blödmann | *Mein Freund=Tugay* | *Das=ich* | *Wir=Freunde* | *A=lustig*

Informiert euch im Info-Kasten.

2 Schreibt den folgenden Satz auf und ordnet den Satzteilen die Begriffe *Subjekt, Prädikativ, Prädikat* zu.
Sarah ist eine tolle Schwimmerin.
Markiert das Prädikativ und das Kopulaverb mit unterschiedlichen Farben.

3 Arbeitet mit demselben Satz noch einmal.
Sarah ist eine tolle Schwimmerin.
- Bestimmt den Kasus des unterstrichenen Nomens bzw. der Nominalgruppe.
- Was stellt ihr fest?

4 Vergleicht den Satz und die Wortgruppe. Besprecht Gemeinsamkeiten und Unterschiede.
Sarah ist eine tolle Schwimmerin. *die tolle Schwimmerin Sarah,*

5 Schreibe die Sätze aus Aufgabe 1 auf. Bearbeite sie wie in den Aufgaben 2 bis 4.

Beschreiben → S. 37

6 Kopulaverben werden vor allem für Beschreibungen verwendet.
- Überprüft das mithilfe der Beschreibung von Joshi im Kapitel *Beschreiben.*
- Besprecht, für welchen Teil der Personenbeschreibung Kopulaverben verwendet werden.

Kopulaverben

Kopulaverben verbinden ein Subjekt mit einem **Prädikativ**, das im selben Kasus steht. Sie selbst tragen nichts zur Bedeutung des Satzes bei.
Das Ei ist hart (**Kopulaverb**: *ist*, **Prädikativ**: *hart)* oder *das harte Ei*
mein Freund heißt Turan (Kopulaverb: *heißt*, Prädikativ: *Turan*) oder *mein Freund Turan*
Kopulaverben können zum Beispiel die Verben *sein, werden, heißen, bleiben* sein.
Prädikative können zum Beispiel Adjektive, Nomen oder Nominalgruppen sein.

Partizip I

1 Lies den Text und beachte dabei besonders die unterstrichenen Wörter.

Der fliegende Dieb

Eine laut rufende Frau verfolgt eine Elster. Diese hat eine funkelnde Kette im Schnabel. Ein schlafender Hund wird aufmerksam und rennt der Frau hinterher. Spielende Kinder beobachten diese Szene. Ein laut lachender Mann schaut der rennenden Frau nach. Bei so viel Lärm lässt der davonflatternde Vogel seine glitzernde Beute fallen und verschwindet auf einen Baum. Man hört nur noch seine keckernden Rufe.

2 Schreibe aus dem Text Aufgabe 1 die Nominalgruppen mit den unterstrichenen Wörtern auf wie im Beispiel. *Beispiel: eine laut rufende Frau – rufende*

3 Besprecht:
- Welche Aufgabe haben die unterstrichenen Wörter im Text?
- Wie werden sie gebildet?

Informiert euch im Info-Kasten.

4 Markiere in den abgeschriebenen Nominalgruppen den Verbstamm und das Suffix des Partizip I unterschiedlich.
Beispiel: *eine laut rufende Frau – rufende*

5 Bilde Nominalgruppen mit einem Partizip I wie in Aufgabe 2.

a) Schreibe Nominalgruppen mithilfe des Wortmaterials.
Nomen: Polizist, Baby, Hund, Paar
Partizip I: schlafend, suchend, tanzend, telefonierend

b) Schreibe Nominalgruppen mithilfe des Wortmaterials.
Bilde zuerst das Partizip I mithilfe der Verben.
fahren, fliegen, sprechen, zögern

c) Schreibe vier eigene Nominalgruppen.

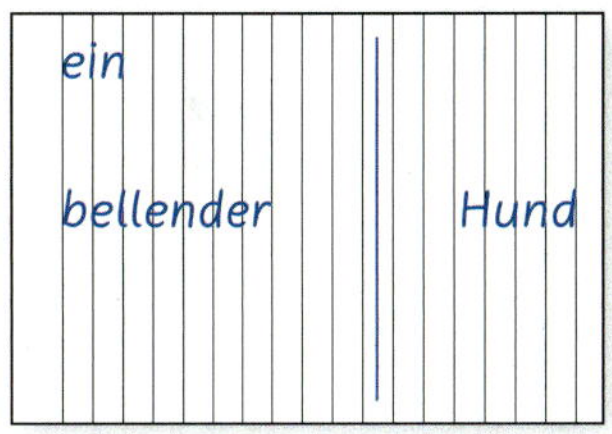

6 Spielt gemeinsam: Wer findet innerhalb einer Minute die meisten Partizipien I zu einem Nomen.
- Alle schreiben dasselbe Nomen auf die rechte Seite eines Blattes.
- Auf *Los!* schreiben alle passende Partizipien I zu dem Nomen.
- Lest eure Partizipien I vor. Für jedes richtige Partizip I gibt es einen Punkt.

Partizip I

Das Partizip I (Partizip Präsens) bezeichnet eine Form des infiniten Verbs.
Es wird gebildet aus dem Verbstamm + Suffix **-(e)nd:** *summend, rufend, zögernd, wiehernd*
Es wird meistens wie ein Adjektivattributiv gebraucht: *die summende Biene*

Tempus: Die Zeitformen

Präsens

1 Leyla erzählt die Fabel *Vom Frosch und der Maus*.
- Lest den Text.
- Besprecht, in welchen Zeitformen die Verben verwendet werden.

Vom Frosch und der Maus

Eine Maus wollte gern einen Fluss überqueren und konnte es nicht. Deshalb bat sie einen Frosch um Hilfe. Der Frosch war hinterhältig und sprach zur Maus: „Binde deinen Fuß an meinen Fuß, so will ich schwimmen und dich hinüberziehen.“
Als sie aber auf das Wasser kamen, tauchte der Frosch hinunter und wollte die Maus ertränken. Während die Maus sich wehrt und strampelt, fliegt eine Weihe herbei, erhascht die Maus, zieht den Frosch auch mit heraus und frisst sie beide.
Lehre: Wer andern eine Grube gräbt, fällt selbst hinein.

Weihe
Greifvogel

Informiert euch im Info-Kasten.

Digital+
WES-126526-128
Tabelle zum Ausfüllen

2 Ordnet die im Text verwendeten Zeitformen ihren Aufgaben im Text zu.
- Ergänzt dazu die Tabelle.
- Besprecht, warum in der Fabel (Aufgabe 1) diese unterschiedlichen Zeitformen verwendet werden.

	erzählender Text	Wörtliche Rede	Höhepunkt, Spannung	Allgemeingültige Aussagen, Sprichwörter
Zeitform	*Präteritum*	...	...	...
Zeilen	Z. 1 – 2 Z. ...	...	...	...

3 Auf der Seite 95 findet ihr die Puzzleteile einer Fabel.
- Setzt das Puzzle zusammen oder schreibt die Fabel in richtiger Reihenfolge auf. Unterstreicht danach alle Verben.
- Fertigt eine Tabelle an wie in Aufgabe 2 und füllt sie aus.

Präsens 1

Für die Beschreibung der Gegenwart verwendet man die Zeitform **Präsens**.
Tom geht ins Kino. Präsensformen verwendet man auch:
- für die **wörtliche Rede**: *Berra sagte zu Ben: „Wir schreiben eine Mathearbeit.“*
- zur Markierung des **Höhepunkt**es **eines erzählenden Textes**:
  Die Turmuhr schlug Mitternacht. Da tritt plötzlich ein Geist aus der Wand.
- für **allgemeingültige Aussagen**: *Der Klügere gibt nach.*

4 Lest die folgenden Sätze.
- Nennt die Zeitform, in der alle Sätze geschrieben sind.
- Die Sätze 2), 3) und 5) verweisen auf ein zukünftiges Geschehen. Nennt die Wörter, an denen ihr das erkennt.
- Tauscht euch darüber aus, welche Zeitform ihr verwendet, um zukünftiges Geschehen auszudrücken.

1) Leyla gestaltet mit eigenen Fabeln und passenden Zeichnungen ein Fabelbuch.
2) Bald stellt sie es in der Klasse vor.
3) Es fehlt nur noch ein Bild, aber das zeichnet sie am Sonntag.
4) Da hat sie genügend Zeit.
5) Die Lehrkraft fotografiert dann die besten Texte und Zeichnungen aller Kinder.
6) Daraus entsteht das Fabelbuch der Klasse 6a.

5 Lest beide Texte und vergleicht.
- Über welche Zeit in der Geschichte wird in den Texten geschrieben?
- Welche Zeitform wird dafür in den Texten verwendet?
- Bei welchem Text könnt ihr euch besser in die Situation hineinversetzen?

A

Hatschepsut: Die Unmögliche

Als junges Mädchen heiratet Hatschepsut ihren Halbbruder Thutmosis II. Der jedoch ist so schwach und kränklich, dass Hatschepsut nach und nach viele Aufgaben übernimmt. Wohl um das Jahr 1779 vor Christus stirbt Thutmosis II. Er ist kaum beigesetzt, da wird sein Nachfolger gekrönt. ... Thutmosis III., Sohn von Thutmosis II. ...ein Stiefsohn von Hatschepsut.

B

Hatschepsut: Die Unmögliche

Als junges Mädchen heiratete Hatschepsut ihren Halbbruder Thutmosis II. Der jedoch war so schwach und kränklich, dass Hatschepsut nach und nach viele Aufgaben übernahm. Wohl um das Jahr 1779 vor Christus starb Thutmosis II. Er war kaum beigesetzt, da wurde sein Nachfolger gekrönt. ... Thutmosis III., Sohn von Thutmosis II. ...ein Stiefsohn von Hatschepsut.

6 Besprecht, warum manchmal in historischen Texten Präsens verwendet wird.

Präsens 2

Präsensformen verwendet man auch:
- für Zukünftiges, wenn weitere Zeitangaben vorhanden sind: *Morgen schreiben wir eine Arbeit.*
- für Vergangenes (historisches oder narratives Präsens): *Man schreibt das Jahr 1492. Kolumbus entdeckt Amerika.*

Zeitformen der Gegenwart, Vergangenheit und Zukunft erkennen, bilden und verwenden
GR: Besondere Verwendung des Präsens

Präteritum und Perfekt

1 Elyes erzählt über ein Erlebnis am Wandertag.
- Lest den Text und markiert die Verben.
- Schaut euch die Verben genauer an und besprecht, in welcher Zeitform die meisten Verben stehen.
- Begründet, warum gerade diese Zeitform benutzt wurde.

Digital+
WES-126526-129
Text zum Bearbeiten

Ihr glaubt nicht, was ich beim Wandern entdeckt habe. Ich habe ein bisschen gebummelt und Insekten beobachtet. Und da habe ich unter einem Baum Löcher gesehen und aus einem hat eine kleine Maus rausgeguckt. Ich habe mich nicht bewegt, um die Maus nicht zu stören. Auf einmal habe ich gesehen, wie sich etwas Langes im Gras bewegt hat. Zuerst habe ich nicht richtig erkannt, was es war. Dann habe ich aber den Kopf ganz nach vorn gereckt und eine Schlange gesehen. Ich bin vielleicht erschrocken, denn ich habe nicht gewusst, ob sie giftig gewesen ist. Aber dann habe ich vorsichtig mein Handy aus der Hosentasche gezogen und das Tier fotografiert. Das Foto habe ich in die App eingegeben, mit der man Tiere und Pflanzen bestimmen kann. Und wisst ihr, was es war: eine Schlingnatter. Die sieht man wirklich nicht so oft.

2 Elyes möchte sein Erlebnis als spannende Geschichte aufschreiben.
- Besprecht, welche Zeitform der schriftliche Text haben muss.
- Schreibt für Elyes die Geschichte in der passenden Zeitform auf.

3 Erzählt euch eigene Erlebnisse und schreibt sie anschließend auf. Achtet auf die Zeitformen.

Informiert euch im Info-Kasten.

4 Schaut euch das Bild an und lest die Sprechblasen. Besprecht, warum einmal Präteritum und einmal Perfekt verwendet wird.

In der Nacht hat es geschneit.
Im letzten Jahr schneite es schon Ende Oktober.

5 Entscheidet, in welchen Sätzen die Zeitform richtig verwendet wurde. Begründet.

Ich bin satt. Ich aß vorhin.	Ich bin satt. Ich habe gerade gegessen.
Ich sehe, dass du schlecht schliefst.	Ich sehe, dass du schlecht geschlafen hast.
Das machtest du gut.	Das hast du gut gemacht.

Präteritum und Perfekt

Das **Präteritum** verwendet man vor allem für die schriftliche Beschreibung der Vergangenheit. Das **Perfekt** verwendet man vor allem für die mündliche Beschreibung der Vergangenheit.
Manchmal verwendet man das Perfekt auch schriftlich, wenn Geschehnisse beschrieben werden, die abgeschlossen sind, aber noch in die Gegenwart hineinreichen.
Wir sind umgezogen. (Der Umzug ist vorbei, man hat die Wohnung gewechselt.)

Plusquamperfekt

1 Betrachtet die Bilder und findet heraus, was in jeder Bildabfolge zuerst passiert.

1

2

3

4

5

6

2 Ordnet jeden Satz dem passenden Bild zu. Beispiel: *Bild 1 gehört zu Satz* ___.

Am Morgen

1) Als Konrad morgens aufstand, duschte er sich.
2) Als er sich duschte, trocknete er sich ab.
3) Als Konrad sich die Zähne putzte, kämmte er seine Haare.
4) Als er die Haare kämmte, ging er die Treppe hinunter in die Küche.
5) Als er seinen Kakao trank, packte er seine Schulsachen ein und lief zum Schulbus.
6) Als alle in den Bus einstiegen, fuhr der Bus los.

3 Ersetze das Wort *als* in jedem Satz mit dem Wort *nachdem*. Beachte dabei die Tempusform des Verbs.
Beispiel: *Nachdem Konrad morgens aufgestanden war, duschte er sich.*

4 Vervollständige die Konjugation der Verben im Plusquamperfekt.

Ich hatte gepackt, du hattest ___ Ich war gefahren, du ___

Das Plusquamperfekt

Wenn man in einem Satz etwas schreibt, was **nacheinander** (und nicht zugleich) abgelaufen ist, verwendet man häufig zwei verschiedene Zeitformen.
Das **Plusquamperfekt** zeigt an, dass in der Vergangenheit ein Ereignis vor einem anderen stattfand.
Man nennt es deswegen auch die Zeitform der **Vorvergangenheit**.
Das **Plusquamperfekt** wird gebildet aus dem Präteritum der Hilfsverben *haben* und *sein* und dem Partizip II.
Ein Satz im Plusquamperfekt wird in einem Nebensatz mit *nachdem* oder *als* eingeleitet.
Nachdem ich die Hausaufgaben gemacht hatte (Plusquamperfekt), *packte* (Präteritum) *ich die Sachen ein.*
Als ich vom Schreibtisch aufgestanden war, ging ich zum Schwimmen.

Futur I

1 Lest den Text, in dem Mina und Arian für die Abschlussvorstellung des Kindermitmachzirkus werben und besprecht, welche Zeitform hauptsächlich verwendet wird.

Sie werden ein ganz besonderes Zirkusprogramm sehen, bei dem 40 Kinder das erste Mal in der Manege stehen werden. Bei den waghalsigen Vorführungen unserer Feuerspucker, Seiltänzer und Akrobaten werden Sie die Luft anhalten. Großartige Dompteure werden ihre „wilden Tiere“ zeigen und Sie werden sich fragen: Wird das wohl gutgehen? Jongleure werden nicht nur zwei Bälle in die Luft werfen und wieder auffangen, sondern ... Die Musiker der Schulband werden das Programm untermalen. Für viele Kinder wird mit der Vorstellung ein Traum wahr.

2 Schreibe alle Verben im Futur I mit dem passenden Personalpronomen auf. Beispiel: *Sie werden sehen*

3 Wähle ein Verb aus und konjugiere es in allen Personalformen im Futur I.

4 Besprecht, wie die Zeitform Futur I gebildet wird.

Informiert euch im Info-Kasten.

5 Lest die Sätze. Beide Personen sprechen über Zukünftiges: Bleibt Karim bis zum Ende seiner Aufführung auf dem Seil? Besprecht:
- Warum verwendet der Zuschauer Futur I?
- Warum verwendet der Trainer Präsens?

Während der Zirkusvorstellung beobachten alle, wie Karim über das Seil balanciert.
Ein Zuschauer sagt: „Karim wird nicht vom Seil fallen.“
Der Trainer sagt: „Karim fällt nicht vom Seil.“

Das Futur I

Mit dem **Futur I** kann man auf etwas hinweisen, was wahrscheinlich in der Zukunft geschieht: Ich werde meinen Geburtstag mit meinen Freunden feiern.
Das Futur I wird mit der **konjugierten Form von *werden*** und dem **Infinitiv des Vollverbes** gebildet. Man verwendet:
Futur I, wenn etwas wahrscheinlich ist: *Wenn ich groß bin, werde ich als Bäcker arbeiten.*
Präsens, wenn etwas Zukünftiges mit Sicherheit geschieht: *Wenn ich erwachsen bin, erlerne ich einen Beruf.*

Futur II

1 Lest den Text und besprecht die selten verwendete Zeitform des Textes. Was drückt sie aus?

Wetterbericht

Der Winter wird mit hoher Wahrscheinlichkeit in den ersten Februartagen Einzug gehalten haben. Weil der Wind auf nördliche Richtungen gedreht haben wird, kann die kalte Luft durch die angewärmte Nordseeluft ersetzt werden. Während in den Höhenlagen über Nacht die Schneedecke auf zehn Zentimeter angewachsen sein wird, wird es in den niederen Gebieten ausgiebig geregnet haben. Erst in der nächsten Woche wird mit einer Wetterbesserung zu rechnen sein.

2 Schreibe alle Verbformen mit einem passenden Personalpronomen auf.
Beispiel: *er wird gehalten haben*

3 Beschreibt, wie die Zeitform Futur II gebildet wird.

4 Vervollständige beim Abschreiben die Sätze mit dem Verb im Futur II.
1) Ich ___ bis Montag das Bild fertig ___ (malen).
2) ___ Oma meinen Brief ___ (erhalten)?
3) Sie ___ an der falschen Haltestelle ___ (aussteigen).
4) Ihr ___ für das Mittagessen einen Gutschein ___ (benötigen).
5) Du ___ nächste Woche schon in den Urlaub ___ (fahren).
6) In zwei Wochen ___ wir (umziehen).

5 Beantworte die Fragen, indem du Sätze im Futur II formulierst.
Du kannst die folgenden Verben verwenden: *lernen, verlieren, hinfallen, sinken*
Beispiel: *Lisa wird gelernt haben.*
1) Warum war Lisa gestern nicht im Kino?
2) Wo ist deine Mütze?
3) Warum hat Elena ein verbundenes Knie?
4) Wo ist mein Papierschiff geblieben?

Futur II

Das Futur II dient dazu,
- eine Vermutung über ein vergangenes Geschehen auszudrücken.

Der Zug wird jetzt sein Ziel erreicht haben.
- ein erst in Zukunft vollendetes Geschehen darzustellen.

Bis Freitag wird der Brief angekommen sein.

Es wird gebildet mit der konjugierten Form von *werden* + *Partizip II* des Vollverbs + Infinitiv von *haben* oder *sein.*

Aktiv und Passiv

Digital+
WES-126526-130
Sätze zum Bearbeiten

1 Schreibe die Sätze ab und unterstreiche Subjekt, Prädikat und Objekt mit verschiedenen Farben.

1) Lea putzt das Fahrrad.
2) Das Fahrrad wird von Lea geputzt.
3) Das Fahrrad wird geputzt.

2 Vergleicht die Sätze aus Aufgabe 1 und besprecht:
- die Veränderung des Prädikats.
- die Veränderung der übrigen Satzglieder.
- die Veränderung der Satzaussage.

Digital+
WES-126526-131
Tabelle zum Ausfüllen

3 Ergänze die Tabelle mit den fehlenden Aktiv- oder Passivsätzen.

Aktiv	Passiv mit Präposition	Passiv ohne Präposition
Lea poliert besonders die Speichen.		
		Die Fahrradkette wird geölt.
	Der Sattel wird von Lea abgetrocknet.	
Leas Vater kontrolliert die Bremsen.		

Informiert euch im Info-Kasten.

4 Formuliert die Passivsätze aus Aufgabe 3 so um, dass die Handlung abgeschlossen ist.

Aktiv und Passiv

Im **Aktivsatz** – *Lea putzt das Fahrrad*. – ist Lea das Subjekt, sie ist aktiv.
Im **Passivsatz** – *Das Fahrrad wird geputzt*.–. wird das Objekt *das Fahrrad* zum Subjekt. Es ist aber nicht selbst aktiv, sondern mit ihm wird etwas gemacht.
Auf das Subjekt im Aktivsatz kann man mit den Präpositionen *von* oder *durch* hinweisen. *Das Fahrrad wird von Lea geputzt.*
Vorgangspassiv: finite Verbform von *werden* + Partizip II: *Das Fahrrad wird geputzt*.
Zustandspassiv: finite Verbform von sein + Partizip II: *Das Fahrrad ist geputzt*. (Die Handlung ist abgeschlossen)

Modalverb

1 Schaut euch die Bilder und Texte an.
Unterstreicht die finiten Verbformen und besprecht, was sie ausdrücken.

Hunde müssen draußen bleiben. 	Du sollst nicht stehlen. 	Darf ich bitten? 
Kann mir jemand helfen? 	Ich möchte ein Schokoeis. 	Willst du mein Freund sein? 

Digital+
WES-126526-132
Sätze der Seite zum Bearbeiten

2 Schreibt die Sätze aus Aufgabe 1 ab und unterstreiche die finiten Verben.
Besprecht, an welcher Stelle im Satz die finiten Verben stehen.

3 Schreibe die Sätze ab und unterstreiche die Verben.
Ergänze die konkrete Situation, in denen sie gesagt werden.
Beispiel: *Im Sportunterricht soll ich im Schwimmbad vom Turm springen.*
→ *Aufforderung/Notwendigkeit*

Informiere dich im Info-Kasten.

1) Ich soll im Schwimmbad vom Turm springen.
2) Ich muss im Schwimmbad vom Turm springen
3) Ich kann im Schwimmbad vom Turm springen.
4) Ich will im Schwimmbad vom Turm springen.
5) Ich möchte im Schwimmbad vom Turm springen.
6) Ich darf im Schwimmbad vom Turm springen.

4 Besprecht, wie die Satzaussage durch die Modalverben verändert wird.

5 Schreibe zu einer Situation mit jedem Modalverb Sätze wie in Aufgabe 3.

Modalverben

Modalverben verbinden sich mit den Infinitiven von Verben. Sie geben Auskunft über die Art und Weise einer Handlung. Modalverben sind:
- **dürfen** (Erlaubnis) *Ben darf ins Kino gehen.*
- **können** (Fähigkeit/Möglichkeit) *Ben kann Fahrrad fahren.*
- **mögen** (Wunsch/Wille/Vorlieben) *Ben mag Eis essen.*
- **müssen** (Notwendigkeit) *Ben muss Hausaufgaben machen.*
- **sollen** (Aufforderung/Notwendigkeit) *Ben soll sein Zimmer aufräumen.*
- **wollen** (Wunsch/Wille/Vorlieben) *Ben will seine Freunde treffen.*

Formen des Imperativs

1 Lest die Sätze und achtet besonders auf die unterstrichenen Verben.

Alina, komm rein und mach die Tür zu. Setzt euch an eure Plätze. Packt eure Hefte, Bücher und Mäppchen aus. Schlagt bitte eure Bücher auf. Blearta, lies bitte die Aufgabe vor. Schreibt die Aufgabe in euer Heft und löst sie. Adam, sieh nach vorn.

Digital+
WES-126526-133
Tabelle zum Ausfüllen

2 Trage alle unterstrichenen Verben aus Aufgabe 1 in die Tabelle ein.

Verb im Imperativ	Verb in der 2. Person Singular	Verb im Infinitiv
komm	*du komm-st*	*komm-en*

3 Besprecht, wie der Imperativ gebildet wird.

4 Sammelt Sätze im Imperativ, die in eurem Alltag häufig verwendet werden. (Schule, Familie, Freizeit)

Digital+
WES-126526-134
Sätze zum Bearbeiten

5 Schreibe die Sätze ab und setze die passenden Verben im Imperativ ein.

a) Schreibe die Sätze ab und setze dabei die Verben im Imperativ ein.

▢ (geben) mir meinen Stift zurück. ▢ (rufen) mich heute Abend an. Mensch ▢ (ärgern) dich nicht. ▢ (erinnern) mich an den Termin. ▢ (atmen) ruhig weiter. ▢ (bummeln) nicht auf dem Heimweg. ▢ (anziehen) deine Jacke ▢.

Verwende ein Wörterbuch

b) Schreibe die Sätze ab und setze dabei passende Verben im Imperativ ein. Es gibt verschiedene Möglichkeiten.

▢ die Blätter in deine Mappe ▢. ▢ dich! ▢ deine Kappe ▢. ▢ dir nicht den Magen. ▢ mir bitte meine Brille. ▢ mich. ▢ den Beitrag aus dem Internet.

c) Bilde mit folgenden Verben Sätze im Imperativ:
abnehmen, bringen, downloaden, einordnen, entschuldigen, schämen

Imperativ

Der Imperativ ist eine Form des Verbs. Man verwendet Verben im Imperativ, wenn man eine **Aufforderung** formuliert: *Tu das nicht!*
Der Imperativ wird gebildet aus dem Präsensstamm des Verbes der 2. Person Singular: *du gehst-geh, du liest-lies*
Besonderheiten der Bildung
- Verben auf *-eln, -ern*: -e- wird in 2. Person Singular weggelassen: *hand(e)le, ärg(e)re*
- Verben mit -d- / -t- am Stammende: -e-wird angehängt: *arbeiten-arbeite*

Adjektive

1 Domenico hat eine Fabel geschrieben. Schreibe die Fabel ab und setze in die Lücken passende Adjektive ein.

Digital+
WES-126526-135
Text zum Bearbeiten

Der Elefant und die Maus

An einem ___ Mittag übte ein ___ Elefant in einem Zirkus für seinen ___ Auftritt. Als er sich nach einer ___ Musik im Kreis drehte, sah er eine ___ Maus durch die Manege flitzen. Der ___ Elefant erschrak so sehr, dass er beinahe gestolpert wäre. Die ___ Maus kam näher und fragte besorgt: „Hey, Elefant, was ist den los?" Das war für den ___ Elefanten zu viel, er schrie wie am Spieß: „Hilfe! Eine Maus! Geh weg! Geh weg!" Mit einem ___ Sprung rettete sich auf das ___ Elefantenpodest. Das gefiel der ___ Maus. Der ___ Elefant hatte vor ihr, der ___ Maus, ___ Angst. Mutig trippelte sie auf den Elefanten zu. Der zappelte so auf dem ___ Podest, dass es unter ihm zusammenbrach. Die ___ Maus lachte und ging davon.
Lehre: Auch ___ Tiere haben Angst.

Wortschatz
ängstlich, grau, groß, heiß, hoch, klein, laut, leise, mutig, neugierig, riesig, schön, schreckhaft, vorlaut, winzig

2 Lest euch eure Texte vor.
- Überprüft, ob alle eingesetzten Wörter Adjektive sind.
- Überprüft, ob alle Adjektive im selben Kasus, Numerus und Genus wie das Nomen stehen.
- Wie verändert sich die Sätze durch unterschiedliche Adjektive?

B → S. 316 *Kasus*

B → S. 320 *Numerus*

B → S. 317 *Genus*

B → S. 320 *Nominalgruppe*

3 Adjektive werden oft in beschreibenden Texten verwendet. Überprüft das im Kapitel *Beschreiben.*
- Schreibt aus den Texten *Insektenhotel in Konservendose* (S. 36) und *Die beiden Neuen* (S. 43) Nominalgruppen mit Adjektiven auf.
- Besprecht, warum Adjektive gerade in diesen Texten wichtig sind.

Adjektiv

Mithilfe von Adjektiven kann man genauer und anschaulicher beschreiben: *das langweilige / interessante Buch*
Adjektive:
- sind deklinierbar: *der junge Hund, des jungen Hundes*
- richten sich in der Nominalgruppe im Kasus, Numerus und Genus nach dem Nomen: *der junge Hund (Nominativ, Singular, Maskulinum)*
- können Attribut sein: *der junge Hund*
- können Prädikativ sein: *Der Hund ist jung.*
- können nicht allein im Vorfeld stehen

Zahlwörter als Adjektive und Artikelwörter

Beachtet, wo das Zahlwort in der Nominalgruppe steht.

1 Lest die Nominalgruppen und besprecht:
- In welchen Nominalgruppen werden die unterstrichenen Wörter als Adjektiv verwendet, in welchen als Artikelwort?
- Begründet eure Entscheidung.

eine Klasse *die eine Klasse*
viele Luftballons *die vielen Luftballons*

2 Lest den Text und besprecht, ob die unterstrichenen Wörter Artikelwörter oder Adjektive sind.

Beim Laufwettbewerb gehen neun Mädchen aus den sechsten Klassen an den Start. Diese neun Mädchen sind die schnellsten aus ihrer Klasse. Bald bilden vier Läuferinnen die Spitzengruppe. Tabitha aus der 6a ist ganz vorn mit dabei. Noch läuft sie auf der dritten Position, dann auf der zweiten Position und dann: Sie flitzt an der zweifachen Gewinnerin der letzten Läufe vorbei und geht als erste Läuferin mit einer viertel Minute Vorsprung durchs Ziel. Das vielfache Jubelgeschrei der 6a hallt über den Platz. Tabitha bekommt eine Medaille und eine Urkunde.

Digital+
WES-126526-136
Tabelle zum Ausfüllen

3 Trage aus dem obigen Text alle Nominalgruppen mit Zahlwörtern geordnet in die Tabelle ein. Unterstreiche Artikelwort und Adjektiv unterschiedlich.

Zahlwörter als Artikelwort	Zahlwörter als Adjektiv
neun Mädchen	*den sechsten Klassen*

4 Entscheide dich für das passende Zahlwort in den folgenden Sätzen. Unterstreiche Artikelwort und Adjektiv unterschiedlich.

1) Der Sporttag war am *zweifachen / vier/ zehnten* Oktober.
2) *Viele / mehrfache / eine* Mädchen und Jungen beteiligten sich.
3) Die Kinder wählten aus den *vielen / fünften / viertel* Angeboten einige aus.
4) Eine *viertel / einfache / achte* Stunde nach der Begrüßung waren alle an ihrer Station.
5) *Dritte / Einige / Zigfache* ältere Mädchen und Jungen waren Schiedsrichter.

Zahlwörter als Adjektive

Zahlwörter können im Satz Adjektiv oder Artikelwort sein.
Das betrifft:
- Kardinalzahlwörter: *der eine Ball* (Adjektiv), *ein Ball* (Artikelwort)
- Unbestimmte Zahlenangaben: *die vielen Menschen* (Adjektiv), *viele Menschen* (Artikelwort)

Ausschließlich Adjektive sind:
- Kardinalzahlwörter: *der zweite Satz*
- Bruchzahlwörter: *ein achtel Liter*
- Vervielfältigungszahlwörter: *die zweifachen Sieger*

Besondere Komparationsformen

1 Lest den Text.

Unwetter

Der Sommer ist heiß, die Tage werden immer heißer. Das Thermometer klettert auf 40°C, der heißeste Tag seit Jahren. Irgendwo in der Ferne ist leises Donnergrollen zu hören. Immer mächtigere Wolkenberge ziehen heran und kreisen den kleinen Ort fast ein. Plötzlich ist es ganz still, nichts bewegt sich. Und dann fallen dicke Regentropfen auf die trockene Erde. Sie werden immer größer und schwerer, bis sie sich in erbsengroße Hagelkörner verwandeln. Grelle Blitze zucken am dunklen Himmel. Stürmischer Wind wirbelt welke Blätter durch die immer kühlere Luft. Und aus den Hagelkörnern werden eisige Kugeln, groß wie Tischtennisbälle. Ein gewaltiger Donnerschlag beendet den Spuk.

2 Arbeitet mit dem Text aus Aufgabe 1.

a) Tragt die unterstrichenen Adjektive aus dem obigen Text in die Tabelle ein und füllt die übrigen Spalten aus.

Positiv	Komparativ	Superlativ
heiß	*heißer*	*am heißesten*

b) Ergänzt die Tabelle mit den Adjektiven *gut, viel, hoch, teuer.*

c) Vergleicht die Bildung der Komparationsformen. Nennt Gemeinsamkeiten und Unterschiede.

Benutzt ein Wörterbuch.

Digital+
WES-126526-137
Tabelle zum Ausfüllen

3 Schreibe eigene Sätze mit Adjektiven in verschiedenen Komparationsstufen.

a) Schreibe Sätze mit den Adjektiven *viel, mehr, hoch, nahe*

b) Schreibe Sätze mit den Adjektiven *schmal, gesund, jung, dunkel*

4 Spielt gemeinsam.
Stellt euch in einem Kreis auf. Jemand nennt ein Adjektiv im Positiv und wirft einen Ball zu einem Mitspielenden. Dieser nennt den Komparativ zum Adjektiv und wirft den Ball weiter und der Superlativ wird genannt usw.
Beispiel: *gut – besser – …*

Besondere Komparationsformen

Adjektive kann man steigern (komparieren), um Dinge zu vergleichen:
Positiv: *klein,* **Komparativ**: *kleiner,* **Superlativ:** *am kleinsten.*
Einige Adjektive werden nicht regelmäßig kompariert, z. B.

- *Viel – mehr – am meisten, gut – besser – am besten*
- *nah(e) – näher – am nächsten, hoch – höher – am höchsten*
- *dunkel – dunkler – am dunkelsten, teuer – teurer – am teuersten*
- *hart – härter – am härteste, heiß – heißer – am heißesten*
- *blasser – blässer/blasser*

Mit Adjektiven vergleichen

1 Lest den Text und besprecht, in welcher besonderen Weise die unterstrichenen Adjektive verwendet werden.

Reich im Herzen

Es war einmal ein Junge, der mühte sich Tag um Tag, war fleißig wie eine Biene und trotzdem bettelarm. Eines Abends aß er sein letztes Stück steinhartes Brot, legte sich auf eine kratzende Decke und schlief. Im Traum lief er durch kniehohes Gras, kletterte über Berge höher als sein Haus, umlief kreisrunde Tümpel und gelangte schließlich an einen See, dessen Oberfläche spiegelglatt war und in der Sonne glänzte wie Silber. Auf der Wiese am See stand ein Tisch, darauf ein Tuch fein wie Spinnweben, gedeckt mit den leckersten Speisen: zuckersüßen Früchten, schneeweißem Brot, butterweichem Käse und vielem mehr. Als er sich gerade ein Brötchen vom Tisch nehmen wollte, sah er ein spindeldürres Männlein in einem moosgrünen Kittel, das ihn bittend ansah. Obwohl der Junge selbst hungrig wie ein Löwe war, gab er zuerst dem Männlein ein Stück Brot. Gerade als er sich selbst etwas davon in den Mund stecken wollte, weckte ihn ein Duft süß wie Schokolade. Und als er die Augen aufschlug sah er, dass sein Traum Wirklichkeit geworden war.

Digital+
WES-126526-138
Tabelle zum Ausfüllen

2 Tragt in die Tabelle alle Vergleiche aus dem obigen Text ein und ergänzt sie wie im Beispiel. Achtung: Es lassen sich nicht alle Vergleiche umformen.

Vergleich mit als oder wie	Adjektivkompositum
fleißig wie eine Biene	*bienenfleißig*
arm wie ein Bettler	*bettelarm*

Vergleich → S. 122

3 Schreibe Vergleiche.

a) Schreibe Vergleiche mit *als* und *wie*, indem du die Wortgruppen ergänzt. Besprecht, wann die Vergleichswörter *als* und *wie* verwendet wird.
rot wie ___, stark wie ___, schwer wie ___, roter als ___, stärker als ___

b) Schreibe Vergleichssätze mit *als* und *wie* und mit Adjektivkomposita.
Adjektive: scharf, dünn, breit, schnell
Vergleichswörter: Messer, Hauch, Finger, Blitz

c) Schreibe je vier Vergleichssätze mit *als* und *wie* und Adjektivkomposita

B → S. 314
Adjunktor

Mit Adjektiven vergleichen

Mithilfe von Adjektiven kann man verschiedene Dinge miteinander vergleichen. Dazu verwendet man die **Adjunktionen**

- im **Positiv** *wie: so schnell wie ein Pfeil,*
- im **Komparativ** *als: etwas fliegt schneller als ein Pfeil*

oder **Adjektivkomposita**: *pfeilschnell.*
Durch Vergleiche kann sich der Leser oder Hörer eine Situation besser vorstellen.

Adverbien

1 Lest den Text einmal mit den unterstrichenen Wörtern, einmal ohne diese Wörter. Besprecht, welche Aufgabe diese Wörter im Text übernehmen.

Trommelwettbewerb

Die Uhlandschule veranstaltet heute einen Trommelwettstreit. Elea berichtet, ihre Gruppe habe in den letzten Wochen oft geübt. Unten im Zuschauerraum sitzen ihre Freunde. Zuerst zittern Eleas Hände vor Aufregung, aber bald ist das Lampenfieber weg und die Gruppe zeigt eine tolle Show. Dann zeigen die anderen Gruppen ihre Beiträge. Während am Schluss die Jury draußen berät, dürfen drinnen die Zuschauer die Trommeln ausprobieren. Später ruft die Jury jede Gruppe noch einmal auf und gibt die Sieger des Wettbewerbs bekannt.
Für alle Teilnehmenden gibt es nur ein Frage: Wann ist der nächste Trommelwettbewerb?

2 Ordnet die unterstrichenen Wörter aus dem obigen Text in die Tabelle ein.

Lokaladverbien Ortsadverbien: Wo?	Temporaladverbien Zeitadverbien: Wann?	Interrogativadverbien Frageadverbien
oben		

Digital+
WES-126526-139
Tabelle zum Ausfüllen

3 Ordne in die Tabelle folgende Adverbien ein:
anfangs, da, einst, fort, jetzt, lange, morgen, oft, rechts, überall, vorwärts, wann, wohin, wo, warum, zuhause

Informiert euch im Info-Kasten.

4 Schreibe den Text ab und ergänze dabei die fehlenden Adverbien.
längst, immer, dorthin, mehrmals, daheim, links, heute, niemals

___ ist der Wettbewerb vorbei, aber Eleas Gedanken wandern ___ ___. ___ hat sie ihren Eltern und Geschwistern ___ davon erzählt. Ihre Trommel steht ___ neben dem Regal. ___ ist ihr klargeworden, dass sich das viele Üben wirklich lohnt. ___ hätte sie gedacht, dass ausgerechnet ihre Gruppe den ersten Platz belegt.

Adverbien

Adverbien geben die **Umstände eines Geschehens** an, z. B.
Lokaladverbien (Wo etwas geschieht.): *hier, dort, zuhause, dorthin, hierhin, bergauf*
Temporaladverbien (Wann etwas geschieht.): *heute, lange, oft, immer, stets, montags*
Interrogativadverbien leiten W-Fragen ein: *wann, wie lange, wo, wohin, warum*
Adverbien werden nicht gebeugt (flektiert) und können allein im Vorfeld stehen.
Heute veranstaltet die Uhlandschule einen Trommelwettbewerb.

Adverbien benennen und gemäß ihrer Funktion und Form verwenden, GR: Lokal-, Temporal-, Interrogativadverb

Präposition

Ihr könnt auch für die neuen 5. Klassen eine Schulhausralley planen.

1 Spielt mit Präpositionen.
- Ein Kind geht vor die Tür.
- Die anderen legen ein Ziel im Zimmer, Schulhaus, ... fest.
- Das eine Kind geht nun nur den Weg, den die anderen mithilfe von Präpositionen beschreiben.
  Beispiel: *Geh von der Tür bis zur Tafel.*

2 Lest den Text und achtet besonders auf die Präpositionen. Wozu werden sie verwendet?

Digital+
WES-126526-140
Text zum Bearbeiten

Kennst du das auch?

Der Wecker klingelt morgens viermal. Aber erst nach dem letzten Mal steht Bassam auf. Am liebsten würde er bis mittags im Bett liegen und träumen. Aber das geht leider nicht, denn gegen 7.00 Uhr muss er los. Am Morgen spricht er selten mit den anderen, denn während des Frühstücks möchte er einfach seine Ruhe haben. Schließlich hat er es geschafft und rennt los. In zwanzig Minuten muss er in der Schule sein. Seine Eltern kennen das Problem seit langer Zeit. Abends ist Bassam putzmunter und schläft nicht vor Mitternacht. Dafür braucht er morgens etwas länger.

B → S. 321
Präpositionalgruppe

3 Schreibe aus dem obigen Text die Präpositionalgruppen ab.
- Unterstreiche die Präposition.
- Bestimme den Kasus.

Beispiel: *nach dem letzten Mal – Dativ*

4 Schreibe die folgenden Sätze mit der passenden Präposition auf und unterstreiche sie.

a) ***Am/Im/Bis*** August sind Sommerferien.
Nach/Am/Gegen 15. Mai habe ich Geburtstag.
Bei/Zwischen/Seit Samstag und Montag liegt der Sonntag.
Die Geisterstunde ist ***um/vor/nach*** Mitternacht.

b) Ich habe ___ zwei Jahren einen Hund.
Der Bus fährt täglich ___ 6.00 Uhr ___ 23.00 Uhr.

Präpositionen

Präpositionen wie *an, auf, bei, bis, durch, gegen, in, nach, seit, um, von, vor, während, zwischen* geben zeitliche Verhältnisse an. Sie heißen deshalb auch **temporale Präpositionen**.
In der Präpositionalgruppe stehen sie am linken Rand. *Seit einigen Tagen regnet es.*
Präpositionen gehören zu den Wortarten, die sich nicht verändern. Sie bestimmen wie das Verb den Kasus von Nomen, Nominalgruppen oder Pronomen.

Partikeln

1 Lest das Gespräch einmal mit den unterstrichenen Wörtern, einmal ohne diese. Besprecht, welche Aufgabe die unterstrichenen Wörter im Gespräch haben.

Mann, das waren <u>ziemlich</u> schwierige Aufgaben.

Ich habe vieles <u>nicht</u> gewusst.

Was? Es waren <u>durchaus</u> lösbare Aufgaben. Ich habe <u>ganz</u> viele Übungsaufgaben am PC gelöst. Das hat <u>etwas</u> mehr Spaß gemacht als das Schreiben.

2 Probiert aus, wie sich durch das Einsetzen von Partikeln die Aussage der Adjektivgruppe ändert.
Intensitätspartikeln: sehr, ziemlich, äußerst, durchaus, einigermaßen, keine
Beispiel: *<u>sehr</u> schöne (Ferien)*

B → S. 314
Adjektivgruppe

3 Schreibe Sätze. Verwende jede Partikel aus Aufgabe 2 einmal.

4 Lest die Sätze und besprecht jeweils, ob der Test geschrieben wird oder nicht.
Wir schreiben den Test <u>nicht</u>. Wir schreiben den Test <u>nicht</u> heute.

5 Ergänzt die folgenden Sätze so, dass die Verneinung eingeschränkt wird.
Beispiel: *Sie treffen sich nicht. Sie treffen sich nicht heute.*

Tamar liest nicht.	Wir haben nicht gewonnen.
Du hast die Hausaufgaben nicht.	Wir fahren nicht zu Oma.
Wir treffen uns nicht.	Wir sprechen nicht.

6 Lest den Satz und besprecht: Ist die Verneinung *kein* eine Partikel?
Nina mag keine Schokolade.

Partikeln

Partikeln sind Wörter, die nicht gebeugt (flektiert) werden. Sie können nicht allein im Vorfeld stehen und sind somit keine Satzglieder.
Intensitätspartikeln werden zur Steigerung in einer Adjektivgruppe verwendet:
<u>sehr</u> schöne Ferien, <u>ziemlich</u> schöne Ferien
Mit der **Negationspartikel** *nicht* wird ein Satz oder der Teil eines Satzes verneint. *Wir lösen die Aufgabe <u>nicht</u>. Wir lösen die Aufgabe <u>nicht</u> heute.*

Zusammenfassung

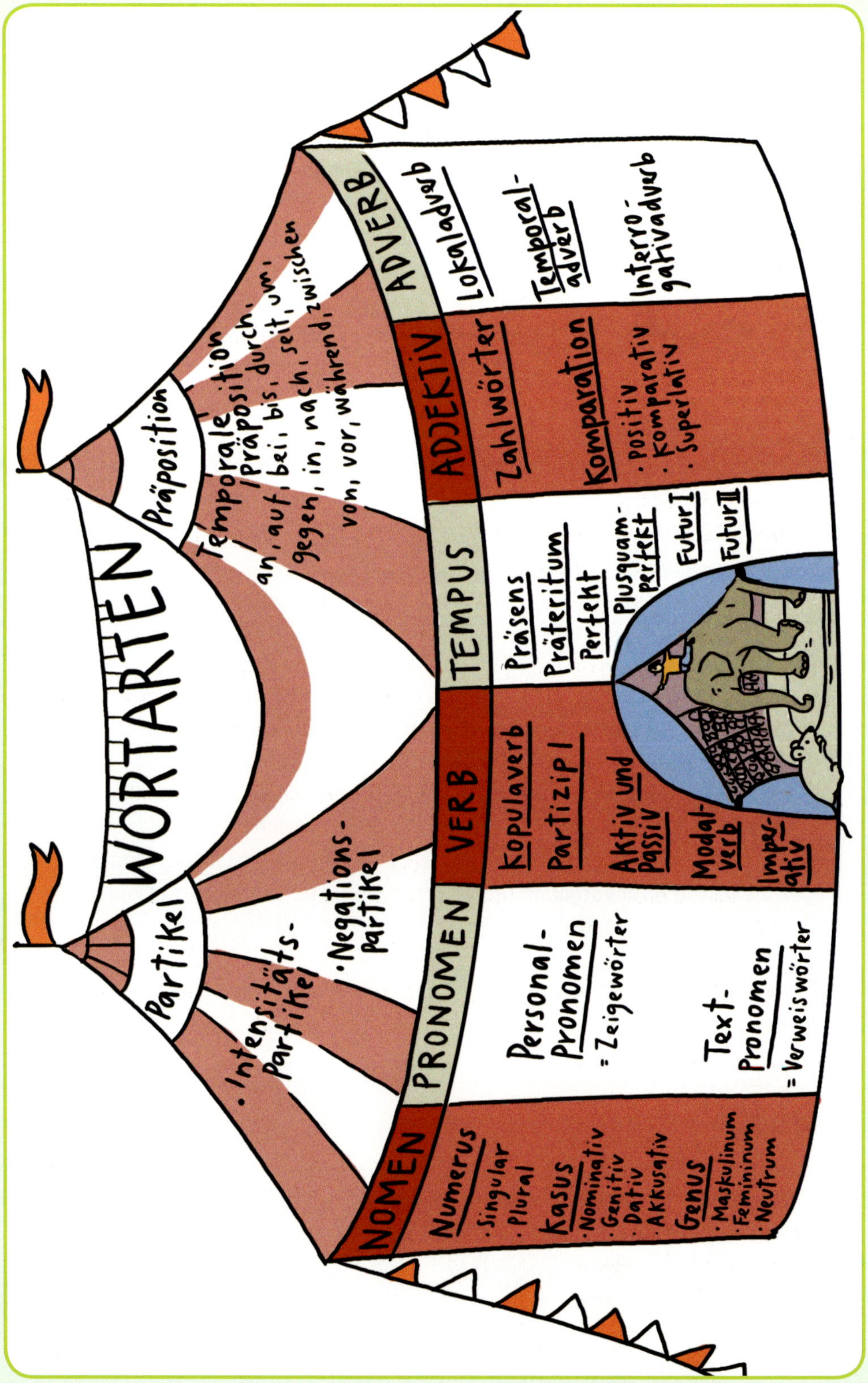

Überprüfe dein Wissen und Können

1 Lies die Sage.

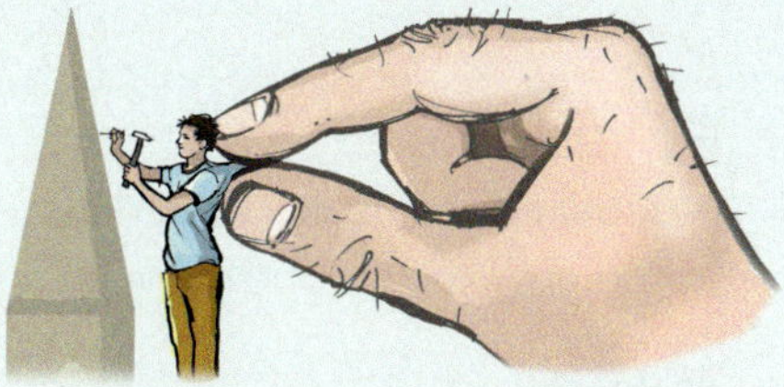

Die Sage vom Reußenstein

Nach Wilhelm Hauff

1) Auf dem Heimenstein im Neidlinger Tal lebte <u>ganz</u> früher <u>der</u> <u>Riese</u> Heim.
2) <u>Eines</u> Tages wollte er <u>im</u> Tal auf der anderen Seite ein Schloss bauen.
3) Mit <u>dröhnender</u> Stimme rief er ins Tal: „Wer <u>von</u> euch Menschenzwergen will <u>mir</u> helfen ein Schloss zu bauen?“
4) Da erschienen <u>einige</u>, denn der Riese hatte <u>viel</u> Gold und versprach reichlichen Lohn.
5) <u>Bald</u> stand auf dem Felsen ein <u>herrliches</u> Schloss.
6) Nur am obersten Fenster im höchsten Turm fehlte noch ein Nagel.
7) Das ärgerte den Riesen gewaltig und er wollte kein Gold bezahlen, bevor <u>dieser</u> Nagel <u>nicht</u> eingeschlagen war.
8) Da meldete sich ein bettelarmer Schlossergeselle, der gern die Tochter des Meisters heiraten <u>wollte.</u>
9) Als <u>dieser</u> auf dem höchsten Turm aufs Fensterbrett hinaus trat, staunten alle, auch der Riese.
10) Da packt der Riese den Jungen im Genick und <u>hält</u> ihn <u>fest</u>.
11) Nachdem der junge Mann den Nagel eingeschlagen hatte, setzte er ihn sanft ab und lobte und belohnte ihn reichlich.

2 Bestimme die Wortart aller unterstrichenen Wörter.

3 Schreibe alle Nominalgruppen des Satzes (8) ab.
- Markiere die Kasusendungen der Nomen und ihrer Begleiter.
- Bestimme den Kasus.

4 Bestimme die Zeitformen der Verben in folgenden Sätzen und begründe, warum diese Zeitformen verwendet werden.
a) Sätze 3), 10)
b) Sätze 3), 10), 11)

5 Im Satz 7) wird das Wort *dieser* als Demonstrativartikel verwendet und im Satz (9) als Demonstrativpronomen. Erkläre den Unterschied.

6 Im Satz 8) befindet sich ein Adjektivkompositum. Schreibe es ab und stelle den Vergleich mit *wie* gegenüber.

7 Übertrage Satz 10) ins Passiv.

Wortschatz

Adjektiv, Adverb, Nomen, bestimmter Artikel, unbestimmter Artikel, Indefinitartikel, Demonstrativartikel, verschmolzener Artikel, Demonstrativpronomen, Indefinitpronomen, Personalpronomen, Partikel, Präposition, Partizip I, Modalverb, Verb

Digital+
WES-126526-141
Lösungen

Wortkunde

Digital+
WES-126526-142
Aufgabenblatt: Wörter der Woche

1 Ledion bekommt zur Vorbereitung einer Klassenarbeit jede Woche neun Wörter, die er üben soll. Du siehst auf diesem Bild das Aufgabenblatt und die Wörter für diese Woche. Übe gemeinsam mit Ledion.

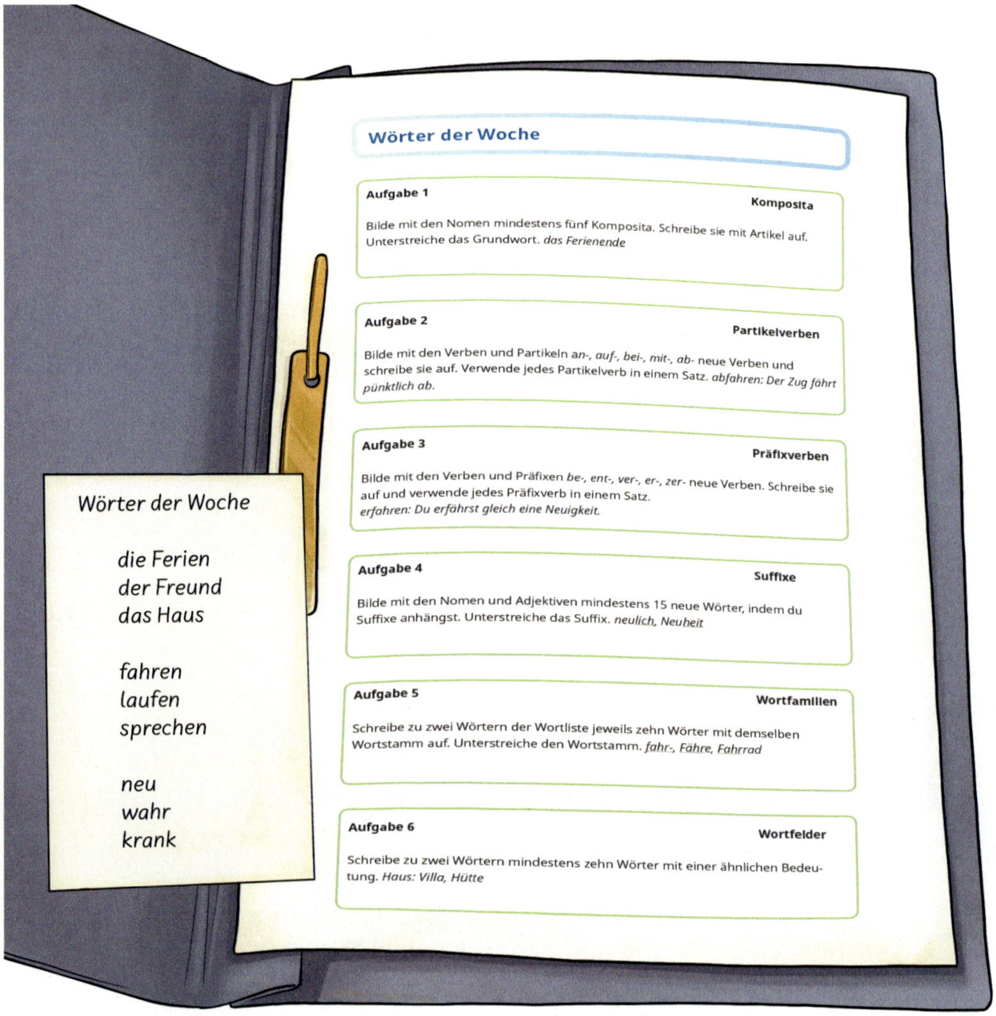

In diesem Kapitel lernst du (,) ...
- weitere Komposita kennen.
- weitere Partikelverben kennen.
- weitere Präfixverben kennen.
- Partikelverben und Präfixverben zu unterscheiden.
- weitere Wortfamilien kennen.
- weitere Wortfelder kennen.

Wortbildung: Komposita

1 Schaut euch das Bild an und besprecht, wo man sich auf dem Pausenhof verstecken kann. Achtung: Alle Verstecke sollen Komposita sein.

B → S. 318
Kompositum

2 Schreibe alle gefundenen Komposita mit Artikel auf.
Unterstreiche das Grundwort. Trage den Pfeil ein. Beispiel: *der Blumentopf*

3 Lest den Text und setzt in die Lücken passende Komposita aus Aufgabe 2 ein.

Kinder der Klasse 6a spielen auf dem Pausenhof verstecken. Ben springt ins leere ___. Kanita kauert hinter den großen ___. Zwischen zwei ___ zwängt sich Nevio. Ganz oben auf der ___ sitzt Elea. Anton legt sich unter eine ___. Neben den ___ versteckt sich Lukas. Inmitten des blühenden ___ hockt Martin.

Digital+
WES-126526-143
Text zum Bearbeiten

4 Schreibe den Text aus Aufgabe 3 ab.
- Unterstreiche bei den Komposita das Grundwort und den Artikel.
- Einige Komposita haben eine Endung. Markiere sie.
  Beispiel: *den großen Blumentöpfen*

5 Sprecht über die Veränderung des Kompositums im Text.
a) Welcher Teil des Kompositums kann sich verändern?
b) Begründet, warum sich nur das Grundwort verändert.

6 Spielt gemeinsam.
- Fertigt Dominokarten an wie im Beispiel oder druckt euch fertige Karten aus.
- Legt reihum Karten an, sodass sinnvolle Komposita entstehen.

Digital+
WES-126526-144
Domino

Start	Blumen-	-topf	Müll-	-tonne	...

B → S. 316
Deklination

Wortbildung: Komposita 1

Komposita können aus zwei oder mehreren Wörtern zusammengesetzt werden.
Das Grundwort legt das Genus des Kompositums fest.
Das Grundwort erkennt man daran, dass es dekliniert werden kann.
der Wanderschuh, des Wanderschuhs, der Schuhladen, des Schuhladens

7 Lest die Zeitungsausschnitte.

Die kommende Nacht wird <u>bitterkalt</u> mit Temperaturen weit unter dem Gefrierpunkt.

Durch die anhaltende Trockenheit ist der Boden <u>steinhart</u>.

Das <u>nasskalte</u> Wetter hält noch einige Tage an.

Die neu eingepflanzten Bäume stehen <u>kerzengerade</u> am Straßenrand.

Das <u>superleichte</u> Tablet passt in jeden Schulranzen.

Rückrufaktion für die <u>süßsaure</u> Soße von ...

8 Sprecht über die unterstrichenen Adjektivkomposita in den obigen Sätzen. Aus welchen Wörtern werden sie gebildet?

Digital+
WES-126526-145
Tabelle zum Ausfüllen

9 Trage die unterstrichenen Adjektivkomposita aus Aufgabe 7 in die Tabelle ein und fülle die übrigen Spalten aus.

Adjektivkompositum	Bildung	Bedeutung
federleicht	*Feder + leicht*	*etwas ist leicht wie eine Feder*
megaschwer	*mega + schwer*	*sehr schwer*

10 Arbeite mit weiteren Adjektivkomposita.

a) Schreibe zu jeder Wortgruppe das passende Adjektivkompositum.
Beispiel: *kalt wie <u>Eis</u> – <u>eiskalt</u>*

rund wie eine Kugel – ___ / süß wie Honig- ___ / hoch wie ein Turm – ___ / rot wie Blut – ___ / weich wie Butter – ___ / gleichzeitig feucht und warm – ___ / gleichzeitig taub und stumm – ___ / gleichzeitig blau und grau – ___

b) Ergänze die Wortgruppen und schreibe das Adjektivkompositum daneben.
Beispiel: *kalt wie <u>Eis</u> – <u>eiskalt</u>*

blau wie der ___ – ___ / rot wie ___ – ___ / groß wie ein ___ – ___ trocken wie ___ – ___ / scharf wie ein ___ – ___ / weiß wie ___ – ___ / gleichzeitig scharf und würzig – ___ / gleichzeitig gold und gelb – ___

Vergleiche → S. 121

c) Notiere sieben Adjektivkomposita, die einen Vergleich ausdrücken.
Beispiel: *bärenstark – stark wie ein Bär*

11 Besprecht: In welchen Situationen oder Texten verwendet man Adjektivkomposita wie *blutrot*, in welchen die ausführliche Schreibweise *rot wie Blut*?

Wortbildung: Komposita 2

Adjektivkomposita verwendet man, wenn man:

- etwas vergleichen möchte *samtweich – weich wie Samt*
- ein Adjektiv verstärken möchte: *superklug, bitterböse*
- zwei gleichwertige Aussagen verbinden möchte: *süßsauer*

Wortbildung: Partikelverben

1 Spielt gemeinsam.
- Schreibt jede Partikel auf eine Karte und legt sie verdeckt auf einen Stapel.
- Reihum wird nacheinander eine Karte mit einer Partikel aufgedeckt.
- Alle schreiben ein Verb mit der jeweiligen Partikel auf.
- Tauscht euch aus, ob diese Verben wirklich Partikelverben sind.

Beispiel: *anfahren, ankommen, anprobieren, …*

Partikeln: an-, ab-, auf-, aus-, auseinander-, ein-, los-, nach-, über-, vor-, weg-, zu-, zurück-, zusammen

Digital+
WES-126526-146
Partikel-Karten zum Ausdrucken

B → S. 320
Partikelverben

2 Schreibe den folgenden Text ab. Setze dabei die passenden Verbpartikeln ein.

Die Klasse 6a nimmt in diesem Schuljahr an der Insektenzählung teil. Deshalb laden sie einen Mitarbeiter vom NABU ein, der sie ___ leitet. Aufmerksam hören alle ___. Danach legt sich jedes Kind auf einem Blatt eine Zählliste ___. Alle suchen sich drei vorgegebene Insekten ___ und kleben die passenden Bilder ___. So kann jeder seine Insekten genau erkennen. Dann geht es ___. Sie stellen sich zu zweit mit einigem Abstand auf der Obstwiese ___. Jedes Kind trägt die beobachteten Insekten in die Liste ___.

NABU
Naturschutzbund Deutschland

3 Schaut euch den zweiten Satz des Textes aus Aufgabe 2 noch einmal genau an. Besprecht, warum Partikel und Verb einmal getrennt werden und einmal zusammenbleiben.

4 Schreibe eigene Sätze mit Partikelverben.

a) Schreibe acht Sätze mit den vorgegebenen Verben und Partikeln.
- Schreibe zuerst die Partikelverben auf.
- Unterstreiche die Verben und markiere die Partikeln.

Verben: laufen, treten, steigen, reisen
Partikeln: an-, aus-, ein-, zurück-, zu-

b) Schreibe acht Sätze mit Partikelverben.
Unterstreiche die Verben und markiere die Partikel.

c) Schreibe acht Satzgefüge mit Partikelverben. Die Partikelverben sollen in beiden Teilsätzen stehen.
Unterstreiche die Verben und markiere die Partikel.

Wortbildung: Partikelverb

Verbpartikeln sind Bausteine, die an ein Verb vorn angebaut werden. *fallen – ausfallen*
Dadurch **ändert sich die Bedeutung** des Verbes. Weitere Verbpartikeln sind z. B. *aus-, nach-, zurück-.*
Verbpartikel und **Verb** bilden eine **Verbklammer.** *Die letzte Stunde fällt heute aus.*
Im Satz, der mit einer Subjunktion (Bindewort) eingeleitet wird, bleiben Partikel und Verb zusammen. *…, weil die letzte Stunde heute wegfällt.*

B → S. 316
Feldermodell
B → S. 319
Konjunktion

Wortbildung: Präfixverben

1 Spielt gemeinsam: Wer schreibt die meisten Präfixverben in einer Minute auf?

Präfixe: be-, ver-, ent- zer-, er-

- Schreibt die Präfixe auf Kärtchen und legt sie verdeckt auf den Tisch.
- Reihum wird ein Kärtchen aufgedeckt und alle schreiben in einer Minute möglichst viele Verben mit dem Präfix.
- Vergleicht eure Verben. Für jedes richtige Verb gibt es einen Punkt.

2 Trage die folgenden Verben wie im Beispiel in die Tabelle ein.

besuchen, versuchen ersuchen, ertragen, vertragen betragen, bekommen, verkommen, entkommen, erdrücken, verdrücken, zerdrücken, bedrücken, bestehen, verstehen, versprechen, entsprechen, besprechen

be-	ent-	er-	ver-	zer-
besuchen				

B → S. 325
Wortfamilie

3 Schreibe mit Verben einer Wortfamilie aus Aufgabe 2 Sätze.

- Markiere beim Verb das Präfix und unterstreiche den Wortstamm.

Am Montag besucht Hanna ihr Freundin.

4 In jeder Reihe befindet sich ein Verb, das nicht im Wörterbuch steht. Nennt es und begründet.

be-: *befinden, beginnen, bebilden besorgen, behaupten*
ent-: *entfinden, entfernen, entsorgen, entziehen, entzweien*
er-: *erbeuten, erfreuen, erklären, erschwingen, ersorgen*
ver-: *verdursten, verhängen, versickern, verfärben, verzetteln*
zer-: *zerfallen, zerlöchern, zerstreuen, zerzausen, zerzetteln*

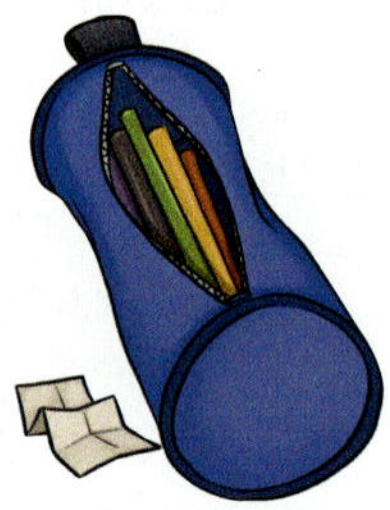

Digital+
WES-126526-147
Text zum Bearbeiten

5 Setzt in die Lücken passende Präfixverben aus Aufgabe 4 ein.

In fünf Wochen ___ die Sommerferien. Warum muss ich den Müll der anderen ___?
Vor der Klassenarbeit muss man den Spickzettel aus dem Mäppchen ___.
Jona ___ Kim die Matheaufgaben. Bei großer Hitze können Tiere ___.
Nach dem Sturz mit dem Fahrrad waren Tammys Hosen ganz ___.
Der Badesee ___ sich im Sommer großer Beliebtheit.

Wortbildung: Präfixverb

Präfixe sind Vorbausteine, die **untrennbar** mit dem Wortstamm verbunden sind und im Satz keine Verbklammer bilden. Sie geben dem Wort eine **neue Bedeutung:** *besorgen (etwas beschaffen, kaufen), entsorgen (etwas wegwerfen)*

Wortbildung: Partikelverb oder Präfixverb

1 Seht euch die Bilder an und ordnet die Bildunterschriften zu.

A: Ben fährt den Verkehrskegel um.
B: Ben umfährt den Verkehrskegel.

2 Schreibt die Bildunterschriften auf.
- Unterstreicht die Verben.
- Besprecht, wo die Verben im Satz stehen.

Digital+
WES-126526-148
Sätze der Seite zum Bearbeiten

3 Schreibt die folgenden Sätze ab und setzt dabei die Verben in der passenden Form in die Lücken ein.
a) Besprecht die unterschiedliche Bedeutung der Verben in den Sätzen.
b) Unterstreicht Partikelverb und Präfixverb mit unterschiedlichen Farben.

1) Tala ___ schon im ersten Anlauf die Hürde.
2) Einige Funken des Lagerfeuers ___ auf den nahen Wald ___.
3) Tara ___ ein Wort, das er vergessen hat.
4) Tamar ___ seinen Aufsatz ___.
5) Wir ___ die Sitzordnung in der Klasse ___.
6) Die Einsatzkräfte ___ das Haus.

überspringen
umschreiben
umstellen

4 Schreibt die Sätze ab und setzt dabei die passenden Verbformen ein.
- Unterstreicht Partikelverb und Präfixverb mit unterschiedlichen Farben.
- Begründet eure Entscheidung.

7) Das Modellboot (untergehen) auf dem See.
8) Die Mutter (unterschreiben) die Entschuldigung.
9) Ein Dolmetscher (übersetzen) den Text. Die Fähre (übersetzen).
10) Timo (überziehen) eine Regenjacke über. Manche Leute (überziehen) ihr Konto.
11) In der Badewanne (überlaufen) das Wasser. Der Sportler (überlaufen) als Erster die Ziellinie.

Wortbildung: Partikel- oder Präfixverb

Einige Vorbausteine wie *um-, unter-, über-, durch-* können **Partikel** oder **Präfix** sein.
Bei **Partikelverben** liegt die **Betonung auf den Partikeln.** Partikel und Verbstamm bleiben bei der Konjugation nicht zusammen: *umfahren, Jemand fährt den Pfosten um*.
Bei **Präfixverben** liegt die **Betonung auf dem Verbstamm**. Präfix und Verbstamm bleiben immer zusammen. *umfahren, Jemand umfährt den Pfosten*.

Wortbildung: Suffixe

Das Spiel ist etwas schwieriger, wenn zum Wort auch die Wortart genannt wird.

1 Spielt mit Suffixen.
- Stellt euch in einem Kreis auf.
- Jemand wirft einen Ball und nennt dabei ein Suffix.
- Das Kind, das den Ball fängt, sagt ein Wort mit dem genannten Suffix und wirft als nächstes.

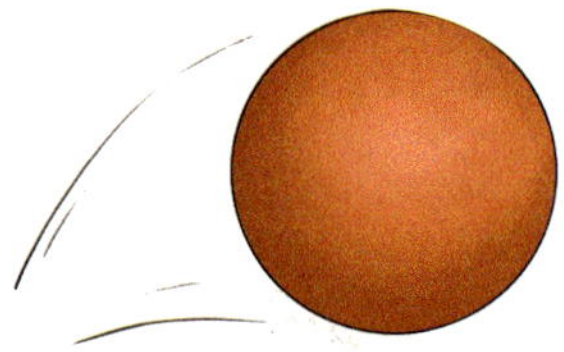

Suffixe: -in, -nis,- sal, -schaft, -ling, -ler, -tum, -el, -ei, -los, -fach, -haft, -mäßig

2 Trage die folgenden Nomen mit dem Artikel in die Tabelle ein.
- Markiere das Suffix.
- Ergänze für jedes Suffix zwei weitere Nomen.

die Ärztin, die Bäckerei, der Deckel, der Entdecker, die Freundin, der Hebel, die Heulerei, der Kiesel, die Klingelei, die Künstlerin, der Lehrer, die Nachbarin, die Rangelei, der Schlüssel, der Sportler, der Stachel, der Träumer, der Verkäufer,

Digital+
WES-126526-149
Tabelle zum Ausfüllen

-in	-(l)er	-el	-ei
die Ärztin			

3 Sprecht über die Nomen aus der Tabelle in Aufgabe 2.
- Schaut euch die Artikel an. Gibt es Gemeinsamkeiten?
- Wann verwendet man das Suffix *-in*?
- Wann verwendet man häufig das Suffix *-er*?

4 Arbeite mit den Suffixen.

a) Setze in die Lücken die Suffixe *-in, -(l)er, -el oder -ei* ein

Ein Ang ___ fing einen riesigen Fisch. Ich möchte später Schneider ___ werden. In unseren Ort gibt es eine kleine Töpfer ___. Mein Bruder isst gern Schnitz ___. Wir kaufen das Gemüse in der Gärtner ___. Gib mir den Deck ___ für den großen Topf.

b) Setze in die Lücken zu den Suffixen passende Wörter ein.

___ ler erforschen ein unbekanntes Insekt. Auf dem Schulhof gab es eine ___ ei. Bastelt einen ___ el. Die ___ in sagt den nächsten Titel an. Ich habe eine ___ in mit ihren Jungen beobachtet. Ein ___ er entdeckte ein Schiffswrack.

c) Schreibe für die Suffixen *-in, -(l)er, -el oder -ei* je zwei neue Nomen auf und bilde mit ihnen Sätze.

Wortbildung: Suffixe (Nomen)

Suffixe sind Nachbausteine, durch die neue Wörter entstehen. Oft gehören diese zu einer anderen Wortart.

Weitere **Suffixe für Nomen** sind: *-in, -(l)er, -el, -ei*

5 Lest die Wörter und besprecht, wie ihr sie ordnen könnt.
boshaft, einfach, farblos, gewohnheitsmäßig, grauenhaft, herzhaft, mehrfach, rechtmäßig, rätselhaft, regelmäßig, saumäßig, schlaflos, schwatzhaft, sprachlos, turnusmäßig, wolkenlos, zweifach, zwecklos, x-fach

Groß- und Kleinschreibung → S. 208

6 Schreibe die Tabelle ab und ordne die Adjektive aus Aufgabe 5 ein. Markiere das Suffix. Ergänze für jedes Suffix zwei weitere Adjektive.

-fach	-haft	-los	-mäßig
	boshaft		

7 Schreibe acht Wortgruppen mit Adjektiven aus der Tabelle, mit jedem Suffix zwei.
Einige Menschen haben ein rätselhaftes Licht am Himmel gesehen.

B → S. 325 *Wortgruppen*

8 Bildet Adjektive mit den Suffixen *-fach, -haft, -los, -mäßig.* Nutzt hierfür den **Wortschatz** in der Randspalte.

Wortschatz

die Furcht
die Sage
mehr
der Grund
die Routine
die Regel
ein
die Macht
die Fassung
das Tor

9 Lest den Text und setzt dabei mündlich die Adjektive aus Aufgabe 8 ein.

Fußballturnier

In der ersten Schulwoche findet das traditionelle Fußballturnier der Schule statt. Als die 6a und die 6b gegeneinander spielen, wird es spannend. Vivian, die kleinste und ___ Spielerin der 6a, holt sich den Ball und spielt ihn Tom zu, der ein ___ Tor schießt. Danach wird Vivian ___ gefoult, als sie wieder mit dem Ball auf das Tor zuläuft. Für das ___. Anrempeln vor dem Tor gibt der Schiedsrichter der 6a einen Elfmeter.
Für Antun ist ein Elfmeterschuss eine ___ Angelegenheit, weil der Teil seines ___ Trainings ist. Der Torwart der 6b ist bei diesem Schuss ein ___ ___. Einige Minuten später stehen die ___ Spieler der 6b auf dem Rasen. Sie, die bisher immer gewonnen haben, haben ein ___ Spiel abgeliefert!

10 Schreibe den ersten Absatz des Textes aus Aufgabe 9 ab.

11 Schreibe acht eigene Sätze mit Adjektiven dieser Seite.

12 Schreibe acht eigene Adjektive mit den Suffixen dieser Seite. Bilde mit jedem Adjektiv einen Satz.

Wortbildung: Suffixe (Adjektive)

Suffixe sind Nachbausteine, durch die neue Wörter entstehen. Oft gehören diese zu einer anderen Wortart.
Weitere **Suffixe für Adjektive** sind: *-fach, -haft, -los, -mäßig.*

Wortfamilien

1 Lest alle Wörter aufmerksam und findet das eine Wort, das nicht zur Wortfamilie *wissen* gehört. Begründet eure Entscheidung.
Witz, wissen, Weisheitszahn, Wissenschaft, gewitzt, gewissenhaft, Waise, gewiss, Witzelei, vergewissern, Witzbold, Besserwisser, wissentlich, wusste, gewusst, Weisheit, witzeln

2 Schreibt die Tabelle ab und ordnet dabei die Wörter der Wortfamilie *wissen* aus Aufgabe 1 ein. Markiert den Wortstamm.

Wortstamm -wiss-	Wortstamm -witz-	Wortstamm -weis-
	gewitzt	

Benutzt ein Wörterbuch

3 Schreibt zu den Wortfamilien *Hitze / heiß* und *schwitzen / Schweiß* alle Wörter auf, die ihr kennt.
- Markiert die Wortstämme.
- Tauscht euch aus und ergänzt weitere Wörter.

4 Wähle ein eigenes Wort und schreibe möglichst viele Wörter der Wortfamilie auf.

5 Lest den Lückentext und besprecht, welcher Wortstamm in alle Wortlücken fehlt.
- Schreibt alle Wörter der Wortfamilie -hand- aus dem Text auf.
- Ergänzt weitere Wörter der Wortfamilie.
- Besprecht, wie sich der Wortstamm einiger Wörter verändert.

Tom ist sein Füller ab___en gekommen. Das ist aller___, denn er hat ihn gerade erst gekauft. Er hat ihn doch eigen___ in sein Mäppchen gelegt, bevor er in die Pause gegangen ist, um mit den anderen ___ball zu spielen. Und nun ist der Füller nicht mehr vor___en. Dabei war das ein ganz besonderer Füller, einer für Links___er. Er lag so ___lich in seiner ___, dass seine ___schrift viel besser war als sonst. Und nun ist er weg. Das wird zu Hause ___festen Ärger geben.

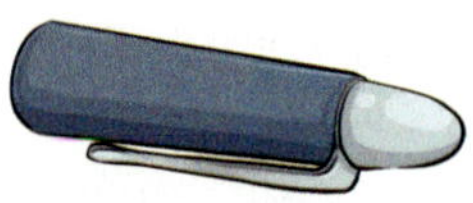

Wortfamilie

Eine **Wortfamilie** ist eine **Gruppe von Wörtern mit** ein und **derselben sprachlichen Wurzel**. In manchen Wortfamilien haben sich einzelne Verwandte so verändert, dass man sie fast nicht mehr am gleichen Stamm erkennt. Trotzdem haben sie einen gemeinsamen Ursprung: *Hitze / heiß (brennend, sengend), schwitzen / Schweiß (körperliche Ausdünstung), Witz / wissen (sehen, erblicken)*

Wortfeld

Wortfeld: Adjektive

1 Spielt gemeinsam: Wortfelder gesucht.
- Bildet vier bis fünf gleichgroße Gruppen.
- Schreibt auf ein Blatt ein Adjektiv, z. B. *dick, dumm, mutig*
- Das erste Kind schreibt ein Adjektiv des Wortfeldes auf das Blatt, knickt es um und gibt es weiter. Das geht so weiter, bis alle dran waren.
- Zum Schluss wird das Blatt aufgefaltet.
- Wie viele verschieden Adjektive habt ihr gefunden?
- Ergänzt weitere Adjektive für das Wortfeld.

B → S. 325
Wortfeld

Recherchiert im Internet: Anderes Wort für…

2 Ordne jeweils fünf Adjektive den einzelnen Wortfeldern zu.
Beispiel: *laut: schrill, …*

a) Schreibe nur die Adjektive für die Wortfelder *laut* und *leise* auf.

b) Schreibe die Adjektive für die Wortfelder *laut, leise* und für ein weiteres Wortfeld auf, dem du einen Namen gibst.

c) Schreibe alle Adjektive geordnet nach ihren Wortfeldern auf. Gib den Wortfeldern Namen.

schrill	geräuschlos	augenblicklich	geräuschvoll	mager
still	rapid	dürr	rank	unüberhörbar
rasch	lautstark	flink	ruhig	hager
unhörbar	schmal	lauthals	zügig	lautlos

Digital+
WES-126526-150
Sätze zum Bearbeiten

3 Schreibe die Sätze ab und setze in die Lücken der Sätze passende Adjektive aus den Wortfeldern *dünn, laut, leise, schnell* ein.

1) Die Höhle hat nur eine ___ Öffnung in der Felswand. *(schmal / mager / dürr)*
2) Eulen und Katzen sind ___ Jäger. *(leise / lautlos / unhörbar)*
3) Alle lachen ___ über den Witz. *(lauthals / laut / unüberhörbar)*
4) Mein Opa schlürft immer ___ seinen heißen Tee. *(laut / geräuschvoll / schrill)*
5) Eine Maus trug ihre Jungen ___ in ein neues Versteck. *(schnell / zügig / rasch)*
6) Ein Mann wird vermisst, er ist groß und ___. *(dünn / hager / rank)*
7) Die Gruppe überquert ___ die Straße. *(schnell / rasch / flink)*

Lege vor einer schriftlichen Arbeit Wortfelder zu bestimmten Themen an.

Wortfeld: Adjektive

Ein **Wortfeld** ist eine **Gruppe von Wörtern**, die eine **ähnliche Bedeutung** haben, die sinnverwandt sind.
Mithilfe von Wortfeldern kann man schriftlich und mündlich genau ausdrücken, was man meint: *groß, riesig, gewaltig, gigantisch, …*

Wortfeld: Verben

Digital+
WES-126526-151
Gedicht zum Anhören

1 Höre dir das Gedicht an.

Hauchte, wetterte, sprach, brüllte

Josef Guggenmos

Gestern Abend, sprach er.
Es war schon dunkel,
erzählte er.
Wollte ich zu meinem Schwager,
berichtete er.
Aber in dem Fliederbusch vor seinem Haus,
raunte er.
Sah ich etwas glühen,
zischte er.
Zwei grüne Augen,
keuchte er.
Da lauerte ein Gespenst,
schrie er.
Ich –,
stieß er hervor.
Auf und davon wie der Blitz!,
gestand er.
Da hättest du auch Angst gehabt,
behauptete er.
Nun haben sie ohne mich Geburtstag gefeiert,
jammerte er.
Es war bestimmt sehr lustig,
schluchzte er.
Aber das nächste Mal,
knurrte er.
Nehme ich einen Prügel mit,
drohte er.
Und dann haue ich es windelweich,
dieses freche, böse, hinterhältige,
gemeine ...,
brüllte er.
Hoffentlich hat es das nicht gehört,
hauchte er.
Aber untertags schläft es,
versicherte er.
Wahrscheinlich,
meinte er.
Dieses verdammte Gespenst,
wetterte er.
Oder war es eine Katze?,
fragte er.
Das kann gut sein,
sagte ich.

2 Lest den Text in verteilten Rollen.

- Einer liest die wörtliche Rede und einer liest den Begleitsatz.
- Sprecht den Redesatzes so, wie es das Verb vorgibt.

3 Alle Verben der Begleitsätze dieses Gedichtes gehören zum Wortfeld *sprechen.*
- Schreibe die Tabelle ab und ordne diese Verben ein. Manche passen auch an zwei verschiedene Stellen.
- Überlege dir selbst ein Beispiel, wenn du bei einer Zuordnung keins findest.

laut	leise	schnell	sachlich	traurig	wütend
brüllen	hauchen	sprudeln	berichten	schluchzen	wettern

4 Karim hat eine Fabel geschrieben.
- Überarbeite den Text schriftlich, indem du das Verb *sprechen* an einigen Stellen durch treffendere Verben ersetzt.
- Nutze dazu die Tabelle aus Aufgabe 3.

Der Wolf und der Igel

An einem schönen Herbsttag lief ein Wolf durch den Wald. Da sah er einen Igel und sprach: „Hallo Igel, wie geht's dir?" „Gut", sprach der Igel. Der Wolf sprach: „Du siehst richtig lecker aus." Und noch während er das sprach, biss er zu. Doch der Igel reagierte blitzschnell und stellte seine Stacheln auf. Diese bohrten sich in die Nase des Wolfes. Da sprach der Wolf: „Aua, meine Nase!" und ließ den Igel los. Laut sprechend wälzte er sich auf dem Boden, während der Igel davonlief. Der Igel lachte und sprach: „Wer gierig ist, wird bestraft."

5 Tragt eure Texte gestaltend vor.

Gestaltendes Vorlesen und Vortragen → S. 26

6 Spielt gemeinsam das Wortfeldspiel.
- Schreibt die Verben *essen, sehen, lachen, lieben* auf farbige Karten.
- Schreibt Wörter, die zu den einzelnen Wortfeldern gehören auf weitere weiße Karten. Achtung: Jedes Kind bekommt eine Karte.
- Alle Karten werden verdeckt ausgelegt und jedes Kind zieht je eine Karte.
- Nun gehen alle im Klassenzimmer umher und das Kind mit der farbigen Karte sucht alle Mitspielenden, die eine Karte mit Wörtern zu diesem Wortfeld haben.

- Gewonnen hat die Gruppe, die zuerst alle Wörter gefunden hat.

Digital+
WES-126526-152
fertige Karten zum Ausdrucken

Wortfeld: Verben

Ein **Wortfeld** ist eine **Gruppe von Wörtern**, die eine **ähnliche Bedeutung** haben, die sinnverwandt sind.
Mithilfe von Wortfeldern kann man schriftlich und mündlich genau ausdrücken, was man meint: *essen, schmausen, futtern, reinhauen, ...*

Wörter mit gegensätzlicher Bedeutung

1 Lest die Verse und ergänzt dabei die Gegenteile.

Was leicht ist, ist nicht schwer.
Was voll ist, ist nicht ___.

Was warm ist, ist nicht ___.
Was jung ist, ist nicht ___.

Was groß ist, ist nicht ___.
Was schmutzig ist, ist nicht ___.

Was kalt ist, ist nicht ___.
Wer reich ist, ist nicht ___.

Was hoch ist, ist nicht ___.
Was gerade ist, ist nicht ___.

Wer dumm ist, ist nicht ___.
Ich glaub, nun ist's genug.

Orientiere dich im Info-Kasten.

2 Schreibe zu jedem Wort ein Gegenwort.
Achtung: Es gibt verschiedene Möglichkeiten.
weit, gut, dick, laut, trocken, falsch, hell, süß, trüb, weinen, Tag, oben, lieben, nehmen, schließen, tadeln, Anfang

Digital+
WES-126526-153
Sätze von Aufgabe 3 und 4 zum Bearbeiten

Benutze ein Wörterbuch der „Wörter und Gegenwörter".

3 Schreibe die Sätze ab. Schreibe den Satz noch einmal auf, aber ersetze das unterstrichene Wort durch ein passendes Gegenwort wie im Beispiel.
Beispiel: *Ben öffnet sein Buch. Ben schließt sein Buch.*

Du kommst zu spät zu unserem Treffen.	Du kommst zu f___ zu unserem Treffen.
Dein Zimmer ist aufgeräumt.	Dein Zimmer ist un___.
Der Schulleiter lehnt unseren Vorschlag ab.	Der Schulleiter n___ unseren Vorschlag ___.
Öffne bitte das Fenster.	S___ bitte das Fenster.
Jede Zahl hat einen Vorgänger.	Jede Zahl hat einen N___.

4 Schreibe die Sätze ab und setze in die Lücken passende Gegenwörter ein.

Tanja f___ ihr Glas. Tanja l___ ihr Glas.
Da hast du etwas N___ gefunden. Da hast du etwas A___ gefunden.
Mein Vater arbeitet meistens in der N___. Mein Vater arbeitet meistens am T___.
Gute Freunde gehen gemeinsam durch d___ und d___.
Die Musik ist viel zu l___. Die Musik ist viel zu l___.

i

Wörter mit gegensätzlicher Bedeutung

Hören oder lesen wir ein Wort, fällt uns manchmal ein **Gegenwort** ein: *heiß – kalt, weinen – lachen, oben – unten, ...*
Es steht mit seiner Bedeutung im kompletten Gegenteil zu einem anderen Wort.
Die **zwei Gegenwörter** gehören immer zur **selben Wortart**.

Ober- und Unterbegriffe

1 Schaut euch die Bilder der verschiedenen Gruppen der Wirbeltiere an und ordnet die Oberbegriffe zu: *Amphibien, Fische, Reptilien, Säugetiere, Vögel*

2 Ordnet den Oberbegriffen in der Tabelle die Tiere aus Aufgabe 2 a) zu.

Digital+
WES-126526-154
Tabelle zum Ausfüllen

Amphibien	Fische	Reptilien	Säugetiere	Vögel

a) Ordnet die folgenden Tierarten zu:
Amsel, Blindschleiche, Feuersalamander, Fledermaus, Forelle, Frosch, Kreuzotter, Kuh, Lachs, Lerche, Maus, Molch, Neunauge, Pirol, Ringelnatter, Specht, Steinbeißer, Unke, Wal, Zauneidechse,

b) Ordnet je zwei weitere Tiere in die Tabelle ein.

3 Schreibe die Unterbegriffe mit dem entsprechenden Oberbegriff auf.
a) Subjekt, Prädikat, Objekt, Adverbialbestimmung
b) Frühling, Sommer, Herbst, Winter
c) Wespe, Fliege, Ameise, Mücke
d) Schrank, Bett, Tisch, Sofa

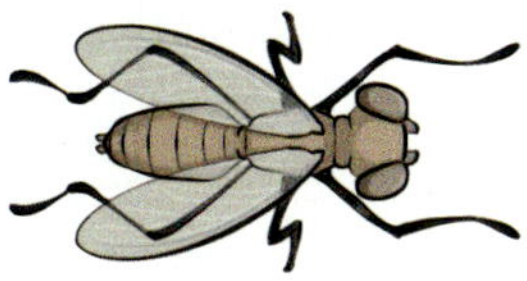

4 Schreibt eigene Unterbegriffe auf, in denen jeweils einer falsch ist.
Lasst euren Partner den Oberbegriff und den falschen Unterbegriff nennen.

Oberbegriffe – Unterbegriffe

Ein **Oberbegriff** ist eine Art Überschrift für mehrere Wörter, die inhaltlich zusammengehören, ein gemeinsames Merkmal haben.
Diese Wörter nennt man auch **Unterbegriffe**.
Unterbegriffe können für weitere Wörter wieder Oberbegriffe sein:

Oberbegriff →	Obst			
Unterbegriffe →	Kernobst	Steinobst	Beerenobst	→ **Oberbegriff**
	Apfel	Kirsche	Brombeere	**Unterbegriffe**
	Birne	Pflaume	Heidelbeere	
	Quitte	Aprikose	Johannisbeere	

Zusammenfassung

Überprüfe dein Wissen und Können

1) Im Geografieunterricht bereitet die Klasse 6a eine „Reise durch Europa“ vor.
2) Nein, sie durchqueren Europa nicht wirklich mit dem Autobus oder der Eisenbahn!
3) Aber viele Kinder verbringen die Sommerferien regelmäßig bei ihren Verwandten im Ausland.
4) Zuerst stellen sie im Unterricht eine riesengroße Landkarte im Zimmer auf.
5) Jedes Kind sucht sich das Land aus, welches es vorstellt.
6) Am Projekttag sind alle ganz aufgeregt.
7) Eine Schülerin bringt ein einfaches Fladenbrot mit, das sie selbst gebacken hat.
8) Davon dürfen alle Kinder kosten.
9) Ein Schüler zeigt Fotos vom Dorf seiner Großeltern.
10) Ein anderer erzählt von einem unglaublichen Erlebnis am Meer.
11) Fast alle berichten über die Hitze, die im Sommer in Südeuropa herrschte.
12) Jemand hat sagenhafte 42 °C gemessen.
13) Mittags bringen einige Eltern kleine Naschereien vorbei.
14) Die Süßigkeiten essen die Kinder bis auf den letzten Krümel auf.

1 Ordne Komposita, Partikelverben, Präfixverben und Wörter mit Suffixen der Sätze aus Aufgabe 1 in die Tabelle ein.

a) Ordne die unterstrichenen Wörter aus den Sätzen 1 bis 7 in die Tabelle ein.

b) Ordne die Komposita, Partikelverben, Präfixverben und Wörter mit Suffixen aus den Sätzen 1 bis 11 in die Tabelle ein.

c) Ordne die Komposita, Partikelverben, Präfixverben und Wörter mit Suffixen aus allen Sätzen in die Tabelle ein.

Komposita	Partikelverb	Präfixverb	Wörter mit Suffixen

2 Schreibe zehn Wörter aus der Wortfamilie *reisen* auf.

3 Schreibe fünf Wörter aus dem Wortfeld *essen* auf.

4 Schreibe zum Oberbegriff *Süßigkeiten* sieben Unterbegriffe auf.

5 Schreibe zu folgenden Wörtern entsprechende Gegenwörter auf.
Hitze, süß, groß, suchen, Sommer

Digital+
WES-126526-155
Lösungen

Vom Bau des Satzes

Digital+
WES-126526-156
Satzglieder zum Ausschneiden

1 In den Kisten befinden sich die Satzglieder für sechs Sätze. Schreibt die Sätze auf. Geht so vor:
- Schreibt die Satzglieder auf einzelne Zettel oder schneidet sie aus.
- Legt die Satzglieder zu Sätzen zusammen. Beginnt mit dem Verb.
- Beachtet, dass Satzanfänge großgeschrieben werden.

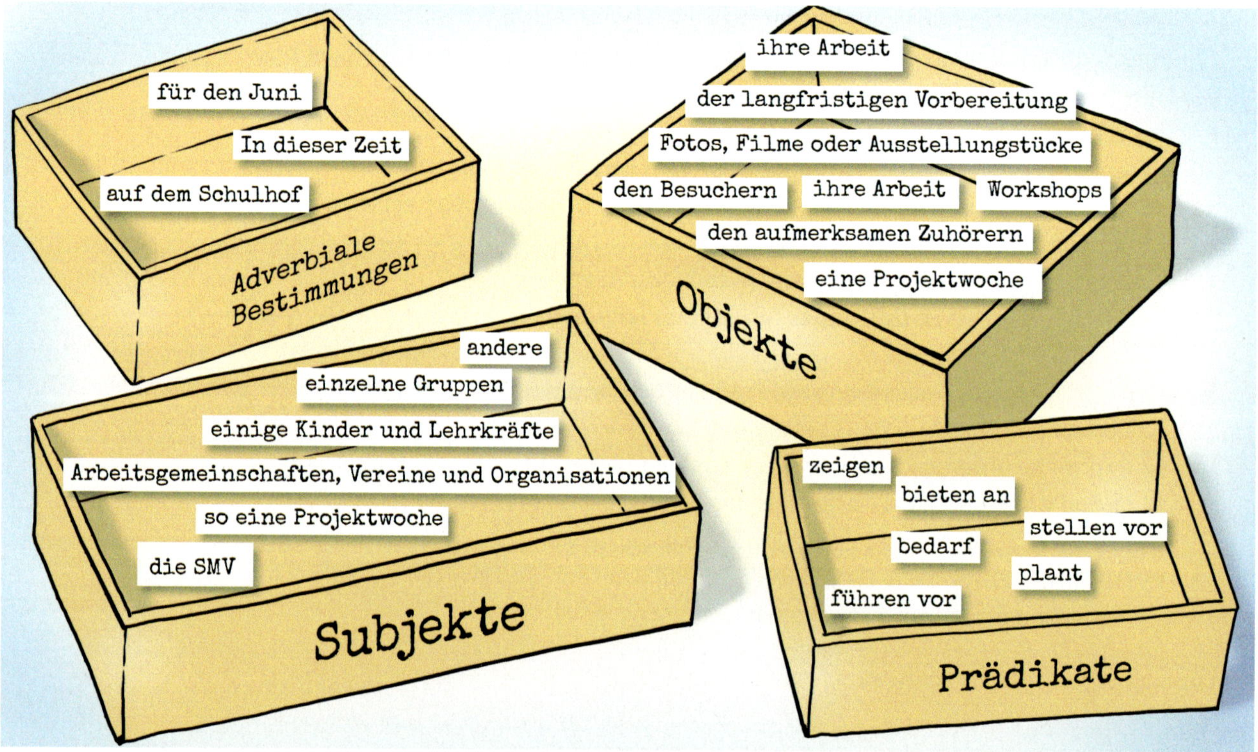

2 Lest euch eure Sätze gegenseitig vor. Inwiefern unterscheiden sie sich?

In diesem Kapitel lernst du ...
- die Stellung von Satzgliedern im einfachen Satz kennen.
- die Bestimmung des Subjektes bei Kopulaverben kennen.
- weitere Objekte kennen und unterscheiden.
- eine weitere Form der adverbialen Bestimmungen kennen.
- Attribute kennen und unterscheiden.
- das Eintragen des Satzgefüges ins Feldermodell kennen.
- den indirekten Fragesatz kennen.
- Satzformen kennen.
- die Satzverneinung und Satzgliedverneinung kennen.

Stellung der Satzglieder im einfachen Satz

1 Schreibt die folgenden Sätze ab. Unterstreicht die Verbformen.

1) **Marvin betreibt zwei interessante Hobbys.**
2) **Marvin übt zwei interessante Hobbys aus.**
3) **Marvin hat zwei interessante Hobbys ausgeübt.**

2 Tragt die Sätze aus Aufgabe 1 ins Feldermodell ein.

- Schreibt das finite (gebeugte) Verb in die linke Verbklammer.
- Schreibt die übrigen Teile der Verbformen in die rechte Verbklammer.
- Schreibt das Satzglied vor dem finiten Verb ins Vorfeld.
- Schreibt alle anderen Satzglieder ins Mittelfeld.

B → S. 316
Feldermodell

B → S. 323
Satzglieder

Vorfeld	linke Verbklammer	Mittelfeld	rechte Verbklammer	Nachfeld
Marvin	*betreibt*			

Digital+
WES-126526-157
Tabelle Feldermodell

3 Stelle die Sätze 1) bis 3) im Feldermodell je einmal so um, dass ein anderes Satzglied im Vorfeld steht.

Vorfeld	linke Verbklammer	Mittelfeld	rechte Verbklammer	Nachfeld
Zwei interes-sante Hobbys	*betreibt*			

4 Beschreibt mithilfe der Begriffe aus dem Feldermodell:

- in welchen Feldern die Verbformen stehen.
- in welchen Feldern die anderen Satzglieder stehen können.

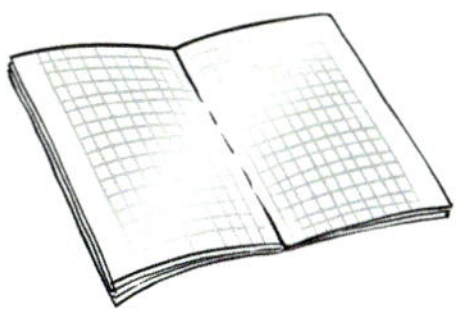

5 Bilde mit den folgenden Verbformen Sätze und trage sie ins Feldermodell ein.
ankommen, erzählen, erhalten haben

Stellung der Satzglieder im einfachen Satz

Der einfache Satz ist ein Aussagesatz. In ihm haben die Verben einen festen Platz:

- Das finite Verb (gebeugte Verb) steht an zweiter Stelle (linke Verbklammer).
- Vor dem finiten Verb kann nur ein Satzglied stehen.
  Marvin ***betreibt*** *zwei interessante Hobbys.*
- Alle anderen Teile des Verbkomplexes haben einen festen Platz (rechte Verbklammer).
  Marvin ***übt*** *zwei interessante Hobbys aus..*
  Marvin ***hat*** *zwei interessante Hobbys* ***ausgeübt****.*

Mithilfe des Feldermodells kann man den Bau eines Satzes, die Position des Verbes, seine Wortgruppen und Satzglieder darstellen.

Subjekt und Prädikat

1 Schreibt den Beispielsatz ab.
Schreibt den Satz noch dreimal auf und setzt für Marvin die Personen aus dem Wortmaterial ein. Achtung: Das Verb verändert sich.
Marvin, sein Freund, andere Kinder, seine Eltern
Beispiel: *Marvin übt ein interessantes Hobby aus.*

Informiert euch im Info-Kasten.

2 Arbeitet mit den Sätzen aus Aufgabe 1
- Unterstreicht in allen Sätzen das Prädikat.
- Bestimmt in allen Sätzen das Subjekt mithilfe einer bekannten Probe (Kongruenzprobe, Frageprobe).
- Unterstreicht das Subjekt mit einer anderen Farbe.
  Beispiel: *Marvin übt ein interessantes Hobby aus. Marvin: 3.P. Sg. / übt aus: 3.P. Sg.*
  Wer übt wen/was aus?

3 Bestimmt im folgenden Satz das Subjekt einmal mit der Frageprobe und einmal mit der Kongruenzprobe. Beschreibt, was ihr feststellt.

Marvin und sein Freund sind ein tolles Team.

4 Bestimme in den folgenden Sätzen Prädikat und Subjekt.
- Führe zuerst die Umstellprobe durch, um die Satzglieder abzutrennen.
- Gehe vor wie in Aufgabe 2.

Digital+
WES-126526-158
Sätze zum Bearbeiten

1) **Marvin erzählt den anderen Kindern von seinem Tanztraining.**
2) **Jeden Tag fährt er deshalb in die Stadt.**
3) **Dort übt er bis zum späten Abend.**
4) **Am Sonntag stellt seine Tanzgruppe erste Ergebnisse vor.**
5) **Viele Eltern und Geschwister werden zur Aufführung kommen.**
6) **Besonders viel Beifall bekommen sie von den Profis.**

Subjekt und Prädikat

Das Satzglied *Prädikat* ist immer ein Verb. Die finite Verbform passt sich in Person und Numerus dem Subjekt an, sie stehen in **Kongruenz** zueinander.
Marvin (3. P. Sg.) *übt* (3. P. Sg.) *zwei interessante Hobbys* (Pl.) *aus.*
Marvin und Maike (3. P. Pl.) *üben* (3. P. Pl.) *ein interessantes Hobby* (Sg.) *aus.*
Das Subjekt kann auch:
- erfragt werden: Wer übt aus?
- mithilfe der Infinitivprobe ermittelt werden. Wen/was ausüben? (Objekt)

Bei Sätzen mit einem Kopulaverb kann das Subjekt nicht erfragt, sondern mithilfe der **Kongruenzprobe** ermittelt werden.
Marvin (3. P. Sg.) *ist* (3. P. Sg) *ein guter Sänger und Tänzer.* (Pl.).

Kopulaverb → S. 252

Objekte

Dativ- Und Akkusativobjekt

B → S. 315 + 316
Akkusativobjekt
Dativobjekt

Informiert euch im Info-Kasten.

Digital+
WES-126526-159
Sätze der Seite zum Bearbeiten

1 Lest die folgenden Sätze, in denen die Objekte im Dativ bzw. Akkusativ fehlen.
- Ergänzt mithilfe des Wortmaterials die Lücken.
- Besprecht, wie ihr vorgegangen seid.

seine Feuerwehrausrüstung / besondere Schuhe, Schutzhose, Schutzjacke und seinen Helm / interessierten Kindern / sein Hobby

1) Marius hat ___ angezogen.
2) Er trägt ___.
3) ___ stellt er ___ vor.

2 Arbeite mit den folgenden Sätzen.
- Unterstreiche die Verben und die Objekte unterschiedlich.
- Bestimme den Kasus der Objekte.

a) Ergänze beim Abschreiben die Objekte im passenden Kasus.

4) Zwei Erwachsene in Uniform begleiten ___ (*er*: wen?).
5) Diese haben ___ (*ein Feuerwehrwagen*: wen?/was?) mitgenbracht.
6) Marius führt ___ (die Kinder: wem?) ___ (das Fahrzeug: wen/was?) vor.
7) Sie dürfen ___ (der Signalton: wen?/was?) anmachen.

b) Ergänze beim Abschreiben die passenden Objekte aus dem Wortmaterial.

einen Brand, die große Drehleiter, diese, Marius, einen Fotoapparat, ihm, tolle Fotos

8) Einige dürfen ___ löschen.
9) Dann zeigt Marius ___.
10) Seine erwachsenen Kollegen fahren ___ aus.
11) Der Schulleiter gibt ___ ___.
12) ___ gelingen von ganz oben ___.

c) Ergänze beim Abschreiben die passenden Objekte aus dem Wortmaterial.
Achtung: Du musst sie im richtigen Kasus einsetzen.

ein Artikel und einige Fotos, die Feuerwehr, Mitglied der Kinder- und Jugendfeuerwehr

13) Die Schülerzeitung wird ___ in ihrer nächsten Ausgabe veröffentlichen.
14) Einige Kinder wollen einmal ___ bei einer Übung zuschauen.
15) Vielleicht werden einige bald ___.

3 Tragt Satz 6) ins Feldermodell ein und stellt ihn so oft wie möglich um. Beschreibt, an welcher Stelle des Feldermodells Objekte stehen können.

Genitiv- und Präpositionalobjektobjekt

1 Lest folgenden Satz und bestimmt Prädikat und Subjekt.
- Das Satzglied *großer Beliebtheit* kann man mit *wessen?* erfragen: *sich großer Beliebtheit erfreuen – sich wessen erfreuen?*
- Informiert euch im Info-Kasten darüber, wie das Satzglied heißt.

Fußballvereine erfreuen sich großer Beliebtheit.

2 Lest die Sätze 1) bis 4).
- Schreibt zu jedem Satz die Verbgruppe auf wie im Beispiel.
- Unterstreicht Verb und Genitivobjekt unterschiedlich.
  Beispiel: *sich des letzten Pokalspiels erinnern → sich erinnern: wessen?*

1) Emir erinnert sich des letzten Pokalspiels.
2) Der Schiedsrichter beschuldigte einen Spieler des Foulspiels.
3) Emir war sich seiner Verantwortung für diesen Strafstoß bewusst.
4) Nun kann er sich des Siegertors rühmen.

3 Lest den folgenden Satz und sprecht über das unterstrichene Satzglied.
- Informiert euch im Info-Kasten darüber, wie das Satzglied heißt.

Emir erzählt gern von seinem letzten Fußballspiel.

Digital+
WES-126526-160
Sätze zum Bearbeiten

4 Schreibt folgende Sätze ab.
- Markiert die Präposition und unterstreicht die Präpositionalgruppe und das Verb.

5) Schon lange hatte er auf seine Chance gewartet.
6) Für einen sicheren Elfmeterschuss hatte er hart trainiert.
7) Diesen Strafstoß verwandelte er in das Siegertor.
8) Seine Mannschaft jubelte über den gewonnenen Pokal.

Objekte

Objekte sind Satzglieder, die vom **Verb regiert** werden.
Das Verb legt die Form (Genitiv-, Dativ- Akkusativobjekt, präpositionales Objekt) fest.
Objekte können sein: **Nomen, Nominalgruppen, Pronomen.**
*Dilara **zeigt** ihrer Freundin die leere Geldbörse. Dilara zeigt wem was?* (Dativ, Akkusativ)
Nur wenige Verben fordern ein **Genitivobjekt**.
*Dilara **ist** sich ihrer Sache sicher. Dilara ist sich wessen sicher?* (Genitiv)
Das **präpositionale Objekt** hat die Form einer **Präpositionalgruppe**. Die Präposition, die die Präpositionalgruppe einleitet, hängt immer vom Verb ab und kann sich nicht ändern, z. B. *erinnern an, ärgern über, abraten von, antworten auf, …*
*Dilara **erinnert** sich **an** alle Einzelheiten.*

Adverbiale

1 Lest den folgenden Satz.
- Beschreibt die unterstrichenen adverbialen Bestimmungen.
- Bestimmt die Adverbiale mithilfe der Frageprobe. (Wann?, Wo?)

Der Schulsanitätsdienst zeigt einige Übungen nachmittags auf dem Schulhof.

Informiert euch im Info-Kasten.

2 Lest den Info-Kasten aufmerksam.

3 Bestimmt mithilfe der Und-das-geschieht-Probe die Adverbiale in den Sätzen 1) bis 5) wie im Beispiel.
Beispiel: *Verletzte Kinder haben sich unter einem Baum eingefunden.*
Verletzte Kinder haben sich eingefunden und das geschieht unter einem Baum. (wo?)

1) Diese wurden morgens ausgewählt und für die Übung am Nachmittag vorbereitet.
2) Die jungen Sanitäter legen oder setzen die Verletzten auf den Boden.
3) Dann schauen sie sich die Verletzungen an.
4) In dieser Zeit holt jemand den Erste-Hilfe-Koffer aus der Schule.
5) Nach 15 Minuten sind alle Kinder versorgt.

4 Bestimmt in den Sätzen 6) bis 12) die Adverbiale. Geht so vor:
- Führt die Umstellprobe durch und grenzt die Satzglieder ab.
- Wendet zur Bestimmung die Und-das-geschieht-Probe / die Frageprobe an.
- Schreibt die Adverbiale geordnet nach Lokal- und Temporalbestimmung auf.

6) Pinar stellt nach der Übung die Arbeit des Schulsanitätsdienstes vor.
7) Alle haben die Grundlagen der Ersten Hilfe in der Arbeitsgemeinschaft gelernt.
8) Die jungen Sanitäter helfen anderen während der Schulzeit.
9) Einmal im Monat überprüfen sie die Schulwege auf ihre Sicherheit.
10) Die Erste-Hilfekoffer werden nach jedem Einsatz aufgefüllt.
11) Oft treffen sich die jungen Sanitäter in ihrem Gruppenraum.
12) Dort üben sie das Anlegen von Verbänden und das Sprechen mit Verletzten.

Adverbiale

Adverbiale sind Satzglieder, die nicht vom Verb gefordert werden. Sie sagen etwas über die Zeit (Temporalbestimmung) und den Ort (Lokalbestimmung) aus. Sie können die Form einer Präpositionalgruppe, einer Nominalgruppe oder eines Adverbs haben. Man kann sie erfragen oder durch die **Und-das-geschieht-Probe** ermitteln.
Der Schulsanitätsdienst zeigt einige Übungen nachmittags (wann?) *auf dem Schulhof* (wo?).
Der Schulsanitätsdienst zeigt einige Übungen und das geschieht *nachmittags auf dem Schulhof.*

Attribut

Digital+
WES-126526-161
Sätze zu den Attributen zum Bearbeiten

1 Gebt einen Hut reihum durch die Klasse. Jedes Kind beschreibt den Hut näher.
Beispiel: *Das ist ein alter Hut. Das ist der Hut einer Frau.*

- Schreibt vier Sätze aus dem Spiel in Aufgabe 1 auf.
- Stellt die Fragen: Wie ist der Hut? Was ist das für ein Hut?

Beispiel: *Das ist ein alter Hut → Wie ist der Hut? alt*
Das ist der Hut einer Frau. Was ist das für ein Hut? der Hut einer Frau

2 Schreibt die Sätze 1) bis 4) ab.
- Führt für alle Sätze die Umstellprobe durch und trennt die Satzglieder ab.
- Besprecht, welches Nomen erläutert wird (Bezugsnomen) und unterstreicht es.
- Führt die Frageprobe durch und unterstreicht das Attribut (die Erläuterung) mit einer anderen Farbe..

Beispiel: *Die Kunst-AG| hat | alte Hüte| neugestaltet. (Wie sind die Hüte? – alt)*

1) **Bei der Modenschau der Hüte werden einige originelle Modelle vorgeführt.**
2) **Maja hat ihren Hut mit kleinen Vogelfedern und vielen glitzernden Perlen verziert.**
3) **Der Hut von Alex besitzt einen breiten Rand.**
4) **Auf diesem hat er eine bunte Blumenwiese gestaltet.**

3 Lest den Info-Kasten aufmerksam.
Besprecht, wie ihr feststellen könnt, dass das Attribut Teil eines Satzgliedes ist.

4 Tragt Satz 3) ins Feldermodell ein. Beginnt mit der linken Verbklammer.

Nutzt die Vorlage für das Feldermodell auf Seite 294.

Vorfeld	linke Verbklammer	Mittelfeld	rechte Verbklammer	Nachfeld
	besitzt			

Attribut

Das Attribut ist Teil eines Satzgliedes und erläutert in der Regel ein Nomen (Bezugsnomen). Es kann vom Bezugsnomen aus erfragt werden.
der sehr warme Sommertag → Wie ist der Sommertag? ***sehr warm***
der Sportplatz unserer Schule → Was für ein Sportplatz? Der Sportplatz ***unserer Schule***
Das Attribut kann vor dem Nomen (vorangestelltes Attribut) und nach dem Nomen stehen (nachgestelltes Attribut).
Die Apposition ist ein besonderes Attribut.

B → S. 315
Attribut

Attribute als Teil eines Satzgliedes erkennen und bestimmen
GR: Attribute als Teil eines Satzgliedes mithilfe der Frage- und Umstellprobe bestimmen

5 Stellt den Satz im Feldermodell um.
- Beschreibt, wo die Attribute vor und nach der Satzumstellung stehen.
- Überprüft, ob das Attribut alleine im Vorfeld stehen kann.

6 Trage die Sätze 5) bis 7) ins Feldermodell ein. Beginne mit der Verbklammer.
- Stelle die Sätze im Feldermodell so um, dass jedes Satzglied einmal im Vorfeld steht.
- Beweise, dass das Attribut vor oder nach dem Bezugsnomen steht.
- Unterstreiche Bezugsnomen und Attribut unterschiedlich.

5) Lustige Vögel wippen bei jedem Schritt auf Tillas Hut.
6) Maurice trägt auf seinem Kopf den Hut seines Opas.
7) Auf diesen hat er eine winzige Stadt geklebt.

7 Setze beim Abschreiben der Sätze 8) bis 13) passende Attribute ein.
- Trenne die Satzglieder mit einem Strich ab. Nutze die Umstellprobe.
- Unterstreiche das Attribut und das Bezugsnomen unterschiedlich.

a) Setze die Attribute aus dem Wortmaterial in die Lücken der Sätze 8) bis 10) ein
interessierte, alte, ihres Vaters, kunterbunten, blauen, unterschiedlichen

8) Während der Projekttage konnten ___ Kinder ___ Hüte neugestalten.
9) Den Schutzhelm ___ hat Larissa mit einem ___ Muster gemalt.
10) Boris hat seinen ___ Fahrradhelm mit ___ Fahrradmodellen beklebt.

b) Setze die Attribute aus dem Wortmaterial in die Lücken der Sätze 11) bis 13) ein. Achtung: Sie verändern sich beim Einsetzen.
die Theater-AG, außergewöhnlich, sehr hübsch, rosarot, der Hut, bunt,

11) Die Mitglieder ___ haben einen ___ Hut für ihre Vorstellung bestellt.
12) An einem ___ Hut wird eine ___ Brille angebracht.
13) Um den Kopfteil ___ wird eine ___ Lichterkette gewickelt, die auch leuchtet.

8 Tragt Satz 14) ins Feldermodell ein. Beginnt mit dem Verb.
- Führt die Umstellprobe durch und trennt die Satzglieder mit einem Strich ab.
- Beschreibt, wo die Apposition vor und nach der Satzumstellung steht.
- Unterstreiche die Apposition und das näher erläuterte Nomen unterschiedlich.

B → S. 315
Apposition

14) Eine riesige Kappe, die Kappe für die Pausenuhr, tragen alle gemeinsam auf den Schulhof.

9 Setze Die Appositionen aus dem Wortmaterial in die Lücken der Sätze ein. Unterstreiche Apposition und näher erläutertes Nomen unterschiedlich.
eine alte eckige Uhr, das Schutzglas für die Ziffern und Zeiger

15) Die Pausenuhr, ___, soll „behütet“ werden.
16) Die Glasabdeckung, ___, hat schon lange einen Riss.

Satzverneinung und Satzgliedverneinung

1 Schaut euch die Bilder an und findet heraus, welches Kind Tami ist.

1) Tami hat die Kleidung der Feuerwehr nicht an.
2) Tami spielt nicht Fußball.
3) Tami hat den rosa Hut mit der Brille nicht auf.
4) Tami trägt die blaue Kappe nicht.

Nutzt die Vorlage für das Feldermodell auf Seite 294.

2 Arbeitet mit den Sätzen 1) bis 4).

- Jeder trägt zwei Sätze ins Feldermodell ein. Beginnt mit dem Verb.
- Stellt die Sätze im Feldermodell um und besprecht:
  Welche Teile des Satzes können im Vorfeld stehen und sind Satzglieder?
  Welches Wort bleibt immer im Mittelfeld?
  Auf welches Satzglied bezieht sich *nicht*?

3 Lest die Sätze 5) bis 8) und besprecht, wodurch sie sich von den Sätzen 1) bis 4) unterscheiden.

5) Nicht Tami trägt die Kleidung der Feuerwehr, sondern Marius.
6) Tami spielt nicht Fußball, sondern Handball.
7) Den rosa Hut hat nicht Tami auf, sondern Mia.
8) Tami trägt nicht die blaue Kappe, sondern die rote.

4 Arbeitet mit den Sätzen 5) bis 8).

- Jeder trägt zwei Sätze ins Feldermodell ein. Beginnt mit dem Verb.
- Stellt die Sätze im Feldermodell um und besprecht:
  Welche Teile des Satzes können im Vorfeld stehen und sind Satzglieder?
  Wo steht die Partikel *nicht*?
  Auf welches Satzglied bezieht sich *nicht*?

Partikel → S. 269

Satzverneinung und Satzgliedverneinung

Mit der Partikel *nicht* kann man ganze Sätze oder einzelne Satzglieder verneinen.
Bei der **Satzverneinung** steht die Partikel *nicht* immer im Mittelfeld.
*Tami liest das Buch **nicht**. Das Buch liest Tami **nicht**.* (Tami liest gar nicht im Buch.)
Bei der **Satzgliedverneinung** steht die Partikel *nicht* immer vor dem zu verneinenden Satzglied und wird mit dem Satzglied verschoben.
Oft wird eine Fortführung das Satzes mit ..., *sondern* erwartet.
*Tami liest **nicht das Buch, sondern** einen Comic. **Nicht das Buch** liest Tami, **sondern** einen Comic.*

Satzgefüge: Haupt- und Nebensatz

1 Schreibt die Sätze 1) bis 3) ab.
- Markiert in den Satzgefügen die Subjunktionen (Bindewörter).
- Markiert in den Satzgefügen das Komma und unterstreicht die Verben.

1) **Mia und Elenia melden sich bei der Theater-AG an, als sie vom Projekt hören.**
2) **Weil ein Theaterstück zu lang ist, suchen sie nach kurzen Situationen.**
3) **Gemeinsam schreiben sie, nachdem jede Gruppe ihr Thema hat, die Texte.**

2 Lest den Info-Kasten aufmerksam.
- Besprecht, durch welche Merkmale man Haupt- und Nebensatz unterscheidet.
- Unterstreicht in den Sätzen 1) bis 3) Haupt- und Nebensatz unterschiedlich.

3 Tragt die Sätze 1) bis 3) ins Feldermodell ein. Geht so vor:
- Tagt das Verb des Hauptsatzes in die Verbklammern ein.
- Tragt alle anderen Satzglieder des Hauptsatzes ein.
- Besprecht, in welchem Feld der Nebensatz stehen muss. Begründet.
- Tragt den Nebensatz ins Feldermodell ein.

Nutzt die Vorlage für das Feldermodell auf Seite 294.

4 Arbeitet mit den Sätzen 4) bis 6) wie in den Aufgaben 1 bis 3.

4) **Sie werden von einigen Theaterleuten unterstützt, die sich für dieses Projekt interessieren.**
5) **Weil die Theatergruppe keine Kostüme hat, stellt die Kunst-AG welche her.**
6) **Die Kinder proben, nachdem die Texte fertig sind, jeden Tag für die Aufführung.**

Orientiert euch im Info-Kasten.

Satzgefüge: Haupt- und Nebensatz

Im Satzgefüge unterscheidet man Haupt- und Nebensatz.
In **Hauptsätzen** steht die **finite** (gebeugte) **Verbform** in der **linken Verbklammer**. Vor ihr steht in der Regel nur ein Satzglied. Nur der Hauptsatz kann eine **Verbklammer** haben.
Nebensätze haben keine Verbklammer. Sie werden mit einer Subjunktion, einem Relativpronomen oder einem Fragepronomen **eingeleitet** und enden mit dem finiten Verb. Deshalb kann der Nebensatz im Feldermodell nur im Vorfeld, im Mittelfeld oder im Nachfeld stehen.

Vorfeld	linke VK	Mittelfeld	rechte VK	Nachfeld
Mia und Eleni	*melden*	*sich bei der Theater-AG*	*an*	*,als sie vom Projekt hören.*
Als sie vom Projekt hören,	*melden*	*sich Mia und Eleni bei der Theater-AG*	*an.*	
Mia und Eleni	*melden*	*sich, als sie vom Projekt hören, bei der Theater-AG*	*an.*	

Der indirekte Fragesatz

1 Lest die Sätze und nennt Gemeinsamkeiten und Unterschiede.
1) **Tilda fragt sich: Nehme ich am Theaterprojekt teil?**
2) **Tilda fragt sich, ob sie am Theaterprojekt teilnimmt.**

Nutzt die Vorlage für das Feldermodell auf Seite 294.

2 Übertragt das Feldermodell ins Heft und ergänzt Satz 2).
- Beginnt mit dem Verb.
- Beschreibt, in welchen Feldern Satz 1) steht und in welchen Feldern Satz 2). Begründet.

Vorfeld	linke VK	Mittelfeld	rechte VK	Nachfeld
Tilda	*fragt*	*sich:*		
	Nehme	*ich am Theaterprojekt*	*teil?*	

3 Wandelt die Sätze in indirekte Fragesätze um.
- Achtung: Ihr müsst das Personalpronomen im Fragesatz verändern.

3) **Ines weiß noch nicht: Soll ich tanzen oder lieber zum Leseprojekt gehen?**
4) **Marius fragt sich: Was esse ich nach der Vorführung der Feuerwehr?**
5) **Kai vom Schulsanitätsdienst fragt sich: Löst mich nachher Kristina ab?**
6) **Mia weiß nicht: Sieht sich ihre Freundin das Theaterstück an?**

4 Sieh dir die Bilder an. Was fragen sich die Personen?
Schreibe die Fragen als indirekte Fragesätze auf.

Indirekter Fragesatz

Der indirekte Fragesatz ist ein Nebensatz, zu einem Verb des Fragens oder Nichtwissens: *Tilda fragt sich, …, Tilda weiß nicht, …,*
Er wird mit der **Subjunktion** *ob* oder den **Fragepronomen** *wer?, was?* eingeleitet.
…, ob sie am Theaterprojekt teilnimmt. …, wer beim Theaterprojekt mitmacht.

Satzformen unterscheiden

1 Lest die Sätze und bestimmt die Verben.
1) Die SMV wertet die Projekttage aus.
2) Was ist gelungen?
3) Gab es Probleme?
4) Die meisten meinen, dass die Projekttage gelungen waren.

2 Tragt die Sätze ins Feldermodell ein.
- Beginnt mit der Verbklammer.
- Welche Felder sind immer besetzt?
- An welcher Stelle im Satz steht die finite (gebeugte) Verbform?

Nutzt die Vorlage für das Feldermodell auf Seite 294.

3 Ordnet den Sätzen 1) bis 3) die Begriffe *Verberstsatz* und *Verbzweitsatz* zu. Begründet.

4 Ordnet dem Haupt- und dem Nebensatz in Satz 4) die Begriffe *Verbzweitsatz* und *Verbletztsatz* zu. Begründet.

Orientiert euch im Info-Kasten.

5 Trage folgende Sätze ins Feldermodell ein.
- Beginne mit der Verbklammer.
- Ordne allen Sätzen die Begriffe *Verberstsatz, Verbzweitsatz, Verbletztsatz* zu.

5) Besonders gut hat vielen gefallen, dass sie sich von einer anderen Seite zeigen konnten.
6) Hat vorher jemand gewusst, dass Marius bei der Feuerwehr ist?
7) Einige Kinder haben auch etwas Neues ausprobiert.
8) Eleni hat vorher noch nie Theater gespielt, während Mia schon länger in der Theater-AG ist.
9) Für die Kinder gibt es nur eine Frage:
10) Wann sind die nächsten Projekttage?

Satzformen unterscheiden

Im Deutschen unterscheidet man drei Satzformen:

Verbzweitsatz: Das **Vorfeld** ist durch ein Satzglied **besetzt**.
Die **finite Verbform** steht in der **linkem Verbklammer**.
*Lena **liest** ein Buch. Was **hat** Lena **gelesen**?*

Verberstsatz: Das **Vorfeld** ist **unbesetzt**.
Das **finite Verb** steht in der **linken Verbklammer.**
***Liest** Lena ein Buch?*

Verbletztsatz: Das **finite Verb** steht am **Satzende**.
Diese Satzform ist typisch für **eingeleitete Nebensätze.**
***Weil** Lena ein Buch **liest**, ist es ganz still.*

Zusammenfassung

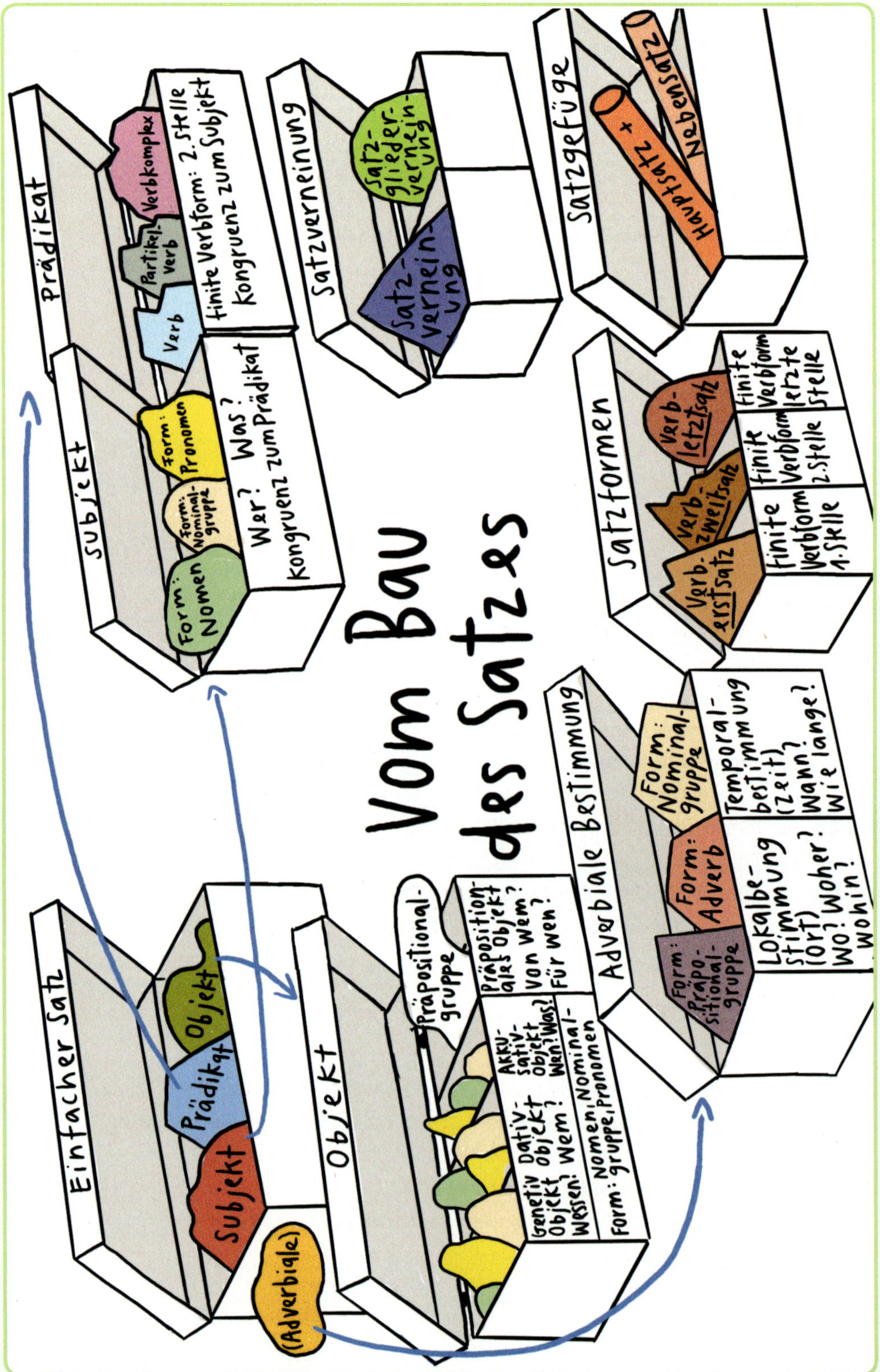

Überprüfe dein Wissen und Können

1 Lies alle Sätze.

1) Während die Projekttage stattfinden, fotografiert und filmt die Film-AG.
2) Aus dem Material soll ein Kalender entstehen, der in der Schule verkauft wird.
3) Ein Team filmt gerade auf dem Pausenhof, als Marius auf die große Leiter der Feuerwehr klettert.
4) Eine andere Gruppe schaut den Proben der Theater-AG zu.
5) Mia fragt sich: Bin ich auch auf einem Foto?
6) Jedes einzelne Hutmodell wird im Raum der Kunst-AG fotografiert.
7) Hüte und Fotos sollen, wenn die Projekttage vorüber sind, das Schulhaus schmücken.
8) Einigen Kindern gefallen die Hüte so gut, dass sie kleine Geschichten dazu schreiben wollen.
9) Dazu gehen sie in den Computerraum.

2 Bestimme in den Sätzen 1) und 6) Subjekt und Prädikat. Unterstreiche sie unterschiedlich.

3 Unterstreiche die Objekte und schreibe die Art des Objektes hinter den Satz.
a) Bestimme die Objekte in den Sätzen 4), 7).
b) Bestimme die Objekte in den Sätzen 2), 4), 8).

4 Unterstreiche in den Sätzen 1) und 9) die adverbialen Bestimmungen und benenne sie.

5 Unterstreiche im Satz 3) alle Attribute.

6 Bestimme für die Sätze 1), 2), 3) und 7) Haupt- und Nebensatz. Schreibe die Bezeichnungen HS (Hauptsatz) und NS (Nebensatz) hinter die Sätze.

7 Trage die Sätze 1), 2), 3), 4) und 7) ins Feldermodell ein. Beginne mit der Verbklammer der Hauptsätze.

8 Ordne den Teilsätzen der Sätze 3) und 5) die Begriffe Verberstsatz, Verbzweitsatz und Verbletztsatz zu.

9 Trage Satz 5) ins Feldermodell ein.
- Forme den Satz in einen indirekten Fragesatz.
- Trage den umgestellten Satz ins Feldermodell ein.

Digital+
WES-126526-162
Lösungen

Basiswissen

Sprechen und Zuhören

Dialekt

Abweichende Art einer Sprache, die in einem bestimmten Gebiet gesprochen wird. Neben der abweichenden Aussprache bestimmter Wörter treten auch unterschiedliche Bezeichnungen für bestimmte Dinge auf wie zum Beispiel *Laubflecken* für *Sommersprossen*.

Gedichte auswendig lernen und vortragen

- Wähle ein Gedicht, welches dir gut gefällt, dann ist es leichter zu lernen.
- Als Nächstes musst du den Verlauf des Gedichtes kennen: Was passiert zuerst, was danach?
- Lerne die Verse nacheinander und wiederhole sie mehrfach. Lies den ersten Vers, sage ihn auswendig auf und kontrolliere ihn dann. Wenn du die erste Strophe kannst, wiederhole sie komplett, bevor du mit der zweiten Strophe beginnst.
- Wenn du das gesamte Gedicht kannst, dann wiederhole es nach einer Stunde nochmals und überprüfe, ob du dir alles gemerkt hast.
- Wenn du das Gedicht sicher auswendig aufsagen kannst, dann konzentriere dich darauf, wie es auf den Zuhörer wirken soll (*lustig, geheimnisvoll, spannend* ...).
- Prüfe, ob verschiedene Sprecher im Gedicht vorkommen. Versetze dich in sie hinein und überlege, wie du die Stimmung im Vortrag vermitteln kannst.
- Schreibe das Gedicht ab und füge Vorlesezeichen hinzu.
- Übe, das Gedicht mit den Betonungszeichen vorzutragen.
- Wenn du beim Vortragen im Text nicht mehr weiterkommst, kann dir ein Partner vorsagen.

Gesprächsblocker

Aussagen und/oder Verhaltensweisen, die ein Gespräch erschweren wie zum Beispiel:

- Beiträge von anderen nicht abwarten.
- Anderen ins Wort fallen.
- Andere beleidigen oder bedrohen.
- Sich angegriffen oder ungerecht behandelt fühlen.
- Pauschalisierungen verwenden.

Gesprächsförderer

Aussagen und/oder Verhaltensweisen, die ein Gespräch voranbringen und dazu beitragen, dass eine gemeinsame Lösung gefunden wird.

- Andere ausreden lassen.
- Auf Redebeiträge eingehen.
- Höflich bleiben.
- In andere hineinversetzen und deren Aussagen nicht abwerten.

Gesprächsregeln

Gespräche, in denen verschiedene Meinungen oder Wortbeiträge ausgetauscht werden, sollten nach bestimmten Regeln ablaufen:

- Auf die richtige Anrede achten.
- Andere ausreden lassen.
- Sich melden und warten, bis man an der Reihe ist.
- Beim Thema bleiben und auf die Beiträge der anderen eingehen.
- Höflich bleiben. Aussagen oder das Verhalten des Gesprächspartners dürfen bewertet oder kritisiert werden, aber nicht die Person.

Gestik

Gestik bezeichnet Hand- und Fußbewegungen, die die gesprochenen Worte unterstützen oder ohne Worte etwas ausdrücken.

Höflichkeitssprache

Höflichkeit und Freundlichkeit erleichtern den Umgang der Menschen miteinander. Es gibt bestimmte Satzbausteine, die ein Gespräch harmonisch klingen lassen: *Könntest du bitte ... Wärst du so nett ... Gut gemacht ... eine super Idee ... ein toller Vorschlag ... Würden Sie bitte ... Könnten Sie bitte ... Dankeschön für deinen Beitrag.*
Gesprächsregeln helfen, dass ein Gespräch nicht im Streit endet und jeder Beteiligte seine Meinung äußern kann.

Mimik

Mimik bezeichnet die Veränderung des Gesichtsausdrucks, um Gefühle, Stimmungen und Wünsche zu zeigen.

Mündliche und schriftliche Kommunikation

An der Melodie und Lautstärke des Sprechers kann man erkennen, wie ein Satz gemeint ist. Bei geschriebenen Sätzen muss man dies anhand der Satzzeichen erkennen. So können auch Sätze in Frageformen als Aufforderung gemeint sein. In diesem Fall steht ein Ausrufezeichen am Schluss: *Sie forderte ihn auf: „Wiederhole das bitte noch einmal!" Sie rief ihm zu: „Wiederholst du das bitte noch einmal!"*

Nonverbale Kommunikationsmittel

An der Stimme eines Sprechers kann man erkennen, wie ein Satz gemeint ist. Derselbe Satz kann, je nachdem wie er ausgesprochen wird, eine ganz unterschiedliche Bedeutung haben. Unser Gesichtsausdruck (Mimik) und unsere Körpersprache (Gestik) sagen viel über uns aus. Manchmal sogar mehr als die gesprochenen Worte.

Plakat gestalten

- Skizziere zuerst einen Entwurf auf einem DINA4-Papier und notiere stichpunktartig die wichtigsten Informationen deines Themas.
- Übertrage deinen Entwurf zunächst mit Bleistift, dann mit Filzstift auf das Plakat.
- Schreibe gut leserlich und so groß, dass die Schrift auch aus einiger Entfernung noch lesbar ist.
- Wähle eine helle Plakatfarbe, damit man die Schrift gut lesen kann und nutze die gesamte Fläche des Plakates.
- Verwende nur dann Bilder, Zeichnungen oder Diagramme, wenn sie zum Thema des Plakates passen.

Schriftlich um etwas bitten

Eine schriftliche Bitte enthält, wie ein Brief, eine Anrede. Nach der Anrede steht ein Komma. Anschließend beschreibt man, was der Anlass der Bitte ist, was man damit erreichen will und weshalb einem das Anliegen so wichtig ist. Man kann ein Angebot machen, was man macht, wenn der Bitte nachgekommen wird. Am Ende verabschiedet man sich und unterschreibt mit seinem Namen.

Vorlesen

Ein Text ergibt beim Vorlesen nur dann Sinn, wenn an den richtigen Stellen eine Pause gemacht wird. Zudem helfen Pausen, den Text besser zu verstehen. Die Stellen, an denen eine Pause sinnvoll ist und gemacht werden sollte, erkennt man an den **Satzzeichen** oder am **Inhalt** des Textes. In jedem Satz gibt es ein oder zwei Wörter, die besonders betont werden. Oft ist die Betonung von dem Satz, der davorsteht, abhängig. Durch die Betonung wird die Wichtigkeit eines Wortes hervorgehoben.

Vorlesezeichen für das gestaltende Vortragen

Um einen Text ansprechend vorzulesen, musst du einiges beachten:

1. Übe den Text, bis du ihn flüssig lesen kannst.
2. Mache kurze (|) oder längere (||) Pausen, um den Text zu gliedern.
3. Unterstreiche Wörter/ wichtige Stellen (____), die du stärker betonen möchtest.

Es gibt aber auch noch andere Gestaltungsmöglichkeiten:

- Häufen sich die Ereignisse oder wird es spannend, sprichst du schneller (→).
- Wenn weniger passiert, dann sprichst du langsamer (←).
- Auch die Lautstärke (laut <, leise >) kannst du anpassen.

Bei der wörtlichen Rede musst du die Stimme heben () oder senken ().

Vortrag halten

Planung:	Was möchtest du erzählen?
Vorbereitung:	• Einleitung und Schlusssatz formulieren • Stichwortkarte vorbereiten • Vor Zuhörern üben
Vortragen:	Materialien zurechtlegen

Schreiben

Argument

Mit **Argumenten** will man andere **überzeugen**, dass eine Meinung zu einer Streitfrage richtig oder falsch ist. So braucht man zum Beispiel in Diskussionen stichhaltige Argumente, um den eigenen Standpunkt überzeugend vertreten zu können.
Ein gutes Argument besteht immer aus einer **Behauptung und mehreren Begründungen mit Beispielen.**

Bericht

Man schreibt einen Bericht, um andere über ein bestimmtes Ereignis zu informieren.

- Es wird über Ereignisse berichtet, die bereits geschehen sind. Deshalb stehen Berichte in den Formen der Vergangenheit, vor allem im **Präteritum**.
  - Ein Bericht gibt Antworten auf die **W-Fragen:** Was ist geschehen? Wann ist es geschehen? Wo ist es geschehen? Wer hat etwas getan? Warum ist es geschehen? Welche Folgen hat das Geschehen?
  - In der Regel wird in der zeitlichen Reihenfolge des Geschehens berichtet.
    Dies geschieht durch **Adverbiale der Zeit**, wie zum Beispiel:
    am Mittwochabend, am nächsten Morgen, dann, daraufhin, danach, nachdem, ...

Beschreibung

Eine Beschreibung ist ein sachlicher Text, in dem du zum Beispiel Wege, Gegenstände oder Orte anschaulich darstellst, damit andere sie sich genau vorstellen können.

Bildergeschichte

Bildergeschichten sind **keine Bildbeschreibung**. Daher ist es umso wichtiger, dass du dir die Bildergeschichte zunächst aufmerksam ansiehst, sie dann aber weglegst und aus deiner Erinnerung erzählst. Erzähle dabei nicht nur das, was auf den Bildern zu sehen ist, sondern auch das, was nicht auf den Bildern zu sehen ist. Zudem solltest du zwischen den Bildern **passende Überleitungen** finden. Achte dabei auf eine klare Gliederung von **Einleitung, Hauptteil** und **Schluss**. Sollte das Schlussbild fehlen, dann überlege dir selbst einen Schluss. Gestalte deine Geschichte dabei durch **passende Adjektive, Verben** und **Vergleiche** lebendiger. Des Weiteren solltest du den **Figuren** in deiner Bildergeschichte **Namen** geben. Achte darauf, dass deine Bildergeschichte in der Vergangenheit (Präteritum) geschrieben ist. Finde am Ende noch eine passende Überschrift.

Brief schreiben

In einem Brief wendet man sich mit einem Anliegen schriftlich an eine andere Person. Der Schreibstil wird an diese Person angepasst.

So baust du einen Brief auf:

1. Oben rechts schreibst du den Ort und das Datum.
2. In der nächsten Zeile sprichst du den Empfänger oder die Empfängerin direkt an. Nach der Anrede setzt du ein Komma.
3. In der nächsten Zeile beginnst du dann mit deinem Brieftext:
   - Nenne zunächst den Grund für den Brief oder frage, wie es der Person geht.
   - Erzähle dann von Neuigkeiten oder Erlebnissen und teile etwas über deine Gedanken und Gefühle mit. Du kannst auch Fragen stellen, z. B. wenn du um einen Rat bittest. Sprich die Person auch immer wieder persönlich an.
   - Fordere zum Schluss zu einer Antwort auf oder sende gute Wünsche.
4. Dein Brief endet mit einer Grußformel. In einer neuen Zeile schreibst du dann noch deinen Namen darunter.

Manchmal kommt es vor, dass du aus der Sicht einer literarischen Figur einen Brief schreiben sollst. Du musst dich dann in diese Figur hineinversetzen und den Brief inhaltlich und sprachlich an die Person und die Handlung des Originaltextes anpassen. Du kannst aber passende Dinge dazuerfinden.

Buddybook

Ein Buddybook ist ein kleines Buch mit acht Seiten. Es wird aus einem DIN-A4- oder einem DIN-A3-Blatt Papier gefaltet und individuell gestaltet. Das Buddybook ist eine Methode, die verschieden genutzt werden kann: Zum Lernen, als Vorlage für das Zeichnen eines Comics, als Vorlage für die Gliederung eines Textes, als Merkhilfe für eine Präsentation oder als Lernwegetagebuch, das eine Unterrichtseinheit begleitet.

Cluster

In einem Cluster werden Ideen zu einem bestimmten Thema gesammelt und zueinander in Beziehung gesetzt.

- Zeichne einen Kreis in die Mitte deines Blattes und notiere das Thema darin.
- Zeichne weitere Kreise um das Thema herum und schreibe alles auf, was dir dazu einfällt.
- Verbinde ähnliche Gedanken zu einer Ideenkette.

Dialog schreiben

1. Schau dir die Aufgabenstellung genau an und mache dir klar, welche Figuren miteinander sprechen und welche inhaltlichen Themen vorgegeben sind.
2. Halte stichwortartig fest, worüber die Figuren sprechen könnten. Achte darauf, dass der Dialog inhaltlich zum Originaltext passt, und ergänze passende neue Ideen.
3. Schreibe einen Satz, der in die Gesprächssituation einführt.
4. Lass nun die Figuren miteinander sprechen. Schreibe dazu, welche Figur jeweils spricht, und beginne nach jedem Redebeitrag eine neue Zeile. Du kannst auch Hinweise zu Gefühlen, Handlungen oder der Sprechweise in Klammer ergänzen.
5. Verfasse kürzere und längere Redebeiträge und beachte Folgendes:
   - Passe die Sprache der jeweiligen Figur und ihrem Gesprächspartner oder ihrer Gesprächspartnerin an.
   - Lass die Figuren auch wirklich miteinander sprechen. Das bedeutet, dass sie auf das Gesagte eingehen, zustimmen oder widersprechen, nachfragen.

E-Mail schreiben

Eine E-Mail ist ein elektronischer Brief. Wie bei einem Brief brauchst du bei einer E-Mail

- eine Anrede,
- einen Text,
- einen Schlusssatz,
- einen Gruß und
- deine Unterschrift.

Eine E-Mail ist immer gleich aufgebaut: Es gibt ein großes Textfeld, in das du deinen Text schreibst. Über dem Textfeld gibt es die sogenannte Betreffzeile. Hier trägst du kurz und knapp das Thema der E-Mail ein. Es gibt ein Feld für die E-Mail-Adresse des Absenders. In ein weiteres Feld trägst du die E-Mail-Adresse des Empfängers ein, also von der Person, die die E-Mail erhalten soll, es können auch mehrere Empfänger sein.
Du kannst außerdem einen Anhang zu deiner E-Mail hinzufügen, zum Beispiel Fotos, Videos oder Texte. Meistens sieht das Symbol für den Anhang wie eine Büroklammer aus. Wenn du es anklickst, kannst du die Datei, die du verschicken möchtest, auswählen und hochladen. Denke daran, dem Anhang einen Titel zu geben, der zu seinem Inhalt passt.

Erzählperspektive und Erzählform

Die **Erzählperspektive** ist der Blick- oder Standpunkt, aus dem eine Geschichte erzählt wird. Bei einem Perspektivwechsel wird aus der Sicht einer anderen Person erzählt. Man schlüpft in die Rolle hinein und kann dabei genau nachvollziehen, was diese denkt, fühlt und was sie sich wünscht.
Bei der **Erzählform** unterscheidet man zwei Formen: Bei der Ich-Form wird aus der Innensicht einer Figur erzählt. Bei der Er-/Sie-Form werden größtenteils äußere, wahrnehmbare Vorgänge erzählt.

Fantasiegeschichten

- Fantasiegeschichten sind teilweise oder ganz erfunden. Sie können in eine „andere" Welt entführen. In eine Welt, in der es fliegende Kaffeetassen, sprechende Tiere, Aliens oder Fußbälle mit unwahrscheinlichen Kräften gibt. In der Fantasie ist alles möglich.

- Meist fängt alles ganz realistisch an, doch dann passiert plötzlich etwas, das man nicht erwartet und das eigentlich unmöglich ist.
- Es werden abwechslungsreiche Satzanfänge, anschauliche Adjektive und wörtliche Rede verwendet.
- Entweder erzählt man in der Ich-Form oder in der Er-/Sie-Form.
- In der Regel wird im Präteritum erzählt.
- Zum Schluss wird die Geschichte mit einem passenden Satz beendet.

Fishbowl-Diskussion

Fishbowl bedeutet auf Deutsch „Aquarium".
Bei der Fishbowl-Methode geht es, ähnlich wie bei einem Aquarium, um die Beobachtung. Nur dass hier keine Fische, sondern das Gesprächsverhalten anderer Diskussionsteilnehmer beobachtet wird.

- Es werden zwei Stuhlkreise aufgebaut: Ein Innen- und ein Außenkreis. Innen sitzen die Mitglieder der Diskussionsgruppe. Außen sitzen die Teilnehmer der Beobachtungsgruppe. Die Diskussionsgruppe diskutiert nun zum Thema.
- In der Beobachtungsgruppe beobachtet jedes Mitglied ein Mitglied der Diskussionsgruppe und macht sich hierzu Notizen.
- Im Anschluss gibt jedes Mitglied der Beobachtungsgruppe ein Feedback zu seinen Beobachtungen.

Gedankenrede und wörtliche Rede

Mit der **Gedankenrede** wird ausgedrückt, was sich jemand denkt beziehungsweise was er innerlich spricht. Daher steht sie nicht in Anführungszeichen. Oft erkennst du Gedankenrede an Ausdrücken wie „dachte" oder „überlegte".

Die **wörtliche Rede** (direkte Rede) drückt aus, was jemand sagt. Sie steht immer in Anführungszeichen.

Eine Erzählung/Geschichte wird **lebendiger**, wenn man Gedankenrede und wörtliche Rede verwendet. Du erfährst, was die Personen erzählen und denken. So hast du das Gefühl, dass du selbst dabei bist. **Besonders wichtig** sind die Gedankenrede und wörtliche Rede an der/dem überraschenden Wende/Höhepunkt einer Geschichte.

Gegenstandsbeschreibung

Eine **Gegenstandsbeschreibung** ist ein **informierender Text**. Eine Beschreibung ist gelungen, wenn sich die Leser ein genaues Bild davon machen können.
Die einzelnen Informationen kann man in folgender Reihenfolge anordnen:

1. Die genaue **Bezeichnung** des Gegenstandes (*Armbanduhr, Sporttasche*)
2. Beschreibung von Form, Farbe und Material
   Form (*rund, eckig, länglich ... wie ein Ball, erinnert an einen Würfel*)
   Größe (*Angaben in mm, cm ... so groß wie eine Streichholzschachtel*)
   Farbe (*sonnengelb, himmelblau, blutrot, grasgrün*)
   Material (*aus Kunststoff, Metall, Holz, Leder, Porzellan, Stoff*)
3. Beschreibung von **Einzelteilen** (*auf dem Deckel, am Boden, an der Seite*) und **besonderen Kennzeichen** (*Symbol, Name, Verzierung, Kratzer, Riss*).

Die Zeitform für Gegenstandsbeschreibungen ist das Präsens. Die Sprache ist sachlich und genau. Man verwendet Fachwörter und Adjektive.

Inneren Monolog schreiben

Der **innere Monolog** gibt die Gedanken einer literarischen Figur in einer bestimmten Situation wieder. Es ist, als könnte man in das Gehirn der Figur schauen. Du schreibst in der Ich-Form und im Präsens, kannst Fragen an dich selbst stellen und auch gegensätzliche Gedanken oder Gedankensprünge einbauen. Wie die Figur sich fühlt, kannst du durch Gefühlsausdrücke (*So ein Mist! Juhu! Endlich!*) oder großgeschriebene Wörter und/oder Ausrufezeichen betonen. Passe deinen Schreibstil daran an, wie die Figuren sprechen (*Dialekt, Jugendsprache, typische Formulierungen oder Ausdrücke, Umgangssprache, Fachsprache...*).

Ortsbeschreibung

Die **Ortsbeschreibung** gehört zu den **informierenden Texten**. Diese Textart findet man in Reiseprospekten, Reiseführern und Erlebnisberichten. Mit einer guten Ortsbeschreibung kann man sich eine genaue Vorstellung des Ortes machen, ohne dort gewesen zu sein. Das gelingt durch:

1. Eine möglichst genaue **Bezeichnung des Ortes** und seiner **Funktion**: *Stadtbücherei, Industriehafen, Museum, Bahnhof, Marktplatz*

2. Angaben über die äußere Gestaltung des Ortes: *groß, Holz, Stein, bebaut*
3. Angaben über die **nähere Umgebung**: *in der Stadt, am Meer, in den Bergen*
4. Angaben über **Entfernungen zu anderen Orten**: *in der Nähe von, weit entfernt von*
5. Angaben darüber, **was man an diesem Ort unternehmen kann**: *wandern, schwimmen, lesen, Ausstellungen besuchen, Menschen treffen*
6. Angaben darüber, **wie man den Ort erreichen kann**: *mit dem Flugzeug, mit öffentlichen Verkehrsmitteln, auf einer Landstraße*
7. Angaben darüber, **was man an diesem Ort wahrnehmen kann**: *sehen, hören, riechen, fühlen*

Die **Zeitform** für Ortsbeschreibungen ist das **Präsens**. Sie können **sachlich geschrieben** werden **oder** eine **persönliche Wertung** enthalten. Ortsbeschreibungen werden **anschaulich** durch **Adjektive**, **Verben** und **Fachbegriffe**.

Personenbeschreibung

Personenbeschreibungen sollten so formuliert sein, dass man eine Person anhand der Beschreibung erkennen kann.

- Du erwähnst im ersten Satz den **Zusammenhang, in dem du der Person begegnet bist**: *Im Schwimmbad habe ich einen Jungen gesehen, der … Gestern sind zwei Neue in die Klasse gekommen … Die Schauspielerin hat ein Foto von sich gepostet*
- Du beschreibst den **Eindruck**, den du von der Person hast: *Auf mich wirkt er unsicher und nervös …*
- Du beschreibst die Person **systematisch Schritt für Schritt**: *von oben nach unten* oder *zuerst die Kleidung*, dann *das Aussehen* und anschließend *das Verhalten*.
- Du nennst beim Beschreiben folgende **Einzelheiten**: *Geschlecht, Alter, Kleidung, Figur, Haare, Körperteile, Kopf, Sprache, Verhalten, Besonderheiten.*
- Du verwendest **Adjektive** (*schmaler Mund*), **Adjektivgruppen** (*ziemlich dünne Beine)* **oder Adjunktorgruppen** (*als alle anderen*), um möglichst anschaulich zu beschreiben.
- Du schreibst im **Präsens**.
- Du beschreibst die Person **sachlich**, ohne ihr Aussehen oder Handeln zu bewerten.

Positionslinie

Mit Hilfe einer Positionslinie lässt sich das Stimmungs- und/oder Meinungsbild einer größeren Gruppe abfragen.

- Zuerst wird mit Klebeband eine möglichst lange Linie auf dem Boden gezogen. Die Enden der Linie werden mit *Ja* und *Nein* markiert.
- Danach wird die Streifrage gestellt. Alle Befragten positionieren sich an einem Punkt auf der Linie, der ihrem Standpunkt in der Streitfrage entspricht.
- Dabei kann der Standpunkt auch zwischen den Enden der Linie (unentschieden) eingenommen werden.
- Abschließend wird das Ergebnis schriftlich festgehalten und in der Gruppe reflektiert.

Schreibkonferenz

Die Schreibkonferenz ist eine Methode, mit der gemeinsam in Kleingruppen Texte überarbeitet werden. Mit sogenannten Textlupen, die auf die Gruppenmitglieder aufgeteilt werden, können Texte gezielt auf verschiedene Bereiche hin überprüft werden, zum Beispiel:

- Wiederholungen
- Umgangssprache
- Rechtschreibung
- Zeichensetzung
- Inhalt

Dabei konzentriert sich jedes Gruppenmitglied auf einen Fehlerschwerpunkt.

Schritt 1: Die Texte werden gelesen und auf einem zusätzlichen Blatt Papier kommentiert. Dabei werden sie im Uhrzeigersinn weitergegeben. Zuletzt wird der eigene Text überprüft.

Schritt 2: Alle lesen die Kommentare zu ihren eigenen Texten und stellen gegebenenfalls Nachfragen.

Schritt 3: Abschließend werden die eigenen Texte überarbeitet.

Spannungsmacher in Erzähltexten

Es gibt verschiedene Möglichkeiten, einen Erzähltext spannend zu gestalten. Dazu gehören

- spannende Überschriften, die nicht gleich alles verraten,
- spannende Satzanfänge (*auf einmal, plötzlich*),
- Wörter und Ausdrücke, die etwas spannendes erwarten lassen (*stockfinstere Nacht, merkwürdiges Geräusch*),
- Gedankenrede (*was war das?*) und direkte Rede (*„Ich glaube, da draußen ist jemand!"*) und
- Höhepunkte, die im Präsens stehen können.

Tagebucheintrag schreiben

Der **Tagebucheintrag** ist eine sehr persönliche Form des Schreibens, denn in einem Tagebuch stehen Dinge, die man sonst niemandem erzählt. Der Tagebucheintrag beginnt mit dem Datum. Du kannst das Tagebuch auch ansprechen. Anschließend berichtest du in der Ich-Form von Erlebnissen, Gedanken und Gefühlen.
Tagebucheinträge kann man auch **aus Sicht von literarischen Figuren** verfassen, **um sich besser in diese hineinzuversetzen.** Wie die Figur sich fühlt, kannst du auch durch Gefühlsausdrücke (*So ein Mist! Juhu! Endlich!*) oder großgeschriebene Wörter und/oder Ausrufezeichen betonen. Passe deinen Schreibstil daran an, wie die Figuren sprechen (*Dialekt, Jugendsprache, typische Formulierungen oder Ausdrücke, Umgangssprache, Fachsprache...*).

Vorgangsbeschreibung

Vorgangsbeschreibungen müssen so formuliert sein, dass man den Vorgang problemlos ausführen kann.

- Du schreibst im **ersten Satz,** worum es geht.
- Du nennst die Zutaten oder Materialien, die man für diesen Vorgang braucht.
- Du beschreibst den **Ablauf** des Vorgangs **schrittweise.** Halte dabei die **Reihenfolge** des Vorgangs ein. Benutze Wörter wie: *zuerst, zunächst, nun, jetzt, dann, danach, schließlich, zuletzt, zum Schluss, anschließend, erstens, zweitens, drittens.*
- Du formulierst in der **Anredeform**: *Zuerst schneidest du...* oder du formulierst die Sätze **allgemeiner**. *Nun schneidet man ...* Du entscheidest dich für **eine Ansprache** und änderst sie nicht.
- Du schreibst im **Präsens.**
- Du verwendest **Fachwörter** und bezeichnest Dinge und Vorgänge genau: *Nisthilfe, lackieren, fixieren, gestalten, füllen, Schlaufe, Acrylfarbe*

W-Fragen

W-Fragen sind Fragen, die ein Fragepronomen enthalten. Mit diesen Fragen kann man sich schnell einen Überblick über ein Thema oder einen Text verschaffen, z. B.:
Was ist geschehen? Wer war beteiligt? Wann ist es geschehen? Wo ist es geschehen? Wie ist es geschehen? Wohin ...? Woher ...? Aus welchen Gründen ...?

Lesen – Umgang mit Texten und Medien

Akrostichon

Ein Akrostichon ist ein Gedicht, bei dem die Buchstaben eines Wortes senkrecht untereinandergeschrieben werden. Jeder Buchstabe wird dann waagerecht mit einem neuen Wort gefüllt.

Diagramme

Diagramme sind bildliche Darstellungen von Informationen. Mit ihnen kann man Zahlen aus einem Text anschaulich darstellen. Sie helfen dabei, sich etwas besser vorzustellen. Die Zahlen, mit denen man ein Diagramm erstellt, werden auch als Werte bezeichnet. Die senkrechte Achse bezeichnet man als die y-Achse, die waagerechte Achse nennt sich x-Achse. Auf der y-Achse werden die Werte festgehalten, sodass der Balken senkrecht nach oben geht. Die x-Achse zeigt den Inhalt der Werte, die sogenannten Rubriken an. Es gibt ganz verschiedene Arten von Diagrammen: *Säulen-, Kreis-, Balkendiagramm …*

Digitale Medien

Digitale Medien sind elektronische Hilfsmittel, mit denen Informationen übermittelt werden. Das sind z. B. *Computer, E-Mail, DVD, CD-ROM, Videospiel, Computerspiel, Handy …*

Elfchen

Diesen Gedichten liegen bestimmte Regeln zugrunde: Die erste Zeile besteht
aus einem Wort, die zweite aus zwei Wörtern, die dritte aus drei Wörtern, die vierte Zeile enthält vier Wörter und die fünfte enthält ein Wort. Elfer-Gedichte erzählen immer eine kurze Geschichte, deren Schluss – also die fünfte Zeile – auch überraschend sein darf.

Erzähltexte erschließen

Um einen Text besser zu verstehen, schaust du dir bestimmte Elemente im Text genauer an – wie mit einer Lupe. Dabei können dir die folgenden Fragen eine Hilfe sein:
Ort: Wo spielt der Text? Gibt es Ortswechsel? Wird der Ort genauer beschrieben?
Zeit: Wann spielt der Text? Wie lange dauert die Handlung? Wird alles der Reihe nach erzählt?
Figuren: Wer sind die Haupt- und Nebenfiguren? Wie werden sie beschrieben? Wie ist ihr Verhältnis zueinander?
Handlung: Worum geht es? Wie beginnt der Text? Was passiert im Hauptteil?
Wie wird Spannung erzeugt? Welche Stelle ist am spannendsten? Wie endet der Text?

Nicht immer werden alle Fragen im Text beantwortet. Manchmal gibt es auch keine genaue Ortsangabe oder du kannst nur vermuten, wann der Text spielt oder wie lange die Handlung dauert. Du kannst dann entweder feststellen, dass es zu diesem Element keine Angabe gibt oder deine Vermutungen äußern.

Erzählung

In einer Erzählung wird mündlich oder schriftlich der Verlauf von Geschehnissen dargestellt, die tatsächlich passiert oder aber erdacht sind. Auch der Akt des Erzählens an sich wird als „Erzählung" bezeichnet.

Fabel

Eine Fabel ist eine Erzählung, die in gereimter oder ungereimter Form verfasst sein kann. Tiere sind in einer Fabel die Hauptfiguren, die in der Regel sprechen und handeln wie Menschen. Die Tiere verkörpern in Fabeln menschliche Charaktereigenschaften, z.B. der listige Fuchs, der mächtige Löwe, der dumme Esel. In Auseinandersetzungen und Streitsituationen siegt oft der Stärkere oder der Listigere. Wir Menschen sollen aus Fabeln Lehren für unser eigenes Verhalten gegenüber anderen Menschen ziehen.

Gedicht

Gedichte sind vor allem an ihrer äußeren Form zu erkennen. Eine Zeile in einem Gedicht wird Vers genannt. Mehrere Verse bilden eine Strophe. Am Ende der Verse stehen oft Reimwörter. Aber nicht jedes Gedicht ist gereimt.

Haiku

Das Haiku ist ein kurzes, japanisches Gedicht. Es besteht aus drei Versen mit nur 17 Silben.

Lautmalerei

In Gedichten wird mit Sprache gespielt. Dichter lassen in den Köpfen der Leser Bilder entstehen. Wird ein bestimmter Klang durch Worte nachgeahmt, nennt man das Lautmalerei (klatschen, patschen, watscheln).

Lesekiste

Eine Lesekiste ist ein mittelgroßer Karton (z. B. Schuhkarton), den du innen und außen mit Texten und Bildern passend zu einem Buch gestaltest, das du der Klasse vorstellen möchtest. Du befüllst ihn mit Gegenständen, die im Buch eine Rolle spielen.

So gehst du vor:

Schritt 1: Du wählst ein passendes Buch aus.

Schritt 2: Du liest das Buch gründlich und erstellst dazu die Lesekiste.

Schritt 3: Du wählst eine geeignete Textstelle aus und bereitest sie zum Vorlesen vor.

Schritt 4: Du stellst das Buch mithilfe der Lesekiste und der Textstelle der Klasse vor.

Lesetechniken

Beim **Überfliegen** eines Textes liest du nicht den gesamten Text, sondern nur die Überschrift, einzelne Sätze, Wortgruppen und einzelne Wörter bzw. Schlüsselwörter (z. B. Nomen, Namen, Zahlen …). **Punktuelles Lesen:** Dein Blick wandert von oben nach unten, von links nach rechts. An bestimmten Punkten bleibt er stehen. **Slalomlesen:** Dein Blick wandert wie beim Slalomfahren von links nach rechts und wieder nach links usw. Linienförmig bewegen sich deine Augen über den Text.

Lineare Texte

Lineare Texte sind Texte, die ihre Informationen in einem fortlaufenden Text, der in der Regel „von oben nach unten“ zu lesen ist, vermitteln.

Literarische Texte

Als solche werden lyrische Texte (*Gedichte*), epische Texte (*Romane*) und dramatische Texte (*Dramen*) bezeichnet.

Lyrisches Ich

Wenn es ein „Ich“ in Gedichten gibt, das etwas erzählt oder beobachtet, so nennt man dieses das lyrische Ich. Der Autor hat dieses Ich als ein selbstständiges Wesen zum Leben erweckt. Das lyrische Ich kann jemand ganz anderes sein als der Dichter: *ein Kind, ein Mann, ein Tier …*

Märchen

- Anfangsformel: Oft beginnen Märchen ähnlich (*Es war einmal …, Vor langer Zeit …*).
- Unbestimmter Ort, unbestimmte Zeit: Märchen spielen an unbekannten Orten in einer unbestimmten, lang vergangenen Zeit (*z. B. vor langer Zeit in einem Königreich*).
- Die Märchenfiguren: Die Figuren haben oft gegensätzliche Eigenschaften (*gut ↔ böse, arm ↔ reich, feige ↔ tapfer*). Im Mittelpunkt stehen oft arme oder hilfsbedürftige Menschen, aber auch Prinzen, Prinzessinnen, Könige und Königinnen treten häufig auf.
- Aufgabe, Rätsel, Gefahr: Oft muss die Heldenfigur schwierige Aufgaben und Rätsel lösen oder gefährliche Abenteuer auf einem weiten Weg bestehen. Sie benötigt dafür Mut, Tapferkeit und Schlauheit oder magische Hilfe.
- Das Wunderbare: Es gibt fantastische Orte, Magie und Zauberei, Fantasiewesen (*Feen und Zwerge*), Tiere und Gegenstände, die sprechen können oder magische Eigenschaften haben. Oft gibt es verwunschene Figuren, die sich zurückverwandeln.
- Sprüche und Zauberformeln: Oft gibt es wiederkehrende Sprüche und Zauberformeln (*Ach, wie gut, dass niemand weiß, dass ich Rumpelstilzchen heiß!*).
- Zahlen: Häufig kommen die Zahlen 3, 7 und 12 vor (*drei Aufgaben oder Wünsche, zwölf Figuren*).
- Schlussformel: Märchen enden für die Helden- figur gut und oft mit einem ähnlichen Schluss (Und wenn sie nicht gestorben sind, dann leben sie noch heute).

Medien

Medien sind alle Dinge, die genutzt werden, um Informationen von einer Person zur anderen zu übermitteln. Das sind z. B. Körpersprache, Höhlenmalereien, Zeitungen oder Filme. Printmedien ist der Sammelbegriff für alle auf Papier gedruckten (engl.: to print = drucken) Medien. Das sind z. B. Zeitungen, Zeitschriften, Bücher und sonstige Druckerzeugnisse (Kataloge, Anzeigenblätter ...). Digitale Medien sind elektronische Hilfsmittel, mit deren Hilfe Informationen übermittelt werden. Das sind z. B. Smartphone, E-Mail, DVD, Videospiel, Computer.

Metapher

Eine Metapher ist ein **sprachliches Bild**, das Vorstellungen im Kopf des Lesers oder Hörers weckt. Ein Wort wird aus seinem eigentlichen Bedeutungsbereich in einen neuen übertragen. Anders als beim Vergleich werden die Bedeutungsbereiche nicht durch die Wörter *als (ob)* oder *wie* verbunden. Bespiel: *Nebelfeld = große Fläche, die mit Nebel bedeckt ist.*

Metrum

Das Metrum (Versmaß) in einem Gedicht stellt eine regelmäßige Reihenfolge von betonten (x́) und unbetonten Silben (x) dar. Bekannte zweisilbige Metren sind der **Jambus** (xx́, *Ge-dícht*) und der **Trochäus** (*x́x, Schú-le*). Der **Daktylus** besteht aus drei Silben (*x́xx, Reím-wör-ter*).

Mindmap

Eine Mindmap ist eine „Gedankenkarte". Darin werden Stichworte gesammelt, geordnet und in Ober- und Unterbegriffe unterteilt. Eine Mindmap hilft dir, Inhalte und Ideen anschaulich darzustellen. Du kannst damit eigene Ideen für Texte zusammenstellen, aber auch Informationen aus einem Text ordnen. Die Mindmap ist folgendermaßen aufgebaut:
Eine Mindmap besteht aus Ober- und Unterbegriffen. Einem Oberbegriff lassen sich immer andere Wörter unterordnen (Unterbegriffe). Beispiel: Oberbegriff „Fahrzeug", Unterbegriffe „Auto, Fahrrad, Schiff ..."

Nichtlineare Texte

Nichtlineare Texte sind z. B. Grafiken, Tabellen, Diagramme. Bei ihnen ist die Leserichtung nicht vorgegeben, das heißt man kann von oben nach unten oder von links nach rechts lesen.

Personifikation

Die Personifikation ist ein sprachliches Bild. Wenn in Gedichten leblose Dinge, Tiere oder Naturerscheinungen etwas tun, was nur Menschen tun können, dann werden sie personifiziert, das heißt, sie treten wie Personen auf (*Die Sonne lacht.*).

Reime

Als Reim bezeichnet man den Gleichklang zweier oder mehrerer Silben. Das bedeutet ein Wort klingt so ähnlich wie ein anderes Wort, z.B. leben – geben. Die Reime eines Gedichts kann man am Ende jedes Verses alphabetisch durch Kleinbuchstaben kennzeichnen. Jeder gleichklingende Reim bekommt denselben Buchstaben. Verse, die sich in Paaren miteinander reimen, nennt man Paarreim (*aabb*). Verse, die sich über Kreuz miteinander reimen, nennt man Kreuzreim (*abab*). Verse, die einander umarmen, nennt man umarmender Reim (*abba*).

Rhythmus

Der Rhythmus ist die Sprechmelodie eines Gedichtes. Er wird sowohl durch die bewusste Betonung bestimmter Wörter beim Vortrag als auch durch das Metrum bestimmt.

Printmedien

Printmedien ist der Sammelbegriff für alle auf Papier gedruckten (engl.: to print = drucken) Medien. Das sind z. B. *Zeitungen, Zeitschriften, Bücher und sonstige Druckerzeugnisse (Kataloge, Prospekte, ...).*

Sachtexte

Sachtexte lassen sich in unterschiedlichen Bereichen wiederfinden: Texte in Sachbüchern, journalistische Sachtexte (z. B. Zeitungsberichte), Lexikonartikel, Kochrezepte, Bastel- und Spielanleitungen, Schaubilder und Diagramme. Sachtexte informieren über bestimmte Themen. Manche Sachtexte wollen auch zu etwas anleiten und auffordern. Die Sprache im Sachtext ist klar und sachlich. Gefühle oder Gedanken finden sich hier in der Regel nicht. Sachtexte lassen sich mit der 5-Schritt-Lesemethode gut erschließen.

Sage

Sagen sind meist kurze volkstümliche Erzählungen, die ursprünglich mündlich überliefert und erst später gesammelt und aufgeschrieben wurden. Typische Merkmale sind:

- **Ein wahrer Kern:** Damit meint man, dass der Anlass für die Erzählung eine wahre Begebenheit war.
- **Orts- und Zeitangaben:** Viele Sagen nennen reale Orte oder exakte Jahreszahlen.
- **Unterschiedliche Fassungen:** Lange Zeit wurden Sagen mündlich erzählt. So konnten die Erzähler die Sagentexte leicht verändern oder an das Publikum anpassen.
- **Unbekannte Verfasser:** Wie auch bei Märchen oder Fabeln gibt es für Sagen keine Angaben zu einem Autor.
- **Übernatürliche Wesen:** Nixen, Riesen, Kobolde, Zwerge, Feen, Teufel, Geister und weitere Wesen können auch in Sagen vorkommen.
- **Bezug zur Gegenwart:** Namen von historischen Personen, Inschriften an Gebäuden, Gedenktafeln, Erwähnung in alten Urkunden – diese Informationen lassen Sagentexte wie informierende Sachtexte wirken.

Schaubild

In einem Schaubild werden Informationen zu einem Thema anschaulich dargestellt und Zusammenhänge zwischen verschiedenen Begriffen, Inhalten und Aussagen gezeigt.

Sprachliche Bilder

Viele Dichter „malen" häufig mit der Sprache, sodass Bilder und Vorstellungen in den Köpfen entstehen, die bestimmte Bereiche veranschaulichen, hervorheben oder spannender machen. Zu sprachlichen Bildern gehören manchmal Redewendungen, die durch das Bild, welches sie uns vor Augen führen, eine bestimmte Aussage haben: *Schmetterlinge im Bauch*.

Strophe

Als Strophe werden die einzelnen Absätze eines Gedichts bezeichnet. Mindestens zwei Verse bilden eine Strophe.

Suchstrategien

Suchstrategie mit Printmedien

- Ich gehe in die Bücherei/Schülerbücherei und suche nach Büchern zu meinem Thema. Oder ich schaue zu Hause nach, welche Bücher und Zeitschriften ich zu diesem Thema habe.
- Ich schaue mir das Inhaltverzeichnis der Bücher an oder verschaffe mir einen Überblick über die Texte.
- Ich schaue in den Texten nach Unterthemen, z. B. Weltall: Planeten, Sonnensystem, Raumfahrt ...
- Nun versuche ich, die einzelnen Texte mithilfe einer einfachen Methode der Texterschließung zu verstehen.

Suchstrategie mit digitalen Medien

- Ich gehe in das Internet.
- Dort gehe ich auf eine Suchmaschine.
- Ich gebe meinen Suchbegriff in das Suchfeld ein.
- Ich schaue mir die Treffer an und sortiere sie nach den Unterthemen, z. B. Haustiere: Rassen, Haltung, Pflege, Ernährung ...
- Nun versuche ich, die einzelnen Texte (Ergebnisse meiner Onlinerecherche) mithilfe einer einfachen Methode der Texterschließung zu verstehen.

Szenisches Spiel

Beim szenischen Spiel werden Situationen nachgestellt. Man schlüpft dabei in die Haut einer anderen Person und nimmt deren Rolle ein – deswegen spricht man manchmal auch von Rollenspielen.

Tabelle

Eine Tabelle ist eine geordnete Zusammenstellung von Texten oder Daten. Die darzustellenden Inhalte werden dabei in Zeilen (waagerecht) und in Spalten (senkrecht) gegliedert. Die erste Spalte in der nachfolgenden Tabelle heißt Vorspalte, die erste Zeile Kopfzeile.

Tandemlesen

Tandemlesen ist eine Methode, mit der man zu zweit das Vorlesen üben kann. Der eine Partner ist der Trainer, der andere ist der Vorleser. Zuerst lesen beide leise den Text durch. Dann übt der Trainer den Text so, dass er ihn flüssig und betont vorlesen kann. Anschließend liest der Trainer den Text betont vor, während der Vorleser zuhört und mit den Augen mitliest. Danach liest der Trainer den Text satzweise vor, sodass der Vorleser jeden Satz einzeln nachlesen kann. Dabei achtet der Trainer auf die richtige Betonung des Vorlesers. Abschließend liest der Vorleser den gesamten Text flüssig und betont vor, sodass er ihn schließlich der Klasse vorlesen kann.

Vergleich

Der Vergleich ist ein sprachliches Bild, das hilft, sich etwas besser vorzustellen. Man erkennt den Vergleich an den Worten **wie, als, als ob**.

*Er ist schnell **wie** der Blitz.*

*Er ist schneller **als** der Wind.*

*Er sprang auf, **als ob** er von einer Tarantel gestochen worden sei.*

Vers

Eine Zeile in einem Gedicht nennt man Vers.

5-Schritt-Lesemethode

1. Schritt: Überschriften und Abbildungen betrachten: Worum geht es in dem Text?
Lies zunächst nur die Überschrift und betrachte die Abbildungen (falls es welche gibt). Worum könnte es in dem Text gehen? Was weißt du bereits über das Thema?

2. Schritt: Den Text überfliegen: Was steht ungefähr in dem Text?
Überfliege den Text zuerst mit den Augen. Dabei erfährst du, worum es sich ungefähr handelt. Beim Überfliegen liest du nicht jedes einzelne Wort, sondern nur einzelne Wörter, Wortgruppen und Schlüsselwörter. Orientiere dich dabei vor allem an den großgeschriebenen Nomen, Fachbegriffen, Namen und Zahlen. Sie sind die sogenannten Schlüsselwörter, welche die wichtigsten Informationen eines Textes enthalten.

3. Schritt: Fragen an den Text stellen: Was weiß ich schon und was möchte ich noch wissen?
Denke über das Thema nach: Was weißt du schon? Was möchtest du noch wissen? Schreibe diese Fragen auf und suche nach Antworten im Text.
Die W-Fragen helfen dir beim Fragenstellen (Wer – Wie – Wo – Was – Weshalb – Warum – Wieso – Womit – Wodurch). So erfragst du alle wichtigen Informationen des Textes. Fragen, die du nicht beantworten kannst, gibst du an einen Experten weiter, recherchierst sie im Internet oder schlägst sie in einem Lexikon nach.

4. Schritt: Lesen: Was steht in den einzelnen Abschnitten ganz genau und was verstehe ich nicht?
Lies den Text gründlich. Mache dir Notizen. Markiere oder unterstreiche wichtige Wörter. Achte aber darauf, nicht zu viel zu markieren. Markiere keine Sätze oder ganze Abschnitte, sondern nur Schlüsselwörter. Kläre außerdem unbekannte Begriffe. Lass dich nicht gleich von Wörtern irritieren, die du nicht verstehst, meistens erklären sie sich aus dem Zusammenhang. Wenn du ein Wort oder Fremdwort trotzdem nicht verstehst, frage nach oder schlage z. B. in einem Wörterbuch oder einem Lexikon nach. Du kannst auch das Internet nutzen.

5. Schritt: Den Text gliedern und zusammenfassen: Worum geht es genau?
Gliedere den Text in einzelne Abschnitte. Abschnitte erkennst du meistens daran, dass eine neue Zeile beginnt. Außerdem ist in jedem Abschnitt etwas anderes wichtig. Finde passende Überschriften für die einzelnen Abschnitte. Diese Überschriften nennt man Zwischenüberschriften. Schreibe zu den Zwischenüberschriften weitere Stichwörter heraus. Sie ergeben sich meist aus den markierten oder unterstrichenen Stellen. Du kannst den Text auch mithilfe einer Mindmap oder Tabelle übersichtlich darstellen und gliedern.

Rechtschreibung & Zeichensetzung / Sprachgebrauch & Sprachreflexion

Ableitung

Art der Wortbildung. Durch Vorbausteine (Präfixe und Partikeln) kann die Bedeutung eines Wortes verändert werden *(Spiel → Nachspiel, schreiben → abschreiben ...).* Durch Nachbausteine (Suffixe) kann die Wortart eines Wortes verändert werden *(Schrift → schriftlich, wohnen → Wohnung ...).*

Adjektiv

Wortart (flektierbar). Mithilfe von Adjektiven kann man genauer und differenzierter beschreiben. Adjektive können Teil einer Nominalgruppe sein. Dann stimmen sie in der Form mit dem Nomen überein. Sie werden dekliniert: *schön: schöne, schönes, schöner, schönen, schönem; schöne Bluse, schönes Wetter, schöner Tag, schönen Gruß, schönem Wetter*

Adjektivgruppe

Adjektivgruppen sind Wortgruppen, in denen ein Adjektiv die wichtigste Rolle spielt und damit den Kern bildet. Sie können gebildet werden durch

- die **Verstärkung** des Adjektivs *(der ziemlich schnelle Lauf)* oder
- beim **Komparieren** (*Max ist schneller als Ben, Max ist am schnellsten*).

Adjunktorgruppe

Adjunktorgruppen sind Wortgruppen, die mit einer Adjunktion (Bindewort/Vergleichswort) als Kern der Wortgruppe eingeleitet werden. Adjunktionen sind zum Beispiel *als, wie.*

Adjunktorgruppen werden **beim Vergleichen** gebildet aus:

- Adjunktion und Nominalgruppe (*Der Fernsehturm ist höher als das Ulmer Münster*)
- Adjunktion und Pronomen: *als es / wie es*

Die Adjunktorgruppe ist Teil einer Adjektivgruppe: *höher als das Ulmer Münster.*

- Adjektivgruppe: ***höher als*** *das Ulmer Münster*
- Adjunktorgruppe: ***als*** *das Ulmer Münster*

Werden zwei Dinge verglichen, haben beide Vergleichsgrößen den gleichen Kasus.

Adverb

Adverbien geben die **Umstände eines Geschehens** an, zum Beispiel

- **Lokaladverbien** (Wo etwas geschieht.): *hier, dort, zuhause, dorthin, hierhin, bergauf*
- **Temporaladverbien** (Wann etwas geschieht.): *heute, lange, oft, immer, stets, montags*
- **Interrogativadverbien** leiten W-Fragen ein: *wann, wie lange, wo, wohin, warum*

Adverbien werden nicht gebeugt (flektiert) und können allein im Vorfeld stehen.

Adverbiale

Adverbiale sind Satzglieder, die etwas über die Zeit und den Ort aussagen. Sie können die Form von Präpositionalgruppen und Nominalgruppen haben.

- Die **Temporalbestimmung** (Adverbiale der Zeit) erfragt man mit *wann, seit wann, bis wann, wie lange:*
  Die Klasse fährt am Vormittag los.
  (Die Klasse fährt wann *los?)*
  Die Klasse ist seit Montag unterwegs.
  (Die Klasse ist seit wann *unterwegs?)*
  Die Fahrt dauert fünf Tage.
  (Die Fahrt dauert wie lange*?)*
- Die **Lokalbestimmung** (Adverbiale des Ortes) erfragt man mit *wo, wohin, woher:*
  Sie fahren auf dem Donauradweg.
  (Sie fahren wo*?)*
  Sie fahren nach Tuttlingen.
  (Sie fahren wohin*?)*
  Sie kommen aus Donaueschingen.
  (Sie kommen woher*?)*

Akkusativ

4. Fall des Nomens, Artikels, Pronomens und Adjektivs, Wenfall: *den Brief, an den Schüler, an ihn, an einen netten Menschen.*

Akkusativ-Objekt

Satzglied. Das Akkusativ-Objekt kann man mit den Fragen „wen oder was" ermitteln: *Die Lehrerin lobt (wen?) den Schüler. Der Spieler trifft (wen oder was?) den Ball.*

Anführungszeichen

Anführungszeichen kennzeichnen den Anfang und das Ende eines direkten Redesatzes: *„Wir fahren morgen früh", sagte er, „nach Dortmund."*

Anredepronomen

Pronomen, mit denen man jemanden anredet: *Ich mag dich. Ich grüße Sie.* Bei Menschen, die man mit *Sie* anredet, werden die Pronomen in Briefen großgeschrieben. Bei Menschen, die man mit *du* anredet, schreibt man die Pronomen in der Regel klein.

Apostroph

Der Apostroph zeigt den Genitiv bei Eigennamen mit einer s-Laut-Endung (*-s, -ss, -ß, -z, -tz, -x*) an. *Alex' Buch, Liz' Heft*
Der Apostroph ist ein **Auslassungszeichen**. Er zeigt an, dass ein oder mehrere Buchstabe(n) innerhalb eines Wortes ausgelassen werden. *Ich hab's! Ich habe es!*

Apposition

Die Apposition ist ein nachgestelltes Attribut, das ein Nomen näher erklärt. Unterbricht sie den Hauptsatz, wird sie von zwei Kommas eingeschlossen. *Das Limesmuseum, eine Ausstellung zu den Römern, befindet sich in Aalen.*
Steht sie am Ende des Hauptsatzes, wird sie mit einem Komma vom Satz abgetrennt. *Das Limesmuseum befindet sich in Aalen, einer Stadt westlich von Stuttgart.*
Apposition und Nomen stimmen im Kasus, Genus und Numerus überein.

Artikelwörter

Artikelwörter sind *Begleiter* des Nomens und stehen am linken Rand einer Nominalgruppe. Artikelwort und Nomen stimmen in Kasus, Numerus und Genus überein. Artikelwörter legen die Großschreibung des Nomens fest.
Artikelwörter sind z. B.: *der, die, das, ein, eine, einige, dieser, diese, dieses, mein, unser, jeder, jede, jedes, alle*

Attribut

Das Attribut ist Teil eines Satzgliedes und erläutert in der Regel ein Nomen (Bezugsnomen). Es kann vom Bezugsnomen aus erfragt werden.
*der sehr warme Sommertag → Wie ist der Sommertag? **sehr warm***
Das Attribut kann vor (vorangestelltes Attribut) und nach dem Nomen stehen (nachgestelltes Attribut). Die **Apposition** ist ein besonderes Attribut.

Aufforderungssatz

Es gibt Sätze, die mit besonderem Nachdruck gesprochen werden. Diese werden mit einem Ausrufezeichen versehen. Bei solchen Sätzen steht häufig ein Verb im Imperativ am Satzanfang:
Hilf mir doch mal! Gib mir bitte mal dein Lineal! Hilfe!

Auslaut

In manchen Wörtern hört man ein *p*, ein *t* oder ein *k*, obwohl sie mit *b, d, g* geschrieben werden: *klebt, Schuld, lügt*. Wenn man diese Wörter verlängert, dann hört man, ob sie mit *b, d, g* oder mit *p, t, k* geschrieben werden:
klebt: kle ben, Schuld: Schul den, lügt: lü gen.

Ausrufezeichen

Satzschlusszeichen. Das Ausrufezeichen am Ende des Satzes weist darauf hin, dass etwas mit besonderem Ausdruck gesprochen wird. *Leih mir doch mal deinen Bleistift! Komm her! Au, das tut weh!*

Aussagesatz

Mit einer Aussage können wir andere informieren. Den Satz dazu nennen wir Aussagesatz. Beim Sprechen erkennt man einen Aussagesatz daran, dass der Sprecher am Ende der Aussage mit der Stimme nach unten geht. Im Schriftlichen wird das Ende des Aussagesatzes mit einem Punkt gekennzeichnet. Das erste Wort im Satz schreibt man groß.

Begleitsatz

Satz, der bei einer direkten Rede steht. Er kann vorangestellt sein (*Sie sagte: „Ich habe nicht die geringste Lust dazu."*), er kann nachgestellt sein (*„Ich habe nicht die geringste Lust dazu", sagte sie.*), er kann eingeschoben sein (*„Ich habe", sagte sie, „nicht die geringste Lust dazu."*).

Bestimmter Artikel

Der bestimmte Artikel steht dann, wenn ein Nomen ein zweites Mal in einem Text vorkommt, wenn also etwas oder jemand bereits bekannt ist. Der Artikel zeigt das Genus eines Nomens an.

Bestimmungswort

Der erste Teil eines zusammengesetzten Wortes (Kompositum). Das Wort *Haus* in der Zusammensetzung *Haustür* bestimmt näher, um welche Art von Tür es sich handelt.

Dativ

3. Fall des Nomens, Artikels, Pronomens und Adjektivs, Wemfall: *dem Brief, in dem Briefkasten, in einem kleinen Kästchen*

Dativ-Objekt

Satzglied. Das Dativ-Objekt kann man mit der Frage *wem* ermitteln: *Die Lehrerin hilft (wem?) - dem Schüler.*

Deklination

Beugung von Nomen, Adjektiven und Pronomen nach den vier Fällen.
Nominativ: *mein neuer Freund*, Genitiv: *meines neuen Freundes*, Dativ: *meinem neuen Freund*
Akkusativ: *meinen neuen Freund*

Demonstrativartikel

Auch Demonstrativ-, Indefinit- und Possessivartikel können Nomen begleiten:
mein Fahrrad, eure Fahrräder – seine Angst, keine Angst
Wichtige Artikelwörter sind: *dies(-), mein(-), unser(-), euer(-), sein(-), kein(-), einige(-), jede(-), alle(-), manch(-), solch(-)*

Doppelkonsonant

Ein Wort wie *knabbern* besteht aus zwei Silben. Zwischen den Vokallauten der beiden Silben hört man den Konsonanten *b*.
Ist der Vokallaut der ersten betonten Silbe kurz, so wird der Konsonant beim Schreiben verdoppelt: kna*b* *b*ern. Ausgesprochen wird er aber nicht zweimal, sondern nur einmal.

Doppelpunkt

Der Doppelpunkt steht nach einem Satz, der einen zweiten Satz eröffnet: *Ich sehe das so: Er hat recht.* Nach dem vorausgehenden Begleitsatz wird eine direkte Rede eröffnet; deswegen steht danach ein Doppelpunkt: *Sie lachte ihn an und sagte: „Das ist doch Unsinn!"* Folgt auf einen Doppelpunkt ein vollständiger Satz, schreibt man den Anfang groß.

Fall (auch Kasus)

Nomen sind flektierbar und können in vier Kasus vorkommen: Nominativ *(der Hund)*, Akkusativ *(den Hund)*, Dativ *(dem Hund)*, Genitiv *(des Hundes)*.

Feldermodell

Das Feldermodell hilft zu erkennen, welche Satzbausteine Satzglieder sind.

- Das Vorfeld ist entweder nicht besetzt oder nur mit einem Satzglied.
- In der linken Verbklammer steht nur die finite Verbform.
- Das Mittelfeld kann frei bleiben oder beliebig viele Satzglieder haben.
- Die rechte Verbklammer kann frei bleiben oder mehrere Wörter haben.
- Im Nachfeld steht alles, was rechts von der rechten Verbklammer steht.

Satzbausteine, die bei der Umstellprobe im Vorfeld stehen, bilden ein eigenes Satzglied.

Femininum

Grammatisches Geschlecht des Nomens, weiblich: *die Katze, die Gabel, die Wut*

Flexion

Übergeordneter Begriff über Deklination und Konjugation. Flektierbar sind alle Nomen, Verben, Adjektive und Pronomen. Sie können z.B. Flexionsendungen im Singular und Plural erhalten: *Unser kleiner Hund bellt. – Unsere kleinen Hunde bellen.*

Fragesatz

Es gibt zwei Arten von Fragesätzen:

1. Entscheidungsfragen, die man mit *Ja* oder *Nein* beantwortet. Bei diesen Fragen steht das Verb am Anfang des Satzes: *Kommst du morgen? – Ja.*
2. W-Fragesatz, die man mit einem Satz beantwortet. Bei diesen Fragen steht ein Fragewort mit W am Anfang: *Wann kommst du ungefähr? – Ich komme so gegen vier Uhr.*

Hinter jedem Fragesatz steht als Satzschlusszeichen ein **Fragezeichen**.

Fuge/Fugenelement

Die Nahtstelle zwischen den Bestandteilen eines Kompositums nennt man Fuge. Bei manchen Komposita stehen in der Wortfuge Buchstaben (**Fugenelemente**), damit das Kompositum leichter ausgesprochen werden kann.
*Les**e**zeichen, Glück**s**kind, Sonne**n**strahl, Kind**er**garten, Freund**es**kreis, Herz**ens**wunsch*
Kann man eine Fuge *(-e-, -s-, -n-, -en-, -er-, -es-, -(e)ns-)* erkennen, wird immer zusammengeschrieben.

Futur I

Tempusform des Verbs, mit der man auf etwas hinweist, das in der Zukunft geschieht oder das unsicher ist. Es wird mit dem Hilfsverb werden gebildet: *Morgen werde ich mitspielen. Du wirst wohl Recht haben.*

Genitiv

2. Fall des Nomens, Artikels, Pronomens und Adjektivs, Wesfall: *Das Auto des Vaters/meines Vaters/meines lieben Vaters.* Einige Präpositionen stehen mit dem Genitiv: *wegen des Wetters.*

Genus

Nomen haben ein festes Genus. Es wird durch den Artikel *der, die oder das* in der Grundform angezeigt.

- Maskulinum (männlich): *der Stuhl*
- Femininum (weiblich): *die Tür*
- Neutrum (sächlich): *das Haus*

Das *grammatische Geschlecht* (Genus) hat meist nichts mit dem *natürlichen Geschlecht* (Sexus) zu tun. Deshalb ist es wichtig, Nomen mit ihrem Genus zu lernen.

Geschlossene Silbe

Die betonte Silbe eines Wortes kann auf einen Konsonanten enden, dann nennt man sie geschlossene Silbe – im Gegensatz zu einer offenen Silbe: *En-de, Mor-gen, lus-tig ...*
Der Vokal in geschlossenen Silben ist in der Regel kurz.

Grammatisches Geschlecht

Nomen haben ein grammatisches Geschlecht, das durch die Artikel *der, die, das* bestimmt wird: Maskulinum *(der Löffel)*, Femininum *(die Gabel)*, Neutrum *(das Messer)*. Das grammatische Geschlecht hat mit dem natürlichen Geschlecht nichts zu tun. Nur noch an wenigen Wörtern wird das natürliche Geschlecht deutlich *(der Mann, die Frau, der Kater, der Hahn, die Henne, der Ochse, die Kuh, die Sau ...)*.

Großschreibung

Großgeschrieben werden Namen, Nomen und das erste Wort in einem Satz: *Der kleine Felix ist ein großer Angeber.* Welche Wörter Nomen sind und großgeschrieben werden, kann man meistens an „Erkennungszeichen“ sehen: Artikelwort *(das Glück)*, versteckter Artikel *(zum Glück)* und an bestimmten Endungen *(Fröhlichkeit, Gesundheit, Verwandtschaft, Zeichnung, Ärgernis, Eigentum)*.

Grundwort

Hauptteil einer Wortzusammensetzung, eines Kompositums, der die Grundbedeutung des Wortes bestimmt (im Gegensatz zum Bestimmungswort): *Fußball, Fußballspiel.*

h zwischen Vokalbuchstaben

Wenn in einem zweisilbigen Wort zwei Vokale nacheinander stehen, so steht zwischen ihnen oft ein *h* (*se-h-en, Schu-h-e*). Dieses *h* gehört beim Trennen des Wortes zur zweiten Silbe (*se hen, Schu he*).

Hilfsverb

Die Wörter *haben, sein, werden* nennt man Hilfsverben, weil sie dabei „helfen“, das Perfekt, das Futur oder das Passiv zu bilden: *Sie ist gekommen, sie hat geweint, es wird sich geben, sie wird gelobt.*

Homophon

Manche Wörter werden **gleich ausgesprochen,** aber sie werden **anders geschrieben** und haben außerdem eine **andere Bedeutung.** Diese Wörter nennt man **Homophone.** Deshalb muss man die Bedeutung des Wortes kennen, um die richtige Schreibweise zu wissen *(**Saite** auf einer Gitarre / **Seite** in einem Buch).*

Imperativ

Der Imperativ ist eine Form des Verbs. Man verwendet Verben im Imperativ, wenn man eine **Aufforderung** formuliert: *Tu das nicht!*
Der Imperativ wird gebildet aus dem Präsensstamm des Verbes der 2. Person Singular.

Indefinitartikel

Auch Demonstrativ-, Indefinit- und Possessivartikel können Nomen begleiten:
mein Fahrrad, eure Fahrräder – seine Angst,
keine Angst
Wichtige Artikelwörter sind: *dies(-), mein(-), unser(-), euer(-), sein(-), kein(-), einige(-), jede(-), alle(-), manch(-), solch(-)*

Infinitiv

Im Wörterbuch stehen die Verben im Infinitiv: *essen, fallen, waschen* ... In Sätzen kommen die Verben aber meistens in anderen Formen vor: *Ich aß ein Eis. Doch die Eiskugel fiel mir aus der Hand. Ich wusch mir danach die Hände.* Dann spricht man von **finiten Verben.**
Den Infinitiv findest du heraus, wenn du Sätze bildest mit Wörtern wie: *ich will, ich muss, ich möchte, ich kann ... Ich will essen. Sie muss fallen. Ich möchte waschen.*

Das Wort danach steht im Infinitiv. Du erkennst den Infinitiv auch an der Form: *Wortstamm +(e)n: wasch+en*

Kasus

Nomen stehen in der Nennform, dem Nominativ Singular, im Wörterbuch. Sie verändern sich je nachdem, was der Sprecher sagen möchte, und nach der Funktion im Satz, die das Verb bestimmt. Das nennt man Deklination. Die vier Kasus erkennt man an den Endungen der Artikelwörter und zum Teil an den Endungen des Nomens, zum Beispiel:
der Sohn – des Sohnes – dem Sohn – den Sohn
meine Söhne – meiner Söhne – meinen Söhnen – meiner Söhne

Komma

Ein Komma wird **zwischen (gleichrangigen), gereihten Wörtern und Wortgruppen** gesetzt:
Sie kauft rote, grüne, gelbe Paprika. Er isst gern Nudeln, Pizza, Döner. Aber man setzt kein Komma, wenn die Bindewörter (Konjunktionen) und/oder zwischen den Wörtern stehen: *Sie kauft rote und grüne und gelbe Paprika. Er isst gern Nudeln und Pizza und Döner.*
Haupt- und Nebensätze können mithilfe von Bindewörtern (Subjunktionen) zu Satzgefügen verbunden werden: *als, sodass, dass, ob, weil, wenn, während.* Das Bindewort ist ein Signal dafür, dass davor ein Komma stehen muss: *Ich gehe auf den Sportplatz, wenn ich Zeit habe.*
Anreden *werden vom übrigen Satz abgetrennt: Lisa, komm bitte an die Tafel.*
Ausrufe *werden vom übrigen Satz abgetrennt, wenn sie besonders hervorgehoben werden sollen: Ach, das ist aber schade!*

Komparation (Steigerung)

Adjektive können gesteigert werden. Mit der Komparation kann man eine Abstufung zwischen Dingen ausdrücken:

- Positiv (Grundstufe): *schön*
- Komparativ (Höherstufe): *schöner*
- Superlativ (Höchststufe): am schönsten

Bei einigen Adjektiven ist eine Steigerung nicht möglich *(viereckig, täglich, tot ...).*

Kompositum

Wenn man zwei Wörter zusammensetzt, entsteht ein neues Wort, ein Kompositum (zusammengesetztes Wort). Das Wort, das am Ende steht, nennt man Grundwort. Es legt die Grundbedeutung, die Wortart und das Genus des Kompositums fest:
die Ecke + das Haus = das Eckhaus, das Haus + die Ecke = die Hausecke

*Das Eck**haus** ist ein **Haus**. Die Haus**ecke** ist eine **Ecke**.*
Das Wort, das am Anfang steht, nennt man **Bestimmungswort.** Es bestimmt die **Bedeutung** des Grundwortes näher: *Das **Eck**haus ist das Haus an der **Ecke**. Die **Haus**ecke ist die Ecke an oder in einem **Haus**.*

Kondensation

Verschwindet bei der Zusammensetzung ein Artikel oder eine Präposition, spricht man von **Kondensation** und es muss zusammengeschrieben werden: *vor Freude strahlen – freudestrahlend, das ganze Jahr lang – ganzjährig*

Kongruenz

Mit Kongruenz bezeichnet man die Übereinstimmung von Wörtern oder Satzteilen hinsichtlich ihrer grammatischen Merkmale (Kasus, Numerus, Genus). Damit ein Satz Sinn ergibt, müssen zusammengehörende Satzteile kongruent sein.

- Kongruenter Satz: *Der kleine Hund spielt mit seinem Herrchen.*
- Nicht kongruenter Satz: *Die kleiner Hund spielt mit seine Herrchen.*

Konjugation

Verben können gebeugt (konjugiert) werden. Eine solche Beugung (Veränderung) der Verben geschieht vor allem durch Anfügen von Wortbausteinen. Die wichtigsten Konjugationsformen sind die der Personalformen: *hol/st, hol/t* ... und der Tempusformen: *hol/te, ge/hol/t.*

Konjunktion

Wortart (unflektierbar). Mit Konjunktionen werden einzelne Wörter oder ganze Sätze miteinander verbunden. Gleichrangige Sätze können mit *und, oder, denn* nebeneinander gereiht werden. Sätze können mithilfe von Bindewörtern (Subjunktionen) verbunden werden: *als, sodass, dass, ob, weil, wenn, während*. Das Bindewort ist ein Signal dafür, dass davor ein Komma stehen muss: *Lotte und Tina können sich gut leiden, weil sie viel gemeinsam haben.*

Konsonant

Konsonanten (Mitlaute) sind Laute, bei denen Lippen, Zunge oder Zäpfchen mitschwingen, wenn wir sie aussprechen. Die Buchstaben für Konsonanten sind *b, c, d, f, g, j, k, l, m, n, p, q, r, s, t, v, w, x, z*. Sie bilden den Gegensatz zu den Vokalen.

Kopulaverb

Kopulaverben verbinden ein Subjekt mit einem **Prädikativ**, das im selben Kasus steht: *Mein Freund heißt Turan* (Kopulaverb: *heißt*, Prädikativ: *Turan*).
Kopulaverben können zum Beispiel die Verben *sein, werden, heißen, bleiben* sein. **Prädikative** können zum Beispiel *Adjektive, Nomen, Nominalgruppen* sein

Kurzform

Die meisten Wörter unserer Sprache sind zweisilbig *(träumen, läuten, Fläche, Fächer)*. Bildet man von solchen Wörtern eine Kurzform, kann man zum Beispiel erkennen, wie sie geschrieben *werden (träumen → Traum, läuten → laut,*
Fläche → flach, Fächer → Fach).

Langform

Die Langform eines Wortes mit einer Silbe ist die zweisilbige Form *(Kuss – Küsse)*. Bei Wörtern, die mit *b, d, g* enden, kann man an der Langform hören, wie sie geschrieben werden *(klebt → kleben, wild → wilder, Berg → Berge).*

Maskulinum

Grammatisches Geschlecht des Nomens, männlich: *der Nachbar, der Löffel, der Mut*

Modalverb

Modalverben verbinden sich mit den Infinitiven von Verben. Sie geben Auskunft über die Art und Weise einer Handlung. Modalverben sind **dürfen, können, mögen, müssen, sollen, wollen.** *Ben möchte ins Kino gehen.*

Modus: Aktiv und Passiv

Im **Aktivsatz** *Lea putzt das Fahrrad.* ist Lea das Subjekt, sie ist aktiv.
Im **Passivsatz** *Das Fahrrad wird geputzt.* wird das Objekt *das Fahrrad* zum Subjekt. Es ist aber nicht selbst aktiv, sondern mit ihm wird etwas gemacht.
Auf das Subjekt im Aktivsatz kann man mit den Präpositionen *von* oder *durch* hinweisen:
Das Fahrrad wird von Lea geputzt.

- **Vorgangspassiv**: finite Verbform von *werden* + Partizip II: *Das Fahrrad wird geputzt.*
- **Zustandspassiv**: finite Verbform von sein + Partizip II: *Das Fahrrad ist geputzt.* (Die Handlung ist abgeschlossen)

Neutrum

Grammatisches Geschlecht des Nomens, sächlich: *das Kind, das Messer, das Glück*

Merkliste

Merklisten mit Wörtern, die häufig falsch geschrieben werden, werden angelegt und in der Klasse ausgehängt. Taucht im Unterricht ein weiteres zur Merkliste passendes Wort auf, wird es ergänzt. So kannst du beim Schreiben von Texten immer wieder auf die Merklisten schauen und wirst sicherer.

Nomen

Nomen sind wichtige Wörter unserer Sprache. Ohne sie kann man einen Text nur schwer verstehen, denn meistens wird erst durch die Nomen die Bedeutung eines Textes klar. Beim Lesen erkennt man Nomen an der Großschreibung. Nomen bezeichnen ganz konkrete Dinge, wie Gegenstände (*der Bleistift*), Lebewesen (*der Hund*) und abstrakte Dinge, wie Gefühle (*die Freude*).

Nominalgruppe

Nominalgruppen sind Wortgruppen, in denen ein Nomen die wichtigste Rolle spielt. Das Nomen bildet den Kern. Das Nomen bestimmt die weiteren Wörter der Wortgruppe in Genus, Kasus, Numerus. Das Nomen steht am rechten Rand der Nominalgruppe: *der alte* Baum, *die* Bäume, *die alten* Bäume

Nominativ

1. Fall des Nomens, Artikels, Pronomens und Adjektivs. Subjekte stehen stets im Nominativ:
Der Hund bellt.

Numerus

Der *Singular* (die Einzahl) von Nomen zeigt an, dass nur ein Exemplar gemeint ist:
der/ein Tisch, die/eine Fabrik, das/ein Schiff.

Der *Plural* (die Mehrzahl) von Nomen zeigt an, dass mehrere Exemplare davon gemeint sind:
die Tische, die Fabriken, die Schiffe.
Der Plural von Nomen kann durch verschiedene Formen angezeigt werden:

- Umlaut: *der Boden – die Böden, die Mutter – die Mütter*
- Suffix: *die Schüssel – die Schüsseln, das Hotel – die Hotels, der Tag – die Tage, das Bild – die Bilder*
- Umlaut und Suffix: *der Ball – die Bälle, das Land – die Länder*

Einige Nomen verändern sich im Plural nicht: *der Haken – die Haken*

Oberbergiff / Unterbegriff

Ein **Oberbegriff** ist eine Art Überschrift für mehrere Wörter, die inhaltlich zusammengehören, ein gemeinsames Merkmal haben. Diese Wörter nennt man auch **Unterbegriffe**. Unterbegriffe können für weitere Wörter wieder Oberbegriffe sein. *Oberbriff: Obst – Unterbegriffe: Apfel, Birne, Banane, Mango*

Objekte

Satzglied (auch: Ergänzung). Objekte können aus einem oder mehreren Wörtern bestehen: *Sie füttert ihn. Sie füttert den Kater. Sie hilft dem kleinen Kind.* Man unterscheidet das Genitiv-, Dativ-, Akkusativ- und präpositionale Objekt.

Offene Silbe

Die betonte Silbe eines Wortes kann mit einem Vokal enden, dann nennt man sie offen (im Gegensatz zur geschlossenen Silbe, die mit einem Konsonanten endet): *sa-gen, kau-fen, leben* ... Der Vokal in der offenen Silbe ist lang.

Partikel

Partikel sind Wörter, die nicht gebeugt (flektiert) werden. Sie können nicht allein im Vorfeld stehen und sind somit keine Satzglieder.

- **Intensitätspartikel** werden zur Steigerung in einer Adjektivgruppe verwendet: *sehr schöne Ferien, ziemlich schöne Ferien*
- Mit der **Negationspartikel** *nicht* wird ein Satz oder der Teil eines Satzes verneint: *Wir lösen die Aufgabe nicht. Wir lösen die Aufgabe nicht heute.*

Partikelverb

Einige Vorbausteine wie *um-, unter-, über-, durch-* können **Partikel** oder **Präfix** sein.
Bei **Partikelverben** liegt die **Betonung auf den Partikeln.** Partikel und Verbstamm bleiben bei der Konjugation nicht zusammen: *umfahren, Jemand fährt den Pfosten um.*

Partizip I

Das Partizip I (Partizip Präsens) bezeichnet eine Form des infiniten Verbs.
Es wird gebildet aus dem Verbstamm + Suffix **-(e)nd:**
summend, rufend, zögernd, wiehernd
Es wird meistens wie ein Adjektivattributiv gebraucht: *die summende Biene*

Partizip II

Das Partizip II ist eine Form des Vollverbs:
lesen – gelesen
Mit ihm bildet man die Zeitform Perfekt:
gelesen haben
Bei der Bildung unterscheidet man starke und schwache Verben.
starke Verben:
singen – gesungen *ge + Verbstamm + en*
schwache Verben:
lachen – gelacht *ge + Verbstamm + t*

Perfekt

Das Perfekt verwendet man vor allem für die mündliche Beschreibung der Vergangenheit. Es wird mit der Personalform der Hilfsverben haben oder sein und dem Partizip II gebildet:
ich habe ..., du hast ..., sie hat ..., wir haben ..., ihr habt ..., sie haben geschrieben.
ich bin ..., du bist ..., sie ist ..., wir sind ..., ihr seid ..., sie sind gegangen.

Personalpronomen

Wörter wie *er, sie, es, ihn, ihm, ihr* (Singular) und *sie* (Plural) sind Stellvertreter für Nomen, die im Text bereits genannt worden sind. Solche Wörter nennt man Personalpronomen. Sie machen es möglich, dass die Nomen nicht ständig wiederholt werden müssen.

Plural

Anzahlform des Nomens (auch: Mehrzahl). Gegensatz zum Singular. Der Plural gibt an, dass es sich um mehr als eins handelt: *die Kinder, die Autos, die Frauen, die Bäume.*

Positiv

Grundstufe des Adjektivs – im Vergleich zum Komparativ und Superlativ *(nahe, weit, groß).* Der Positiv wird mit dem Vergleichswort *wie* gebildet: *Sie ist genauso groß wie ich. Sie ist doppelt so groß wie ich.*

Possessivartikel

Auch Demonstrativ-, Indefinit- und Possessivartikel können Nomen begleiten:
mein Fahrrad, eure Fahrräder – seine Angst,
keine Angst
Wichtige Artikelwörter sind: *dies(-), mein(-), unser(-), euer(-), sein(-), kein(-), einige(-), jede(-), alle(-), manch(-), solch(-)*

Possessivpronomen

Wortart (auch: besitzanzeigendes Fürwort). Untergruppe der Pronomen. Possessivpronomen sind *mein, dein, sein, ihr, unser, euer, ihr.*

Prädikat

Satzglied (auch: Satzaussage). Jeder Satz enthält ein Prädikat. Das Prädikat ist der Mittelpunkt oder Kern eines Satzes. Man unterscheidet Prädikate, die nur aus einer Verbform und die aus mehreren Verbformen bestehen:
Die Kinder spielen. Joschi hat den Ball bekommen. Er spielt ihn Felix zu. Der hat sich erschrocken.

Präfix und Präfixverben

Präfixe können als Vorbausteine an ein Verb vorn angebaut werden. Sie geben diesem Wort eine neue Bedeutung. Präfix und Verbstamm bleiben bei der Konjugation immer zusammen: *fahren:* ***be****fahren,* ***ent****fahren,* ***ver****fahren,* ***er****fahren.* Bei den Präfixen *er-, ver-, zer-* musst du darauf achten, ob der Verbstamm auch mit *r* beginnt. In diesem Fall musst du zwei *r* schreiben: er-raten, ve-rechnen, zer-reißen

Präpositionalgruppe

Präpositionalgruppen sind Wortgruppen, in denen eine Präposition die wichtigste Rolle spielt. Sie bildet den Kern. Die Präposition bestimmt die Form der Wortgruppe in ihrem Kasus. Die Präposition steht meist vor einer Nominalgruppe und bestimmt den Kasus dieser Nominalgruppe. Die Präposition steht am linken Rand der Präpositionalgruppe: neben *einem alten Baum*

Präpositionen

Präpositionen wie *in, an, auf, hinter, neben, über, unter, vor, zwischen, durch, bei, von, zu* setzen Dinge oder Sachverhalte miteinander in Beziehung. Bei diesen Präpositionen wird ein Ort in ein Verhältnis zu einem Gegenstand gesetzt. Sie heißen daher auch lokale Präpositionen. In einer Wortgruppe steht die Präposition links.
Sarah singt vor dem Haus. Sarah singt neben dem Haus.

Präpositionen gehören zu den Wortarten, die sich bei ihrem Gebrauch nicht verändern. Sie bestimmen wie das Verb den Kasus von Nomen, Pronomen oder Nominalgruppen. Nach manchen Präpositionen wie *an, auf, hinter, neben, in, über, unter, vor, zwischen* können Nomen entweder im Dativ oder im Akkusativ stehen.

Präsens

Tempusform des Verbs, mit der man auf etwas hinweist, das in der Gegenwart geschieht (auch: Gegenwartsform): *Sie fährt Rad.* Oft weist man mit dem Präsens auch auf etwas hin, das erst in der Zukunft geschieht: *Morgen habe ich Geburtstag.*

Präteritum

Das Präteritum verwendet man vor allem für die schriftliche Beschreibungen der Vergangenheit. Bei *schwachen Verben* wird zwischen Wortstamm und Personalendung ein *(e)t* eingeschoben: *spielen: ich spielte, du spieltest, sie spielte, wir spielten, ihr spieltet, sie spielten.*
Bei *starken Verben* ändert sich der Stammvokal: *gehen: ich ging, du gingst, sie ging, wir gingen, ihr ginget, sie gingen*

Pronomen

Wortart (auch: Fürwort). Pronomen stehen entweder vor einem Nomen *(mein Fahrrad)* oder anstelle eines Nomens *(Tina kommt zu Besuch. Sie bleibt bis Sonntag.)*. Die wichtigsten Pronomen sind die Personalpronomen, Possessivpronomen, Relativpronomen, Anredepronomen und Fragepronomen.

Punkt

Satzschlusszeichen. Der Punkt steht am Ende eines Aussagesatzes. Nach dem Punkt wird großgeschrieben.

Rechtschreibstrategien

Wenn du nicht sicher bist, wie ein Wort geschrieben wird, kannst du im Wörterbuch nachschlagen oder das Wort mit Rechtschreibstrategien erforschen. Diese sind:

- **Wörter in Silben schwingen:** Eine Silbe besteht aus einem Kern, der durch einen Vokallaut gebildet wird. Vor und nach dem Vokalbuchstaben können Konsonantenbuchstaben stehen. Die Silben werden mit ◡◡ gekennzeichnet: *Fül ler*
- **Wörter verlängern:** Hierdurch erkennst du den richtigen Buchstaben am Silbenende (Nomen: Plural bilden, Verben: konjugieren, Adjektive: komparieren): *Berg-(e), du gehst – gehen*
- **Wörter ableiten:** Hierdurch kannt du die Schreibweise eines Wortes ableiten, wenn du ein anderes Wort aus der Wortfamilie richtig schreibst: *Platz – Plätze, hält – halten*
- **Wörter merken**

Redesatz

Der Teil eines Textes, in dem etwas wiedergegeben wird, das jemand gesagt hat. Der Redesatz wird durch Anführungszeichen (auch: Gänsefüßchen) hervorgehoben: *Sie war damit nicht einverstanden und rief: „Das glaube ich nicht!"*

Relativpronomen

Pronomen, das sich auf ein im Hauptsatz vorausgehendes Nomen oder anderes Pronomen bezieht. Das relativpronomen *das,* welches sich auf ein Nomen im Neutrum bezieht, wird leicht mit der Konjunktion *dass* verwechselt: *Das ist ein Buch, das ich gut lesen kann.*
Sie sollen wissen, dass ich gut lesen kann.

Satzarten

Vier verschiedene Satzarten werden unterschieden: Aussagesatz (Verbzweitsatz) *(Ich gehe in den Zoo.)*, Fragesatz als W-Fragesatz (Verbzweitsatz) *(Wo ist der Stift?)* und als Entscheidungsfragesatz (Verberstsatz) *(Kommst du mit zu den Pinguinen?)*, Aufforderungssatz (Verberstsatz) - Hier kommt das Ausrufezeichen nur hin, wenn mit besonderem Nachdruck gesprochen wird. *(Bring mir bitte ein Eis mit!)*

Satzgefüge

Ein Satzgefüge ist eine Kombination aus Hauptsatz und Nebensatz (häufig mehreren Nebensätzen).

Satzglied

Teil eines Satzes, den man umstellen kann. Ein Satzglied kann aus einem oder aus mehreren Wörtern bestehen: | *Manche Kinder* | *essen* | *am liebsten* | *Bratwurst mit Ketchup* |. | *Am liebsten* | *essen* | *manche Kinder* | *Bratwurst mit Ketchup* |. Man unterscheidet vier verschiedene Arten von Satzgliedern: Subjekt, Prädikat, Objekt, adverbiale Bestimmung.

Silbe

Teil eines Wortes. Beim Sprechen kann man Wörter durch kleine Pausen in ihre Silben zerlegen (*Ja nu ar, Ok to ber*). Beim Schreiben trennt man die Silben wie folgt: *Ja-nu-ar, Ok-to-ber*. Eine Silbe besteht aus mindestens einem Vokal, der von einem oder mehreren Konsonanten eingerahmt wird. In jedem Wort gibt es eine betonte Silbe (*Já-nu-ar, Ok-tó-ber*).

Singular

Anzahlform des Nomens (auch: Einzahl). Gegensatz zum Plural. Der Singular gibt an, dass es sich um etwas Einzelnes handelt: *ein Kind, das Auto, die Frau, ein Baum.*

s-Laute

Wörter mit kurzem betontem Vokal werden mit *ss* geschrieben *(Klasse)*. Wörter mit langem betontem Vokal werden mit *s* geschrieben *(Nase)*. Wörter nach langem betontem Vokal werden mit *ß* geschrieben, wenn:

1. weitere Wörter der Wortfamilien mit ß geschrieben werden *(Gruß, grüßen, Grüße)*.
2. Wörter der Wortfamilien in bestimmten Formen mit ss geschrieben werden *(essen, aß)*.

Stammformen der Verben

Im Satz verändern Verben häufig ihre Form. In der Regel genügen drei Stammformen, um alle anderen Formen des Verbes zu bilden.

Starke Verben: Der Stammvokal ändert sich beim Konjugieren und das Partizip II endet auf -en: *gehen – ging – gegangen.*

Schwache Verben: Der Stammvokal ändert sich nicht und das Partizip II endet auf -t: *spielen – spielte – gespielt.*

Mischformen: Der Stammvokal ändert sich zwischen Infinitiv und Präteritum und das Partizip II hat die Endung -t: *nennen – nannte – genannt*

stummes h

Zwischen lang gesprochenem betonten Vokal und den Konsonanten *l, m, n, r* steht häufig ein stummes h (*fehlen, nehmen, gähnen, fahren*).

Subjekt

Satzglied (auch: Satzgegenstand). Fast jeder Satz enthält ein Subjekt. Das Subjekt steht meistens am Anfang eines Satzes. Mit ihm wird gesagt, wer etwas tut, von wem eine Handlung ausgeht: *Der Jäger schießt einen Hasen*. Das Subjekt kann aus einem Nomen, Pronomen oder mehreren Wörtern bestehen, die zu dem Nomen gehören: *Jakob geht in die 6. Klasse. Er geht in die 6. Klasse. Der aufgeweckte Schüler Jakob geht in die 6. Klasse.*

Suffix (Nachbaustein)

Suffixe können als Nachbausteine an Wortstämme angebaut werden. Sie bestimmen die Wortart des neuen Wortes.

sauber + -keit → die Sauberkeit (Nomen), das Glück + -lich → glücklich (Adjektiv)

Wichtige Suffixe für Nomen sind: *-heit, -ung, -keit, -schaft, -tum, -sal, -ling*. Wichtige Suffixe für Adjektive sind: *-bar, -lich, -ig, -isch, sam*. Manche Wörter, die großgeschrieben werden, erkennt man an den Signalen ihrer Suffixe.

Superlativ

Steigerungsform des Adjektivs. Höchststufe: *Sie ist am größten von allen.*

Tempusform

Form des Verbs (auch: Tempus). Unsere Sprache kennt sechs Zeitformen: 1. Präsens *(du schläfst)*, 2. Perfekt *(du hast geschlafen)*, 3. Präteritum *(du schliefst)*, 4. Plusquamperfekt *(du hattest geschlafen)*, 5. Futur I *(du wirst schlafen)*, 6. Futur II *(du wirst geschlafen haben)*.

Umlaut

Umlaute nennt man diejenigen Buchstaben (Vokale), die zwei Pünktchen haben: *ä, ö, ü, äu*.

Sie heißen Umlaute, weil sie meistens von Wörtern mit *a,*

o, u, au umgelautet sind: *Bad – Bäder, Ohr – Öhrchen, Hut – Hüte, Baum – Bäume.*

Umstellprobe

Um herauszufinden, welche Wörter zu einem Satzbaustein (Satzglied) gehören, kannst du die Umstellprobe anwenden. Alle Wörter, die beim Umstellen eines Satzes zusammenbleiben, gehören zu einem Satzbaustein.
Leon | findet | im Internet | wichtige Informationen.
Im Internet | findet | Leon | wichtige Informationen.
Wichtige Informationen | findet | Leon | im Internet.

In der deutschen Sprache kann man Wörter oder ganze Teile von Sätzen umstellen. Durch solche Umstellungen kann man Sätze abwechslungsreich gestalten und den Zusammenhang in einem Text herstellen. Beim Umstellen darf sich der Sinn des Satzes nicht verändern.

Unbestimmter Artikel

In einem Text steht der unbestimmte Artikel in der Regel dann, wenn ein Nomen zum ersten Mal genannt wird, wenn also etwas oder jemand noch unbekannt ist. Der Artikel zeigt das Genus eines Nomens an.

Verb

Wortart (auch Zeitwort). Mit Verben kann man Tätigkeiten *(laufen, arbeiten)* oder Zustände *(blühen, schlafen)* bezeichnen. Verben können in den verschiedenen Tempusformen gebraucht *werden (lügen, log, hat gelogen)*. Viele von ihnen können das Passiv bilden *(er wird belogen).* Verben bilden das Prädikat eines Satzes.

Verbgruppe

Verbgruppen sind Wortgruppen, in denen ein Verb die wichtigste Rolle spielt, den Kern bildet. Sie bestehen aus einem Verb im Infinitiv und einem oder mehreren Wörtern. Das Verb im Infinitiv steht am rechten Rand der Verbgruppe. Es entscheidet, was ergänzt wird: lesen → *das Buch* lesen, folgen → *dem Freund* folgen

Verbpartikel

Verbpartikeln können als Vorbausteine an ein Verb vorn angebaut werden. Sie geben dem Wort eine neue Bedeutung:
fahren: anfahren, auffahren, mitfahren

Partikel und Verbstamm bleiben bei der Konjugation nicht zusammen (Ich höre die Geschichte an.) Verbpartikeln sind z. B.: *an-, auf-, bei-, mit,- ab- ...*

Vokal

Vokale sind Selbstlaute, im Gegensatz zu den Konsonanten (Mitlauten). Sie werden ohne die Unterbrechung von Lippen, Zähnen, Zäpfchen und Zunge zum Klingen gebracht. Die Buchstaben für Vokale sind *a, e, i, o, u*. Die Umlaute *ä, ö, ü* gehören genauso zu den Vokalen wie die Zwielaute (Diphthonge) *ei, au, eu*. Vokale können lang und gedehnt ausgesprochen werden wie in *Hüte, Qualen, Schoten* oder kurz und knapp wie in *Hütte, Quallen, Schotten.* Wird ein betonter Vokallaut im Wortstamm kurz gesprochen, folgen zwei oder mehrere Konsonanten.

Vorsilbe

Gemeint sind damit Präfixe, die vor einem Wortstamm stehen: *Ver/kauf, un/geheuer, zer/reißen ...*
Es gibt Vorsilben (Präfixe), die man vom Wort abtrennen kann (*ab-, um-, durch- ...*): *ab/fallen → das Laub fällt ab, um/kehren → sie kehrt um ...*, und solche, die man nicht abtrennen kann: *zer/reißen*. Man kann nicht sagen: *Er reißt zer.* Präfixe sind immer auch echte Silben, die bei der Silbentrennung mit einem Silbenstrich abgetrennt werden können: *ab-fallen ...*

Wortart

In der deutschen Sprache gibt es sieben Wortarten:
1. Nomen, 2. Artikel und Pronomen, 3. Adjektive, 4. Verben, 5. Adverbien, 6. Konjunktionen, 7. Präpositionen. Sie unterscheiden sich nach grammatischen Merkmalen und nach der Bedeutung. Andere Wörter wie sogenannte „Zahlwörter" können diesen Wortarten zugeordnet werden.

Wortbausteine

Wortbausteine sind Teile von Wörtern, die an den Wortstamm angefügt werden. Es gibt Wortbausteine, die der Bildung von Wörtern dienen, wie Präfixe und Suffixe (*an/spiel/bar, über/heb/lich ...*), und solche, die der Beugung von Wörtern dienen (*ge/komm/en, ge/hol/t ...*)

Wortbildung

Ein Wortstamm wie *-zahl-* kann auf verschiedene Arten erweitert werden: durch Präfixe, die seine Bedeutung erweitern: *ab-zahlen, be-zahlen, ein-zahlen* ..., sowie durch Suffixe, durch die der Stamm zu einer anderen Wortart wird: Zahl-ung, *zahl-bar* ... Es können auch zwei selbstständige Wortstämme aneinandergefügt werden, so etwas heißt Kompositum: *Lotto-zahl, Zahlen-reihe* ...

Wortfamilie

Alle Wörter, die den gleichen Stamm haben, gehören zur selben Wortfamilie. An den Wortstamm werden weitere Wortbausteine angefügt. Sie können vor und nach dem Wortstamm stehen: *Kartenspiel – Abspiel – Spieltag – spielerisch – vorspielen*. Wortstämme mit *a* und *ä*, mit *au* und *äu* sind fast immer miteinander verwandt, weil sie meistens zu einer Wortfamilie gehören. Ä- und äu-Wörter lassen sich in einer Wortfamilie auf *a* und *au*-Wörter zurückführen: *klären, erklären, Erklärung, Klärgrube, klar; räuchern, Räucherkerze, ausräuchern, Räucheraal, Rauch.*

Wörter, die am Stammende ein *ss* oder *ß* haben, behalten diese Konsonanten auch in anderen Wörtern einer Wortfamilie:
Kuss – Küsschen – Handkuss; Gas – Gasherd – Leuchtgas; Kloß – Kloßbrühe – Klößchen

Wortfeld

Zu einem Wortfeld gehören alle Wörter, die eine ähnliche Bedeutung haben. Alle diese Wörter gehören auch meistens zu ein und derselben Wortart. Je mehr Wörter man kennt, desto genauer und abwechslungsreicher kann man sprechen und schreiben.

Wortgruppen

Wörter verbinden sich häufig mit anderen Wörtern: Artikelwörtern, Nomen, Adjektiven ...: *das Haus, jedes Kind, zum Bäcker gehen, der bunte Ball.* Solche Verbindungen nennt man Wortgruppen. Die Wörter einer Wortgruppe gehören inhaltlich und grammatisch eng zusammen. Es gibt verschiedene Wortgruppen. Sie erhalten ihren Namen durch das Wort, das eine zentrale Rolle in der Wortgruppe spielt. Wortgruppen sind Satzbausteine und Satzglieder.

Wortkarte

Wenn du Wörter mit einem bestimmten Merkmal üben willst, kannst du eine Wortkarte anlegen wie zum Beispiel für Wörter mit einem *stummen h* aus der Wortfamilie *stehlen*.

Wortstamm

Der Wortstamm ist der Kern oder Mittelpunkt eines Wortes: *Er-fahr-ung, ge-fähr-lich.*

Worttrennung am Zeilenende

Am Ende einer Zeile kann man beim Schreiben ein Wort abtrennen (Apfel-baum, Ap-felbaum

Zeichen der wörtlichen Rede

Die wörtliche Rede ist derjenige Teil eines Textes, in der ein anderer spricht als der Erzähler selbst: *Gestern war ich im Kino. Als der Film zu Ende war, sagte mein Freund: „Der Film war aber ziemlich langweilig!" Ich war aber ganz anderer Meinung.* Die wörtliche Rede wird durch Anführungszeichen aus dem übrigen Text herausgehoben. Wer etwas sagt, steht im Redebegleitsatz. Was gesagt wird, steht im Redesatz. Er ist ein selbstständiger Satz mit passenden Satzschlusszeichen und wird durch Anführungszeichen gekennzeichnet.

Zusammensetzung

Zusammensetzungen dienen der Bildung neuer Wörter. Im Gegensatz zu Ableitungen werden bei der Zusammensetzung Wortstämme aneinandergefügt: *Spiel-feld, Fuß-ball, hell-blau* ...

Quellen

Texte

Seite 22: Das Kamel und die Ratte. Aus: Die schönsten Fabeln aus aller Welt. Zusammengestellt v. Nina Strugholz. Illustriert v. Anna Marshall. Esslingen: Esslinger Verlag J.F. Schreiber 2013, S.108

Seite 23–24: Wolfgang Menzel: Das Nachtgespenst. Aus: Texte lesen – Texte verstehen 6. Hg v. Wolfgang Menzel, Braunschweig: Westermann 2003.

Seite 26: Fred Endrikat: Die Wühlmaus. Aus: Die Wundertüte: Alte und neue Gedichte für Kinder. Hg. v. Heinz-Jürgen Kliewer. Ditzingen: Reclam 2010.

Seite 26: Rudolf Baumbach: April. Aus: Die Wundertüte: Alte und neue Gedichte für Kinder. Hg. v. Heinz-Jürgen Kliewer. Ditzingen: Reclam 2010.

Seite 27: Wolfgang Menzel: Die Mondfänger und Stangenstrecker von Kiebingen. Aus: Texte lesen – Texte verstehen 5. Hg v. Wolfgang Menzel, Braunschweig: Westermann 2003.

Seite 28–31: Isabel Otter: Die Kokosnussschale. Aus. Fast vergessene Märchen: Starke Mädchen brauchen keine Retter. Übersetzt v. Beatrix Rohrbacher. Illustriert v. Ana Sender. Leimen: 360 Grad Verlag 2021.

Seite 36–37: Wir bauen Insekten-Dosen. Aus: Geomini Ferienheft 2019. Link: https://www.geo.de/geolino/basteln/21688-rtkl-bunte-nisthilfen-wir-bauen-insekten-dosen (Zugriff: 28.11.2022) (verändert)

Seite 39: Papierschöpfen. Aus: Labbé GmbH, 2021. Link: https://www.labbe.de/blog/Papierschoepfen (Zugriff 28.11.2022) (verändert)

Seite 58–59: Wolfgang Menzel nach Bruno Brehm: Der Sprung ins Ungewisse. Aus: Das Vorlesebuch. Hg. v. Dieter Mehl. München: Langewiesche 1995.

Seite 94: Äsop: Der Löwe und der Fuchs. Aus: Äsop: Fabeln. Hg. v. Rainer Nickel. Düsseldorf: Artemis und Winkler 2007.

Seite 95: Äsop: Der Löwe und die Maus. Aus: Äsop: Fabeln. Hg. v. Rainer Nickel. Düsseldorf: Artemis und Winkler 2007.

Seite 97: Wolfgang Menzel nach Jean de la Fontaine: Der Hahn und der Fuchs. Aus: Jean de la Fontaine: Die Fabeln. Hg. v. Wolfgang Menzel. Übersetzt v. Ralf Mayr. Düsseldorf/Köln: Diederichs Verlag 1964.

Seite 98: Jean de la Fontaine: Der Fuchs und der Ziegenbock. Aus: Die schönsten Fabeln aus aller Welt. Zusammengestellt v. Nina Strugholz. Illustriert v. Anna Marshall. Esslingen: Esslinger Verlag J.F. Schreiber 2013, S.18.

Seite 100: Max Bollinger: Die Mistfliege. Aus: Die schönsten Fabeln aus aller Welt. Zusammengestellt v. Nina Strugholz. Illustriert v. Anna Marshall. Esslingen: Esslinger Verlag J.F. Schreiber 2013, S.96.

Seite 101: Äsop: Die Krähe und der Wasserkrug. Aus: Das Fabelbuch. Von Äsop bis heute. Hg. v. Irmgard Harrer. Lizenzausgabe für die Büchergilde Gutenberg. Frankfurt am Main, Wien, Zürich. Mit freundlicher Genehmigung des Annette Betz Verlages im Verlag Carl Ueberreuter. Wien, München 2003.

Seite 104: Äsop: Der Wolf und der Kranich. Aus Praxis Sprache 6 – differenzierende Ausgabe. Hg. v. Wolfang Menzel. Braunschweig: Westermann 2017, S. 179.

Seite 118: Philipp Günter: Bumerang. Aus: Praxis Sprache 6 – differenzierende Ausgabe. Hg. v. Wolfang Menzel. Braunschweig: Westermann 2017, S. 181.

Seite 119: Heinrich Hoffmann: Die Geschichte vom fliegenden Robert. Aus: Meidenwerkstatt 2009. Link: https://www.medienwerkstatt-online.de/lws_wissen/vorlagen/showcard.php?id=18951 (Zugriff 03.02.2023).

Seite 122: Anna-Lisa Gretenkort: Nässe auf Asphalt. Aus: Die Alltagspoetin 2020. Link: https://diealltagspoetin.de/ (Zugriff 03.02.2023).

Seite 123: Reiner Kunze: Nebelkunde. Sieben Merksätze für junge Nebelkrähen. Aus: Wohin der Schlaf sich schlafen legt. Gedichte für Kinder. Illustriert v. Karel Franta. Frankfurt am Main: Fischer Kinder- und Jugendtaschenbuch 1994.

Seite 124: Mascha Kaléko: Die vier Jahreszeiten. Aus: Die paar leuchtenden Jahre. München: Deutscher Taschenbuch Verlag 2004.

Seite 125: Anna-Lisa Gretenkort: Definition des Sommers. Aus: Die Alltagspoetin 2020. Link: https://diealltagspoetin.de/ (Zugriff 03.02.2023).

Seite 126: Bertolt Brecht: Die Vögel warten im Winter vor dem Fenster. Aus: Die Gedichte von Bertolt Brecht in einem Band. Frankfurt am Main: Suhrkamp 1981.

Seite 127: Matthias Claudius: Ein Lied hinterm Ofen zu singen. Aus: Matthias Claudius: Werke. Stuttgart: Cotta'sche Buchhandlung 1965.

Seite 129: Theodor Storm: Abseits. Aus: So viele Tage wie das Jahr hat. 365 Gedichte für Kinder und Kenner. Hg. v. James Krüss. München: C. Bertelsmann Jugendbuch Verlag 1989.

Seite 130: Sepideh Sarihi: Meine liebsten Dinge müssen mit. Weinheim: Julius Beltz 2018.

Seite 132: Jan de Kinder: Tomatenrot, oder Mobben macht traurig. Übersetzt v. Monika Götze. Zürich: Atlantis 2014.

Seite 135–137: Tatia Nadareischwili: Tina hat Mut. Übersetzt v. Rachel Gratzfeld. Basel: Baobab Books 2020.

Seite 139–140: Pija Lindenbaum: Luzie Libero. Weinheim: Julius Beltz 2020.

Seite 145–147: Jordan Scott: Ich bin wie der Fluss. Übersetzt v. Bernadette Ott. Stuttgart: Aladin 2021.

Seite 148–149: Wo sind all die Bienen hin? Warum weltweit die Bienenpopulationen sterben. Aus: Nabu.de. Link: https://www.nabu.de/tiere-und-pflanzen/insekten-und-spinnen/hautfluegler/bienen/13676.html (Zugriff: 07.09.2022) (verändert)

Seite 150: Zählen, was zählt! Aus: Nabu.de. Link: https://berlin.nabu.de/tiere-und-pflanzen/insektensommer/index.html (Zugriff: 13.09.2022) (verändert)

Seite 154–155: Frauke Suhr: Insektensterben: Nicht nur Bienen sind bedroht. Aus: Statista 16.01.2020. Link: https://de.statista.com/infografik/17074/anteil-rueck-laeufiger-insektenarten/#:~:text=Das%20alarmieren-de%20Ergebnis%3A%20Weltweit%20sind%20mehr%20als%2040,Heuschrecken%20und%2037%20Prozent%20der%20Libellenarten%20sind%20bedroht. (Zugriff: 13.09.2022) (verändert)

Seite 158: Der Fruchtertrag durch die Biene. Aus: Schwartauer Werke 2023. Link https://www.bee-careful.com/de/fruchtvielfalt/der-fruchtertrag-durch-die-biene/ (Zugriff: 13.09.2022) (verändert)

Seite 161: Was ist Mikroplastik? Aus: Umwelt Bundesamt 21.02.2020. Link: https://www.umweltbundesamt.de/service/uba-fragen/was-ist-mikroplastik (Zugriff: 13.09.2022) (verändert)

Seite 161: So viel Einwegplastik ist im Meer. Aus: Quarks 2020. Link: https://www.quarks.de/umwelt/muell/so-viel-einwegplastik-ist-im-meer/ (Zugriff: 13.09.2022)

Seite 174: Tebbi Niminde: Maja Lunde: Über die Grenze – Inhalt. Aus: Fachhochschule Clara Hoffbauer Potsdam 11.07.2020. Link: https://kimi-siegel.de/2020/07/11/maja-lunde-ueber-die-grenze/ (Zugriff: 10.08.2022)

Seite 176: Barry Jonsberg: Das Blubbern von Glück. Übersetzt v. Ursula Höfker. München: cbt-Verlag 2014.

Seite 178: Barry Jonsberg: Das Blubbern von Glück. Übersetzt v. Ursula Höfker. München: cbt-Verlag 2014, S.38f.

Seite 183: Barry Jonsberg: Das Blubbern von Glück. Übersetzt v. Ursula Höfker. München: cbt-Verlag 2014, S.25f.

Seite 185: Barry Jonsberg: Das Blubbern von Glück. Übersetzt v. Ursula Höfker. München: cbt-Verlag 2014, S.138-142.

Seite 209: Sterne und Galaxien / Planet Erde im Sonnensystem. Aus: Diercke – Geographie 5/6 – Realschule – Baden-Württemberg. Braunschweig: Westermann 2017, S.28.

Seite 246: Matthias Granzow-Emden: Zur Arbeit mit Deklinationstabellen. Aus: Deutsche Grammatik verstehen und unterrichten. Tübingen: Narr Francke Attempto Verlag 2019, S.274.

Seite 255: Hatschepsut: Die Unmögliche. Aus: Die Reise in die Vergangenheit 5/6– Ausgabe Baden-Württemberg. Hg. v. Hans Ebeling und Prof. Dr. Wolfgang Birkenfeld. Braunschweig: Westermann 2017, S.65.

Seite 255: Hatschepsut: Die Unmögliche. Aus: Die Reise in die Vergangenheit 5/6– Ausgabe Baden-Württemberg. Hg. v. Hans Ebeling und Prof. Dr. Wolfgang Birkenfeld. Braunschweig: Westermann 2017, S.65. (verändert)

Seite 282: Josef Guggenmos: Hauchte, wetterte, sprach, brüllte. Aus: Wenn Riesen niesen. Wien und Heidelberg: Ueberreuther 1980.

Bilder

|Acker e. V., Berlin: Nadine Tschorn-Stenzel 67.1. |akg-images GmbH, Berlin: Science Source 115.1. |Alamy Stock Photo, Abingdon/Oxfordshire: Daisy-Daisy 48.1; Werner Otto 114.2; zoompics 48.2. |Alamy Stock Photo (RMB), Abingdon/Oxfordshire: Imagebroker 106.1; imageBROKER 165.1. |Beatrix Hanko, Fotografie und Fotokunst, Tübingen: Beatrix Hanko 74.1, 74.2. |Börsenverein des Deutschen Buchhandels e. V., Frankfurt am Main: © Jan von Holleben, Vorlesewettbewerb 33.1. |Bund für Umwelt und Naturschutz Deutschland e.V. (BUND), Berlin: Bartz/Stockmar/Ziyal 148.1. |Deutsche Gesetzliche Unfallversicherung e.V. (DGUV), Berlin: Unfallanzeige der Deutschen Gesetzlichen Unfallversicherung e.V. (DGUV), Glinkastr. 40, 10117 Berlin www.dguv.de 76.1. |Deutscher Imkerbund e.V., Wachtberg: 158.1. |Evelyn Neuss Illustration, Hannover: 3.1, 5.2, 6.3, 22.1, 25.1, 26.1, 26.2, 27.1, 28.1, 28.2, 29.1, 52.1, 53.1, 54.1, 54.2, 55.1, 57.1, 58.1, 58.2, 60.1, 61.1, 63.1, 118.1, 119.1, 121.1, 121.2, 121.3, 121.4, 121.5, 121.6, 121.7, 122.1, 123.1, 124.1, 125.1, 125.2, 125.3, 125.4, 126.1, 126.2, 127.1, 130.1, 130.2, 131.1, 131.2, 132.1, 132.2, 133.1, 134.1, 135.1, 135.2, 135.3, 136.1, 136.2, 136.3, 136.4, 136.5, 137.1, 138.1, 139.1, 140.1, 142.1, 143.1, 145.1, 145.2, 234.2, 235.2, 237.1, 238.1, 239.1, 241.1. |Feldhaus, Hans-Jürgen, Münster: 3.2, 4.1, 4.4, 6.1, 7.1, 7.3, 8.1, 9.1, 10.1, 10.2, 10.3, 10.4, 11.1, 11.2, 11.3, 11.4, 12.1, 12.2, 12.3, 13.1, 13.2, 13.3, 14.1, 15.1, 16.1, 66.1, 68.2, 71.1, 72.1, 72.2, 75.1, 79.1, 92.1, 92.2, 92.3, 92.4, 92.5, 92.6, 95.1, 97.1, 98.1, 99.1, 101.1, 105.1, 190.1, 191.1, 192.1, 193.2, 220.1, 221.1, 222.1, 223.1, 223.2, 224.1, 224.2, 225.1, 225.2, 226.1, 227.1, 229.1, 229.2, 229.3, 229.4, 229.5, 230.1, 230.2, 231.1, 235.1, 273.2, 288.1, 289.1, 290.1, 291.1, 291.2, 292.1, 292.2, 293.1, 294.1, 295.1, 295.2, 296.1, 297.1, 298.1, 299.1. |Ferenc, Lubor, Sokolov: 109.1. |fotolia.com, New York: megasquib 164.1. |Getty Images (RF), München: Hero Images Titel. |Happiness Films Pty Ltd, Soundfirm Pty Ltd, Filmfest Ltd, Screenwest (Australia) Ltd and Screen Australia: © 2019 5.3, 182.1, 184.1, 184.2, 184.3, 184.4, 184.5, 185.1, 185.2, 185.3, 185.4, 185.5, 185.6, 185.7. |Helmholtz-Zentrum Potsdam - Deutsches GeoForschungsZentrum GFZ, Potsdam: Grafik: Wissensplattform Erde und Umwelt, ESKP 163.1. |iStockphoto.com, Calgary: Axel Ellerhorst 148.5; DieterMeyrl 148.2; Nicu Ivan 148.6; Patricktichy 70.1; ranplett 45.1; Ratikova 148.3; standret 69.1; TanyaSid 161.1; Tatrano 148.4. |Microsoft Deutschland GmbH, München: 164.2, 164.3, 164.4, 164.5, 164.6, 164.7, 168.1. |Mithoff, Stephanie, Egestorf: 6.2, 7.4, 35.1, 38.2, 41.1, 41.2, 41.3, 41.4, 41.5, 43.1, 43.2, 47.1, 170.1, 170.2, 171.1, 171.2, 173.1, 175.1, 176.1, 177.1, 178.1, 179.1, 179.2, 179.3, 179.4, 179.5, 186.1, 189.1, 189.2, 189.3, 194.1, 194.2, 195.1, 196.1, 198.1, 199.1, 200.1, 200.2, 201.1, 201.2, 202.1, 203.1, 204.1, 204.2, 204.3, 204.4, 204.5, 204.6, 204.7, 204.8, 204.9, 204.10, 204.11, 204.12, 204.13, 204.14, 204.15, 205.1, 208.1, 210.1, 213.1, 215.1, 217.1, 272.1, 273.1, 275.1, 276.1, 277.1, 277.2, 277.3, 277.4, 278.1, 278.2, 278.3, 279.1, 280.1, 282.1, 283.1, 283.2, 285.1, 285.2. |NABU, Berlin: Erik Tuckow 156.1. |OKAPIA KG - Michael Grzimek & Co., Frankfurt/M.: Francesca Bramall/ARDEA 150.3; Georges Lopez/BIOS 151.4; imageBROKER/Burkhard Sauskojus 150.1, 150.2; imageBROKER/Ludwig Werle 150.4, 151.2; imageBROKER/Maciej Olszewski 150.5; imageBROKER/Stefan Huwiler 151.3; Lucas Mugnier/BIOS 151.1; Werle 151.5. |Penguin Random House Verlagsgruppe GmbH, München: Barry Jonsberg „Das Blubbern von Glück", cbt HC 2016 5.4, 176.2, 182.2. |Picture-Alliance GmbH, Frankfurt a.M.: dpa 68.1. |plainpicture, Hamburg: BY Titel. |primoza GmbH, Nürnberg: 38.1. |Reinartz, Kristina, Braunschweig: 42.1, 42.3, 42.4. |Schäfer, Anke, Laubach: 4.2, 4.3, 5.1, 7.2, 80.1, 80.2, 80.3, 81.1, 82.1, 83.1, 83.2, 83.3, 84.1, 84.2, 85.1, 86.1, 88.1, 88.2, 107.1, 113.1, 113.2, 149.1, 157.1, 162.2, 166.1, 169.1, 208.2, 209.1, 209.2, 211.1, 211.2, 212.1, 213.2, 214.1, 214.2, 215.2, 215.3, 216.1, 216.2, 216.3, 245.1, 246.1, 246.2, 246.3, 246.4, 247.1, 249.1, 250.1, 251.1, 252.1, 254.1, 254.2, 256.1, 256.2, 257.1, 257.2, 257.3, 257.4, 257.5, 257.6, 258.1, 258.2, 259.1, 260.1, 261.1, 263.1, 264.1, 266.1, 267.1, 268.1, 269.1, 269.2, 269.3, 269.4, 271.1. |Schaffer, Lena, Hamburg: 20.1, 32.1, 50.1, 64.1, 77.1, 90.1, 103.1, 116.1, 128.1, 144.1, 160.1, 188.1, 193.1, 206.1, 218.1, 232.1, 242.1, 270.1, 286.1, 300.1. |Schmidt, Carola, Dettingen: 234.1. |Stadt Aalen, Aalen: 114.3. |Stadt Bretten, Bretten: 106.2. |Statista GmbH, Hamburg: 154.1, 162.1. |stock.adobe.com, Dublin: Elnur 42.2; gerhbaum 110.1; kebox 159.1; shootingankauf 114.1; ullrich 152.1. |Stoll-Kreil, Regina, Oberhausen: 36.1, 36.2, 36.3, 36.4, 36.5, 36.6, 36.7, 37.1. |Verlag Urachhaus, Stuttgart: Maja Lunde „Über die Grenze", 2021 Urachhaus 174.1. |Waibel-Gassert, Kirsten, Heidelberg: 117.1.

Infinitiv	Präsens	Präteritum	Perfekt
befehlen	du befiehlst	er befahl	er hat befohlen
beginnen	du beginnst	er begann	er hat begonnen
beißen	du beißt	er biss	er hat gebissen
biegen	du biegst	er bog	er hat gebogen
bitten	du bittest	er bat	er hat gebeten
blasen	du bläst	es blies	er hat geblasen
bleiben	du bleibst	er blieb	er ist geblieben
brechen	du brichst	er brach	er hat/ist gebrochen
bringen	du bringst	er brachte	er hat gebracht
denken	du denkst	er dachte	er hat gedacht
erschrecken	du erschreckst/ du erschrickst	er erschreckte/ er erschrak	er hat erschreckt/ er ist erschrocken
essen	du isst	er aß	er hat gegessen
fahren	du fährst	er fuhr	er hat/ist gefahren
fallen	du fällst	er fiel	er ist gefallen
fangen	du fängst	er fing	er hat gefangen
finden	du findest	er fand	er hat gefunden
fliegen	du fliegst	er flog	er hat/ist geflogen
fließen	es fließt	es floss	es ist geflossen
fressen	du frisst	er fraß	er hat gefressen
frieren	du frierst	er fror	er hat/ist gefroren
geben	du gibst	er gab	er hat gegeben
gehen	du gehst	er ging	er ist gegangen
gelingen	es gelingt	es gelang	es ist gelungen
geschehen	es geschieht	es geschah	es ist geschehen
gewinnen	du gewinnst	er gewann	er hat gewonnen
gießen	du gießt	er goss	er hat gegossen
greifen	du greifst	er griff	er hat gegriffen
haben	du hast	er hatte	er hat gehabt
halten	du hältst	er hielt	er hat gehalten
hängen	du hängst	er hing	er hat gehangen
heben	du hebst	er hob	er hat gehoben
heißen	du heißt	er hieß	er hat geheißen
helfen	du hilfst	er half	er hat geholfen
kennen	du kennst	er kannte	er hat gekannt
klingen	du klingst	er klang	er hat geklungen
kommen	du kommst	er kam	er ist gekommen
können	du kannst	er konnte	er hat gekonnt
laden	du lädst	er lud	er hat/ist geladen
lassen	du lässt	er ließ	er hat gelassen
laufen	du läufst	er lief	er hat/ist gelaufen
leihen	du leihst	er lieh	er hat geliehen
lesen	du liest	er las	er hat gelesen
liegen	du liegst	er lag	er hat/ist gelegen
nehmen	du nimmst	er nahm	er hat genommen